우크라이나 문제의 기원을 찾아서

구자정 지음

In Search for the Roots of the Ukrainian Question

박영사

머리말

    필자가 우크라이나 문제에 대해 관심을 가지게 된 계기는 지금으로부터 18년 전인 2004년으로 거슬러 올라간다. 당시 미국 버클리 대학(UC Berkeley) 박사과정생으로 학위 논문을 준비하던 필자는 러시아 현지 문서보관소 자료 조사를 위해 남부 러시아 크라스노다르(Krasnodar)주 지역을 방문했었다. 제정 러시아 시기에는 "쿠반(Kuban')"이라는 지명으로 불렸던 크라스노다르 지방은 우크라이나어를 모국어로 구사하는 우크라이나계 러시아인들이 상당수 존재하는 "러시아 연방 내의 작은 우크라이나"라고 할 수 있는 지역이었다. 이때 필자는 크라스노다르주 국립 문서보관소 열람실에서 만나 친해진 한 향토사학자의 초대로 크라스노다르시 서쪽에 자리한 옛 협동 농장 마을을 방문한 적이 있다. 대략 20, 30가구 정도의 주민이 살던 이 마을은 과거 후토르(Khutor. 카자크의 농장)가 모여있던 곳으로 주민 전원이 우크라이나계였다. 물론 이 주민들이 말하던 우크라이나어는 현대의 표준 우크라이나어와는 많이 달랐던 것으로 기억한다. 이 마을 주민들이 구사하던 우크라이나어는 어법과 단어에서 러시아어가 많이 섞인 "수르지크(Surzhik: 우크라이나어의 방언)"였기 때문이다.

    현대 우크라이나에서 (그리고 현대 러시아에서도 물론) 수르지크는 표준어가 아니라 일종의 방언으로 취급되고 있지만, 필자를 초대한 향토사학자의 말은 달랐다. "우리가 쓰는 우크라이나어 입말, '발라치카(Balachka: 쿠반 카자크가 사용하는 수르지크)'가 진짜배기 우크라이나말이요." 카자크를 직계 조상으로 둔 이 향토사학자가 덧붙인 말도 기억난다. "젊은이, 사실 진짜 우크라이나인은 우리 카자크뿐이라오." 자신의 선조인 카자크 조상에 대한 자부심이 남달랐던 노년의 이 카자크 향토사학자는 또한 확고한 러시아 애국자였다. 우크라이나 카자크의 피가 흐르는 이 전직 엔지니어 연금생활자에게 우크라이나 정체성과 러시아 애국주의는 상호 충돌하는 가치가 전혀 아니었다. 그에게는 러시아인이 우크라이나인이고 우크라이나인이 곧 러시아인이었는데, 이 카자크의 후예에게 러시아와 우크라이나를 묶는 공통의 정체성은 바로 러시아/우크라이나가 공유하는 유산인 "카자크"로서의 역사적 자의식이었던 것으로 기억한다. 바로 이 자의식이야말로, 드네프로페트로프스크(Dnepropetrovsk)에서 엔지니어로 젊은 시절을 보낸 이 노인이 은퇴 후 고향으로 돌아와 카자크 역사를 탐색하는 향토사학자가 된 이유였다.

　　필자는 러시아와 우크라이나의 정체성이 공존하는 이 카자크의 후예로부터 실로 많은 도움을 받았다. 필자가 읽어야 했던 사료는 상당수가 수르지크로 쓰여 있었는데, 문서보관소 열람실에 개근하며 필자가 물어볼 때마다 사료 해석을 도와주던 이 노인의 도움이 없었다면 필자가 그 많은 자료를 어찌 단시간 내에 검토할 수 있었을까? 특히 필자에게 핵심적 사료였던 1919년도 크라스노다르주 지역 의회(쿠반 라다: Kuban' Rada)의 의사록은 러시아어와 우크라이나어가 중구난방으로 섞여 있고 사전에 없는 단어들도 많아서 해석에 특히나 많은 시간이 걸렸다. 이때 수르지크가 모국어였던 향토사학자 "올렉산드르 미하일로비치"의 도움이 없었다면 필자가 당초 6개월로 예정했던 이 지역 사료조사 필드웍을 계획한 시간 내로 마치는 것은 불가능했을 것이다.

러시아와 우크라이나의 근대적 정체성과 카자크로서의 전근대적 자의식이 공존하던 "쿠반 카자크" 올렉산드르 할아버지와의 만남은 또한 필자가 러시아와 우크라이나의 "민족문제" 전공자로 거듭날 수 있는 깨달음의 계기가 되기도 하였다. 러시아사, 독일사, 프랑스사 등 국민국가별 경계가 역사연구의 대상을 구획 짓고 있는 한국 역사학계의 현실에서 이 지역 민족문제를 전공하는 필자는 언제나 전통적 의미의 러시아사 연구자로 호명되었지만, 필자는 이 호명을 굳이 거부하거나 부인하려고 하지 않았다. 어차피 필자가 아무리 설명해도 국민국가와 민족주의라는 한국 사회 속 "인식의 감옥"을 깨트리기 어려웠기 때문이다. 그렇지만 필자의 마음속에는 언제나 다음과 같은 의문이 자리잡고 있었다. 근대적 의미의 러시아와 우크라이나 정체성이 존재하지 않던 전근대 시기 인물에게 러시아 또는 우크라이나인으로서의 국적을 부여하려는 민족사 창조 공정을 우리는 과연 역사연구라 부를 수 있는가? 카자크의 지도자였던 보그단 흐멜니츠키(Bogdan Khmel'nitskii: 1595~1657)나 마제파(Ivan Mazepa: 1639~1709)에게 우크라이나 정체성을 찾는 행위가 흐멜니츠키의 "이메일 주소"나 "페이스북 아이디"를 찾는 것과 도대체 무엇이 다른가? 물론 흐멜니츠키에게 이메일 주소는 없었다. 17세기에는 인터넷이 없었기 때문이다. 흐멜니츠키를 현 우크라이나의 선조라고 부를 수는 있을지언정 그는 현대적 의미의 우크라이나인이 결코 아니었다. 그 시절에는 현대적 의미의 "우크라이나"라는 관념 자체가 없었기 때문이다. 우리 역사로 비유하면 고려가 비록 Korea란 단어의 어원이 되었을지언정 고려＝대한민국이 결코 아닌 것처럼 말이다. 물론 흐멜니츠키는 현대적 의미의 러시아인도 아니었다. 당대의 맥락에서 이 인물의 민족 정체성을 굳이 규정하자면 "카자크 활동 경력이 있는 루시(*Rus'*)인 지주"에 가장 가까울 것이다.

　이 책은 "우크라이나 민족사"라는 인식의 감옥을 벗어나 "우크라이나 문제"의 역사적 진실을 민족문제의 시각에서 접근하고자 하는 시도의 중간 결산이라 할 수 있다. 한때는 "소러시아"라는 이름으로, 지금은 "우크라이나"라는 이름으로 불리는 이 지역의 역사는 다양한 문화와 정체성이 중첩된 모순과 역설 및 혼돈의 역사였으니, 18년 전 필자가 만난 "우크라이나어 방언을 모국어로 구사하는 열혈 러시아 애국자" 향토사학자의 존재야말로 이러한 문제적 역사가 남긴 흔적과 자취의 편린을 보여주는 사례가 아니었을까? 물론 이 우크라이나계 러시아 노인의 사례가 크라스노다르주의 우크라이나계 주민 모두를 대표할 수는 없는 것은 너무도 당연하다. 그러나 적어도 쿠반의 수르지크 사용자들이 "진짜 우크라이나인"이라던 이 노인의 말은 전혀 틀리지 않았으며, 따지고 보면 상당 부분 역사적 진실을 반영하고 있다. 우크라이나라는 단어는 원래 카자크가 활동하는 "변경" 지역을 지칭하던 동슬라브어 일반 명사였다(1장 참조). 따라서 당시에는 카자크만이 우크라이나의 구성원이 될 수 있었으며, 우크라이나 사람은 전원이 곧 카자크였다. 더 나중 시기인 17세기로 가도 카자크 현상과 우크라이나는 상호 분리될 수 없는 개념이었다. 현 우크라이나의 모체가 되는 "카자크 헤트만 국가(우크라이나어: *Het'manshchina*, 러시아어: *Getmanshchina*)"를 건립한 주역부터가 바로 자포로지예(*Zaporozh'e*) 카자크였고, 우크라이나 민족주의 또한 바로 이 카자크 정체성에서 출발하였기 때문이다(3장 참조).

이러한 역사적 배경을 고려할 때 바로 그 "우크라이나"라는 관념을 처음으로 탄생시킨 당사자인 "자포로지예 셰치(Zaporozhskaia Sech)"[1]의 "직계" 후손이 가장 많이 살고 있는 나라가, 지금의 우크라이나가 아니라 우크라이나를 침공한 러시아라는 사실이야말로 역사의 가장 큰 아이러니라 할 수 있다. 이는 셰치의 카자크 절대다수가 18세기 말 예카테리나 여제의 명령에 따라 흑해 연안 쿠반강 연변으로 이주하여, 새롭게 창설된 "쿠반 카자크 보이스코(Kubanskoe kazach'e voisko)"의 주요 구성원이 되었기 때문이다.[2] 필자가 친분을 쌓았던 향토사학자를 포함하여 크라스노다르주에서 만난 수많은 우크라이나계 러시아인들은 모두가 이들 우크라이나계(당대의 표현을 빌리자면 "소러시아"계) 쿠반 카자크의 후예였다.

한때 망각하고 있던 18년 전의 일화가 필자의 뇌리에 다시 새삼스럽게 떠오른 이유는 바로 현재 진행 중인 러시아–우크라이나 전쟁의 비극과 이 비극의 한 가운데에 느닷없이 등장한 "쿠반 카자크"라는 이름 때문이었다. 러시아/우크라이나 지역을 공부하는 전 세계의 다른 연구자들처럼 필자 또한 브콘탁테와 트위터, 틱톡, 텔레그램 등 SNS에 올라오는 러시아발 또는 우크라이나발 영상과 소식을 틈날 때마다 체크하고 있는데, 그중에서 필자의 눈길을 끈 것은 2022년 9월 어느 날 한

----

1) 자포로지예 카자크 집단의 "본거지" 또는 "본부"를 의미.

2) F. A. Shcherbina, *Istoriia Kubanskogo kazach'ego voiska*, 2 vols. (Ekaterinodar, 1910–1913), vol. 1, pp. 466–557. "보이스코(*voisko*)"는 카자크가 편제된 군정 상의 단위로 우리말로는 대략 "군관구"로 번역할 수 있으며, 셰치의 자포로지예 카자크가 이주 직후 형성한 카자크 보이스코는 "흑해 카자크 보이스코(*Chernomorskoe kazach'e voisko*)"였다. 1860년 제정 러시아 정부는 흑해 카자크 보이스코에 "캅카스 전선 카자크 보이스코(*Kavkazskoe lineinoe kazach'e voisko*)"의 6개 연대를 합병시켜 오늘날 크라스노다르주에 해당하는 지역에 "쿠반 카자크 보이스코"를 창설하였다.

친러 SNS 계정에 포스팅되었다가 잔혹성을 이유로 삭제된 한 동영상이었다. 그 영상은 우크라이나군과 러시아군 간 치열한 공방의 무대가 된 크라스니 리만(Krasnyi Liman) 전투에서 한 친러시아 민병대 군인을 촬영한 것이었는데, 우연히 이 영상을 보던 필자에게는 18년 전 만났던 올렉산드르 미하일로비치의 기억이 다시금 떠올랐다. "친러"를 상징하는 Z 표식이 선명한 군복을 입은 채 흥분하여 절규하는 러시아 측 병사의 입에서는 바로 우크라이나어, 보다 정확히 말하면 과거 크라스노다르 체류 시 수도 없이 들었던 우크라이나어 수르지크 방언, "발라치카"가 흘러나오고 있었기 때문이다.

전투가 만드는 극도의 긴장 속에서 우크라이나에 대한 분노어린 저주의 욕설을 "우크라이나어"로 내뱉던 이 "우크라이나계 러시아 군인"은 대체 어디에서 온 사람이었던 것일까? 순간 감이 짚이는 것이 있어 즉시 크라스노다르주 지역 언론을 찾아보았다. 아니나 다를까. 대략 400명의 크라스노다르주 출신 쿠반 카자크가 러시아 측 민병대의 일원으로 크라스니 리만 전투에 참전하고 있었다.[3] 추정하건대 그는 지난봄 러시아 전역에서 자원입대한 6천 5백여 명의 카자크 의용병 가운데 한 명이었을 가능성이 크다. 크라스니 리만 전투는 주지하듯 우크라이나군의 승리로 끝났고 포위된 이들 친러 우크라이나인 민병대원 대다수는 "조국 러시아를 위해" 다름 아닌 그들의 "동포," 우크라이나군의 총탄에 전사하였다. 현대 우크라이나의 원형이 되는 역사상 최초의 우크라이나 국가를 만든 주역, 자포로지예 카자크는 자신들의 직계 자손

---

3) https://kubnews.ru/obshchestvo/2022/09/20/kazaki−iz−otryada−kuban−vtoruyu−nedelyu−otbivayut−ataki−na−krasnyy−liman/(검색일. 2022년 9월 28일).

이 바로 자신들이 만든 나라의 군대와 전투 중 전사하는 비극적이고 아이러니한 미래를 상상이나 할 수 있었을까?

아이러니는 "우크라이나어를 말하는 러시아군 병사"로 끝나지 않는다. 크라스니 리만에서 우크라이나계 쿠반 카자크 출신 친러 의용군과 사투를 벌이던 우크라이나군의 절대다수는 바로 러시아어를 모국어로 사용하는 사람들이었기 때문이다. 크라스니 리만 전투에서 승리한 후 의기양양하게 우크라이나 국기를 걸던 한 우크라이나 병사는 러시아에 대한 저주를 매우 유창한 "표준 러시아어"로 퍼붓고 있었다. 우크라이나 대통령 젤렌스키부터 대다수 각료와 군지휘관들이 우크라이나어보다 러시아어에 더 능통하거나 아예 러시아어가 모국어인 우크라이나의 현실에서, 러시아어가 "러시아 침략자와 싸우는" 우크라이나군의 실질적인 의사소통 수단이란 사실은 전혀 놀라운 일이 아닐 것이다. 그러나 "러시아어를 사용하는 우크라이나 군인"과 "우크라이나어를 사용하는 러시아 군인"이 각각 우크라이나와 러시아를 위해 생사를 걸고 싸우는 크라스니 리만 전투의 모순적 장면은, 러시아-우크라이나 간 역사적 관계가 얼마나 복잡하게 꼬여있으며, 이 전쟁이 왜 비극인지를 보여주는 생생한 증거가 아닐까?

단기적으로 보면 이 비극의 가장 직접적인 책임이 침공을 자행한 러시아의 독재자 블라디미르 푸틴에게 있다는 것에는 누구나 동의할 것이다. 지금도 필자는 묻고 싶다. 이 상황을 굳이 전쟁을 통해 해결했어야만 했을까? 돌이켜 보면 지난 수년간 푸틴 정권의 대(對)우크라이나 정책은 악수의 연속이었다. 2022년 2월의 갑작스러운 침공은 물론이고 2014년의 크림 병합 및 돈바스 내전 개입부터가 문제였다. 이러한 행보로 인해 과거 50/50의 비율로 팽팽히 양분되어 있던 친러와 반러, 동부 우크라이나와 서부 우크라이나 간 균형이 깨지면서 이제는 선거만 하면 "친러 집단이 질 수밖에 없는 구도"를 항구적으로 만든 당사자가 바로 푸틴이었기 때문이다. 이에 더해 점령지를 러시아 연방 영토로 완전히 병합해버린 푸틴의 합병선언은 상황을 해결하는 것이 아니라 오히려 더욱 악화시킬 것으로 보인다. 주지하듯 돈바스와 헤르손 지역은 동부 우크라이나에서도 친러시아 성향이 가장 강한 지역이었다. 이 지역을 우크라이나로부터 완전히 이탈시켜 러시아 연방의 한 부분으로 만들어 버리게 되면, 이제 완전히 소수집단이 되어 우크라이나 내부에 숨죽인 채 남아 있는 친러시아 우크라이나인들에게는 과연 장기적으로 어떠한 미래가 닥치게 될 것인가? 이 병합 조치보다 우크라이나의 완전한 "탈러시아화" 및 러시아의 영향력 약화를 초래할 더 최악의 행보를 상상이나 할 수 있을까?

푸틴의 행보가 안타까운 이유는 또 있다. 푸틴이 침공을 감행하지 않았다면, 즉 러시아-우크라이나 전쟁이 발발하지 않았다면 적어도 2022년 2월 24일 전까지는 러시아 측에도, 우크라이나 내의 친러시아 세력에도 충분한 대의명분이 있었기 때문이다. 현재의 전쟁으로만 한정하면 현 상황의 근본적인 책임이 푸틴에게 있다는 것은 명백하지만, 시계추를 마이단 사태가 시작된 2013년, 또는 돈바스 내전이 발발하는 2014년으로 돌리게 되면 우크라이나 측도 현 사태의 책임에서 결코 자유로울 수가 없다. 필자가 보는 우크라이나 측의 가장 큰 문제는 우크라이나의 정체성을 "혈통"과 "언어"로 규정하는 종족 기반의 배타적 민족주의(Ethnic Nationalism)라 할 수 있다. 주지하듯 마이단 사태와 돈바스 내전 발발 이전 러시아어의 지위와 국어/공용어 문제를 둘러싸고 벌어진 우크라이나 민족주의자들과 친러시아 진영 간 갈등은 이른바

"우크라이나 사태"를 촉발시키고 격화시킨 주요 원인 중 하나였다. 설령 우크라이나 민족이 오래전부터 역사적으로 "실재"했다는 우크라이나 민족주의자들 및 우크라이나 역사학계의 오랜 가설을 사실로 받아들인다고 할지라도, 우크라이나가 순수한 우크라이나인이나 러시아인 뿐만이 아니라 수르지크 사용자와 같이 중첩된 정체성을 가진 여러 집단이 공존해 온 다문화 공동체라는 역사적 배경을 감안하면, 우크라이나 민족주의가 내포한 배타적 속성은 러시아인은 물론이고 배타적 민족주의에 공감하지 않는 친러시아 우크라이나인들과의 갈등을 필연적으로 불러올 수밖에 없었다. 우크라이나어의 "국어화"는 러시아인은 물론이고 러시아어를 모국어로 사용하는 수많은 우크라이나인 및 수르지크 사용자들을 졸지에 동화 또는 교육(또는 배제)의 대상으로 만들어 버릴 것이 명백하기 때문이다.

　혈통과 언어 기반의 이러한 배타적 민족주의는 우크라이나 정체성의 본질적 취약성과 이에 따른 우크라이나 민족주의 운동의 절박함이 초래한 결과였다. 대통령 젤렌스키부터가 러시아어가 모국어인 유대인으로 우크라이나어는 따로 공부해야 하는 일종의 외국어였다는 사실,[4] 그리고 여전히 우크라이나어에 서투르다는 사실은 우크라이나 민족주의자들이 왜 그리 언어와 민족 및 역사에 집착하는지를 정반대 방향에

---

4) 주지하듯 원래 본직이 코미디언이었던 젤렌스키가 유명세를 얻게 된 계기는 그가 주연을 맡은 51부작 드라마 "국민의 종(*Sluga narodu*)"이 큰 인기를 끌면서부터였다. 아이러니하게도 이 드라마는 우크라이나어가 아니라 러시아어로 제작되었는데, 이 작품이 단 한 구절의 우크라이나어도 나오지 않는 순수한 러시아어 영상물이었던 점이 내용의 완성도 및 재미에 더해 이 드라마가 우크라이나 전역에서 크게 인기몰이를 할 수 있었던 요인 중 하나였다. 러시아어 사용자는 물론이고 우크라이나어 사용자로부터 수르지크 사용자에 이르기까지, 우크라이나 사회의 구성원 "전원"이 이해할 수 있는 사실상 우크라이나 내 유일무이한 언어가 다름 아닌 "러시아어"이기 때문이다.

서 보여주는 역설적인 반증에 불과하다. 사실 "우크라이나인이 아닌 우크라이나인"이 우크라이나 민족주의의 대표자가 되어 혈통과 언어 기반의 배타적 민족주의를 주창하는 모순적 사례는, 우크라이나 민족주의 운동의 짧고 굵은 역사에서 매우 비일비재한 일이었다. 예컨대 19세기 우크라이나 민족주의 운동의 시조 중 한 명으로 꼽히는 볼로디미르 안토노비치(Volodimir Antonovich)는 원래 슐라흐타 귀족 집안에서 태어나 우크라이나인이 되기로 "결심"한 폴란드계 러시아 제국 신민이었다.5) 1917년 러시아 혁명 시기부터 우크라이나 민족주의 운동에 적극 투신하여 1920년대와 1930년대에는 각각 UVO(*Ukrains'ka Viis'kova Orhanizatsiia*: 우크라이나 무장전투단)와 OUN(*Orhanizatsiia Ukrains'kikh Natsionalistiv*: 우크라이나 민족주의자단)에서 활동했던 할리치나의 저명한 우크라이나 민족주의자, 알프레드 비잔츠(Alfred Bisanz) 또한 이름에서 볼 수 있듯이 할리치나에서 태어난 오스트리아계 재외동포 독일인(*Volksdeutsche*)이었다(5장 참조).

더욱 극명한 모순적 사례는 냉전 시기 컬럼비아 대학 슬라브학과 교수를 역임하며 미국의 슬라브 언어학계에 큰 영향력을 행사한 학계 거물이자, 지금도 미국의 대(對)우크라이나 정책을 이끄는 수많은 제자와 후학을 양성했던 자칭 "언어학의 흐루셰프스키,"6) 조지 쉐벨로프(George Shevelov)에서 찾을 수 있다. 쉐벨로프는 원래 "슈나이더(Schneider)"라는 독일식 성을 가진 독일계 러시아인이었다. 우크라이나

---

5) 우크라이나인이 되기로 "결심"하기 전까지 안토노비치의 모국어는 물론 폴란드어였으며 그가 사용하던 이름 또한 폴란드식인 "Włodzimierz Antonowicz"였다.

6) Michael Moser, "George Y. Shevelov's Personal History of the Ukrainian Language in the First Half of the Twentieth Century," *East/West: Jounral of Ukrainian Studies*, 3−1, 2016, p. 75.

의 역사를 러시아의 역사로부터 분리시킴으로써 일종의 "역사 독립"을 쟁취하고자 했던 흐루셰프스키와 유사하게,[7] 쉐벨로프는 (우크라이나어가 러시아어와 같은 뿌리에서 나온 동슬라브계 언어라는 역사적 사실 자체를 완전히 부인해 버리는) 이른바 "우크라이나어 독자발생론"을 통해 "언어 독립"을 쟁취한 우크라이나 민족주의 운동의 핵심 인물이었는데, 이렇듯 우크라이나 독립운동에 혁혁한 업적(?)을 세운 우크라이나 민족주의 운동 지도자의 부친이 차르에 열렬히 충성하던 제정 러시아군의 고위장성이자 열혈 러시아 민족주의자였다는 사실은, 우크라이나 민족주의 운동의 본질적 모순을 생생히 보여주는 축도에 다름 아니다. 이 "우크라이나어 독립 영웅"의 모순은 이 인물의 부친이 열혈 러시아 애국자였다는 사실로 그치지 않는데, 원래 모국어가 러시아어와 독일어였던 쉐벨로프에게 우크라이나어에 접할 기회를 부여하고 뜬금없이 우크라이나 민족의식에 눈뜨게 만든 계기야말로, 우크라이나 전역에서 우크라이나어와 우크라이나 문화 교육을 의무로 강제했던 1920년대 소비에트 정권의 이른바 "토착화(Korenizatsiia)" 정책이었기 때문이다.[8] 제정

....

7) 한정숙, 「역사서술로 우크라이나 민족을 만들어내다: 흐루셰프스키의 『우크라이나의 역사』와 우크라이나 정체성」 『러시아연구』 24-2, 2014, pp. 365-406; Serhii Plokhy, *Unmaking Imperial Russia: Mykhailo Hrushevsky and the Writing of Ukrainian History* (Toronto: University of Toronto Press, 2014).

8) 토착화 정책에 대해서는 Yuri Slezkine, "The USSR as a Communal Apartment, or How a Socialist State Promoted Ethnic Particularism," *Slavic Review*, 53-2, 1994, pp. 414-452를 보라. 물론 토착화 정책은 우크라이나에서만이 아니라 소련 전역에서 모든 소수민족을 대상으로 실천에 옮겨진 정책이었다. 소수민족의 언어와 문화를 단순히 보호하고 증진하는 것을 넘어, 필요한 경우 그 언어와 문화를 "창조"해내며 심지어 역사 및 집단기억까지 만들어 선물한 소비에트 정권의 집요할 정도로 강박적인 "친소수민족 정책" 때문에, 테리 마틴과 같은 미국 역사가는 소비에트 연방을 심지어 "소수민족 우대 제국(Affirmative Action Empire)"이라 명명했던 바 있다(Terry Martin, *The Affirmative Action Empire: Nations and Nationalism in the Soviet Union,*

러시아에 충성하는 독일인 귀족 가정에서 태어나 소비에트 정권이 강제한 우크라이나화 정책을 통해 어쩔 수 없이 우크라이나어를 배운 독일계 러시아인이, 그 누구보다도 반(反)러시아적이고 배타적인 민족 기반 우크라이나 중심주의자이자 민족주의자가 된 쉐벨로프의 사례는, 우크라이나 민족주의 운동의 근본적 취약성과 모순을 보여주는 또 다른 산 증거가 아닐까?9)

이렇듯 "우크라이나 혈통이 아닌 열혈 우크라이나 민족주의자들"의 사례가 보여주듯 우크라이나는 언제나 다민족/다문화 공동체였으며, 특히 많은 폴란드인과 유대인 및 러시아인들에게 우크라이나는 조상 대대로 수백 년간 정착해서 살아온 온 고향이나 다름없었다. 예컨대 적지 않은 수의 폴란드인들이 존재했던 서부 우크라이나의 경우 할리치나주의 주도 리보프(L'vov)는 1945년 5월까지도 인구의 무려 과반이 폴란드인이었는데, 이들은 이주민이 아니라 이 도시에서 수백 년 넘게 살아온 원주민이자 토착민이었다. 우크라이나는 또한 홀로코스트 이전까지 전세계에서 가장 많은 유대인이 몰려 살던 대표적인 유대인 거주지역이었다. 예카테리나 여제 시기 동부와 남부 우크라이나 지역은 "노보로씨야(Novo-Rossia: 새러시아)"라는 이 지역의 역사적 명칭에서 알 수 있듯이 제정 러시아 정부가 새로 개척하여 주민을 식민시킨 곳으로, 러시아인과 러시아화한 우크라이나인이 (유대인과 아르메니아인 및 그리스인과 더불어) 밀집하여 거주하던 지역이었다.10) 우크라이나 민족주의 운

1923-1939 [Ithaca: Cornell University Press, 2001]).

9) 원래 우크라이나에 거주하던 쉐벨로프는 미국으로의 망명 전 동부전선에서 퇴각하는 나치 독일군을 따라 독일로 도주하였는데, 나치 독일군의 우크라이나 점령 당시 쉐벨로프의 행각에 대해서는 OUN 가입 및 나치 부역 혐의로 여전히 많은 논란이 남아 있는 상태이다.

동이 "비(非)우크라이나적"인 우크라이나를 신속히 "우크라이나화"함으로써 우크라이나 민족과 국민국가를 새롭게 만들어야 한다는 해결책에 주목하게 된 것은, 서부에서는 폴란드인이 동부에서는 러시아인이 지배적인 이렇듯 "비(非)우크라이나적"인 우크라이나 내 민족분포에 대한 절박한 상황인식이 초래한 결과였던 것이다.

이 과제에 대해 학살과 추방이라는 간단한 해결책을 제시한 집단이 바로 이 책의 4장과 5장에서 다루는 우크라이나 민족주의자단(OUN)이다. 사실 (2022년 2월에 시작된 우크라이나 전쟁이 아닌) 2013년 11월에 시작된 "우크라이나 사태"에서 우크라이나 측의 책임을 우크라이나 민족주의의 특성인 배타성과 절박성에서 찾는다면, 이러한 극단적 민족주

....

10) 세바스토폴에서 헤르손, 마리우폴, 오데사와 같은 남부 우크라이나의 도시 대부분은 헬레니즘 시대 그리스 도시명을 따오거나 그리스어 어미 "-폴(polis)"을 붙여 도시명을 새롭게 조어(造語)한 고대 그리스식 명칭을 가지고 있는데, 이는 "무"에서 새롭게 이 도시들을 창조해내고 이름까지 명명(命名)한 제정 러시아의 예카테리나 여제가 열렬한 그리스 문화 애호가였기 때문이었다(Andrei Zorin, "Russkie kak greki: 'Grecheskii proekt' Ekateriny II i russkaia ola 1760−1770−x godov," in *Kormia dvuglavogo orla... Literatura i gosudarstvennaia ideologiia v Rossii v poslednei treti XVIII − pervoi treti XIX veka* [Moscow: Novoe literaturnoe obozrenie, 2001] pp. 32−64). 이 도시들은 모두 18세기 제정 러시아 정부가 인공적으로 계획하고 개발한 일종의 개척 신도시로, 제정 러시아의 정복 이전까지 이 지역은 오스만 제국의 봉신국가인 크림 한국의 영역에 속한 일종의 무인 지대였다. 유목민이었던 크림 타타르는 이 지역에 정주할 생각 자체를 하지 않았고, 따라서 이 지역에 러시아인과 우크라이나인과 같은 동슬라브계 주민이 거주하게 된 것은 제정 러시아의 정복으로 이 지역이 러시아 제국의 신영토, "새 러시아"로 편입된 이후의 일이다. 이러한 역사적 배경 탓에 1917년 이전까지 우크라이나 민족주의자들조차 이 지역을 "우크라이나의 역사적 영토"로 간주한 적이 단 한 번도 없었다는 사실은 주목할 만하다. "노보로씨야(새로운 러시아)"라는 명칭 자체가 암시하듯 이 지역은 제정 러시아가 개척하고 제정 러시아가 개발하였으며 러시아인(및 러시아화한 우크라이나인)이 주로 거주하던 "러시아의 땅"이었기 때문이다. 이 지역이 오늘날과 같이 우크라이나의 영토로 편입된 것은 소비에트 정권에 의한 일련의 인위적 행정구역 개편이 만든 결과였다.

의의 직접적 기원은 바로 우크라이나 토착의 파시스트 집단이었던 OUN에서 확인할 수 있다. 현재의 우크라이나가 네오나치 파시즘 국가라는 푸틴의 주장은 현실을 왜곡하고 과장하는 선동일 뿐이지만, 현재의 우크라이나 민족주의가 우크라이나 영토 내의 러시아어 사용자와 친러시아 우크라이나인들을 아우르는 통합적 이데올로기, 즉 "시민적 민족주의(Civic Nationalism)"가 아니라는 사실 또한 명백하며, 바로 여기에 푸틴이 저지른 실수와 악행의 치명적 비극성이 자리한다. 돌이켜 보면 이러한 배타적 민족주의가 사회 일각의 소수 의견에서 우크라이나 사회를 지배하는 주류 이데올로기로 다시금 떠오르도록 만든 계기 자체가, 바로 푸틴의 크림반도 병합과 우크라이나 내전 개입으로 본격화되었기 때문이다.

사실 문제 해결을 위한 조치가 문제를 더욱 악화시키거나 새로운 문제를 만드는 것은 러시아/소련 지도자들의 오랜 전통이자 관행이었다고 할 수 있다. 이 책의 4장에서 확인할 수 있듯이 OUN은 "인종적으로 순수한" 독립 우크라이나의 건설과 폴란드와 소련 사이에 동서로 쪼개진 조국 우크라이나의 통일을 꿈꾸었던 바 있으며, 서부 우크라이나에서 활동하던 OUN에게 주적은 바로 폴란드인이었다. 그런데 이러한 OUN의 꿈을 최종적으로 실현한 주체가 바로 OUN을 탄압한 당사자인 스탈린이었던 것은 우크라이나 역사의 또 다른 역설에 다름 아니다. 제2차 세계대전 종전 후 전후 처리에서 현재의 서부 우크라이나에 천 년 가까이 거주해 온 폴란드계 토착민 전원을 폴란드로 추방시킨 주역도, 과거 폴란드에 속했던 할리치나와 볼린 지방을 소비에트 연방 소속 우크라이나 사회주의 소비에트 공화국에 강제 편입시킴으로써, "역사상 처음으로" (OUN이 그렇게나 소망하던) 우크라이나의 "조국 통일"을 이뤄낸 주역 역시 바로 스탈린이었기 때문이다. 역사적으로 언제나 극렬한 반(反)폴란드 정서가 팽배했던 우크라이나가 오늘날 폴란드와의 역사적 화해를 이뤄낸 것은 푸틴의 러시아라는 강력한 적의 존재 때문만은 아니다. 스탈린의 대대적인 폴란드인 추방정책 덕택에 이제는 우크라이나 영토 내에 분쟁의 소지가 될 수 있을 만한 폴란드인 집단 자체가 존재하지 않기 때문이다. 역사적으로 독일을 제외하면 전세계적으로도 가장 강력한 반(反)유대주의 운동의 중심지였던 우크라이나가,11) 지금은 무려 유대인을 대통령으로 선출하며 반(反)유대주의의 흔

....

11) 우크라이나는 어느 한 연구자가 "[나치 독일이 등장하기 전까지] 유대인을 살해하고 괴롭히는 데 있어 우크라이나인들과 비견될 만한 기록을 가진 민족은 지구상에 존재하지 않는다(Peter Kenez, 'Pogroms and White Ideology in the Russian Civil War,' in John Klier and Shomo Lambroza, eds., *Pogroms: Anti-Jewish Violence in Modern Russian History* [Cambridge: Cambridge University Press 1992], p. 293)"라는 극단적 관측(물론 유대인 학살을 우크라이나의 문제라기보다는 "카자크의 문제"로 보는 필자로서는 결코 동의하지 않지만)을 내놓을 정도로 유대인 학살이 정례화된 일종의 전통처럼 뿌리내린 지역이었는데, 이러한 전통의 출발점으로 꼽히는 것이 16, 17세기에 일어난 일련의 카자크 봉기들이었다. 이 카자크 반란들은 모두가 대규모의 유대인 학살을 수반했고, 특히 그 정점이었던 "대홍수" 시기에는 최소 10만여 명 이상의 유대인들이 흐멜니츠키 휘하 카자크 봉기군에게 살해당한 것으로 추정되고 있다. 카자크의 유대인 학살은 이후에도 계속 상습적으로 반복되었으니, 예컨대 러시아 내전기(1917-1921) 우크라이나와 남부 러시아에서 광범위하게 자행된 포그롬(*Pogrom*)의 주역 역시 대부분 쿠반 카자크와 돈 카자크가 주축이 된 백군 부대였다. 한편 흐멜니츠키 봉기 당시 자포로지예 카자크 봉기군이 자행한 유대인 학살의 규모와 그 참혹함 및 잔인성에 대해서는 당대 유대인이 남긴 기록인 『절망의 심연』(Nathan Ben Moses Hanover, *The Abyss of Despair [Yeven Metzulah]: the Famous 17th Century Chronicle Depicting Jewish Life in Russia and Poland during the Chmielnicki Massacres of 1648-1649*, translated from Hebrew to English by Abraham J. Mesch with introduction of William Helmreich [New Brunswick and London: Transaction Publishers, 2009])을 참조하라. 현대 우크라이나의 국가적 직계 선조로 꼽히는 카자크 헤트만 국가를 수립한 1648년의 카자크 대봉기는 나치의 홀로코스트 이전에 일어난 여러 유대인 학살 중에서도 그 규모나 잔인성에 있어 역사상 최악의 사례로 꼽히고 있다.

적조차 찾을 수 없는 반(反)유대주의 청정국이 된 이유 또한 간단하다. 한때 전세계에서 가장 많은 유대인이 거주하던 이 지역에서 유대인들이 제2차 세계대전을 거치며 나치의 홀로코스트로 사실상 소멸해버렸기 때문이며, 유대인의 멸종과 더불어 반(反)유대주의 또한 사라져 버렸기 때문이었다. OUN이 "인종적으로 순수한 우크라이나 국가건설"을 위해 제거 대상으로 삼았던 "우크라이나 민족의 적" 세 집단 중, 현재는 오로지 러시아인만이 우크라이나 영토 내에 남게 된 상황인 것이다. 2022년 2월 러시아군의 갑작스러운 침공은 OUN의 이러한 "탈러시아화" 소망 역시 조만간 실현 가능한 현실적 시나리오로 만들고 있으니, 우크라이나의 완전한 "탈폴란드화"라는 OUN의 간절한 소망을 실현한 당사자가 소련의 스탈린이었던 것처럼, 우크라이나의 "탈러시아화"라는 OUN의 또 다른 꿈을 실현하는 주역 또한 러시아의 푸틴이 될 것인가?

이 책에서 독자들은 이렇듯 복잡하고 모순과 혼돈으로 가득 찬 우크라이나 지역사의 여러 문제적 과거를 마주하게 될 것이다. 이 조우에 앞서 필자가 독자들에게 당부하고 싶은 말이 있다. 역사는 정의와 선이 항상 승리하는 헐리우드 스타일의 히어로 영화가 아니다. 역사는 어떤 팀을 팬심을 담아 응원하는 축구 시합도 아니다. 진정으로 올바른 역사의식은 바로 "무엇이 사실인가?"를 확인하려는 의식이다. 이러한 측면에서 "우크라이나 문제"의 사실을 확인하는데 가장 큰 장애물은 바로 이 문제를 "우크라이나 민족사"의 시선에서 바라보려는 행위라 할 수 있다. 푸틴이 독재자이며 그가 전쟁을 일으킨 주범이자 당사자라는 사실을 부인하는 것이 명백한 사실 왜곡이듯이, 우크라이나 지역의 과거사를 "민족"과 "국민국가"라는 틀을 통해 바라보는 시선 또한 명백한 역사 왜곡이 아닐까? 이 시선에서 설명할 수 없는 헤아릴 수 없이 많은 역사적 사건들과 인물들이 존재하며, 앞서 언급했듯 민족사적 관점을 따르는 소위 "올바른 역사관"이란 결국 과거 역사적 인물과 사건에 대해 그 당시에는 존재하지도 않았던 "국적"과 이에 따른 가상의 "스토리"를 만들어 역사를 사실상 "제조"해내는 일종의 역사 왜곡일 뿐이기 때문이다. 이런 당부를 담으며 필자는 부디 이 책이 "우크라이나 문제"의 역사적 배경에 대해 궁금한 독자들의 지적 호기심을 채울 수 있는 계기가 되기를 소망해 본다.

　　마지막으로 이 책의 편집과 교정 작업을 맡아 큰 수고를 해 주신 박영사 편집부 전채린 차장님께 각별한 감사의 말씀을 전하고 싶다.

대전대학교 연구실에서

2022년 12월 1일

구자정

차 례 ───────────────────────────────────────

CHAPTER
01

In Search for the Roots of the Ukrainian Question

카자크 현상과 카자크의 땅
'우크라이나'의 탄생

Ｉ 들어가는 말

카자키(*Kazaki*)는[1] 과연 누구인가? 보통은 "카자크"라는 러시아어 원어보다도 "코사크(Cossack)"라는 영어식 표현으로 우리에게 더 친숙한 카자크 집단은 고골(Nikolai Vasilievich Gogol')의 소설, 『타라스 불바(*Taras Bul'ba*)』로부터, 톨스토이의 『카자키』, 미하일 숄로호프(Mikhail Aleksandrovich Sholokhov)의 『고요한 돈강(*Tikhii Don*)』, 그리고 일리야 레핀(Ilia E. Repin)의 그림, 『[터키] 술탄에게 보내는 [자포로지예] 카자키의 답장』[2] 등 러시아 문학과 예술을 통해서도 우리에게 잘 알려진

....

1) 카자키(*Kazaki*)는 "카자크들"을 의미하는 카자크(*Kazak*)의 러시아어 복수형이다.

2) 이 그림의 배경이 되는 "자포로지예 카자크의 답장"과 "자포로지예 카자크들에게 보낸 술탄의 편지"의 역사적 실체 여부에 대해서는 논란이 존재해 왔다. 이 편지가 위작이라는 것에 대해서는 역사가들의 의견이 대체로 일치하고 있는데, 이 편지가 카자키와 상관없는 후대인들이 창조해낸 완전한 위서에 불과한 것인지 아니면 진실은 아닐지라도 적어도 자포로지예 카자크들 자신이 직접 만들어 낸 것인지 여부에 대해서는 의견이 엇갈리고 있다. 전자의 견해에 대해서는 N. I. Kostomarov, "Sultan Turetskii i Zaporozhtsy," *Russkaia Starina*, 6－10, 1872, pp. 450－451을, 후자의 견해에 대해서는, M. N. Pokrovskii, N. M. Nikolskii and V. N. Storozhev, *Russkaia Istoriia s drevneiskikh vremen* (Moscow: Mir, 1911), pp. 40－41을 참조하라. 반면 투간-미르자-바라노프스키(Tugan-mirza-Baranovskii)와 같은 학자는 코스토마로프(Kostomarov)의 견해를 반박하면서 이 편지가 실제 역사적 사건인 1697년의 타반(Tavan) 포위전(700명의 자포로지예 카자크 수비대가 타반 요새에서 오스만 제국군에 포위되었다가 구출된 1697년의 사건)을 배경으로 한 것으로, 이 편지는 오스만 측의 항복 권고에 대한 답변으로 작성되었지만 실제로는 보내지 않았던, 카자크 자신들이 직접 작성한 서한이었다고 주장했다(A. A. Tugan-Mirza-Baranovskii, "Turetskii Sultan i Zaporozhtsy," *Russkaia Starina*, 8, 1873, pp. 92－93). 여기서 바라노프스키는 이 초안 대신 보냈다는 훨씬 순화된 표현으로 쓰인 편지 원문을 제시하고 있는데, 그는 편지의 출처를 밝히지 않고 있다. 이 문제에 대한 서구 역사학계의 견해에 대해서는 Victor A. Friedman, "The Zaporozhian Letter to the Turkish Sultan: Historical Commentary and Linguistic Analysis," *Slavica Hierosolymitana*, 2, 1978, pp. 25－38을 참조하라.

존재이다. 그러나 이들이 과연 누구이며, 역사적으로 어떠한 존재였는 가에 대해서는 상당한 혼란과 오해가 존재하는 듯하다. 아마도 발음의 유사성 때문이겠지만 혹자는 카자크를 오늘날 카자흐스탄(Kazakhstan) 공화국을 구성하는 튀르크계 유목민, "카자흐(*Kazakh*)인"과도 흔히 혼동하는바,3) 이는 심지어 카자크가 주인공으로 등장하는 상당수의 국내

----

3) 이러한 혼란은 부분적으로 소련 초기 소비에트 당국이 기존에 "키르기즈인 (*Kirghiz*)"으로 불려오던 유목 부족 집단에서 새로이 "카자흐(*Kazakh*)"라는 새로운 민족집단을 분류하면서 한동안 이들을 "카자크(*Kazak*)"로 표기했던 관행에 기인한다. 카자흐인과 키르기즈인은 언어적 문화적으로 대단히 유사하 며, 두 그룹이 동일한 민족인지 아니면 유사한 언어를 가진 별개의 민족인지 의 문제는 여전히 학계의 논란으로 남아 있다. 그러나 제정 시대를 포함하여 소비에트 초기인 1926년까지도 현대의 키르기즈인은 "검은 키르기즈인 (*Kara-Kirghiz*)" 또는 "산악 키르기즈인(*Gorno-Kirghiz*)"으로, 현대의 카자흐 인은 "키르기즈-카이사크(*Kirghiz Kaisak*)"라는 명칭으로 불렸고, 언어적 문화 적 유사성 때문에 양 집단은 원래 "키르기즈인"이라는 공통의 민족 카테고리 속에 묶여 있었다. 이러한 상황은 1926년 소련 당국에 의해 "키르기즈-카이사 키"와 "검은 키르기즈인"이 돌연 서로 다른 민족으로 선언되면서 변하기 시작 한다. "형태에서는 민족적으로 내용에서는 사회주의적으로"라는 슬로건 속에 서, 당대 소비에트 당국은 단순한 민족 분류를 넘어 필요한 경우 하나의 민족 을 인위적으로 만들어내기도 하였는데, 카자흐스탄을 비롯한 중앙아시아의 여 러 민족 공화국들은 소비에트 정권의 이러한 "민족 창조 정책"이 적용된 대표 적인 사례였다고 할 수 있다. "키르기즈-카이사키" 역시 자신들의 공화국을 구 성하도록 장려되었고, 이때 이들이 채택한 공화국 이름이 바로 "카자크스탄 (Kazakstan)"이었다. 카자크스탄의 "카자크"는 명백히 키르기즈인들이 정주생 활을 하는 주민들(사르트[*Sart*]인이나 타지크[*Tajik*])인과 구별하기 위해 사용 하던 명칭인 "카이사키"의 러시아어 음차였다. 오늘날 우리에게 친숙한 "카자 흐스탄"이라는 명칭이 등장한 것은 1936년 새로운 스탈린 헌법에 따라 "카자크 스탄 자치공화국"이 소비에트 연방을 구성하는 하나의 독립 공화국, "카자흐스 탄"으로 승격되었을 때부터로, 명칭의 표기를 바꾼 이유는 물론 러시아 카자크 집단과의 혼동을 피하기 위해서였다. 그러나 오늘날의 카자흐스탄 내에서는 "카자흐스탄" 이외에도 "카자크스탄"이란 표현이 공식 명칭으로 동시에 사용되 고 있다. 문제를 더 복잡하게 하는 것은 "카이사키"와 "카자크" 간 어원상 관련 성인데, 이 문제는 명확히 규명되지 않았으나, 에바르니츠키(D. I. Evarnitskii, 우크라이나어: 야보르니츠키[Iavornitskii])와 같은 우크라이나 역사가는 카자흐 인이 스스로를 부르는 명칭인 "카이사키"와 "카자크"가 동일한 튀르크어 어원 에서 나왔으리라고 추정하고 있다(D. I. Evarnitskii, *Istoriia zaporozhskih*

러시아 문학 번역서에서도 자주 발견되는 오류이기도 하다.4) 이러한 혼란은 일견 국내 러시아/우크라이나 사학계의 좁은 저변 탓일 수도 있겠지만, 따지고 보면 "카자크가 과연 누구인가"라는 질문에 대해 답하기 힘든 것은 우리나라만의 현상은 아니었다. 이는 바로 카자키의 본고장인 러시아와 우크라이나에서도 카자키가 누구이며 어떠한 역사적 존재였는가에 대해서는 상당한 이견과 혼란이 존재해 왔기 때문이다.

　　러시아와 우크라이나의 역사에 등장하는 카자키의 면모는 일견 일관성이나 공통점을 찾기 어려울 만큼 다양했다. 카자크는 폭도인 동시에 기사이며, 강도떼인 동시에 전문적인 전사 집단이며, 해적떼인 동시에 탁월한 기병이며, 유목민인 동시에 농민이자 어부였다.5) 혹자

----

kazakov, 3 vols. [St. Petersburg: Tipografiia I. N. Skorokhodova, 1892－1897], vol. 2, pp. 5－6). 자세한 내용은 다음의 연구를 참조하라. Shirin Akiner, *Islamic Peoples of the Soviet Union* (Boston: Kegan Paul International, 1983), p. 286; Ronald Wixman, *The Peoples of the USSR: An Ethnographic Handbook* (Armonk, NY: ME Sharpe, 1984), pp. 107－108; Sally Cummings, *Kazakhstan: Power and the Elite* (New York and London: I. B. Tauris, 2005), p. 15; Martha Brill Olcott, *The Kazakhs* (Stanford: Hoover Institute Press, 1995), p. 4. 카자흐, 투르크멘, 우즈벡, 키르기즈 등 부족 연합체로 존재하던 중앙아시아의 튀르크계 유목 부족 집단들을 "토착화(*Korenizatsiia*)"라는 기치 아래 문어(文語)와 영토를 가진 근대적 의미의 민족으로 "창조"해낸 소비에트 민족정책에 대해서는 Yuri Slezkine, "The USSR as a Communal Apartment, or How a Socialist State Promoted Ethnic Particularism," *Slavic Review*, 53－2, pp. 414－452; 구자정, 「이식된 근대, 만들어진 민족, 강제된 독립 － 소비에트식 "민족창조"를 통해 본 중앙아시아 지역 유럽 근대성의 착종 －」『역사문화연구』 44, 2012, pp. 169－230; 구자정, 「"맑스(Marx)"에서 "스탈린(Stalin)"으로 － 맑시즘 민족론을 통해 본 소비에트 민족정책의 역사적 계보 －」『史叢』 80, 2013, pp. 441－485를 참조하라.

4) 이 오류는 문학 작품의 번역본에서만이 아니라, 심지어 러시아 역사와 혁명을 개관하는 역사서에서도, 심지어 학술 논문에서도 흔히 발견되고 있다.

5) 훗날 러시아 제정에 의해 인위적으로 "창조"되는 보이스코(*Voisko*: 카자크 군관구)들과 달리 자연적으로 성장한 초기 카자크 보이스코들의 특징은 여러 강(돈강, 드네프르[Dnepr]강, 쩨렉[Terek]강, 야이크[Iaik]강)의 주변에 위치했다

에게 이들은 봉건적 전제정에 대항하는 농민 반란의 기수로 인식되지만, 다른 이들에게 카자키는 차르를 위해 충실히 봉사하는 제정의 헌병에 다름 아니었다. 볼셰비키에게 카자키는 "러시아판 방데(*Russkaia Vandeia*)"를 만들어낸 반(反)혁명의 원흉이었지만,[6] 막상 이 반(反)혁명을 이끌고 볼셰비키와 싸우던 백군운동의 지도부는 한때 카자키를 "볼셰비키"라 불렀던 것이다.[7] 우크라이나인에게 카자키는 러시아와 차별되는 우크라이나 국가의 원형을 만든 민족 영웅으로 간주되고 있지만 현대 러시아인에게 카자키는 러시아의 변경을 개척한 애국주의의 상징이었다.[8] 제정 러시아 시기 카자크들은 사실상 법적 "신분(*Soslovie*)"으로 존재했지만, 러시아 혁명기 남부 러시아의 카자키, 특히 쿠반 카자키(*Kubanskie kazaki*)는 스스로가 "민족"임을 주장하며, "민족

....

는 점인데 이 결과 카자키의 주 생업 중의 하나는 어업이었다. 어로권은 카자키의 가장 중요한 특권들 중 하나였고 특히 "야이크 카자키(푸가쵸프 [Pugachov] 반란 이후에는 제정에 의해 '우랄 카자키'로 개칭)"는 전사로서 뿐만이 아니라 뛰어난 어부로서도 이름이 높았다.

6) L. Berz, ed., *Lenin o Done i Severnom Kavkaze* (Rostov-na-donu: Rostovskoe knizhnoe izdatel'stvo, 1969), pp. 128-129.

7) *Gosudarstvennyi arkhiv Rossiiskoi Federatsii* (이하 "GARF"로 약칭), f. r-446, op. 2, d. 26, l. 26ob. 러시아 내전기 특히 카자키와의 갈등이 격화되어 가던 1919년 여름 백군 지도부는 쿠반 카자크 보이스코의 분리, 독립을 추구하던 쿠반 라다(*Rada*: 자포로지예 카자크의 의회) 내 "사모스찌이니크(*Samostiinik*: 사모스찌이노스찌[독립]를 추구하는 사람)" 그룹을 "볼셰비키" 및 "코뮤니스트(*Kommunist*)"라 비난했다(*ibid*.). 반면 쿠반의 이들 "카자크 볼셰비키"는 백군 지도부를 러시아의 극우 조직의 이름에 빗대어 반(反)혁명을 추구하는 "흑백인단(*Chernosotenstvo*)"이라 비난했다(*Gosudarstvennyi arkhiv Krasnodarskogo Kraia* [이하 "GAKK"로 약칭], f. r-1547, op. 1, d. 131, l. 29ob).

8) T. V. Tabolina, *Vozrozhdenie Kazachestva, 1989-1994: Istoki, Khronika, Perspektivy* (Moscow: Rossiiskaia akademiia nauk, Institut etnologii i antropologii im. N. N. Miklukho-Maklaia, Tsentr po izucheniiu mezhnatsionalnykh otnoshenii, 1994), p. 294.

자결주의"에 입각한 "카자크 공화국"을 수립하려고 기도했다.[9] 반면 같은 시기 다른 카자크들, 예를 들어 극동 지방의 아무르 보이스코 (*Amurskoe voisko*)의 카자키는 아무르 보이스코의 폐지를 선언하고 "농민으로의 귀환"을 선택했던 것이다.[10] 이렇듯 러시아 애국주의의 아이콘인 동시에 "반(反)러시아 분리주의자(*Samostiiniki*)"이고, 우크라이나인의 역사적 선조로 간주되는 동시에 "러시아의 아들"이며, 폐지될 수있는 "법적 신분"인 동시에 독자적 국가 건설의 자격을 갖춘 "민족"임을 주장하던 카자키의 존재와 역사는 분명히 모순적이다. 그렇다면 도대체 카자크는 누구인가? 그들은 어떠한 역사적 존재였으며 어떻게 이들을 규정해야 하는 것인가? 이번 장에서는 바로 이러한 질문에 대해 답해 보고자 한다. 오늘날 카자크 문제에 대해 존재하는 혼란은 어떤면에서 본다면 당연한 것이었다. 이는 카자크 집단의 역사적 형성과 발전과정이 내포한 "경계인"으로서의 본질적 속성 때문이다.

....

9) 러시아 내전기 남부 러시아에서는 볼셰비키 러시아로부터 독립하여 독자적인 카자크 공화국을 수립하려는 움직임이 등장했는데, 이러한 "카자크 분리주의"의 선두에 섰던 것은 쿠반 카자크 보이스코였다. 쿠반 분리주의에 대해서는 필자의 졸고, Ja-Jeong Koo, "Universalizing Cossack Particularism: 'the Cossack Revolution' in the Early 20th Century Kuban'," *Revolutionary Russia*, 25-1, 2012, pp. 1-29; Koo, "From an Estate to a Cossack Nation: Kuban' *samostiinost'*, 1917," *Europe-Asia Studies*, 66-10, 2014, pp. 1649-1678을 보라.

10) V. N. Abelentsev, ed., *Materialy regional'noi nauchno-prakticheskoi konferentsii "Priamur'e ot pervokhodtsev do nashikh dnei, posviashchennoi 360-letiiu pokhoda V. D. Poiakova i 150-letiiu pervogo Murav'evskogo splava po Amuru (liudi, sobytiia, fakty)," 23-24 oktiabria 2003 g.* (Blagoveshchensk: Amurskii oblastnoi kraevedcheskii muzei, 2003), p. 153. 1918년 4월 1일 아무르 카자크 보이스코의 크루그(*Krug*. 카자크의 의회)는 카자크 신분의 폐지와 아무르 카자크 보이스코의 자진 해산을 결의하고 "농민"으로서 아무르주 농민 회의와의 통합을 결의하였다(*ibid.*).

❚ 스텝 문명과 정주 문명의 경계에서: "콰자크"에서 "카자크"로

카자크 집단의 경계인적 속성은 바로 카자크라는 단어의 어원 속에 이미 내포되어 있었다. 러시아어 "카자크(Kazak)", 또는 우크라이나어 "코자크(Kozak)"는 어원학적으로나 음성학적으로 슬라브어계의 어휘가 아니었기 때문이다.[11] 학계에서 일반적으로 받아들여지는 설명은 "카자크"가 튀르크어, 특히 12세기 남부 러시아를 지배했던 폴로베츠(Polovets)인의 어휘, "콰자크(Qazaq)"에서 유래하였다는 것이다.[12] 튀르크어 "콰자크"를 확인할 수 있는 최초의 용례는 중앙아시아의 돌궐 제국이 남긴 오르혼강(7세기) 비문(Orhun Yazıtları)에서 발견된다. 이 비문에서, 동사 "Qazyan"은 "모으다," "정복하다"라는 의미로 사용되었다. 몽골 침입 전까지 남부 러시아 스텝을 지배했던 폴로베츠인 사이

----

11) Omeljan Pritsak, "The Turkic Etymology of Word *Qazaq* 'Cossack'," *Harvard Ukrainian Studies*, 28-1/4, 2006, pp. 237-238. 관행적으로 문학 서적뿐만 아니라 많은 역사 서적에서도 카자크를 보통 영어식인 "코사크"로 표기하고 있는데, 이 글에서는 우리나라에서 관용적으로 사용되는 "코사크"보다는 "*Qazaq*"라는 어원에 더 가까운 러시아어 원어 "카자크"를 사용하고자 한다. 유럽인들에게 친숙한 카자크의 영어식 명칭 "Cossack"와 프랑스어 "Cosaque"는 러시아어 "*Kazak*"가 아니라 우크라이나어 "*Kozak*"의 음차인 폴란드어 "*Kozac*"에서 유래하였다. 러시아어의 "a"가 우크라이나어에서는 일반적으로 "o"로 바뀌는 치환 현상을 고려하면 우크라이나 "*Kozak*"와 러시아어 "*Kazak*"는 사실상 동일한 표현이라고 할 수 있다. 그러나 이 글의 본문에서도 다루고 있듯이, 폴로베츠 튀르크어 "*Qazaq*"에서 기원한 카자크의 어원을 가장 잘 보존하고 있는 표기는 러시아어 "*Kazak*"이다.

12) P. V. Golubovskii, *Pechenegi, torki i polovtsy* (Kiev, 1884), p. 211, Evarnitskii, *Istoriia*, vol. 2, p. 6에서 재인용; Mikhailo Hrushevskii, *Istoriia Ukrainy-Rusy*, 10 vols. (L'vov-Vienna-Kiev, 1898-1936; New York, 1954-1958; Kiev, 1991-1994), *History of Ukraine-Rus'*, 10 vols, translated from Ukrainian to English (Toronto-Edmonton: Canadian Institute of Ukrainian Studies Press, 1999-[ongoing]), vol. 7, p. 60 (page citations are to the English edition); Pritsak, "The Turkic Etymology," p. 238.

에서 고대 튀르크어의 동사 "*Qazyan*"은 "*Qaz*"란 형태로 더욱 단순화되어 사용되었는데, "*Qazaq*"는 이 동사의 명사형으로 "정복하는 사람," 또는 "약탈하는 사람"을 의미했다.[13]

폴로베츠인은 몽골의 침입 이후 역사의 무대로부터 퇴장했지만, "콰자크"란 어휘는 살아남았다. 예컨대 1308년 크림 반도 동부의 도시 수닥(Sudak)에 거주하던 타타르인들은 다음과 같은 기록을 남겼다. "사마크(Samaq)의 아들 … 알말추(Almalchu)가 사망했다. 오! 이 젊은이는 … 콰자크들의 칼에 피살되었다."[14] 1412년 페르시아의 작가 나탄지(Natanzi)는 카스피해 북부의 유목민을 지칭하며 다음과 같은 기록을 남겼다. "그[유목민]는 이 지역에서 '콰자크'의 방식으로 돌아다닌다."[15] 인도 무굴 제국의 창건자이며, 뛰어난 무인인 동시에 문인이면서도 그 자신 유목민의 생활양식을 유지했던 바부르는 자신의 회고록에서 역시 "콰자크"란 표현을 사용하였는데, 여기에서의 의미 역시, 스텝을 방랑하는 "정복자" 또는 "약탈자"라는 뜻이었다.[16] 1449년 크림 반도의 제노바인들 역시 이들 콰자크들의 약탈 행위 및 이와 관련된 분규에 대한 기록을 남겼다. 1474년 크림 타타르 한국의 지배하에 있던 도시, 카파(현재의 테오도시아[Teodosia])의 대상단(隊商團)이 비적떼에게 약탈을

....

13) *Ibid.*

14) Archimandrite Antonin, "Zametki XIII−XIV veka, otnosiashchiesia k krymskomu gorodu Sugdee (Sudaku), pripisannye na grecheskom sanaksare," *Zapiski Imperatorskogo odesskogo obshchestva istorii i drevnostei*, 5, Odessa, 1863, p. 613, Hrushevskii, *Istoriia*, vol. 7, p. 60에서 재인용.

15) Pritsak, "The Turkic Etymology," p. 239. 이 기록 역시 과거 키르기즈(오늘날의 카자흐) 유목민들이 스스로를 부르던 명칭인 "카이사키"와 현대의 "카자크" 간 어원적 연관성을 시사하는 사례일 것이다.

16) *Ibid.*

당했을 때 사용한 표현 역시 "콰자크"였던 것이다.[17]

러시아어 문헌에 "카자크들(Kazaki)"이란 표현이 등장하는 것은 15세기 이후의 일로,[18] 이 표현을 담은 최초의 기록은 16세기에 편찬된 니콘 연대기(Nikonskaia letopis')로 알려져 있다.[19] 니콘 연대기에 등

....

17) Hrushevskii, *Istoriia*, vol. 7, p. 60; Philip Longworth, *The Cossacks* (London: Constable, 1969), p. 13.

18) F. M. Starikov, *Otkuda vzyalis' kazaki: istoricheskii ocherk* (Orenburg, 1881), p. 6; V. N. Kazin, *Kazach'i voiska: Khroniki gvardeiskikh kazach'ikh chastei pomeshcheny v knige Imperatorskaia gvardiia* (St. Petersburg, 1912), p. 5.

19) "Nikonskaia letopis'," *Polnoe sobranie russkikh letopisei*, vol. 12 (St. Petersburg, 1901), pp. 61–62. 러시아 내전기 독립 우크라이나의 초대 수반을 지낸 우크라이나의 민족주의 역사가, 흐루셰프스키는 카자크의 역사를 "우크라이나적 현상"으로 설명하려고 시도했다. 이러한 목적에서 흐루셰프스키는 니콘 연대기에 나온 랴잔 카자크들(즉 지역적으로 명백히 비[非]우크라이나적인)에 대한 기록의 신빙성을 의도적으로 의심하고 있다(Hrushevskii, *Istoriia*, vol. 7, p. 61). 그러나 카자키란 말 자체는 언급되고 있지 않지만, 타타르인의 랴잔 습격과 전투 자체는 "예르몰린 연대기(*Ermolinskaia letopis'*)"에 더 자세히 묘사되어 있다. 자세한 내용은 "Ermolinskaia letopis'," *Polnoe sobranie russkikh letopisei*, vol. 23 (1901), pp. 151–152를 참조하라. 카자크가 러시아인과 구별되는 하나의 "민족," 또는 "준 민족(Sub-ethnos)"임을 주장하는 "자칭" 카자크 출신 재야 러시아 학자들과, 구밀료프(Lev Gumilev)의 "스텝 민족형성론(*Etnogenez*)" 및 특히 그의 대표 저서 중 하나인, "민족형성과 토지 생태계(Gumilev, *Etnogenez i biosfera zemli* [Leningrad: Gidrometeoizdat, 1990])"의 영향을 받은 신(新)유라시아 학파에 속한 일부 제도권 학자들은 카자크의 기원을 10세기 이전, 심지어 그리스/로마 시대로 소급시키고 있는데, 필자의 졸견으로 이들 저서 대다수는 역사서라기보다는 "픽션"에 가깝다. 이들 중 일부는 "하자르(Khazar)인"을 카자크의 선조 중 하나로 간주하며, 심지어 어떤 이들은 카자크 집단을 스키타이인과 사르마티아인의 후예로 주장하면서 "고대 문명"으로서의 "카자크 문명"을 주장하기도 한다. 소련 해체 이후 카자크 역사에 대한 재조명이 시도되면서 이런 류의 주장을 담은 대중적 역사서는 일일이 열거하기 어려울 만큼 많은 종류가 쏟아져 나오고 있는데, 문제는 이러한 역사서들이 비록 엄격한 사료 비판과 고고학적 증거, 교차 검증이 결여되어 학문적 엄밀성이 부족함에도, 카자크 집단의 부활과 재조명이 시도되는 오늘날의 러시아에서 상당한 인기를 누리면서 심지어 제도권 학계의 역사서술에도 영향을 미치고 있다는 점이다. 구밀료프의 영향을 받은 대표적인 저작으로 최소한의 학

장하는 카자키는 러시아 연대기에서 언급된 최초의 사례라는 점 외에
도 "콰자크"의 원 의미와는 일견 배치되며 훗날 제정 시대의 "카자크
들"과 유사한 행태를 보여주었다는 점에서도 주목할 만하다. 연대기의
기술에 의하면 1444년 랴잔(Riazan)을 침공한 타타르인을 격퇴하기 위
해 모스크바 공국에서 장군(Voevoda),[20] 바실리 오볼렌스키(Vasili
Obolenskii)와 보야르 안드레이 골쨔예프(Andrei Goltiaev)가 이끄는 구
원부대가 랴잔으로 파견되었다. 후퇴하는 타타르군과 구원군은 랴잔
인근의 스텝에서 조우했고, 이어 벌어진 전투는 러시아 측에 유리하게
전개되었다. "강한 추위와 바람 때문에 자신의 주요 무기인 활로 화살
을 쏠 수가 없었던" 타타르인들은 패색이 짙어갔지만, "절대 항복하지
않았다."[21] 카자키가 등장하는 것은 바로 이 시점으로, 니콘 연대기는
그 다음에 전장에 도착한 모르드바인(Mordvians) 부대와 징집된 러시아
인 농민들로 추정되는 "큰 규모의 보병 부대(Bol'shaia peshaia rat')" 및

....

술성을 갖춘 몇 저작을 열거하자면, Valerii Nikitin, *Kazachestvo: Natsiia ili
soslovie?* (Moscow: Iauza. 2007); V. F. Avramenko, *Dikoe Pole: Istoriia
Kazakov, Fakty i gipotezy* (Krasnodar, 2002); V. P. Trut, "K vopros ob
etnosotsial'nom oblike kazachestva v nachale veka i problemakh ego
vozrozhdeniia na sovermennom etape," in A. V. Shestakova, ed., *Problemy
istorii kazachestva: sbornik nauchnykh trudov* (Volgograd: Izdatel'stvo
Volgogradskogo gosudarstvennogo universiteta, 1995); B. E. Frolov, "U
istochnikov Chernomorskogo voiska (chislennost', natsional'nyi i sotsial'nyi
sostav)" in *Problemy istorii kazachestva*를 참조하라. 소비에트 연방 붕괴 이
후 러시아 학계를 풍미하는 이러한 "카자크 민족론"의 유행에 대해 소비에트
연방 시절 돈 카자크 역사의 권위자이던 코즐로프(A. I. Kozlov)는 사료를 왜
곡하는 "극단주의"라 비판하고 있다(A. I. Kozlov, "Kazaki — natsiia,
soslovie?" in *Problemy istorii kazachestva*). 우크라이나 학계에서는 러시아 재
야사학자들의 이러한 "카자크 민족론"에 동조하지 않으며 동조할 필요도 없다.
이들에게 카자크 민족은 바로 우크라이나인 자신이기 때문이다.

20) "보예보다"는 더 후대에 가서는 군정과 민정을 겸하는 주지사의 의미를 띠게 되
지만, 연대기에서는 "군 사령관," 또는 "군 지휘관"의 의미로 주로 사용되었다.

21) "Nikonskaia letopis'," p. 62.

"랴잔 카자키(*Kazaki Riazanskie*)"가 끝까지 저항하는 타타르인에게 최후의 일격을 가했다고 기록했던 것이다.[22] 카자키에 대한 기술은 동시대 폴란드의 기록에서도 등장하는데, 여기서 카자키는 여전히 "약탈자"를 지칭하는 의미로 사용되었다. 예를 들어 1469년 폴란드의 성직자이며 외교관이던 얀 두우고쉬(Jan Dlugosz)는 자신의 "폴란드 왕국 연대기(*Annales seu cronicae incliti Regni Poloniae*: Annals or Chronicles of the Famous Kingdom of Poland)"에서 "타타르인들이 '카자키'라 부르는 도망자와 추방자로 구성된 대규모의 타타르군이 칸(Khan) 마니아크(Maniak)의 지휘하에 볼가강을 건너 … 폴란드를 침공했다"[23]는 기록을 남겼다. 두우고쉬에 의하면 폴란드 왕 카지미에쉬는 크림의 칸 멩글리 기레이(Mengli Girey)에게 도움을 청하는 한편 왕국 전역에서 병력을 소집하여 격전을 벌인 후에야 이 "카자크들의 침공"을 격퇴할 수 있었다.[24] 카자키란 표현은 소피아 제일 연대기(*Sofiiskaia pervaia letopis'*)에 1471년 모스크바 공국의 왕공 이반 3세의 노브고로드 공격을 묘사하는 장면에서 또다시 등장하는데, 여기서 묘사된 카자크들 역시 랴잔 카자키처럼 약탈자가 아니었다. 모스크바 공국 측에서 공격에 참가한 일군의 타타르인 집단의 존재를 언급하며 연대기에서는 이들을 지칭하기 위해 "카자키"라는 표현을 사용하였던 것이다.[25]

....

22) *Ibid*.
23) Jan Dlugosz, *Annales seu cronicae incliti regni Poloniae*, 1511, *The Annals of Jan Dlugosz*, translated and abridged by Maurice Michael from the Polish translation of the original Latin manuscript by Julia Mrukowna (Chichester, West Sussex: IM Publications, 1997), p. 573 (page citations are to the English edition); Evarnitskii, *Istoriia*, vol. 2. p. 7.
24) Dlugosz, *Annales*, p. 573.
25) "Sofiiskaia pervaia letopis'," *Polnoe sobranie russkikh letopisei*, vol. 6 (1901), p. 9.

한 기록에는 "약탈자"로서, 다른 기록에서는 "약탈에 대한 방어자"로서, 또 다른 기록에서는 일종의 "용병집단"과 유사한 역할로 등장하는 이들 카자크들은 과연 어떻게 이해되어야 하는 것일까? 상기한 기록에서 우선적으로 추론해 낼 수 있는 사실은 러시아어 "*Kazak*"와 튀르크어 "*Qazaq*" 간의 명백한 연관성이다. 시기적 연속성과 표현의 유사성을 고려한다면, 러시아와 폴란드의 기록에 등장하는 "*Kazak*"가 페르시아와 크림 반도의 기록에서 등장하는 "*Qazaq*"에서 유래한 표현이라는 사실을 짐작하는 것은 어렵지 않다. 카자크란 단어의 튀르크적 기원은 "타타르인 집단"을 "카자키"라 명시적으로 표현한 1469년과 1471년, 1474년의 기록으로도 뒷받침된다. 비록 분명하게 명시되지는 않았지만, 1444년의 "랴잔 카자키" 역시 연대기에서 이들을 피노-우그리계통의 이민족인 모르드바인과 더불어, 아마도 징병된 러시아 농민으로 추정되는 "보병 부대"와 구분하여 언급한 사실을 고려한다면, 이들 역시 러시아인이 아닌 아마도 타타르계의 용병집단이었다고 추론할 수 있으며 이 추측은 1471년 소피아 연대기의 기술로 뒷받침된다. 그렇다면 여기서 제기되는 의문은 때로는 "약탈자"로 때로는 "용병"으로 등장하는 이들 타타르계 집단이 누구이며 이들은 기존의 타타르인과 어떻게 달랐던 것인가의 문제이다. 폴란드인과 리투아니아인, 러시아인들에게 타타르인의 약탈과 내습은 오랜 기간 일상적으로 일어나던 익숙한 사건이었기에, "카자키"라는 새로운 표현의 사용은 이들이 이전까지 러시아의 삼림지대에 나타난 유목민들과는 성격이 다른 별개의 집단으로 비추어졌다는 점을 시사하기 때문이다.

그 차이는 바로 "콰자크적 생활 방식"에 있었다. 다시 말해 러시아의 연대기에 등장하는 카자키란 단어는 일종의 생활 방식을 의미하는 표현이었던 것이다. 카자키는 어떤 특정한 집단을 의미하기보다는, 국가 권력의 통제를 받지 않은 채 스텝 지역을 유랑하며 약탈을 주업으로 하되 경우에 따라 고용되어 일종의 용병으로 활동하기도 하는, 주로 타타르인으로 구성된 일종의 "프리랜서 약탈 집단"을 지칭하기 위해 사용되었던 표현이었다고 볼 수 있다. 불충분하고 단편적인 사료 때문에 지금까지 나온 그 어떤 연구도 이들 초기 카자크들의 역사에 대해 가설 수준 이상을 제시하지 못하고 있지만, 늦어도 14세기 이후부터 우크라이나와 남부 러시아의 초원지대, 러시아어로는 이른바 "거친 스텝(*Dikoe Pole*: Wild Steppe)"으로 알려진 초원 지대를 중심으로 "콰자크의 생활 방식"을 영위하는 일군의 방랑 유목 집단이 존재하고 있었다는 점은 분명해 보인다. "콰자크"란 폴로베츠어가 폴로베츠인의 퇴장 이후에도 사용되고 러시아를 비롯한 주변 정주 문명으로 전파되어 나갔던 것은 명백히 중앙권력의 통제를 받지 않는 채 "콰자크의 생활 방식"으로 생활하는 방랑집단의 존재와 이들의 계속된 활동을 시사하기 때문이다.

　　"콰자크의 생활 방식"의 확산이 일어나게 된 배경을 이해하는 것은 어렵지 않다. 이는 스텝의 유목민들에게 절대적인 지배력을 행사하던 스텝 제국의 붕괴, 즉 킵차크 한국의 쇠퇴와 분열이 가져온 결과였다. 주지하듯이 킵차크 한국을 약화시킨 요인은 크게 두 가지가 꼽힌다. 첫째는 내부에서 칸위를 두고 벌어진 일련의 내전으로, 이 결과 유목 제국 내부에는 원심적인 경향이 증대되기 시작했다. 두 번째의, 아마도 킵차크 한국의 쇠퇴에 더욱 직접적이었을 계기는 14세기 말 킵차크 스텝에 홀연히 출현하여 수도 사라이를 불태우고 킵차크 한국에 큰 타격을 가했던 티무르(Timur)의 침략이었던 것으로 보인다. 칭기즈칸의 장자, 조치 가문에 속한 울루스(Ulus) 중의 하나로서 킵차크 스텝을 중심으로 한때 서부 유라시아의 패권을 장악했던 킵차크 한국은 사라이의 함락으로 물리적인 타격뿐만이 아니라 상당한 권위의 손상을 입었기 때문이다.[26) 사라이는 다시 재건되었지만, 한때 서쪽으로는 헝가리에서 동쪽으로는 키르기즈 스텝에 이르는 광활한 영역을 지배하던 대스텝 제국의 위상은 복원되지 않았다. 토흐타믜쉬(Tokhtamysh)의 축출 이후부터 킵차크 한국 내의 권력 투쟁은 점차 원심적인 경향을 띠기 시작했고, 15세기 전반에 벌어진 내전에서 칸위 후보자들은 제국의 수도 사라이를 차지하는 것에는 더 이상 큰 의미를 두지 않았다. 이들은 킵차크 한국의 칸 지위를 두고 다투기보다는 각자의 근거지에서 독자적인 한국을 건설하는 것에 더 관심을 가졌기 때문이다. 이 결과 15세기 후반에 이르면 볼가강 하구의 아스트라한(Astrakhan)에서, 크림(Krym) 반도에서, 볼가강 중류의 카잔(Kazan)에서 킵차크 한국의 지배로부터 독립적인 한국들이 출현하였고, 킵차크 한국의 영역은 점차 축소되어 사라이를 중심으로 한 일부 영역만을 지배하는 유명무실한 존재가 되었다. 킵차크 한국의 본거지에 결정적인 타격을 가하여 멸망시킨 세력이 그들의 불구대천의 원수였던 러시아인이나 리투아니아인 또는 폴란드인이 아니라 바로 킵차크 한국에서 분리한 크림 한국이었다는 사실은 역사의 아이러니였으니, 1502년 사라이를 습격하여 수도를 불태우고 킵차크 한국의 잔존체를 철저하게 파괴했던 장본인은 러시아인이나 폴란드인이 아니라, 바로 킵차크 한국의 계승자임을 주장했던

26) B. A. Akhmedov, R. G. Mukminova and G. A. Pugachenkova, *Amir Temur: Zhizn' i obshchestvenno-politicheskaia deiatel'nost'* (Tashkent: Universitet, 1999), p. 45.

기레이 가문의 칸, 멩글리 기레이였던 것이다.[27]

　　1502년의 사건은 남부 러시아 대스텝 중심부에 자리하던 제국의 붕괴를 선언하는 상징적인 사건이었다. 다른 세 계승 한국들은 스텝의 중심이 아니라 변경에 위치하고 있었지만, 이들 한국의 칸 어느 누구도 실질적으로 사라이를 중심으로 한 통일 스텝 제국을 재건하려고 시도하지 않았던 것은 의미심장하다. 킵차크 한국의 쇠퇴와 멸망으로 가장 큰 이익을 본 것은 점진적으로 타타르의 멍에로부터 벗어나던 모스크바 공국과 북서 러시아의 새로운 강자, 리투아니아 공국이었지만, 적어도 16세기 이전까지 이 두 국가는 아직 스텝 지역에 영향력을 행사할 만큼 강력하지 않았다. 1475년 크림 한국을 신속시킨 오스만 제국의 주 관심사는 발칸 반도였고, 크림 한국을 통해서 간접적으로 영향력을 행사하는 것에 만족하고 스텝 자체에는 진출하지 않았다. 이 결과 킵차크 한국의 쇠퇴와 더불어 13세기 이래 강력한 유목 통일 제국의 지배하에 있던 대스텝, 즉 드네프르강에서 돈강을 거쳐 볼가강으로 이어지는 남부 러시아 초원지대는, 정주문명과 유목문명 사이의 일종의 세력 균형이 이뤄지는 무주공산으로 "콰자크의 생활 방식"을 추구하는 방랑자들의 배회지, 당대 루시인의 표현을 빌자면, "디코예 폴레(*Dikoe Pole*)"가 되었다.

　　연대기에 등장하는 초기의 카자크들은 바로 킵차크 한국의 통제로부터 벗어났으나 스텝의 변경에 자리한 계승국가들에도 소속되지 않았던, 이들 "프리랜서 약탈 집단"과 관련이 있다고 추측할 수 있다. 앞서 언급한 연대기에 등장하는 "타타르 카자크들"에서 볼 수 있듯이, 초기

....

27) John Joseph Saunders, *The History of the Mongol Conquests* (Philadelphia: University of Pennsylvania Press, 2001), p. 168.

"콰자크"의 생활 방식을 추구하던 집단의 주축을 이룬 이들은 분명 튀르크계였다. 이들 튀르크계 "콰자크"의 주 생업은 재화 약탈뿐만이 아니라 슬라브계 농민들을 납치하여 레반트나 아나톨리아, 멀리는 이집트까지 이슬람권의 노예 시장에 판매하는 노예무역까지도 포괄했었던 것으로 보인다.28) 이들의 존재는 17세기 중반까지도 확인되는데, 이 시기 프랑스 출신으로 폴란드-리투아니아군에 입대하여 축성전문가이자 지도제작자로 복무하면서 타타르인과 카자크들에 대한 목격담을 저술한 프랑스 군인 보플랑(Sieur de Beauplan)의 기록이 이를 입증한다. 보플랑은 모스크바 공국이나 폴란드-리투아니아 연방은 물론이고 크림 한국의 칸에도 코스탄티니예의 술탄에게도 신속되지 않은 채 오로지 노예사냥과 약탈을 생업으로 하던 상당 규모의 타타르인 집단이 17세기 중반까지도 남부 우크라이나 지역 폴란드-리투아니아 연방과 타타르 접경 지역에 독립적으로 존재했다는 사실을 기록하였다.29) 그러나 "콰자크적 생활 방식"에 유인되었던 것은 타타르인들만이 아니었다.

....

28) 물론 가장 조직화되고 번성했던 노예 무역상은 국가적 산업 차원에서 노예무역을 육성했던 크림 타타르 한국이었다(Alan W. Fisher, *Crimean Tatars* [Stanford: Hoover Institution Press, 1978], pp. 27-29). 크림 한국의 노예사냥과 무역에 대한 보다 자세한 내용은 Fisher, "Muscovy and the Black Sea Slave Trade," *Canadian-American Slavic Studies*, 6-4, 1972, pp. 575-594; Mikhail Kizilov, "Slave Trade in the Early Modern Crimea from the Perspective of Christian, Muslim, and Jewish Sources," *Journal of Early Modern History*, 11-1/2, 2007, pp. 1-31을 참조하라.

29) Guillaume Le Vasseur Sieur de Beauplan, *Description d'Ukranie, qui sont plusieurs provinces du Royaume de Pologne. Contenues depuis les confins de la Moscovie, insques aux limites de la Transilvanie. Ensemble leurs moeurs, façons de viures, et de faire la Guerre. Par le Sieur de Beauplan* (Rouen: Chez Iacques Cailloue', dans la Cour du Palais, 1660), *A Description of Ukraine*, translated with introduction and notes from French to English by A. B. Pernal and D. F. Essar (Cambridge: Harvard University Press, 1993), pp. 35-36 (page citations are to the English edition).

이들과 싸우고 투쟁하던 변경의 슬라브계 정주 거주민 역시 점차 "콰자크적 생활 방식"을 채택하기 시작했기 때문이다. 더구나 15세기부터는 이들 슬라브계 주민의 스텝 유입이 증가하기 시작했는데, 이는 스텝 통일 제국의 붕괴와 그에 따른 정치적 공백이 스텝의 원 유목 거주민에게 뿐만이 아니라 북방과 서방으로부터 이주하는 동슬라브 계통의 주민들에게도 스텝의 문을 열었기 때문이다. 이들에게는 "타타르 콰자크"의 내습 위협에도 불구하고 이 지역으로 이주하여 스스로 "콰자크적 생활 방식"을 추구해야 할 절박한 이유가 있었다.

15세기에는 오로지 간헐적으로 등장하던 카자키에 대한 기록은 16세기 이후부터 비약적으로 증가하기 시작하는데, 이는 카자크들과 카자크 집단의 수가 연대기 작가들의 관심을 끌 만큼 증가하였고, 따라서 이들의 활동 역시 더욱 활발해지기 시작했다는 것을 시사한다. 게다가 16세기부터는 러시아뿐만이 아니라 폴란드와 리투아니아, 독일, 헝가리 심지어 먼 영국에서까지도 카자크들, 특히 자포로지예(*Zaporozh'e*) 카자키에 대한 언급과 기록이 등장하기 시작한다.[30] 갑자기 역사의 페이지에 튀어나온 듯이 폭증하는 기록의 증가는 어떻게 설명해야 하는 현상인 것인가? 그 해답은 13세기 독일 기사단의 프로이센 정복 이후 엘베강 동안 지역에서 시작되고 15세기에는 동쪽으로 모스크바 러시아까지 확산되는 "농노화(Enserfment)"에 있었다.

봉건적 질서가 허물어지고 부역 노동이 소멸되던 같은 시기의 서

....

30) 지리적인 이유와 폴란드인과의 관계 때문에 유럽에서 등장한 초기 카자키에 대한 기록은 자포로지예 카자크에 대한 내용이 대부분을 차지하고 있다. 유럽인들이 초기 카자크에 대해 남긴 기록에 대한 자세한 내용은 Marshall Poe, "The Zaporozhian Cossacks in Western Print to 1600," *Harvard Ukrainian Studies*, 19, 1995, pp. 531-547을 참조하라.

유럽과는 달리, 엘베강 동안에서 볼가강에 이르는 광대한 지역에서는 서유럽에서 일어나던 상황과는 정반대의 현상이 일어나는데, 주지하듯 이 이 변화의 핵심은 영주권의 강화와 농민들의 이동의 자유를 제한하 는 "토지 긴박"이었다.31) 러시아 역시 이러한 현상에서 예외가 아니었 음은 물론이다. 18세기에 완성되는 러시아 농민의 농노화는 거주 이전 의 자유를 속박하는 일련의 규제가 도입되는 15세기에 이미 시작된 상 태였으니,32) 이 시기 등장한 일련의 규정과 법령들이 이를 예증한다. 예컨대 군역을 피하여 임의로 다른 마을로 이주한 농민들을 강제로 귀 환시킬 것, 필요하다면 공권력과 물리력을 동원하여 그들을 압송해 올 것을 규정하던 바실리 2세의 칙령이라든가,33) 농민들이 자신들의 마을 에서 다른 장소로 이주할 기간을 성 게오르기 축일 이후의 3주간으로 제약하는 규정이 반포되기도 했던 것34)은 명백히 농민들의 거주 이전 의 자유를 제약하려고 하는 시도였다. 개별적으로 나오던 이러한 규정 은 1497년에 이르면 법전(*Sudebnik*) 속의 하나의 법 조항으로서 반포

....

31) Jerome Blum, "The Rise of Serfdom in Eastern Europe," *The American Historical Review*, 62－4, 1957, p. 821; Blum, *Lord and Peasant in Russia from the 9th to the 19th Century* (Princeton: Princeton University Press, 1961), pp. 606－607.

32) Richard Helle, *Enserfment and Military Change in Muscovy* (Chicago: The University of Chicago Press, 1971), pp. 77－79. 러시아의 농노화 과정은 "토 지 긴박"에서 시작되어 "인식적 예속"으로의 이행으로 특징지을 수 있다. 16세 기 러시아의 농민들은 토지에 긴박되어 있었지만, 영주에게 인신적으로 예속되 어 있지는 않았다. 이 무렵까지 농노화는 거주 이전의 자유를 제약하는 것이 주된 목적이었기 때문이다. 토지와 농노가 함께 귀족 사이에서 "증여 및 매매" 될 수 있는 상황이 전개되기 시작한 것은 정부가 지주 귀족에게 일련의 특권을 부여하는 특히 예카테리나(Ekaterina) 여제 시대부터의 일이다.

33) *Akty sotsial'no-ekonomicheskoi istorii severo-vostochnoi Rusi*, 3 vols. (Moscow: Izdatel'stvo Akademii Nauk, 1964), vol. 1, no. 265.

34) *Ibid.*, vol. 2, no. 326.

되어 모스크바 러시아의 모든 농민에게 강요되는 제도화의 과정을 걷기 시작하였다.[35]

물론 폴란드-리투아니아의 경우 농노화와 토지 긴박의 법제화는 모스크바 러시아와는 전혀 상이한 사회적 정치적 배경에서 시작되었다. 차르의 권한이 강하고 점차 중앙집권적인 국가로 발전해 나가던 모스크바 러시아와는 달리, 이 지역에서 농노화를 추진한 것은 왕권을 희생해가며 자신들의 신분적 우위를 경제적 제도적으로 확고히 하려던 폴란드의 토지귀족, "슐라흐타(Szlachta, 리투아니아어로는 Šlėkta)"였기 때문이다.[36] 폴란드 본토에서 리투아니아 지배하의 동슬라브인 거주

....

35) V. Iushkov and L. V. Cherepnin, eds., *Pamiatniki Russkogo prava*, 8 vols. (Moscow: Gosiurizdat, 1952‒1961), vol. 3 (1955), p. 355; Helle, *Enserfment*, p. 83. 1581년 "폭군 이반"으로 잘 알려진 이반 4세는 농민의 호구와 토지 분포를 등록하는 토지대장을 작성한다는 구실로 3주간의 이주 허용 기간조차 폐지하였다. 이반 4세의 조치는 원래 토지대장을 작성하는 지역에만 적용되는 잠정적 조치였지만, 토지대장 작성 작업이 모스크바 러시아의 전 영역으로 확대됨에 따라 점차 전 농민에게 적용되게 되었다. 명목상 잠정적이던 이주 금지 규정은 이반 4세의 죽음 후 공국의 실권을 장악한 보리스 고두노프에 의해 연장되었고, 1607년에는 차르 바실리 슈이스키에 의해 영구적인 법으로 선포되었다(*ibid.*, pp. 96‒98, pp. 108‒109). 이후 동란시대를 마감하고 로마노프 왕조가 들어선 이후에도 농민의 이주를 제약하는 슈이스키의 법령은 취소되지 않았고, 1649년 법전의 11장에서 농민들의 거주 이전의 자유는 공식적으로 그리고 최종적으로 박탈되었다(*Polnoe sobranie zakonov Rossiiskoi imperii poveleniem gosudaria imperatora Nikolaia Pavlovicha. Sobranie Pervoe*, 46 vols. [St. Petersburg, 1830], vol. 1, pp. 62‒69). 이후 농노 해방이 이뤄지는 1861년까지 러시아 농민들은 법적으로 토지에 긴박된 존재가 되었다.

36) Blum, "The Rise of Serfdom," p. 824; 폴란드와 러시아의 차이는 폴란드가 예외적이라기보다는 러시아의 경우가 예외적이라고 하는 편이 정확하다. 동유럽 전역에서 농노제의 도입과 영주권의 강화는, 특히 폴란드와 보헤미아, 헝가리에서 두드러지듯이, 국왕권의 쇠퇴를 틈타 귀족 집단이 자신의 신분적 권리를 집단적으로 강화시키려던 노력과 관련된 현상이었다. 이 차이는 러시아의 광대한 영토와 관련이 있었는데, 초기 러시아의 농노제는 영주권에 대한 농민들의 인신적 예속보다는 농민들의 거주 이전의 자유를 제한하는 토지 긴박에 중점을

지역으로 농노제가 확산되는 과정은 1386년 이른바 "왕가 연합"으로 시작된 폴란드-리투아니아의 연합, 특히 양 국가의 지배집단을 제도적으로 긴밀히 결합시킴으로써 초국가적 "귀족 시민," 슐라흐타의 출현에 초석을 놓은 1413년의 "호로들로 연합(Union of Horodlo[러시아어로는 Khorodlo])"으로부터 본격화되었는데, 이후 리투아니아 지배집단(현 우크라이나 지역의 루테니아(Ruthenia)[37] 보야르 집단을 포함하여)이 점차 폴란드의 문화와 종교, 제도를 수용함에 따라 리투아니아의 정치, 경제, 사회 체제 역시 급속하게 폴란드화되기 시작했기 때문이다.[38] 다시 말해

....

두었다는 점에서 다른 동유럽 국가들의 농노제와는 근본적으로 달랐다. 위의 각주에서 언급했듯이 러시아의 농노제가 인신적 예속의 단계로 넘어가는 것은 18세기 이후의 일로서, 결과적으로 국가 권력의 보장과 보호를 받는 러시아의 농노제는 다른 동유럽 국가보다도 완전하고 철저한 농민의 예속과 착취를 가능하게 했다.

37) "루테니아(Ruthenia)"는 원래 동슬라브 루시(Rus')인 거주지역을 의미하는 라틴어 단어로, 우크라이나 민족주의의 영향을 받은 서구 역사학계에서는 폴란드-리투아니아 연방의 지배하에 있던 현대 우크라이나인과 벨라루스인의 역사적 선조를 러시아인과 구분지어 지칭하기 위해 "루테니아인(Ruthenians)"이라는 표현을 의도적으로 사용하고 있다. 우크라이나 역사가 흐루셰프스키가 자신의 방대한 저서와 논문에서 사료 원문에 나타나는 "루시(Rus')인"이란 표현을 시종일관 "Ukraintsy(우크라이나인)"로 바꾸어 표기했던 것도 같은 이유에서였다. 우리 역사로 따지면 삼국시대의 "고구려인들"을 "(현대) 한국인"으로 표기하는 식에 비유할 수 있는 이러한 표기 방식은, "우크라이나인이 태고적부터 러시아인과 구분되는 별개의 민족이었다"는 우크라이나 민족주의 운동의 핵심 테제를 반영한 것으로, 어떤 측면에서 이러한 관행은 일종의 역사 왜곡이라 할 수 있다. 당대 사료에서 "우크라이나인"이란 "변경 사람들"이란 뜻으로 실제로는 "카자크"를 의미했기 때문이다. 전근대 시기 "루테니아인" 자신들이 남긴 사료에서 이들이 스스로를 지칭하는 데 사용하던 표현은 "루스키(Rus'ski)" 또는 "루신(Rusyn)"으로, 그 의미는 모스크바 러시아의 "루시인"의 그것과 동일하다. 당대의 맥락에서 "루시인"이란 동방정교를 믿고 (훗날 러시아어/우크라이나어/벨라루스어로 분화하게 될) 동슬라브계 언어를 사용하는 모든 이들을 지칭하는 고유명사였기 때문이다. 이 글에서는 당대 사료 속 표현을 그대로 따라 "루시인"이라는 표현을 사용하되, 폴란드-리투아니아의 지배를 받던 루시인 거주지역을 지칭하는 의미에 한해 편의상 "루테니아"라는 지역명을 사용하고자 한다.

루테니아 지역에 농노제가 도입되기 시작한 것은 그 지배집단의 점증하는 문화적, 사회적, 경제적인 "폴란드화 과정"의 일부였다. 폴란드-리투아니아 모두를 아우르는 지배 계급으로 등장한 슐라흐타는 왕권의 약화를 틈타 신분제 의회인 세임(Sejm)과 세이미키(Sejmiki: 지방 의회)의 권한을 강화시키며 1492년까지 왕국 내 입법과 행정에 대한 권한을 사실상 장악했다. 슐라흐타의 대두와 왕권의 약화는 농노제의 제도화와 궤를 같이 하는 현상으로, 이 결과 15세기부터는 동 시기의 모스크바 공국과 마찬가지로 폴란드-리투아니아에서도 농민의 인신적 예속을 법제화시키고 강화시키는 일련의 과정이 잇따랐는데, 예를 들어 1424년의 법령(Warecke Statute)과 1454년의 법령(Nieszawa Statute)은 영주에게 도망 농민을 처벌할 권한을 부여하였고, 1496년의 법령(Piotrków Statute)은 농민들이 영주를 바꿀 권한을 박탈했다. 1518년의 또 다른 칙령은 농민들에게 영주재판권의 판결에 대한 왕실재판소 항소권까지 빼앗아갔던바, 이후 왕국 내의 농민은 영주권에 경제적으로나 인신적으로나 완전히 예속된 존재가 되었던 것이다.39) 차르에게 종속된 봉사 계급으로 존재하던 러시아의 보야르와 명목상의 선출직 왕 아래 일종의 "귀족 시민 공화국"을 수립하게 되는 폴란드의 슐라흐타는 성격이 서로 판이한 집단이었지만, 농민-영주 관계에 관련된 사회경제적 변화로 한정해서 볼 때 이들의 지배를 받던 농민들에게 일어난 결과는 같았다.40)

....

38) Oskar Halecki and Antony Polonsky, *History of Poland* (London: Kegan Paul International, 1978), pp. 80−81.
39) M. L. Bush, *Servitude in Modern Times* (London: Polity, 2000), pp. 125−128.
40) 폴란드-리투아니아의 경우 농노화의 과정과 양상에는 독일계 이민자가 상당수

폐쇄된 국가 간 경계 속에서 농노화에 순응하는 것 외에는 별다른 선택의 여지가 없었던 동프로이센이나 서부 폴란드의 농민들과 달리, 남쪽과 서쪽의 스텝 방면으로 "열린 국경"을 가지고 있던 동부 폴란드, 현재의 우크라이나 및 러시아 지역의 루시인 농민들은 이런 농노화의 과정에 대처할 수 있는 또 다른 대안이 존재했다. 위에서 언급했듯이 적어도 카자크 역사의 여명기에 한정하는 한, "카자크"를 정의하던 요소는 민족이나 종교가 아니었음을 다시 상기할 필요가 있다. 어원에서 볼 수 있듯이, "콰자크"는 일종의 "생활 방식"을 지칭하던 단어였기 때문이다. 농노화에 직면한 농민들에게 남은 선택은 바로 스텝으로 도망가 "콰자크의 방식"으로 살아가는 것이었다. 따라서 15세기까지는 간헐적으로만 등장하던 카자크 집단에 대한 언급이 16세기 이후부터 갑자기 증가하기 시작한 이유는 자명하다. 이는 카자키의 수가 급증하였기 때문이며, 이는 명백히 농민을 긴박하려는 "봉건적 반동"이라는 사회경제적 변화와, "공백 상태가 된 스텝"과 "열린 국경"이라는 특수한 상황의 조합이 만들어낸 결과였다. 루블린 연합으로 "폴란드-리투아니아 연방(*Królestwo Polskie i Wielkie Księstwo Litewskie*: Polish-Lithuanian Commonwealth)"이 출현하는 1569년 이후부터는 농노화의 압박 외에도 종교적 요인이 추가되었는데, 폴란드-리투아니아에서는 카톨릭으로의 개종 압력이,[41]

를 차지하던 서부 폴란드 지역과 동부 국경(우크라이나) 지역 간에는 상당한 지역적 차이가 존재했기에 과연 폴란드의 농노제가 약한 왕권과 강한 귀족 슐라흐타의 존재라는 단일 요인으로 설명될 수 있는지의 여부에 대해서는 이견이 존재해 왔다. 자세한 내용은 Andrezej Kaminski, "Neo-Serfdom in Poland-Lithuania," *Slavic Review*, 34-2, 1975, pp. 253-268을 참조하라. 동유럽 농노제 등장의 경제적 요인에 대해서는 Robert Millward, "An Economic Analysis of the Organization of Serfdom in Eastern Europe," *Journal of Economic History*, 42-3, 1982, pp. 513-548을 참조하라.

41) 사실 폴란드는 당대인들로부터 "종교적 관용의 천국"이라는 표현을 들을 만큼

또는 브레스트 공의회가 열린 1596년 이후부터는 우니아트(Uniat: 통합) 교회의 인정이라는 문제가,[42] 더 후대 러시아의 경우에는 니콘 종교개혁(1656년)의 여파가 스텝 변경 지역으로의 또 다른 이주의 물결을 자극하였다. 도망 농민을 주축으로, 종교 탄압을 피해 온 루테니아 출신 정교도와 모스크바 공국 출신 구교도, 몰락한 러시아의 보야르, 경제적으로 몰락하고 모험을 찾는 폴란드의 슐라흐타 출신 귀족, 범죄를 저지르고 도망가는 범법자 등으로 이뤄진 도망자들의 유입이 계속됨에 따라, 15세기 후반부터 스텝을 유랑하는 방랑집단의 인적 구성은 점차 "슬라브화"되었던 것으로 추론된다. 이 유입의 결과가 바로 "콰자크의 방식"으로 살아가는 슬라브인, "카자크(Kazak)"의 출현이었던 것이다.

타타르계가 아닌 슬라브계로 추정되는 "카자크"에 대한 가장 오래된 기록은 즉 킵차크 한국을 멸망시킨 장본인인 크림 한국의 칸 멩글리 기레이와 리투아니아의 야겔로니아가(家) 대공, 알렉산드르가 주고받은 서신에서 찾을 수 있다. 1492년 멩글리 기레이는 리투아니아 대

....

타 종교에 대해서는 관대한 정책을 폈던 나라로, 동유럽 유대인 집단의 이주가 폴란드(및 폴란드의 지배를 받는 우크라이나)에 집중되었던 것 또한 이 시기 폴란드 지배자들의 종교적 관용이 만든 결과였다. 이러한 상황이 변하기 시작한 것은 종교개혁 이후로, 이는 이 시기 폴란드가 예수회 수도사들을 중심으로 카톨릭 세력이 추진하던 이른바 "반(反)종교개혁"의 중심지가 되었기 때문이다. 교황의 권위를 인정하는 조건으로 동방정교식 전례(典禮)의 유지를 허락한 우니아트(Uniat) 통합 교회의 수립은 개신교 세력에 대항하여 동유럽에서 카톨릭의 영향력을 증대시키려는 노력의 일환이었다.

42) 우니아트 교회가 출범한 1596년의 브레스트 공의회 직후 폴란드-리투아니아 영내에서 우니아트에 참가하지 않는 정교회 교회는 불법화되었다. 이 조치는 정교도 루시인들의 극심한 반발에 직면하였고 특히 이 무렵 자포로지예 카자크들의 주도하에 일어나기 시작한 일련의 반(反)폴란드 봉기의 주요 원인이 되었다. 결국 1632년 폴란드 정부는 다시 동방정교 교회의 합법성을 회복시키고 두 신앙의 공존을 인정하였다(Serhii Plokhy, *The Cossacks and Religion in Early Modern Ukraine* [Oxford: Oxford University Press, 2001], pp. 163-164, pp. 193-195).

공에게 보내는 편지에서 드네프르강 변에서 크림 타타르 상선단의 배를 공격, 약탈하고 사라진, "키예프와 체르카시[출신]의" 약탈자에 대해 문의하고 항의했다.[43] 카자키라는 언급이 등장하는 것은 이 서한에 대한 알렉산드르 대공의 답신에서였는데, 대공은 답장에서 "카자키"에 대해 조사할 것을 명령했다고 통고했기 때문이다.[44] 여기서 추론해 낼 수 있는 사실은 크림 한국의 칸과 리투아니아 대공 양자 모두 이들 약탈자들이 당시는 리투아니아의 영역에 속하던 키예프와 체르카시 출신의, 즉 리투아니아 공국의 "루시인 신민"임을 전제했다는 것으로, 이는 타타르계가 아닌 "슬라브계 콰자크"의 존재를 시사한다. 이 추론은 1499년 알렉산드르가 이들 카자크들에게 드네프르강 연변에서의 어업권을 부여하는 특허장(Gramota)를 내렸던 기록으로 확인되는바,[45] 알렉산드르는 명백히 이들을 자신의 신민으로 간주하였다. "키예프와 체르카시 출신의 카자크들"에 대한 언급은 1502년 멩글리 기레이가 모스크바의 이반 3세에게 보낸 외교 서신에도 등장하는데, 이들이 타타르계가 아니라 슬라브계라는 사실은 바로 이 서신을 통해 확증될 수 있다. 자신의 서신에서 멩글리 기레이는 이들 카자크들을 "루시 카자키(Russ'kie Kazaki)"라 불렀기 때문이다.[46] 1492년과 1502년의 사건은,

....

43) *Stosunki z Mendli-Girejem, Chanem Tatar ow Perekopski*, 1469–1515, no. 24, Hrushevskii, *Istoriia*, vol. 7, p. 61에서 재인용.

44) *Ibid.*

45) *Akty, otnosiashchiesia k istorii Zapadnoi Rossii sobrannye i izdannye Arkheograficheskoi komissiei*, 5 vols. (St. Petersburg: Tipografiia II Otdeleniia Sobstvennoi E. I. V. Kantseliarii, 1846–1853), vol. 1 (1846), no. 170, p. 194.

46) "Pamiatniki diplomaticheskikh snoshenii s Krymskoi i Nagaiskoi ordami i s Turtsiei," Part 1, *Sbornik Imperatorskogo russkogo istoricheskogo obshchestva*, 148 vols. (St. Petersburg and Petrograd, 1867–1916), vol. 41

훗날 카자크 역사를 특징짓게 될 카자키와 타타르인 간 역사적 대공방의 시작을 알리는 사건이었다.

16세기 후반에 이르면 카자크들이 슬라브인의 집단이 되었다는 것, 다시 말해, "카자크"란 단어가 콰자크적 생활 방식을 추구하는 슬라브계 약탈 집단을 주로 지칭하는 단어로 변해가고 있었던 것은 분명해 보인다. 이를 보여주는 증거는 1581년 리보니아 전쟁을 위해 폴란드 국왕이 드네프르 카자키 중에서 고용했던 한 카자크 연대(Polk) 내 "등록 카자키"의 명단에서 찾을 수 있다. 이 연대에 등록한 카자크들 중에서 이름으로 출신 지역을 식별 가능한 356인의 성명 분석 결과는, 82%의 루테니아 출신, 8.4%는 모스크바 공국, 4.8%는 폴란드, 또 다른 4.8%는 리투아니아 출신으로 추정되었다.[47] 16세기 후반에 이르면 카자크 집단 내에서 타타르적 요소는 거의 사라지고 동슬라브계 출신이 절대다수를 차지했던 것이다. 남부 러시아 초원에서 튀르크계 "콰자크"가 출현하게 된 것이 스텝 제국 쇠망의 산물이었다면, 튀르크계 "콰자크"에서 슬라브계 "카자크"로의 이행은 명백히 정주 문명 제국의 성장이 가져온 결과였다.

슬라브적 요소가 압도적이 된 후에도 스텝의 유산은 카자크들의 삶에서 사라지지 않았다. 초기 "콰자크"를 구성했으리라고 추정되는 타타르인의 절대다수는 슬라브화되었지만, 이른바 "노가이 카자크(Nagaibaki)"와 같은 일부 집단은 20세기 초반까지도, 스스로를 카자크

(1884), p. 476.

47) Susanne Luber and Peter Rostankowski, "Die Herkunft der im Jahre 1581 registrierten Zaporoger Kosaken," *Jahrbücher für Geschichte Osteuropas*, 28-3, 1980, pp. 368-390, Plolhy, *The Cossacks*, p. 22에서 재인용. 루테니아 출신이 많은 것은 분석 대상이 된 카자크들이 드네프르 보이스코 출신이었던 탓으로 보인다.

로 간주하면서도 타타르어로 말하고 타타르인의 후손임을 자부하는 이중적 정체성을 지켜나갔던 것이다.[48] 어떤 면에서 스텝의 유산은 카자키가 존재하는 마지막 순간까지도 "카자크성"의 본질로 남았다. 20세기 초반까지도 카자키는 "유르트(*Yurt*: 원래는 천막을 의미하는 몽골어로 카자크들에게는 카자크 공동체의 토지 공유지를 의미)"에서 목축이나 경작을 하면서, 토지를 "파이(*Pai*: 볼가 타타르어에서 유래. 카자크 스타니차 [*Stanitsa*] 공동체가 복무를 준비하는 성인 남성 카자크에게 분배하는 토지를 의미)"로 분배했고, 몽골의 전통에 따라 100인 단위로 편제되어 "소트닉 (*Sotnik*: 백인대장 — 러시아어이지만 백인 단위로 부대를 편제했던 몽골제국의 유산)"과 "예사울(*Esaul*: '지휘관'를 의미하는 볼가 타타르어 야사울[*Iasaul*]에서 유래)"의 지휘를 받으며 전투를 벌였다.[49] 경계인으로 출발한 카자

....

48) "나가이바키(*Nagaibaki*)"는 이름에서 추론할 수 있듯이 노가이 타타르인의 후손으로 추정되는 카자크 집단으로, 오렌부르그(Orenburg) 보이스코에 편제되어 있었다. 나가이바키의 기원 자체는 여전히 불확실하지만, 이들 스스로가 카잔 한국이 모스크바 공국에 정복되는 1552년 러시아 정교로 강제 개종된 노가이 타타르인의 후예로 자처했던 것과, 이들이 거주했던 지역이 과거 노가이 타타르의 영역이었다는 사실에서 "나가이바키"라는 명칭이 유래했던 것으로 보인다. 이들이 공식적으로 오렌부르그 보이스코에 편입되어 카자크의 신분적 특권을 상징하는 면세 혜택을 받기 시작한 것은 1736의 일이지만, 이미 그 전부터 다른 카자키와 유사한 형태로 군사적 복무를 하고 있었던 것으로 추정된다. 일단 정식으로 "카자크 신분"이 된 후부터는 여러 비(非)슬라브계 이민족 또한 나가이바키로 편입되었는데, 그 중에는 러시아 정교로 개종한 키르기즈인이나 러시아에 포로가 된 오스만 튀르크인들과 심지어 기록에 의하면 일부 "아랍인"들도 포함되어 있었다. 나가이바키는 러시아 정교를 믿고 카자크 신분의 일부로서 스스로를 카자크로 간주하며 토지의 공동체적 이용 및 스타니차 공동체 (*Obshchina*)와 같은 카자크적 생활 방식(*Byt*)을 많은 부분 공유했지만, 일상생활에서는 여전히 타타르어를 사용하던 독특한 집단이었다. 나가이바키는 여전히 제대로 탐구되지 않은 주제로 남아 있다. 이들에 대한 자세한 내용은 E. A. Bekteeva, *Nagaibaki: Kreshchenye tatary Orenburgskoi gubernii* (1912); G. M. Iskhakov, *Nagaibaki: Kompleksnoe issledovanie gruppy kreshchenykh tatar-kazakov* (Kazan: Akademiia nauk Tatarstana, 1995)를 참조하라.

49) Aleksei Aleksandrovich Mukhin, *Kazach'e dvizhenie v Rossii i stranakh*

키는 역사적 생명이 다하는 최후의 순간까지도 "경계인적" 유산을 유지해 나갔던 것이다.

III "사회 현상"과 "사회 조직"의 경계에서
- 카자크 보이스코(*Voisko*)의 출현

　니콘 연대기와 소피아 연대기에 나타나는 "타타르 카자크들"에 대한 기술은 이들이 단순한 약탈자가 아니라 경우에 따라서는 물질적 보상을 대가로 국가 권력에 고용된 일종의 용병 집단과 같은 역할을 담당하였음을 시사하고 있다. 유사한 사례는 1473년 반(反)오스만 제국 동맹 체결을 위해 사파비조 페르시아로 파견되던 중 키예프와 크림, 모스크바를 방문했던 베네치아인 사절 암브로지오 콘타리니(Ambrogio Contarini)의 기록에서도 나타나는데, 콘타리니는 리투아니아의 대공이 사절을 보호하기 위해 고용한 "200인의 타타르 카자크 기병"과[50] 모스크바의 대공에게 고용되어 "타타르인의 내습에서 변경을 지키기 위해 고용되어 500인의 기병을 지휘하던 타타르인"에 대한 목격담을 남겼다.[51] 그러나 이런 "타타르인 카자크"의 복무 사례는 당대의 기록에는

----

blizhnego zarubezh'ia (Moscow: Panorama, 1994), p. 9.

50) Ambrogio Contarini, *Questo e el Viazo de misier Ambrosio Contarini* (Venice, 1487), H. Foxius, "The Travel of the Magnificant M. Ambrogio Contarini" in *Travels to Tana and Persia*, translated from Italian to English by William Thomas (London: Hakluyt Society, 1873; Bibliolife, 2010), p. 112 (page citations are to the English reprint edition).

51) *Ibid.*, p. 159. 콘타리니의 여행기가 언급하고 있는 리투아니아 대공에게 고용된 200인의 타타르 기병은 원래 콘타리니가 아니라 대공이 크림 한국의 칸에 보내는 사절을 보호하기 위해 고용한 병력이었다. 콘타리니는 안전을 위해 이 사절단에 합류하였는데, 이들 타타르인들이 몸값을 받아낼 목적으로 자신을 유괴하려고 시도했다고 적고 있는 콘타리니의 기록을 감안하면, 이들 "타타르 카

오로지 단편적으로만 등장하는바, 몇몇 개별적인 사례에도 불구하고 이들 "타타르 카자키"는 종교적 민족적 차이 때문에 러시아인과 폴란드인에게 "카자크"라기보다는 여전히 "콰자크"에 가까운 이질적인 존재였다. 카자키가 국가 권력에 고용되는 사례가 증가하는 것은 타타르적 "콰자크"가 아닌 슬라브계 "카자크"가 변경 주민의 다수를 차지하면서부터 시작되는 변화였다.

물론 슬라브계 카자키의 증가는 양날의 검이었다. 일차적으로 카자키의 증가는 곧 징세 대상인 농민의 수가 줄어든다는 것을 의미했을 뿐만 아니라 왕국의 변경에서 국가 권력의 통제를 벗어나 반(半)독립적이고 신분제적 질서에 반항적이며 잠재적으로는 왕권과 영주권에도 적대적일 수 있는 집단의 출현을 의미했기 때문이다. 이와 동시에 러시아와 폴란드의 지배자들이 더욱 주목했던 것은 카자크가 가진 군사적 잠재력이었다. 스텝 지역으로 영토를 점점 확장해 나가던 16세기 모스크바 차르들에게, 그리고 루블린 연합으로 새로이 획득한 남부의 스텝 지역을 유목민의 내습, 특히 크림 타타르의 내습으로 방어해야 할 필요가 있던 폴란드의 군주와 귀족들에게, 유목민의 생활 방식과 유사한 "콰자크의 생활 방식"을 채택하고 유목민과 유사한 방식으로 싸우던 카자크

....

자키"는 아직 약탈자의 습성을 버리지 못했던 것이 명백해 보인다. 당시 크림 한국과 우호관계에 있던 제노바인 행세를 하면서 위기에서 벗어날 수 있었던 콘타리니는 이 당시까지는 오스만 제국에 적대적이던 크림 한국을 통해 카스피해를 건너 페르시아로 향했다. 애초 그의 귀환 여정에 모스크바는 포함되어 있지 않았는데, 그가 페르시아를 방문하던 중인 1475년 크림 한국이 오스만 제국에 신속됨에 따라, 여행 경로를 부득이하게 바꾸게 되면서 모스크바 공국을 경유하여 베네치아로 귀환하였다. 콘타리니의 여행기는 모스크바 러시아와 현재의 우크라이나 지역에 대해 서유럽인들이 남긴 가장 이른 시기의 기록 중 하나로 꼽힌다. 콘타리니의 임무에 대한 자세한 내용은 Albert C. Cizauskas, "A Venetian Diplomat in 15th Century Lithuania," *Lituanus*, 30-3, 1984, pp. 33-45를 참조하라.

들은 이 무렵 점차 빈도와 규모가 증가하던 타타르인의 내습에 맞설 잠재적 전력으로 비추어졌기 때문이다.

15세기 후반부터 크림 타타르 한국이 러시아 제국에 완전히 정복되는 18세기 초까지, 타타르인의 내습은 폴란드-리투아니아 연방과 모스크바 러시아에 심대한 경제적 타격과 상당한 인력 유출을 초래했던 골칫거리였음을 상기할 필요가 있다. 어떤 면에서 이 무렵 타타르의 내습은 러시아와 폴란드-리투아니아의 농민들에게 과거 13, 14세기의 이른바 "몽골의 멍에" 시기보다도 더 지속적이고 실질적인 피해를 입혔다고도 볼 수 있는데, 이는 남부 러시아는 물론이고 동유럽까지도 초토화시킨 초기의 정복기를 제외하면, 이른바 "몽골의 멍에"는 사라이의 칸이 요구하는 세금과 공물을 바치고 몽골의 정치적 종주권을 인정하는 한 유목민의 침략을 면할 수 있는, 어떤 의미에서는 상대적인 평화가 강제되는 "팍스 몽골리카"의 시대였기 때문이다. 사라이의 칸에게 신속을 유지하며 세금을 바치고 몽골의 종주권에 반기를 들지 않는 한, 모스크바 러시아나 폴란드, 리투아니아의 왕공들이 타타르의 공격을 걱정할 필요는 없었다. 14세기에도 킵차크 한국의 원정은 간헐적으로 지속되었지만, 이 침공은 "약탈" 자체를 목적으로 한 것이 아니라 몽골인들의 종주권을 재확인하기 위한 정치적 목적의 원정이었던 것이다.

15세기 후반부터 보다 구체적으로는 크림 한국이 오스만 제국에 신속되는 1475년을 기점으로 본격화하는 타타르의 침공은 이전 킵차크 한국의 시대와는 전혀 다른 성격의 침략이었다. 크림의 칸은 킵차크 한국의 지배자들처럼 러시아와 폴란드를 정복하고 종주권을 수립하며 이를 재확인하려는 목적으로 슬라브계 정주국가를 공격했던 것이 아니었기 때문이다. 이 무렵 활성화되는 타타르 침공의 주된 동기는 경제적인 이익이었다. 이 원정은 또한 스텝 제국이 몰락하고 유목 계승 국가들이 출현하면서 스텝의 권력 공백이 도래했던 14, 15세기 "타타르 카자크들"이 자행하던 약탈과도 두 가지 측면에서 성격을 달리 했는데, 첫째, 개별적이고 무질서했던 "타타르 카자키"의 약탈과는 달리 15세기 후반부터 본격화되는 크림 타타르의 내습은 분명한 경제적 목적을 가진 채 국가적 차원에서 조직된 "계획적인 비즈니스"였다. 둘째, 이 "비즈니스"의 목표는 단순한 재화의 탈취가 아니라 터키어로는 "말하는 재산"으로 불리던, 즉 "사람"을 납치하는 것에 주된 목적이 있었다.52) 물론

....

52) 중세에는 "킵차크 스텝"으로 더 잘 알려진 현대의 우크라이나와 남부 러시아 스텝 지역에서, 노예사냥과 매매는 이 지역 출신으로 이집트에 노예로 팔린 노예병들이 수립한 맘루크 왕조의 사례에서 볼 수 있듯이, 스텝의 유목 사회에서는 오랜 역사를 가진 전통적 관행이었다. 이 관행은 흑해 지역에 진출한 이탈리아인들조차 받아들였는데, 크림 반도에 수립된 이탈리아 제노바 식민지의 경제적 번영 역시 일정 부분은 이 지역에서 수출되는 노예무역에 경제적으로 의존했기 때문이다. 이러한 지역적 전통에도 불구하고 크림 한국의 경우는 "전업 약탈 국가"라는 점에서 특기할 만하다. 국가적 차원에서 전 부대가 동원된 노예사냥은 크림 한국의 칸 멩글리 기레이 자신이 직접 조직하여 출정한 1468년의 할리치나(Halichina) 원정이 처음으로 꼽히는데(Fisher, "Muscovy," p. 583; Kizilov, "Slave Trade," p. 2), 오스만 제국이라고 하는 거대 시장이 열린 이후부터 "말하는 재산"을 사냥하기 위한 원정은 더욱 본격화하여 일종의 연례 행사로까지 발전하였고, 그때마다 많은 수의 폴란드인, 루테니아 루시인, 모스크바 루시인들이 희생양이 되었다. 잡혀간 이들의 숫자에 대해서는 논란이 존재하지만, 이러한 인구 유출이 러시아와 폴란드-리투아니아에 상당한 피해를 끼쳤던 것은 분명하다. 타타르의 입장에서 본다면 노예 사냥은 상당히 수익성이 좋은 사업이었는데 예컨대 1500년의 원정에서 불과 천명으로 구성된 크림 타타르 부대는 주로 무려 5천 명의 포로를 잡은 채 귀환했던 것이다(Michael Khodarkovsky, *Russia's Steppe Frontier: the Making of a Colonial Empire, 1500-1800* [Bloomington: Indiana University Press, 2002], p. 19). 16세기 전반 크림 한국에 잡혀간 슬라브계 주민의 수만도 15만 명에서 20만 명 사이로 추산되며 기록에 남지 않은 경우까지 추산하여 포함하면 피해자의 수는 그 이상이었을 것으로 추론된다. 모스크바 러시아의 영향력이 점차 증대하던 17세기에 들어서도 오스만 제국이라는 후견인을 둔 크림 타타르의 노예사냥은 중단되

노예 매매는 이 지역의 유목 사회에 오랫동안 뿌리내린 관행이었기 때문에, 유목민의 약탈에 부수적인 포로의 획득 자체는 특기할 만한 일이 아니었다. 그러나 15세기 후반 이후의 크림 타타르는 국가 차원에서 노예 매매에 참여하는 "전업적 약탈 국가"였다는 점에서 그 이전 유목민과는 전혀 성격이 다른 존재였던 것이다. 크림 타타르 한국의 "전업 약탈 국가" 전환은 크림 타타르가 1475년 오스만 제국의 봉신 국가가 되었던 사실과 직접적으로 관련이 있는데, 이 신속으로 크림 한국은 정치적 자주성을 상실하였지만 다른 한편으로는 오스만 제국이라는 노예 판매를 위한 거대하고 안정적인 배후 시장을 얻었기 때문이다. 크림 반도의 여러 도시들, 특히 동부 해안의 카파 같은 도시는 16세기 이후 오스만 튀르크인들로부터 "작은 이스탄불(Küçük İstanbul)"이라는 명칭을 얻을 만큼 번창하는 대도시가 되었던바, 이 번영을 가져온 수익원은 폴란드–리투아니아와 러시아에서 잡아 온 슬라브계 주민을 수출하는 노예무역이었다.[53]

크림 타타르의 내습은 카자크 집단의 형성과 변화, 성장에 지대한 영향을 끼쳤다. 타타르의 침공이 재개되는 시기가 "카자크"란 표현의 의미와 사용에 근본적인 변화가 일어난 시기와 일치한다는 것은 결코 우연이 아니다. 위에서 살펴보았듯이 대략 15세기 말까지 "카자

....

지 않았고, 1607~1617년 사이에만 해도 10만 명가량이 포로로 잡혔다. 타타르인의 침공은 17세기 중반에 절정에 달하였던바, 1654년과 1657년 사이에 크림 타타르는 총 38차례나 출정하였고, 1655년 한 해에만 무려 5만 2천 명이 노예 사냥의 희생물이 되었다(Kizilov, "Slave Trade," p. 2). 이 시기 루테니아와 남부 러시아 지역 주민들이 겪던 고난과 참상은 적도 아프리카의 흑인들이 겪던 피해에 비해 잘 알려져 있지 않지만, 이 두 지역이 중앙 적도 아프리카에 못지 않은 최대의 노예 수출지였다는 사실에는 의문의 여지가 없다.

53) *Ibid.*

크"란 단어는 일종의 생활 방식, "콰자크의 생활 방식"에 따라 살아가는 이들을 지칭하는 일반 명사에 가까운 의미였다. 따라서 "카자크짓"을 하는 사람이라면 그가 타타르인이든, 루시인이든 폴란드인이든, 누구든 민족에 상관없이 "카자크"로 부를 수 있었던 것이다. 그러나 크림 타타르의 거듭된 침공을 맞이한 "변경" 지역에서 "카자크"란 단어의 의미에는 근본적인 변화가 일어나기 시작했다. "카자크"는 대략 이때부터 방랑자, 약탈자를 의미하는 "콰자크"로서의 일반 명사가 아니라 어떤 특정한 사회 집단을 의미하는 "고유 명사"로 전환되기 시작했던 것이다. 역사적으로 이 과정은 동슬라브 전체의 역사에서도 큰 역사적 파장과 반향을 남긴 변화였는데, 고유 명사로서의 카자키의 등장은 당대 동슬라브어로 단순히 "변경 지역"을 의미하던 "우크라이나 (Ukraina)"란 일반명사가 이제는 카자크가 거주하는 특정 지역을 의미하는 고유명사로 바뀌게 되는, 어떤 면에서는 "우크라이나 역사"의 첫 출발점이기도 하였기 때문이다.54) "콰자크"가 "카자크"가 되고, "일반 명사" 카자크가 "고유 명사" 카자크로 바뀌며, "변경"이 "우크라이나"로 바뀌게 되는 이러한 변화는 어떻게 일어났으며 왜 일어나게 되었던 것인가?

....

54) 이런 맥락에서 주목할 만한 것이 우크라이나에서 멀리 떨어진 프랑스에서 17세기 중반 피에르 슈발리에(Pierre Chevalier)가 출간한 책이다. "카자크가 사는 땅은 우크라이나라는 이름으로 불리는데, 이 말의 의미는 '프론티어'이다 (Chevalier, *Histoire de la guerre des Cosaques contre la Pologne* [Paris, 1668], *A Discourse of the Original, Countrey, Manners, Government and Religion of the Cossacks with Another of the Precopian Tartars and the History of the Wars of the Cossacks against Poland*, translated from French to English by Edward Brown [London, 1672], p. 17 [page citations are to the English edition])." 이 책의 영어 번역본은 1672년에 나왔는데, 이 책은 위에서 언급한 보플랑의 책과 더불어 우크라이나의 영어명 "Ukraine"이 사용되고 보급되는 초기 사례 중 하나로 꼽힌다.

앞서 살펴보았듯이 15세기 말 16세기 초반 폴란드-리투아니아, 모스크바 러시아와 스텝 사이에 자리한 변경 지역에서는 카자키라는 이름을 자칭하고 또한 타타르인들에게도 그렇게 불리던 동슬라브계의 무장집단들, 즉 멩글리 기레이의 표현을 빌리면 "루시 카자키"가 우후죽순으로 생겨나고 있었다. 이들이 벌인 활발한 약탈 활동, 즉 "카자크짓"은 주로 타타르인들을 대상으로 했던바, 이들의 약탈이 모스크바 러시아 및 폴란드-리투아니아 정부에 상당한 골칫거리가 되었던 것은 물론이다. 특히 남부 변경의 격심한 피해에도 불구하고 그리고 카자크 집단의 잠재적 군사적 가치에도 불구하고 모스크바 러시아에 대항하는 견제 세력으로서 크림 타타르를 활용하려고 했던 폴란드-리투아니아는 변경의 방어를 지역 스타로스타(Starosta: 지역의 유력자 출신 군정관)에게 일임한 채 크림 타타르를 자극하지 않도록 오히려 카자키의 "카자크짓"을 억제하려고 시도했다. 이들의 존재를 언급한 최초의 기록은 앞선 언급했던 멩글리 기레이가 리투아니아 대공에게 보냈던 편지인데, 그가 언급했던 "루시 카자키"의 활동 지역은 오늘날 폴란드-리투아니아와 크림 타타르 간 접경 지역으로 대략 현대 우크라이나의 동남부 영토에 해당한다. "루시 카자키"의 약탈로 크림 타타르가 입는 피해가 증대하자 이에 따른 크림 타타르 측의 항의도 증가하기 시작했다. 1527년 앞서 언급한 멩글리 기레이의 후계자, 사리브 기레이(Sarib Girey)는 다음과 같은 항의를 리투아니아 대공에게 전달했다.

"… 카자크들은 우리 울루스(Ulus) 너머 드네프르 강변에서 우리 [타타르] 주민에게 [약탈 행위로] 해악을 끼치고 있소. 나는 당신에게 여러 차례 이들[카자키의 활동]을 중단시

켜달라고 요청한 바 있소이다…."⁵⁵⁾

그러나 카자키의 활동은 폴란드-리투아니아와 크림 타타르 사이의 "우크라이나(변경)"에 한정되지 않았다. 16세기 초반에는 드디어 모스크바 러시아와 노가이 및 크림 타타르 사이의 "우크라이나(변경)"⁵⁶⁾ 지대에서도 루시 카자크들이 출현하고 활발히 활동하였다는 기록이 등장하기 시작한다. 1538년 이반 4세의 이름으로 노가이 타타르의 미르자(Mirza)에게 발송된 서한에 따르면,

> "스텝에는 카잔 카자키, 아조프 카자키, 크림 카자키 … 많은 카자키가 활개치고 있습니다. 게다가 우리[즉 모스크바 러시아의-필자]의 '변경(Ukraina)'에서 나와 그들과 섞여 스텝을 활보하는 자들이 있는데, 당신들이 이들을 범죄자로 간주하는 것처럼 우리도 이들을 범죄자와 강도떼로 생각합니다. [우리 중] 어떤 사람도 그들에게 강도짓을 하라고 시키지 않았습니다. 이들은 강도짓을 하고 자신들의 땅으로 돌아옵니다."⁵⁷⁾

....

55) Evarnitskii, *Istoriia*, vol. 2, p. 10.

56) 아래 인용한 16세기 초 모스크바 러시아의 사료가 보여주듯 원래 "우크라이나"라는 단어는 "변경"을 지칭하는 동슬라브어 일반 명사였다. 우크라이나의 역사적 기원으로 꼽히는 자포로지예 카자크의 활동 영역뿐만이 아니라 돈(Don) 카자크가 활동하던 현재의 남부 러시아 지역 또한 "우크라이나"라는 표현으로 지칭되고 있었기 때문이다. 즉 "우크라이나"란 개념은 일부 우크라이나 민족주의 역사학자들이 주장하듯 현대 우크라이나만의 독점적 자산이 아니며 이웃한 러시아와 공유하는 역사적 명칭이라 할 수 있다. "우크라이나"란 단어의 핵심 요소였던 "카자크 현상"은 현대의 러시아와 우크라이나 간의 국민국가적 경계를 가로지르는 양국 공통의 역사적 경험이었다.

57) "Prodolzhenie gramot Velikogo Kniazia Ivana Vasil'evicha k Nagaiskim murzam i ikh k Velikomu Kniaziu Ivanu Vasil'evichu s 16 oktiabria 1536 goda" in Nikolai Novikov, ed., *Prodolzhenie Prodolzhenie drevnei rossiiskoi*

이들 "범죄자와 강도떼"는 누구였던가? 1546년 모스크바 러시아가 축조한 대(對)타타르 방어선 주변의 군정관(*Voevoda*), 트로예쿠로프 공(*Kniaz'* Mikhailo Troekurov)은 이반 4세에게 다음과 같은 보고를 올렸다.

"전하(*Gosudar*), 최근 스텝 지역(*Pole*)에는 카자키가 무수히 많습니다. 변경 지역 [전하의 신민] 모두가 스텝 지역으로 떠났습니다!"[58]

이러한 카자크들의 약탈 활동이 가져온 반향은 컸는데, 사실 이반 4세의 편지는 노가이 타타르의 영역에서 "강도짓"을 했던 이반 4세의 신민들에 대해 처벌을 요구하는 노가이 타타르 미르자의 항의 서한에 대한 답장이었다. 노가이 미르자는 1549년에도 또다시 "[노가이] 타타르인을 살해하면서 … 강도짓을 한 돈강 출신의 카자크들"에 대한 준엄한 항의를 모스크바 러시아에게 전달했는데, 이 기록은 "돈 카자키"를 언급한 최초의 역사 기록으로 꼽힌다.[59] 미르자에게 보내는 답장에서 이반 4세는 돈강 유역에 거주하는 자신의 신민들이 벌인 짓에 대한 자신의 책임을 다음과 같이 부인하였다. "돈강에 사는 저자들[카자크들]은 오래전 우리나라로부터 도망친 자들입니다."[60] 이로부터 추론할 수

---

vivliofiki, 11 vols. (St. Petersburg, 1786−1801), vol. 8 (1793), pp. 74−75. 강조는 필자. 1538년 이반 4세는 이미 차르였지만 그의 연령이 불과 5세였다는 점을 고려하면 이 편지를 이반 4세 본인이 썼을 가능성은 거의 없다.

58) S. G. Sviatikov, *Rossiia i Don, 1549−1917* (Vienna: Donskoi istoricheskoi komissii, 1924), p. 13; V. D. Sukhorukov, *Istoricheskoe opisanie Zemli voiska Donskogo*, 2 vols. (Novocherkassk, 1867−1872), vol. 1 (1867), p. 4.

59) *Ibid.*, pp. 9−10.

60) *Ibid.*; V. B. Bronevskii, *Istoriia Donskogo voiska, opisanie Donskoi zemli*, 4 vols. (St. Petersburg, 1834), vol. 1, p. 39.

있는 사실은 16세기 전반 이들 카자크들의 "카자크짓"은 크림 한국 및 오스만 제국과, 폴란드-리투아니아 및 모스크바 러시아 사이 점증하는 갈등의 요인이 되었다는 것과 폴란드-리투아니아의 "우크라이나"뿐만이 아니라 남부 러시아의 "우크라이나" 역시 카자키가 우글거리는 특수하고 위험한 약탈자 생태계로 변모하고 있었다는 사실이다. 단기적으로는 외교적 분쟁을 야기하는 이들 약탈 집단의 행태와 움직임을 통제하기 위해, 장기적으로 타타르의 내습에 대항하는 수단으로써, 다른 한편으로는 농노화를 피해 도망하는 농민의 도피처가 되어가던 이 "우크라이나"를 국가의 한 부분으로 확고히 편입하기 위해, 16세기 초반부터 폴란드-리투아니아와 모스크바 러시아 정부는 우크라이나의 "카자크 길들이기" 작업에 착수했다.

1505년 폴란드-리투아니아 남쪽 변경에 자리하여 타타르의 내습에 시달리던 성읍들 중의 하나이던, 오브루치(Ovruch)의 군정관(*Starosta Generalny*) 다쉬케비치(Evstafii Dashkevich)는 스스로를 "오타만(*Otaman*: 러시아어로는 아타만[*Ataman*], 폴란드어로는 헤트만[*Hetman*])"이라고 자칭하면서,[61] "타타르인들과 맞서기 위한" 무장집단을 결성하

....

[61] 카자크의 지도자를 의미하는 "아타만"의 어원에 대해서는 의견이 분분하나, 현재까지는 러시아어 "아타만(*Ataman*)" 또는 우크라이나어 "오타만(*Otaman*)" 또는 "게트만(*Getman*)"이 폴란드어 "헤트만(*Hetman*)"으로부터, 폴란드어 헤트만은 독일어로 "우두머리(Headman)"를 의미하는 "하우프트만(*Hauptmann*)"에서 유래되었다는 의견이 지배적이다. 루마니아어에서도 유사한 의미로 *Hatman*이라는 표현이, 체코어에서도 *Hejtman*이라는 표현이 존재하는 것은 이러한 추론의 근거가 되었으나(G. V. Gubarev and A. I. Skrylov, *Kazachii slovar'-spravochnik*, 3 vols. [San Anselmo: California Gubarev and Skrylov, 1969], vol. 1 part. 1, "ataman"; V. I. Dal', *Tolkovyi slovar' zhivogo velikorusskogo iazyka* [Moscow: Russkii iazyk, 1989], "ataman"), 다른 견해도 존재한다. 예를 들어 베르나드스키와 흐루셰프스키는 "아타만"이라는 표현이 튀르크계 또는 이란계의 어원을 가졌으리라고 추정하며 "우두머리"라는 의

였는데, 이 부대의 주축을 이뤘던 이들이 바로 "코자키(*Kozaki: Kazaki*의 우크라이나식 표현)"였다.[62] 일견 오브루치의 "코자키"는 위에 언급한 "루시 카자크들"과 크게 다를 바가 없는 조직으로 보인다. 다쉬케비치의 "코자키"는 크림 타타르 군대에 대한 방어보다는 타타르인 대상단과 마을에 대한 공격과 약탈에 더 열심인 조직이었기 때문이다. 다쉬케비치는 크림 타타르 변경에 대한 대담한 기습 공격으로 명성을 떨쳤고, 그의 무용담은 흐루셰프스키(Mikhailo Hrushevskii)의 『우크라이나-루시의 역사』를 비롯한 우크라이나 역사 학계에서 우크라이나의 민족 영웅으로 상세하게 묘사되고 있다. 과연 그의 "코자키"가 진실로 민족주의적인 동기에서 타타르를 습격했던 것인지 아니면 단지 "카자크짓"을 하기 위한 것인지는 여전히 불분명하지만 오브루치의 "코자키"와 이전 기록에서 등장하는 "루시 카자키" 사이에는 지극히 중대한 차이가 있었다. 이들은 자연발생적으로 형성된 집단이 아니었기 때문이다. 오브루치의 "코자키"를 모집하고 이들은 "부대"로 조직한 것은 다름 아닌, 리투아니아 대공에 의해 이 지역의 군사행정을 위임받고 대공의 명령을 집행하던 이 성읍의 지역 군정관, 다쉬케비치 자신이었다.

미를 가진 "바타만(*Vataman*)"에서 유래되었다고 보고 있다(Hrushevskii, *Istoriia*, vol. 7, p. 104; George Vernadsky, "The Royal Serfs of the Ruthenian Law and their Origin," *Speculum*, 26-2, 1951, p. 258). "바타만"이란 표현은 전근대 시기 현재 우크라이나 지역과 남부 러시아 지역에서 널리 사용되었는데, 폴란드 왕국의 지배하에 있던 할리치나 지역에서는 16세기 초반까지도 이 표현이 농민 공동체(*Orda*) 우두머리를 지칭하는 명칭으로 사용되었다(*ibid.*).

62) Aleksandr Rigel'man, *Letopisnoe povestvovanie o Maloi Rossii i ee narode i Kozakakh voobshche* (Moscow, 1847), p. 14. 한편 다쉬케비치는 1515년 리투아니아 정부에 의해 정식으로 헤트만 직위에 임명되었다(Sukhorukov, *Istoricheskoe opisanie*, vol. 1, p. 7).

지역 카자크 부대의 조직에 다름 아닌 스타로스타 본인이 개입했던 1505년의 기록은 국가 권력에 의해 슬라브계 카자키가 고용되기 시작한 첫 사례들 중의 하나였던바, 이는 이 무렵 폴란드-리투아니아의 대(對)카자크 정책에서 큰 변화가 일어나고 있었음을 시사한다. 이 시기 이전까지 카자키의 등장에 대한 폴란드-리투아니아와 모스크바 러시아의 대응은 위에서 살펴보았듯이 농노화와 종교적 탄압에 직면한 농민들이 변경 지역으로 도망하여 카자키가 되는 것을 막기 위한 법적 제도적 제약을 한층 강화하는 것이었다. 역으로 토지 긴박과 착취가 강화될수록 변경으로 도망가 카자키가 되려는 농민들의 욕구 역시 더욱 강화되었으리라는 것 역시 당연했는데, 이런 면에서 본다면 15세기 이후 동유럽의 봉건적 반동과 농노제와 카자크 집단의 성장은 일견 배치되어 보이지만 실제로는 상호 궤를 같이하는 현상이었다고 할 수 있다. 다시 말해 농노제의 압박이 강화될수록 "콰자크적 생활 방식"을 추구하는 농민들의 수는 증가하였고 카자키의 증가는 역으로 농민들의 이동을 제약하려는 국가의 노력을 더욱 강화시켰기 때문이다. 그러나 다른 한편으로 폴란드-리투아니아와 러시아의 지배자들은 변경에 "이미 존재하고 있는" 카자크 집단의 존재를 무시할 수 없었다. 이러한 측면에서 가장 효율적인 대안은 기존에 존재하는 카자크들을 길들이는 것, 즉 "국가의 통제" 속에 편입시키는 것이었다.

장기적으로 이러한 정책 상 전환은 곧 카자키의 수적 증가를 억제하는 동시에 기존에 존재하는 카자크들을 조직하고 등록하여 국경 방어에 이용한다는 정책으로 이어지는데, 결과적으로 이 정책은 카자크 역사에서 아마도 가장 중요한 변화를 야기하게 된다. 그 이유는 이 정책의 결과 국가에 의해 권한을 위임받은 지역 유력자(폴란드-리투아니아)나 국가(러시아)에 의해 직접 고용되어 변경을 지키고, 그 대가로 식량이나 탄약 같은 물자, 경우에 따라서는 현물로 지급되는 일종의 봉급, 또는 새로 개척되는 지역에서의 어로권, 사냥권, 경작권, 주류판매권 등의 특권을 받았던, "등록 카자크 집단"이 출현하게 되었기 때문이다. 그렇다면 "등록 카자크 집단"의 출현이 카자크 역사에서 왜 중요한 의미를 가진 변화였던 것인가? 이에 대해서는 흐루셰프스키의 설명이 적절한 해답을 제시하고 있는 듯하다. 흐루셰프스키에 따르면, 등록 카자크들의 출현 이전까지 카자키는 변경 도처에 "사실상(De Facto)" 존재했지만,[63] 그들의 존재는 법적으로나 제도적으로나 정의하기 힘든 애매한 무정형의 일종의 "사회 현상"에 가까웠다. 그러나 국가가 지정한 명부에 등록되고 "보이스코(부대)"로 편제되며 군사적 봉사의 대가로 특권과 급료를 받는 등록 카자키의 출현과 더불어 카자크의 본질에는 근본적인 변화가 일어나기 시작했다. 국가 권력에 포섭됨에 따라 이제 카자키는 다시 흐루셰프스키의 표현을 빌리자면 "법으로 인정되는 (De Jure)" 제도적 실체로 인정받기 시작했기 때문이다.[64] 이러한 등록 카자크 집단은 훗날 또 다른 형태로 진화하게 되는데 이 진화의 끝이 무엇인지 가늠하기는 어렵지 않다. 카자키는 19세기 말 러시아 제정의 공복으로서 "제정의 헌병"이라는 별칭을 얻게 되는데, 등록 카자크 집단의 출현은 훗날 제정 시기 "신분(Soslovie)"으로 이행하게 되는 카자크 역사의 첫 단계였던 것이다.

모스크바 러시아의 경우 등록 카자크들의 효시로 꼽히는 집단은 이른바 "도시 카자키(Gorodovye Kazaki)"라는 명칭으로 불리던 집단이

....

63) Hrushevskii, *Istoriia*, vol. 7, p. 101.
64) *Ibid.*

었다.[65] 15세기 말부터 남쪽과 동쪽으로 급속히 영토를 확장하던 모스크바 러시아는 1521년 돈강의 지류인 호페르(Khoper)강과 볼가강의 지류인 메드베지차(Medveditsa)강 사이에 자리한 남쪽 변경 지역에 크림 타타르의 침공으로부터 국경을 방어하는 일련의 요새를 건설하기 시작하였는데, 이 요새선을 채우는 데 우선적으로 고용되었던 이들이 바로 카자키였다.[66] "도시 카자키"라는 명칭은 이들이 대개 망루를 갖추고 목책으로 요새화된 대타타르 전선의 최전방 "마을(Gorod)"에 거주하면서 유목민의 내습에 대비하는 일종의 초병 역할을 하던 것에서 유래된 표현이었다.[67] 그러나 사실 우리말로 옮겼을 때 "도시 카자키"라는 표현에는 다소 오해의 여지가 있는데 이는 실제로 이들이 거주하던 곳은 도시라기보다는 대개 국경을 따라 타타르 방어선의 거점을 구성하는 작은 마을 규모의 주둔지였기 때문이다. "카자키의 마을"을 의미하는 러시아어로, 훗날 돈 보이스코를 비롯한 여러 카자크 보이스코의 최소 행정단위를 지칭하는 표현이 된 "스타니차(Stanitsa)"는 바로 이 요새선에서 거주하던 카자키의 "주둔지", 즉 "스탄(Stan: Camp)"에서 유래된 표현이었다. 중앙집권적인 전제 체제 아래 일사분란하게 요새화된 방어체제를 건설하던 모스크바 러시아와는 달리 왕권이 약하고 지방분권적인 귀족 공화정이 발전하던 폴란드-리투아니아에서는 군정사령관이자 지역 유력자였던 스타로스타에게 국경 방위의 권한을 위임하였던바,

65) Sukhorukov, Istoricheskoe opisanie, vol. 1, p. 6; Starikov, Otkuda, pp. 7−8.
66) Ibid.; "Pamiatniki diplomaticheskikh snoshenii drevnei Rossii s derzhavami inostrannymi," in Sbornik Imperatorskogo russkogo istoricheskogo obshchestva, 148 vols. (St. Petersburg and Petrograd, 1867−1916), vol. 95 (1895), pp. 687−689.
67) Starikov, Otkuda, pp. 8−9.

위에서 언급한 오브루치 "코자키"의 사례처럼 적어도 16세기 후반 스테판 바토리(Stefan Batory)의 개혁 이전까지[68] 이 지역에서 카자키를 조직하고 고용하여 부대를 구성하고 필요시 타타르와의 전쟁에 동원하는 역할을 맡은 이는 바로 해당 변경 지역의 스타로스타였다. 이렇게 고용, 모집된 카자크들은 급료를 받기 위해 지정된 명부에 등록하고 정부 또는 유력자가 건설한 "병영"에 거주하였는데, 이들이 거주하던 병영을 지칭하던 우크라이나어 "쿠렌(Kuren')"은 훗날 자포로지예 카자크들과 그들의 후예, 흑해 카자크 보이스코(Chernomorskoe kazach'e voisko)를 구성하는 기초 행정-군사단위를 지칭하는 표현으로 정착하게 된다.[69]

　　이러한 노력에도 불구하고 카자크들을 국가 제도 속으로 흡수한다는 계획은 난관에 봉착했다. 간단히 말해 그 이유는 이미 앞에서 언급했던 것처럼 러시아와 폴란드-리투아니아에서 진행되던 봉건적 반동의 결과, "카자크짓"을 하는 인구가 나날이 증가하였고 제한된 재정으로 이들 모두를 고용하는 것은 명백히 불가능했기 때문이다. 변경 지대로의 주민 유입을 줄이는 근본적인 해결책은 농민을 변경으로 내모는 근본 요인인 농노제 폐지에 있었지만, 당대 슐라흐타 지배하 폴란드나 차르 지배하의 러시아와 같은 전근대적 신분 사회에서 이러한 해결책은 구조적으로 명백히 실현 불가능하며 당대인들로서는 생각하기조차 힘든 대안이었다. 당대 루시인 농민에게 카자크가 되는 것은 이러한 속박에서 벗어나는 유일하면서 가장 인기 있는 출구였다. 이러한 상황에

----

68) 지방 영주 차원이 아니라 국가 차원에서 등록 카자키를 폴란드-리투아니아의 정식 군제 속으로 편입시키게 되는 바토리의 개혁과 이에 대한 자포로지예 카자키의 대응에 대해서는 A. V. Storozhenko, *Stefan Batorii i Dneprovskie kozaki* (Kiev: Tipografiia G. L. Frontskevicha, 1904)를 참조하라.

69) I. D. Popko, *Chernomorskie Kazaki v ikh grazhdanskom i voennom bytu* (St. Petersburg, 1858), p. 37.

서 봉건적 속박으로부터 벗어나 카자크로서의 자유를 누리는 동시에 도망 농노로서의 처벌을 받기는커녕 정부나 유력자에 고용되어 또 다른 소득을 올릴 수 있다는 전망이 오히려 더 많은 모험가와 농민을 변경으로 유인하였던 것은 당연한 결과였다. 이른바 "등록 카자크 집단"의 출현은 두 가지 측면에서 카자크들의 존재에 즉각적인 변화를 가져왔던 것으로 보인다. 첫 번째, "카자크짓하기"의 의미에는 약탈과 강도짓 외에 "용병 복무"라는 또 다른 뜻이 추가되었다. 두 번째, "카자크짓하기"는 점점 일종의 "직업"과 같은 것으로 받아들여지기 시작했다. 많은 루시인 농민들은 이제 농번기에는 농업이나 목축, 어업에 종사하다가 농한기에는 "카자크짓"을 하기 위해 "우크라이나"로 떠났던 것이다.

이 결과는 영국 역사가 롱워스의 표현을 빌리자면 수많은 "계절적 카자키(Seasonal Cossacks)"의 출현이었는데,[70] 16세기 초반 변경 지역에서 폭발적으로 증가하던 카자키의 상당수는 아마도 계절적 카자크들이었던 것으로 추론해도 무리는 아닐 것이다. 이들이 주로 모이던 곳은 명목상 폴란드-리투아니아와 모스크바 러시아의 영역에 속하면서도 스타로스타, 또는 보예보다의 행정력이 미치지 않았던, 즉 모스크바 러시아의 대타타르 방어선 밖에 자리한 "우크라이나" 지역이었다. 이곳에 모여든 카자크들은 "등록 카자크들"로 고용될 기회를 기다리거나 아니면 타타르인을 상대로 한 전통적인 의미의 "카자크짓"에 몰두하였던 것으로 추정된다. 여러 기록으로 비추어 보건대 폴란드-리투아니아의 경우 이들 카자키가 대거 집결하였던 곳은 드네프르강 유역이었다. 모스크바 러시아의 "우크라이나"의 경우는 일관된 기록이 거의 남아 있지 않으며 남아 있는 기록조차도 단편적이기 때문에 더더욱 추적하기

----

70) Longworth, *The Cossacks*, p. 21.

가 쉽지 않지만, 단편적인 기록을 토대로 후대의 정황으로 추론해 보자면 대체로 등록 카자키가 고용되어 복무하던 호페르-메드베지차 방어선과 아조프해 사이에 위치한 변경 지역, 즉 돈강 중하류의 "우크라이나"가 이들 카자키의 배회지이자 집결지였던 것으로 추론된다.

등록 카자크들과 비(非)등록 카자크들의 본질은 같았으며, 사실 양자 간 경계는 처음부터 명확하지 않았다. 양자의 차이는 국가나 지역 유력자에 용병 복무 서비스를 제공하며 고용될 수 있느냐 아니냐에 있었을 뿐이기 때문이다. 비(非)등록 카자크들이 국가나 영주의 서비스에 고용되면 그는 즉시 직업적 전사인 "등록 카자키"가 되는 것이었으며 고용관계에서 풀리면 그는 다시 예전의 생업, "카자크짓"하기로 돌아갔다. 그러나 등록 카자키로서의 경험, 즉 "헤트만"의 지휘를 받아 부대(보이스코: *voisko*)를 구성하여 전장에 나가는 경험은 동원이 해제된 비(非)등록 카자크들 사이에서도 사라지지 않았고, 카자키를 국가 체제 속으로 편입시켜 통제하려는 폴란드-리투아니아와 모스크바 러시아의 시도는 결국 그 누구도 의도하지 않았던 결과인 "카자키의 자생적 조직화"를 초래하였다. "헤트만"은 원래 폴란드의 국왕이 임명하는 전시 군대 지휘관의 직위를 지칭하는 명칭으로, 결코 스스로 자칭하거나 선출할 수 없는 직위였다. "보이스코"는 원래 고용되어 동원된 등록 카자크들로 구성되어 헤트만의 작전 지휘를 받으면서 싸우는 단위 부대를 의미하던 단어였다. 등록 카자크들이 헤트만의 지위 아래 보이스코를 구성하던 관행은 비(非)등록 카자크들에 의해 모방되어 이들 스스로가 "작전(Campaign) 아타만(*Pokhodnyi Ataman*)"을 선출하고 약탈 원정을 위한 자신들만의 "보이스코"를 구성하게 되었기 때문이다. 보다 정확히 말하자면 이들은 자신들의 약탈 집단에 등록 카자키의 위계와 조직 방식을 적용하게 된 것이다. 이러한 캠페인의 목적은 주로 약탈에 있었던 만큼 작전 아타만은 명백히 일시적인 직위였고 "보이스코"는 원래 약탈이나 습격을 위해 일시적으로 구성되던 부대 단위였던 것으로 보인다. 그러나 카자키의 수가 많아지고 이들의 "작전" 및 원정의 규모 역시 커짐에 따라 아타만을 선출하는 모임과 아타만의 직위, 그리고 부대의 규모는 점차 제도화된 모습을 띠기 시작했던 것으로 추론된다.

16세기 초반 카자크들의 수가 증가하고 카자키가 고용되는 사례가 늘어남에 따라 이들 카자크 집단은 점차 공통의 집단적 정체성을 가진 대규모 전사공동체로 발전하기 시작했다. 드네프르강 유역의 카자크들을 통제하려던 폴란드-리투아니아 연방의 노력은 처음에는 "드네프르 카자키"로 나중에는 그 중심지의 지명을 따 "자포로지예 카자키"로 알려지게 될 카자크 집단의 형성을 고무하였다. 아조프해에서 돈강으로 이어지는 변경에 거주하던 루시 카자키를 자신들의 대(對)타타르 방어체제 내에 편입시키려던 모스크바 러시아의 시도는 역사상 "돈 카자키"로 알려지게 되는 전사공동체의 형성에 영향을 미쳤던 것으로 추정된다. 신분으로 편입되기 이전 카자키의 역사는 국가 권력으로부터 독립된 "자유 카자크 시대"라는 이름으로 알려지게 되지만, 이 자유의 핵심이 되는 카자크 공동체의 발전은 카자크들을 포섭하려던 국가 권력, 또는 변경 지역 영주 권력과의 관련 속에서 이뤄졌다고 할 수 있으며 이는 자포로지예 카자키에 있어서 더더욱 명백하다.

자포로지예 카자키가 정확히 언제 어디서 시작되었는지는 카자크 자체의 기원만큼이나 여전히 역사의 수수께끼로 남아 있다. 거의 전원이 문맹이었던 카자키 자신이 기록을 남기지 않고 이들의 활동을 관찰자 또는 피해자가 남긴 기록으로만 확인해야 하는 사료상의 한계가 가장 큰 원인이지만 또 다른 이유는 자포로지예 카자크 집단의 등장 속에 처음부터 "사회 조직"인 동시에 "사회 현상"이라는 두 가지 성격이 동시에 내포되어 있었기 때문이다. 한편으로 드네프르강 일대는 이미 15세기 후반부터 "루시 카자크"란 이름으로 기록에 등장했던 타타르 칸이 언급한 "키예프와 체르카시 출신"의 약탈 집단이 활개 치던 무대였다. 다른 한편으로 이들은 16세기 초반 국가의 지원 없이 점증하는 타타르의 침공에 맞서야 했던 변경 스타로스타에 의해 고용되면서 "보이스코"를 구성하고 타타르에 대해 약탈을 겸하는 대(對)타타르 전사로서도 활동했다. 드네프르강 연변에서 타타르인 캐러반을 상대로 문자 그대로 "카자크짓"을 하던 이들 무정형의 방랑집단에 질서를 부여하고 이들로부터 최초의 본격적인 대규모 부대, 즉 "보이스코"와 유사한 실체를 만들어낸 이는 카자크 자신이 아니라 "드미트리 비쉬네베츠키 (Dmitri Vishnevetskii)"라는 이름으로 알려진 이 지역의 스타로스타였다. 정치적으로는 폴란드화한 그러나 여전히 정교를 신봉하는 옛 루시계의 귀족으로 우크라이나 역사에서는 다쉬케비치와 더불어 타타르의 내습에 대항하는 대표적인 "카자크 전사들" 중 한 명으로 알려진 이 인물은, 1556년 드네프르강에 위치하여 폭포와 급류에 둘러싸여 천혜의 방어조건을 갖추었던 한 섬을 자신의 카자크 부대 주둔지로 선택하고 요새를 건설하였다.[71] 애초 이 요새는 대(對)타타르 방어선의 일환으로 건설되었고 따라서 등록 카자키로 구성된 정규 보이스코가 주둔하였던 곳이었다. 그러나 비쉬네베츠키 사후 이 요새는 천혜의 자연조건 때문

....

71) *Habsburgs and Zaporozhian Cossacks: the diary of Erich Lassota von Steblau, 1594*, edited and with an introduction by Lubomyr R. Wynar and translated by Orest Subtelny (Littleton, Colorado: Ukrainian Academic Press, 1977), p. 97 (page citations are to the English edition).

에 드네프르강 인근을 배회하는 비(非)등록 카자키를 끌어모았던 것으로 보인다. 작은 폭포와 같이 물길이 거센 급류(*Porog*)를 넘어가야(*Za*) 도달할 수 있는 입지 조건 때문에 이 성채를 당대인들은 "급류를 넘어 자리한 요새"라는 뜻을 가진 "자포로지예 셰치(*Zaporozhskaia Sech*)"라는 말로 불렀다.72) 자포로지예 셰치는 곧 드네프르 카자크 집단의 중심지가 되었고, "자포로지예"라는 명칭은 처음에는 드네프르강 연변에 있던 비(非)등록 카자크들, 나중에는 이 지역 "우크라이나"에 거주하는 전체 카자키를 지칭하는 표현으로 정착하게 된다.

돈 카자키의 초기 역사, 특히 이들의 기원에 대한 문제는 자포로지예 카자키보다도 더욱 역사의 안개 속에 싸여 있다. 그 이유는 앞에서 언급한 노가이 타타르 미르자가 보낸 항의서한에 이들에 대한 언급이 등장하는 1549년 이전까지 "돈 카자키"라는 표현 자체가 전혀 발견되지 않기 때문이다.73) 물론 기록의 부재가 이들의 부재를 의미하던 것은 아니었다. 아조프해에서 돈강에 이르는 모스크바 러시아의 "우크라이나"에서 카자키의 활동은 여전히 계속되었을 뿐만 아니라 정황상 오히려 더욱 활성화되고 있었을 것으로 추론되기 때문이다. 이에 따라 이들이 자행한 것으로 추정되는 "카자크짓"에 대한 기록 역시 점점 증가하기 시작했다. 1549년은 여러 가지 측면에서 주목할 만한 해인데, 이는

----

72) 드네프르강에 있는 여러 섬 중에서 비쉬네베츠키가 처음에 성채를 세운 곳이 어디인지도 여전히 확정되지 않은 상태이다. 셰치는 보안을 이유로 여러 차례 이동되었으며 자포로지예 카자키와의 반(反)타타르/반(反)오스만 동맹을 위해 1594년 유럽인으로는 최초로, 아마도 외부인으로서도 역사상 최초로 셰치를 방문한 합스부르크 제국의 외교관 라소타(Erich Lassota)는 셰치의 본부가 자리한 섬에 도착하기에 무려 8개의 급류를 건너야 했다는 기록을 남겼다(*ibid.*, pp. 80-82).
73) Sviatikov, *Rossiia*, p. 15.

돈 카자키에 대한 언급이 처음으로 등장하는 해일 뿐만이 아니라 이들의 활동이 갑자기 활발해지기 때문이다. 1549년의 한 기록에 의하면,

> "1549년 카잔 [타타르]인들은 … 형제인 크림 [타타르]에게 구원을 청했다…. [이들이] 크림에 보낸 사자는 카자키에 의해 피살당했다. 이들[카자키]은 '차르 카자키(*Tsarskie kazaki*)'였다."[74]

이들 "차르 카자키"는 누구였으며 어디에서 왔던 것일까? 이들은 모스크바 러시아에 고용되었던 이른바 "도시 카자키"였을 것으로 추정되는데, 이는 카잔 타타르 칸이 크림에 보낸 사신의 피살 지점이 모스크바 러시아가 건설하던 대타타르 방어선 인근 지역이었기 때문이다.[75] 같은 시기 폴란드-리투아니아의 스타로스타가 고용했던 카자키가 드네프르강 연변을 떠돌던 방랑집단에서 왔다는 사실을 고려하면 이들 "도시 카자키" 또한 지리적으로 가까운 돈강 연변의 카자크들, 즉 훗날 "돈 카자키"로 알려지게 되는 집단에서 고용되었다고 추정해도 무리는 아닐 것이다. 이 추정을 뒷받침하는 결정적인 근거는 같은 해 이반 4세가 아스트라한 한국과 분쟁 중이던 노가이 타타르의 미르자(원문에서는 *Kniaz*'로 표기), 유수프(Iusuf)에게 자신의 대사를 통해 전달한 친서에서 발견된다. 친서에서 이반 4세는 다음과 같이 썼다.

---

74) "Pravlenie Tsaria Ivana Vasil'evicha" in Nikolai Novikov, ed., *Drevniaia rossiiskaia vivliofika: Soderzhashchaia v sebe sobraniedrevnostei rossiiskikh do istorii, geografii, i genealogii rossiiskiia kasaiushchikhsia*, 2nd ed., 20 vols. (Moscow, 1788–1791), vol. 17 (1791), p. 143. 강조는 필자.

75) *Ibid.*

"…풍문에 의하면 요즘 크림의 칸이 당신에게 비우호적이
라고 들었소…. 크림의 칸은 [당신과 분쟁 중인] 아스트라한의
칸에게 총기와 병력을 원조하고 있소. 나는 당신과의 우호의
뜻으로 푸티블(Putivl') 카자키와 '돈 카자크(Donskie Kazaki)'
부대를 보내어 크림을 공격하려 하오."76)

이들 카자키는 크림뿐만이 아니라 이반 4세의 카잔 한국 공격에도
참가하였다. 1552년 이들 "카자키와 스트렐치, 보야르의 아들들"로 이
뤄진 부대는 카잔 한국의 성읍, "아르스크(Arsk)을 돌격(Shturm)하여 함
락시키는 것"에 중요한 일익을 담당하였던 것이다.77) 그러나 카자키의
약탈 본능은 여전히 사라지지 않았고, "약탈자"와 "용병"으로서의 카자
키의 두 가지 속성은 노가이 타타르와의 외교 관계에서 이들의 고용주
인 이반 4세를 난처하게 만들었던 것으로 보인다. 돈 카자키는 엄연히
이반 4세를 위해 고용되어 복무하고 있었지만, 위에서 이미 언급했듯
이 1549년 노가이 타타르인에 대한 돈 카자크들의 약탈 행위와 이에
대한 노가이 미르자에 대한 항의에 대해 이반 4세는 자신과 이들 카자
키와의 관계를 부인해야 하는 상황에 처해 있었기 때문이다.

돈 카자키에 대한 기록은 1574년에 또다시 등장한다. 이번의 역할
역시 약탈자로서의 그것이었는데, 1574년의 "카자크짓"은 그 규모와
담대함에 있어서 이전의 약탈이나 습격과는 차원을 달리할 만큼 컸다.
카자키가 공격했던 곳은 다른 곳도 아닌 오스만 제국의 요새 아조프
(Azov)였기 때문이다. 이 피해에 대한 항의는 오스만 제국의 봉신이던

76) Sukhorukov, *Istoricheskoe opisanie*, vol. 1, p. 10. 강조는 필자.
77) "Pravlenie Tsaria Ivana Vasil'evicha," pp. 167–168.

크림의 칸이 대신 전달하였는데, 차르 이반 4세는 1549년 노가이 미르자에게 보냈던 편지에서처럼 또다시 자신의 책임을 부인하였다.

> "당신은[크림의 칸] 편지에서 돈 카자키가 아조프[원문에는 터키어인 Azak으로 표기]를 공격해서 피해를 입었다고 썼소. 그런데 돈 카자키는 내 허락을 받고 돈[강 유역]에 거주하는 것이 아니오. 그들은 우리나라에서 도망친 자들이오. … 돈 카자키가 저지르는 짓들은 [따라서] 모두 내가 알지 못하오."[78]

상기한 여러 기록으로 보건대 이반 4세가 "돈 카자키가 벌이는 짓들"에 대해 실제로 몰랐을 가능성은 적다고 보이지만, 그가 이들에 대해 얼마만큼의 실제 통제력을 가졌을지는 미지수로 남아 있다. 이들은 "모스크바 러시아에서 도망친 자들"로서 명목상 분명히 이반 4세의 신민이었지만, 그들이 거주하고 주로 활동하던 지역은 이반 4세의 지배력이 실질적으로 미치지 않던 카자크의 땅, "우크라이나"였다. 이 변경에서 1574년에 이르면 이들 돈 카자키는 오스만 제국을 상대로 "원정(Pokhod)"을 벌일 만큼 성장해 있었던 것이다. 주지하듯 1637년에 이르면 이들 돈 카자크들은 수천 명의 병력을 동원하여 아조프 요새를 실제로 함락시킬 만큼 위협적인 무력을 갖춘 대규모의 "보이스코"로 등장하게 된다.

16세기 후반 돈강 유역의 카자키가 드네프르강 연변의 자포로지예 카자크와 유사하게 "사회 현상"에서 "사회 조직"으로 이행하는 경

---

78) Sukhorukov, *Istoricheskoe opisanie*, vol. 1, p. 59.

계 지점에 서 있었던 것은 분명하다. 이 변화가 어떻게 일어나게 되었는지를 구체적으로 밝히는 것은 사료의 부족으로 여전히 어렵지만, 제한된 사료만으로도 적어도 이 변화가 왜 일어나게 되었는지에 대해 추론해 내는 것은 어렵지 않다. 자포로지예 카자키의 사례처럼 돈 카자키의 조직화와 "보이스코"로의 성장은 이들을 체제 내로 편입시키고 통제하며 군사적으로 이용하려고 한 모스크바 러시아의 시도가 본격화하면서 일어난 현상이었다.

IV 맺음말을 대신하여
: "카자크 신분"으로의 길과 "카자크 국가"로의 길

처음에는 무정형의 방랑집단으로 출현했던 카자키는 16세기 말에 이르면 돈과 드네프르라는 두 강을 중심으로 일종의 자유 전사공동체를 형성하고 확고한 실체를 가진 "사회 조직"으로 성장하기 시작했다. 이 변화의 결과는 폴란드-리투아니아의 "우크라이나"와 모스크바 러시아의 "우크라이나"라는 양대 변경의 출현이었다. 카자키는 "경계인"으로 출발하였고, 이들이 활동하던 지역 역시 변경에 자리한 일종의 "경계 지역"이었던 것이다. 경계 지역에 거주하는 이들 "경계인"들은 16세기 말과 17세기 초 또 다른 선택의 "경계"에 서 있었다. 여기서 이들 카자키가 어떠한 길로 가게 되느냐의 문제는 향후 카자크 집단 자신의 역사뿐만이 아니라 모스크바 러시아와 폴란드-리투아니아의 역사에서도 장기적으로 대단히 중요한 역사적 의미를 지니게 된다.

강력한 중앙집권적 전제군주가 존재하던 러시아의 절대 왕정은 카자크 집단을 기존 사회 질서 속으로 편입시키는 것에 성공하였다. 이 성공의 결과는 역사가들에게 잘 알려져 있다. 돈 카자키는 제정 러시아의 신분제에 편입되어 전제정에 철저하게 예속된 채 유라시아를 향한 제국의 팽창에 동원되는 카자크 "신분"이 되었던 것이다. 이반 볼로트니코프(Ivan I. Bolotnikov), 스쩬카 라진(Stenka Razin), 예밀리안 푸가쵸프(Emelian Pugachev) 등의 카자크 아타만들이 이끈 일련의 카자크 반란에서 볼 수 있듯이, 카자키를 체제 속으로 예속시키는 것은 상당한 긴장과 갈등 및 대립으로 점철된 과정이었다. 그러나 이 대결에서 러시아 전제정은 결국 승리를 거두었으니, 주지하듯 18세기 말 이후의 카자키는 제정의 충실한 공복으로서 1917년 제정 러시아의 몰락까지 제정에 철저하게 복속된 군사 카스트의 역사를 걷게 될 운명이었다. 이 결과 한때 돈 카자크가 태동했던 모스크바 러시아의 "우크라이나"는 18세기 말 완전히 소멸하였던 것이다.

반면 폴란드-리투아니아는 여러 차례의 거듭된 시도에도 불구하고 카자키를 기존 사회 질서 속에 편입시키는 것에 성공하지 못했다. 이 실패는 러시아와 프로이센, 오스트리아라는 세 강대국 사이에서 생존 경쟁에 직면하게 될 폴란드의 미래에 치명적인 결과를 야기하게 된다. 첫째, 통제되지 않는 카자키의 약탈 활동은 17세기에 이르면 크림 타타르 한국뿐만이 아니라 크림 타타르의 후견인인 오스만 제국의 본토, 아나톨리아까지 포괄하는 사실상의 전면전 양상으로까지 발전하였다.[79] 17세기 내내 카자키의 침공, 특히 자포로지예 카자크들의 해적 활동으로 막대한 피해를 입던 오스만 제국은 1672년 마침내 결단을 내렸다. 이 해 오스만 제국은 자포로지예 카자키를 통제하지 못하는 폴란

---

79) 카자키의 내습이 오스만 제국에 끼친 피해에 대해서는 Victor Ostapchuk, "The Human Landscape of the Ottoman Black Sea in the Face of the Cossack Naval Raids," *Oriente Moderno*, 20, 2001, pp. 23-95를 참조하라.

드-리투아니아에 대한 압박의 일환으로 대군을 동원하고 폴란드-리투아니아의 남서부 변경을 침공하여 포돌리예(Podol'e)를 점령하였던 것이다.[80) 포돌리예의 손실은 1667년 안드루소보(Andrusovo) 조약으로 모스크바 러시아에게 스몰렌스크와 드네프르강 동안의 영토를 할양한 직후에 일어났기에 폴란드인들에게는 더더욱 뼈아픈 손실이었다. 주지하듯 이제까지 폴란드-리투아니아의 일관된 외교정책은 모스크바 러시아와 오스트리아에 대항하는 지렛대로써 오스만 제국과의 우호 관계를 유지하는 것에 초점이 맞추어져 있었다.[81) 그러나 오스만 제국에 의해 국토의 일부가 점령당한 후 폴란드-리투아니아의 기존 정책은 대전환을 맞이하였다. 자신의 국토를 되찾기 위해 폴란드-리투아니아는 이제까지 자신의 경쟁상대이자 잠재적 적국이던 오스트리아 및 모스크바 러시아가 주축이 되는 반(反)오스만 전선에 합류해야 하는 상황에 내몰리게 되었기 때문이다. 폴란드의 반(反)오스만 전선 합류는 1683년 오스만 제국의 침공에 의해 수도 빈(Wien)이 포위되어 위기에 직면한 오스트리아가 승리를 거두는 데 결정적으로 기여하였으니, 빈 포위전에서 오스트리아를 구원한 이는 폴란드 국왕 얀 소비에스키(Jan Sobieski)가 이끈 폴란드 기병대였다.[82) 소비에스키는 교황에 의해 이

80) 오스만 제국의 포돌리예 통치에 대해서는 Dariusz Kolodziejczyk, ed., *The Ottoman Survey Register of Podolia (ca. 1681): Defter-i Mufassal-i Eyalet-i Kamanice*, 2 vols. (Cambridge: Havard University Press, 2004)를 참조하라.

81) 폴란드-오스만 관계에 대해서는 Dariusz Kolodziejczyk, *Ottoman-Polish Diplomatic Relations (15th-18th Century)* (Leiden: Brill, 2000)을 참조하라.

82) Norman Davis, *God's Playground: a History of Poland*, 2 vols. (New York: Columbia University Press, 1983), vol. 1, pp. 363-367; John Stoye, *The Siege of Vienna: The Last Great Trial Between Cross and Crescent* (London: Pegasus, 2007), pp. 166-173.

슬람의 침공에서 유럽을 구한 기독교 문명의 영웅으로 찬양되었고, 오스만 제국이 포돌리예를 다시 폴란드-리투아니아로 반환하였던 것도 이 승리가 가져온 결과였다. 포돌리예 탈환을 가능하게 만든 소비에스키의 성공은 단기적으로는 큰 군사적 위업이었을지 모르나, 장기적으로는 폴란드를 파멸로 이끌게 되는 (다소의 과장을 섞어 말하자면) 일종의 자살 행위로서 판명되게 된다. 소비에스키와 그의 폴란드 기병대가 파멸의 위기로부터 구해 낸 바로 그 국가가 불과 1세기 후에는 폴란드의 분할과 소멸을 주도하게 될 것이었기 때문이다.

물론 폴란드-리투아니아의 쇠망은 오스만 제국의 포돌리예 침공과 빈 포위전 이전에 이미 시작된 과정이었으니, 카자키는 이 과정에 보다 직접적으로 연관되어 있으며 어떤 면에서는 주역(主役)이었다고 할 수 있다. 폴란드-리투아니아의 "변경"에서 카자키와 국가 권력 간 대결은 국가 권력으로부터 완전히 독립된 "카자크 국가"의 수립으로 귀결되었다. 카자크 국가의 수립은 폴란드-리투아니아로부터 막대한 자원과 인구, 거대한 경제적 잠재력을 가진 "변경"의 영토를 빼앗아갔다. 마땅한 이름이 존재하지 않던 이 "카자크 국가"를 폴란드-리투아니아인들은 "변경에서(*o krai*, 또는 *v krai*)에서 수립된 나라"라는 의미로 편의상 "변경의 나라"라는 이름으로 불렀는데, 오늘날의 우리에게도 이 이름은 러시아와 폴란드 사이에 자리한 한 독립 국가의 이름으로 더욱 잘 알려져 있다. 카자키로부터 기원하여 카자키의 주 활동 무대였으며 카자키가 "변경"에 수립했던 이 나라의 이름은 바로 "우크라이나(*Ukaina*)"였다.

In Search for the Roots of the Ukrainian Question

우크라이나 역사의
카자크적 기원과 루시(*Rus'*) 정체성

Ⅰ 들어가는 말

러시아/우크라이나의 카자크 집단은 앞 장에서 살펴보았듯이 16세기 전반 남부 러시아의 돈(Don)강 주변과 우크라이나 동남부 지역 드네프르(Dnepr)강 인근의 "우크라이나(*Uraina*: 변경)" 지역에서 출현한 자유인 전사공동체였다. 유목 문명과 정주 문명, 스텝과 농경지대, 이슬람 문화권과 기독교 문화권 사이 경계에 자리한 우크라이나를 방랑하며 강도질과 약탈로 점철된 이른바 "카자크짓(*Kazakovat'*)하기"로 삶을 영위하던 이들 경계인들은, 우크라이나 역사가 미하일로 흐루셰프스키(Mikhailo Hrushevskii)의 표현을 빌리면, 16세기 후반 일종의 사회 현상에서 하나의 사회 조직, 즉 "보이스코(*Voisko*)"로 변화하는 중대한 이행의 경계에 서 있었다.[1] 비록 최초 단계에서는 유사한 배경에서 유사한 경로를 거쳐 유사한 행태를 가진 경계인 집단으로서 출발했지만, 돈강 주변의 우크라이나와 드네프르강 유역 우크라이나의 선택은 서로 달랐다. 전자의 카자크 집단이 일찍부터 러시아 제정에 (물론 그 과정에서 격렬한 저항과 반발을 거치며) 포섭되어 카자크 신분으로서의 길을 걷게 되었던 것과는 달리, 드네프르 강 급류 너머 오지의 이른바 "자포로지예(*Zaporozh'e*)"[2] 지역을 활보하던 후자는, 제정 러시아처럼 자신들을 카자크 신분으로 예속시키려는 폴란드–리투아니아와의 치열한 투

....

1) Mikhailo Hrushevskii, *Istoriia Ukrainy-Rusy*, 10 vols. (L'vov − Vienna − Kiev, 1898 − 1936; New York, 1954 − 58; Kiev, 1991 − 94), *History of Ukraine-Rus'*, 10 vols, translated from Ukrainian to English (Toronto − Edmonton: Canadian Institute of Ukrainian Studies Press, 1999 − [ongoing]), vol. 7, p. 101 (page citations are to the English edition).

2) "자포로지예(*Zaporozh'e*)"의 *Za*−는 동슬라브어로 "−너머"를 의미하는 전치사이며 *Porog*는 물살이 빠른 "급류"를 의미하는 단어로, "자포로지예"는 "드네프르강 급류 너머 카자크가 거주하는 지역"을 지칭하는 고유 명사였다.

쟁을 통해 17세기 중반 독립적인 카자크 국가를 수립하는 독자 행보를 걷기 시작했기 때문이다. 이러한 자포로지예 카자크의 선택은 오늘날 유럽 대륙 본토에서 가장 광대한 영토와 거대한 인구를 가진 한 국가가 출현하는 계기가 되었으니, 이 나라가 어디인지를 짐작하기란 어렵지 않다. 그 국가는 바로 "우크라이나(*Ukraina*)"였다. 카자크 국가의 성립은 변경을 지칭하는 동슬라브어 일반명사 "우크라이나"가, 별개의 정체성과 역사를 지닌 국민국가를 지칭하는 고유명사, "우크라이나"로 전환되는 시발점이 된 사건으로, 16세기 말부터 본격화된 자포로지예 카자크의 저항과 반란은 바로 우크라이나라고 하는 새로운 국민국가와 우크라이나인이라고 하는 새로운 근대적 민족이 탄생하는 역사적 여정의 출발에 다름 아니었던 것이다.

　이렇듯 카자크 반란으로 시작된 국민국가 우크라이나의 탄생은 애초 하나의 사회 현상으로 출발한 집단이 독자적인 기억과 정체성, 집단적 자의식을 가진 새로운 "민족"으로 변모하였다는 점에서 역사적으로 유사한 사례를 찾기 힘든 매우 특이한 케이스였다고 할 수 있다. 우크라이나의 사례는 이른바 카자크 현상의 사회경제적 기원을 감안하여 다소 극단적인 비유를 들자면, 17세기 카리브해의 해적 집단이나 19세기 미국 서부의 카우보이들이, 전자는 "해적 공동체" 후자는 "카우보이 공동체"를 만들며 독자적인 집단 정체성을 형성하고, 자신들을 예속시키려는 기득권층 및 국가 권력에 저항하며, "해적 국가" 또는 "카우보이 국가"를 형성하고 이 결과 "해적 민족" 또는 "카우보이 민족"이 탄생하기에 이른 것과 크게 다르지 않기 때문이다. 이 과정에서 주목할 만한 사실은 카자크 국가의 탄생이 우크라이나 지역에 거주하던 동슬라브계 루시(*Rus'*)인들의 폴란드화(즉 카톨릭화와 농노화)를 저지하고 동방정교(*Pravoslavie*)를 중심으로 한 루시 정체성 기반의 독자적인 공동체 의식을 촉발시켰다는 점인데, 카자크 반란으로 시작되어 추후 우크라이나 민족주의와 국민국가 수립으로 이어지게 될 독자적인 우크라이나 정체성의 탄생 여정은 대략 다음의 두 단계 과정으로 일별될 수 있다.

첫 번째는 종교 기반 루시 정체성의 자각이었다. 자포로지예 카자크의 반란은 폴란드-리투아니아 치하에서 급속히 진행되던 농노화에 대한 정치적 저항인 동시에 폴란드-리투아니아 정부가 중점적으로 추진하던 우니아트(*Uniat*) 통합 교회의 출범과 확산에 대한 종교적 저항의 성격을 동시에 가지고 있었기 때문이다. 카자크는 스스로를 동방정교 신앙의 수호자로 자처하였다. 로마 교황청과 폴란드 당국의 후원을 받던 우니아트 운동에 대한 그들의 격렬한 저항과 반발은 당대 우크라이나 지역에서 급속하게 진행되던 폴란드화의 흐름을 저지했을 뿐만 아니라, 카톨릭 기반의 폴란드-리투아니아와 명백히 구분되는 루시 정체성에 대한 이 지역 주민들의 정치적 각성을 촉발시킴으로써, 훗날 우크라이나 국민국가가 출현하게 되는 역사적 기반과 문화적 지형을 만드는 데 크게 기여하였다고 할 수 있다.

두 번째 단계는 동쪽에 자리한 이웃으로 (종교와 언어 및 문화를 공유하던) "큰 루시(*Velikaia Rus'*)"와 차별화된 우크라이나 정체성의 탄생으로, 이 과정은 변경을 의미하는 일반명사 "우크라이나"가 독자적인 정체성을 가진 민족 기반 국민국가를 의미하는 고유명사, "우크라이나"로 진화하는 이행의 최종단계라고 할 수 있다. 우크라이나의 카자크 헤트만(*Hetman*) 국가(*Getmanshchina*)가 제정 러시아에 완전히 종속되는 18세기 말 또는 19세기 초 익명의 저자가 집필한 『루시인의 역사

(*Istoriia Rusov*)』로부터 처음 시작되어,[3] 19세기 후반 우크라이나 역사가 흐루셰프스키에 의해 본격 계승되며, 20세기 초반 일군의 우크라이나 지식인과 민족주의 활동가들에 의해 본격화되는 우크라이나 민족주의의 문제적 탄생 과정에서, 우크라이나 지역 루시인들이 주축을 이룬 16-17세기 카자크 반란의 역사적 경험과 기억은, 훗날 우크라이나 민족주의 역사가들이 시도한 "역사적 기억의 재구성" 작업에서 이른바 우크라이나 민족의 역사적 실존과 독자적 국가 수립의 정당성을 역사적으로 정당화하는 가장 핵심적인 증거 중 하나였다.

　여기서 아이러니는, 막상 카자크 반란이 시작되는 16세기 말 17세기 초 시점의 우크라이나에서 근대적인 우크라이나 민족의식과 정체성은 아직 이 지역에 존재하지 않았으며,[4] 이 무렵 일어난 카자크 반란은 우크라이나 정체성이 아니라 동방정교 신앙에 기반한 "루시 정체성"의 새로운 자각 및 각성과 연관된 사건이었다는 사실이다. 역사상 최초의 우크라이나 국가를 수립하게 될 자포로지예 카자크 집단의 지도자

....

3) Georgii Konisskii, ed., *Istoriia Rusov ili Maloi Rossii* (Moscow: Universitetskaia tipografiia, 1846), *Istoriia Rusiv*, trans. from Russian to Ukrainian by Viacheslav Davidenko (New York: Vidavnitstvo "Vistnik," 1956). 1846년 첫 간행된 『루시인의 역사』는 역사적 경험과 기억에서 "큰 러시아"와 구분되는 "작은 러시아"의 독자성을 본격적으로 다룬 첫 역사서로, 근현대 우크라이나 민족주의 역사학계는 이 저작을 민족주의 담론이 태동하는 우크라이나 민족주의의 사실상 첫 시발점으로 간주하고 있다. 대략 18세기 말 또는 19세기 초 익명으로 집필되어 공간(公刊) 이전에도 헤트만 국가 출신의 카자크 스타르쉬나 사이에서 널리 회람되었던 이 책의 저자는 17세기 후반 예카테리나 여제 시기 러시아 궁정에서 활동한 소러시아 출신의 관료, 그리고리 폴레티카(Grigorii A. Poletika)가 유력시되고 있다.

4) 앞 장에서 살펴보았듯이 동슬라브어에서 "우크라이나"는 원래 카자크가 활동하는 "변경"을 지칭하는 일반 명사로 자포로지예 카자크가 거주하던 드네프르강 유역뿐만이 아니라 돈 카자크가 출현한 돈강 인근의 변경 역시 "우크라이나"로 지칭되었다.

보그단 흐멜니츠키(Bogdan Khmel'nitskii)부터가 1648년의 반(反)폴란드 봉기 당시에는 스스로를 "[폴란드 왕국 땅에 존재하는] 루시인의 유일한 전제군주(*Edniovlastnyi samoderzhets rus'skii*)"[5]로 자처하고 있었던 사실은, 이 당시 만해도 카자크 집단이 자신들의 반(反)폴란드 항쟁을 (이 시점에서는 아직 존재하지도 않았던) 우크라이나 민족주의의 시선이 아니라, 동방정교 신앙의 루시인과 카톨릭 신앙의 폴란드인이 충돌하는 전근대적인 종교 기반의 갈등으로 바라보고 있었음을 보여주는 증거에 다름 아니다.

폴란드-리투아니아와의 투쟁을 통해 각성된 우크라이나의 루시 정체성은 또한 1654년 페레야슬라브(Pereiaslav) 협정 당시 카자크 국가의 지도부가 동쪽에 존재하는 루시인의 종주국, "로씨야(*Rossiia*: Russia)"를 자처하던 모스크바 러시아와의 협력 및 후견을 청하게 된 근거이기도 하였다. 모스크바 러시아의 후견 아래 독립을 유지하던 카자크 국가는 18세기 후반 제정 러시아에 사실상 완전히 예속된 "작은 러시아(*Malorossiia*)"의 상태로 변모하게 되지만, 카자크 국가의 구성원들은 같은 신앙과 유사한 언어, 지극히 흡사한 문화를 가진 (그리고 사실상 동일한 조상을 가진) 이웃의 "큰 러시아인(*Veliko-Russkii*)"과의 역사적 경험과 기억의 차이를 계속 자각하고 있었던바, 그 차이의 기반이 무엇인지를 짐작하기란 어렵지 않다. 그것은 바로 "자포로지예 카자크 국가의 기억"이었다. 다시 말해 카자크 국가는 우크라이나의 루시인들이 폴란드-리투아니아로부터 떨어져 나와 독자적인 루시 국가를 수립하게 만

---

5) *Vossoedinenie Ukrainy s Rossiei: Dokumenty i materialy v trekh tomakh* (Moscow: Nauka, 1953), vol. 2, p. 108; Nikolai I. Kostomarov, *Russkaia istoriia v zhizneopisaniiakh ee glavneishikh deiatelei v trekh knigakh* (Moscow: Olma-Press, 2004), vol. 2, p. 358.

든 계기인 동시에, 이들이 제정 러시아에 동화되지 않고 독자적인 우크라이나 정체성을 유지함으로써, 종국에는 우크라이나인이라고 하는 별개의 또 다른 루시인 집단을 탄생하게 만든 집단적 기억과 정체성의 뿌리였다.

이 장에서는 위에서 언급한 두 단계의 과정에서 첫 번째 단계에 해당하는, 자포로지예 카자크 집단의 출현과 이들이 주역을 담당한 16세기 말 17세기의 카자크 반란에서 확인되는 루시 정체성의 자각 및 각성 과정을 미시적으로 탐색해 보고자 한다. 보다 구체적으로 이 글에서는 자포로지예 카자크 집단의 출현으로부터 그들이 선택한 "카자크 국가의 길"로 이어지는 역사적 궤적의 첫 경과를 검토함으로써, 애초 하나의 사회 현상으로 출발한 카자크 현상이 도대체 어떠한 이유로 어떠한 경로와 과정을 거쳐 독자적인 루시 정체성의 형성을 촉발하게 되었는지에 대해 답하며, 우크라이나 민족 정체성과 국가 형성의 "카자크적 기원"에 대해 탐색해 보려는 것이다.

II 카자크 현상의 태동과 자포로지예 셰치의 형성

우크라이나 역사의 카자크적 기원은 16세기 후반 폴란드-리투아니아의 남동부 변경 지역에 출현한 자포로지예 셰치로 거슬러 올라갈 수 있다. 1574년 폴란드의 연대기 작가 비엘스키(Marcin Bielski)는 폴란드 왕국이 루블린 연합(*Liublinskaia uniia*)을 통해 획득한 드네프르강 주변 "우크라이나(변경)"에 나타나기 시작한 카자크에 대해 다음과 같은 기록을 남겼다.

"이들 [도망] 농민들은 … 드네프르강 하류 지역[자포로
지예 지역]에서 … 어업에 종사하다가 … 겨울이 오면 키예
프나 체르카시(Cherkassy)와 같은 도시들로 흩어진다. … 그
들은 대포를 가지고 있는데, 이 대포는 튀르크 요새들과 [크
림] 타타르로부터 탈취한 것이다. 이전에 카자크는 수가 많지
않았지만 지금 그들은 수천에 다다랐으며 최근에는 그 수가
더욱 증가하였다. … 타타르인들은 카자크가 없다면 우리 폴
란드인과 자신들이 잘 지낼 수 있다고 하지만 타타르인들의
말을 믿어서는 아니 된다.6)

　　당대의 기록이 보여주듯 16세기 후반 드네프르강 하안(河岸) "급
류 넘어"의 변경 지역(즉 자포로지예[Zaporozh'e])이 카자크들이 득실대
던 카자크 현상의 중심지였다는 것에는 의문의 여지가 없다. 앞 장에서
검토하였듯이 카자크 현상은 당대 폴란드-리투아니아와 동프로이센,
모스크바 러시아를 포함한 동유럽 전역에서 급속히 진행 중이던 봉건
적 반동이 만들어 낸 결과였다. 이는 카자크의 주축을 이룬 이들이 거
주 이전의 자유를 박탈하는 농노화에 대한 반발로 당시로서는 여전히
"열린 국경"으로 남아 있던 우크라이나로 도망한 동슬라브계의 이주
농민들이었기 때문이었다. 카자크의 급속한 증가는 루블린 연합으로
새로 획득한 영토에 농노제를 이식하려던 폴란드의 지배적 귀족집단,
슐라흐타(Szlachta)에게는 심대한 위협으로 다가왔으나, 명목상 폴란드
-리투아니아 연방(Królestwo Polskie i Wielkie Księstwo Litewskie)의 영토

6) Marcin Bielski, *Kronika [polska] Marcina Bielskiego* (Sanok, 1856), vol. 3,
　　pp. 1358-1360, D. I. Evarnitskii, *Istoriia zaporozhskih kazakov*, 3 vols. (St.
　　Petersburg, 1892-1897), vol. 2, pp. 38-39에서 재인용.

임에도 스텝에 인접한 남동부 변경 지역에서는 여전히 확고한 지배력을 행사하지 못하던 폴란드-리투아니아 정부로서는 루시계 농민의 이탈과 이들의 카자크화(化)를 저지할 수단과 방법이 없었다. 반면 자유농민에서 농노로 전락해 버릴 위기에 직면한 농민들에게 여전히 열린 국경으로 남아 있던 "우크라이나"는 이들이 예속을 피해 자유를 얻을 수 있는 약속의 땅에 다름 아니었으니, 카자크 현상은 곧 당시 급격히 진행되던 농노제의 이식과 열린 국경의 우연한 조합이 만들어 낸 결과였던 셈이다.

돌이켜 보면 그 속성상 슐라흐타가 지배하는 폴란드-리투아니아의 신분제적 질서에 적대적일 수밖에 없는 카자크 수의 급격한 증가는 폴란드의 슐라흐타 귀족정 체제에 크나큰 암운을 드리우며 앞으로 닥쳐올 대 파국을 예고하는 불길한 전조에 다름 아니었다. 그러나 16세기 후반의 시점에서 카자크 현상이 초래할 폴란드 역사의 이른바 "대홍수 시대(Potop)"의 도래를 예상하던 당대인들은 없었으니, 이는 카자크 현상에 대한 폴란드-리투아니아의 주요 관심이 적어도 이 시점에서는 카자크의 급증이 가져올 장기적 위험보다도 카자크들이 인근의 이슬람권 국가들에 대해 자행하던 일련의 "카자크짓(즉 강도질과 약탈, 납치, 살인 등)"에 의해 초래되는 외교적 마찰에 집중되어 있었기 때문이었다. 사실 이 시점에서 카자크짓의 일차적인 피해자는 폴란드가 아니라 바로 크림 한국이었다. 크림 타타르에 대한 카자크의 공격과 침공은 어떤 면에서는 유사한 카자크짓을 남부 러시아 변경 지대 거주 루시인 주민들을 대상으로, 더 일찍부터 더 큰 규모로 그리고 상습적으로 자행해 오던 크림 타타르의 침공과 약탈에 대항하는 선제적 방어전이자 복수전의 성격을 띠기도 하였기에, 그 행위 자체로만 한정해 본다면 (크림 타타르의 연이은 습격으로 고심하던 폴란드 정부의 입장에서는) 차라리 환영할 만한 일로, (위에서 언급한) 비엘스키와 같은 일부 폴란드 슐라흐타가 "카자크의 존재를 [타타르인의 침공을 억제할 수 있다는 점에서] 좋은 일"로 바라보기까지 하였던 것도 이러한 이유에서였다.[7] 그러나 폴란드-리투아니아 정부가 직면하게 된 문제는 그렇게 간단하지 않았다. 이는 카자크의 활동이 필요시에는 폴란드 혼자서도 충분히 감당할 수 있는 상대였던 크림 한국에 국한된 것이 아니라, 크림 한국의 후견국이자 당대 동유럽과 지중해 세계에서 최대의 강대국인 오스만 제국까지도 강타하기에 이르렀기 때문이다. 초기에는 흑해 연안의 소아시아의 해안지대와 아나톨리아 일부 지역에 국한되었던 카자크의 침공과 약탈은 16세기 후반부터 급기야 오스만 제국의 심장인 수도 코스탄티니예(Kostantiniye)에 도달했고, 아나톨리아 내지의 주민들조차도 적어도 명목상으로는 폴란드-리투아니아의 신민으로 간주되던 카자크가 자행하는 해적질과 약탈의 희생자가 되어버린 상황은, 왕국의 변경에 대한 오스만 제국의 침공을 유발할 가능성 때문에 폴란드 정부에게는 크나큰 근심거리로 떠오르고 있었다.[8]

그렇다면 당대 유럽에서 가장 강력한 제국으로 그것도 여전히 최강의 군사력을 유지하며 전성기를 누리던 오스만 제국의 핵심부를 대담하게 공격하며 폴란드-리투아니아와 오스만 제국 양자 모두에게 크나큰 골칫거리가 되어버린 이들 카자크 해적떼는 누구였으며 대체 어

---

7) Bielski, *Kronika*, vol. 3, p. 1360, Evarnitskii, *Istoriia*, vol. 2, p. 39에서 재인용.

8) 자포로지예 카자크가 오스만 제국에 대해 자행한 약탈 및 파괴 활동에 대한 자세한 내용은 Victor Ostapchuk, "The Human Landscape of the Ottoman Black Sea in the Face of the Cossack Naval Raids," *Oriente Moderno*, 20, 2001, pp. 23-95를 보라. 오스만 제국의 침공은 1672년 폴란드-리투아니아 남부 포돌리예(Podol'e) 점령으로 현실화되었다.

디에서 온 것이었을까? 주지하듯 오스만 제국을 습격한 해적들의 본거지는 폴란드-리투아니아 연합왕국과 오스만 제국 및 모스크바 러시아와의 국경이 마주하며 교차하는 변경 지대, 즉 "우크라이나"였다. 이들 카자크 강도떼와 해적들이 꽈리를 튼 근거지는 당대 폴란드-리투아니아 남동부 변경 지역 중에서도 오지 중 오지로 거친 자연환경 때문에 사람의 접근이 힘든 드네프르강 하안의 급류지대에 있었던 것으로 추정되는데, 역사적으로는 "드네프르강 급류 너머의 지역에 자리한 카자크의 둥지", 즉 "자포로지예 세치"로 더욱 잘 알려진 카자크 현상의 본거지는 지난 세기까지 오랜 시간 지속된 스텝 유목민의 습격으로 아직까지는 제대로 개척되지 않은 채 사람들이 거의 거주하지 않던 거친 "황야(Dikoe pole)"의 한복판에 자리하고 있었다. 이 지역을 굽이쳐 흐르는 드네프르강의 거친 물살 때문에 자포로지예 지역은 현지의 지리와 사정에 익숙지 않은 외부세력의 공격으로부터 사실상 은폐된 장소였고, 이렇듯 방어에 유리한 천혜의 조건을 가진 급류 너머의 이 오지가 농노화를 피해 도망하는 농민, 종교적 자유를 위한 신천지를 찾던 동방정교 신앙의 구교도들, 또는 일확천금을 찾아 이 지역으로 넘어온 일군의 모험가들이 모여드는 집결지가 되는 것에는 오랜 시간이 걸리지 않았다.

특히 루블린 연합 이후 가속화된 이주의 결과 16세기 후반 드네프르강 연변에는 역사적으로 유사한 선례를 찾기 힘든 매우 특수한 공동체가 형성되기 시작하였다. 이 공동체는 전적으로 오로지 남성으로만 구성되어 여성의 가입 또는 거주는 일절 허용되지 않는 "거친 사나이들의 모임"이었으며,[9] 훗날 목축과 어업 및 교역을 통해 얻는 수입과

----

9) Henry Krasinski, *The Cossacks of the Ukraine* (London: Partridge and

폴란드-리투아니아 정부로부터의 보조금이 생계 수단으로 추가되지만 초기에는 전적으로 남쪽의 무슬림을 상대로 한 "카자크짓," 즉 약탈과 폭행, 그리고 강도질과 살인, 납치 및 인신매매와 같은 범죄 행위를 주 생업으로 삼았고, 이 과정에서 죽음과 부상이 일상화된, 매우 상무적이고 호전적인 전투집단이자 폭력집단이었다. 초기 형성기 역사에 대한 사료가 지극히 부족한 것에 더하여 그 구성원의 절대다수가 문맹이던 당대의 카자크 본인들이 스스로에 대한 기록을 전혀 남기지 않았기 때문에, 드네프르강 급류 너머에서 형성되던 카자크의 첫 둥지가 정확히 언제 어디서 구체적으로 어떤 과정을 거쳐 시작되었는지는 현재로서는 전혀 알 길이 없다. 그러나 카자크짓의 피해자들이 남긴 일련의 기록과 당대 셰치를 방문한 극소수 외부인들의 목격담을 통해 확인되는 분명한 사실은 이미 "완성된" 형태의 셰치가 늦어도 16세기 말에 이르면 드네프르강 하안에 확고히 자리 잡고 있었으며, 이 시기의 셰치는 이미 당대 유럽 대륙의 초강대국 중 하나인 합스부르크 오스트리아가 이들에게 군사적 협력을 제의할 만큼 당대의 유럽인들에게까지도 인상적인 존재감을 과시하며 전(全) 유럽 세계에서 군사적 위명을 떨치고 있었다는 점이다.

현재 가장 유력시되는 셰치의 기원은 폴란드-리투아니아 정부에 의해 우크라이나 지역의 스타로스타(*Starosta*: 군정관[軍政官])로 임명되

Oakey, 1901), p. 81. 전사공동체로서 셰치는 여성의 가입은 고사하고 요새 내로의 출입조차 원천적으로 금지하고 있었다. 이를 어기는 경우 해당 여성에 대한 처벌은 매우 가혹하여, 셰치의 규약은 (실제 이대로 집행되었을지는 극히 의심스러우나) 요새 내에서 발견된 모든 여성을 투석형으로 처형하거나, 또는 "불 위에 거꾸로 매단 채 불에 신체를 그슬리며 질식시키기" 또는 "목까지 땅에 파묻은 채 고문한 후 처형하기" 등등의, 당대의 기준으로 봐도 지극히 잔인한 방식으로 처벌할 것을 명문화하고 있었다(*ibid.*).

었던 바 있는 전설적인 반(反)타타르 항쟁의 영웅, 드미트리 비쉬네베츠키(Dmitrii I. Vishnevetskii)가 이 지역에 건설한 요새에서 찾을 수 있다. 폴란드 슐라흐타의 일원으로 정치적으로는 폴란드화하였으나 여전히 동방정교 신앙을 유지하던 토착 귀족 출신의 이 루시인 전사는 그 자신이 직접 카자크 현상의 소용돌이에 뛰어들어 이전까지는 카자크짓을 하는 무정형의 방랑집단으로만 존재하던 카자크를 최초로 조직하여 훗날의 카자크 "보이스코(Voisko)"와 가장 근접한 최초의 군사조직체를 만들어낸 인물 중 한 명으로도 잘 알려져 있다. 크림 타타르의 침공을 선제적으로 방어하기 위한 노력의 일환으로, 또한 크림 타타르를 습격하기 위한 전초기지를 마련하기 위한 목적으로 비쉬네베츠키는 1556년 드네프르강 하안 급류지대 너머의 한 섬에 목책 요새를 축조하여 자신이 조직한 카자크 부대를 주둔시켰는데,[10] 그의 사망 후 한동안 방치되었던 이 요새가 타타르인 대상(隊商)과 크림 한국이 파견하는 분견대를 습격하고 크림 반도의 타타르인 거주지를 대상으로 카자크짓을 자행하며 이 지역을 배회하던 무뢰한들의 집결지이자 숙영지가 되는 것에는 오랜 시간이 걸리지 않았다. 은폐와 방어의 용이성, 드네프르강을 통한 기동의 편리함 때문에 비쉬네베츠키가 건설한 요새는 16세기 후반 이 지역을 오가던 카자크들이 정착하여 영주하는 사실상 반(半)영구

----

10) Erich Lassota Von Steblau, *Habsburgs and Zaporozhian Cossacks: the Diary of Erich Lassota von Steblau*, trans. by Orest Subtelny with introduction of Lubomyr R. Wynar (Littleton, Co: Ukrainian Academic Press, 1975), p. 97 (page citations are to the English edition); Evarnitskii, *Istoriia*, vol. 2, p. 22. 비쉬네베츠키가 만든 이 부대가 셰치의 직접적인 기원이 되었는지는 여전히 불확실하다. 이는 비쉬네베츠키 자신이 얼마 후 크림 타타르에게 포로가 되어 코스탄티니예로 압송된 후 바로 처형당했기 때문으로 여러 정황 증거는 비쉬네베츠키 사후 카자크에 의해 점거되기 전까지 그가 만든 요새가 일정 기간 방치 상태에 있었음을 시사하고 있다.

적인 거주지이자 카자크의 "둥지"로 변모하게 되었던 것이다.

1594년 카자크와의 공동 군사행동을 위해 셰치를 실제로 방문한 신성로마제국의 사절 에리히 라소타(Erich Lassota von Steblau)는 이 시기 셰치의 실제 모습을 육안으로 확인했던 당대의 유일한 외부인으로, 그는 자신의 일기에서 이 시기 자포로지예 카자크의 본거지에 대한 귀중한 목격담을 남겼던 바 있다. 그가 남긴 방문기 중 가장 인상적인 부분은 셰치에 자리잡은 이 전사공동체가 그 구성원들이 동등한 권리와 의무, 책임을 진 일종의 "원시 민주정 체제"로 운영되고 있었다는 사실이었다. 셰치 도착 후 카자크 지도자들과의 면담에서 신성로마제국과의 군사적 협력을 제의하는 황제의 제안을 전달한 라소타는 그 직후 자신이 목격한 카자크 공동체의 회합 장면을 자신의 일기에 다음과 같이 기록했다.

우리는 카자크 전원이 모이는 전체 회의에 참석하여 [합스부르크와의 군사협력을 위한 카자크] 병력동원을 위해 우리가 [황제로부터] 받은 명령을 청중에게 제시했다. 그들[카자크]은 우리에게 잠시 퇴정할 것을 요청한 후 우리의 서한을 큰 소리로 읽고 이 문제에 대해 모든 카자크가 자신의 의견을 낼 것을 요구했다. … 그 후 그들은 자신들의 관습대로 두 개의 모임으로 나누어서 이 사안을 토론했는데, 하나는 장교들로 구성된 모임이고 다른 하나는 평민 카자크로 구성된 모임이었다. 기나긴 토론 후 평민 카자크 모임은 우리의 제안을 받아들이기로 결정하고 동의의 표시로 자신들의 모자를 하늘에 던졌다. 그리고 이 군중들은 [여전히 결론을 내지 못한 채 토론 중이던] 장교들의 총회로 달려가서 자신들의 결정에 동의하지 않는 자들은 전부 강으로 던져 죽여 버리겠다고 협박했다.11)

라소타의 기록이 보여주는 것은 이 무렵의 셰치가 일종의 원시 민주정 형태로 운영되고 있었다는 사실로, 셰치의 최고 지도자인 코쉬(Kosh: 집행부 또는 행정부를 의미) 아타만(Ataman)을 포함하여 셰치의 모든 지도자들은 적게는 수천 많게는 수만에 이르는 셰치의 전체 구성원이 모두 동등한 자격으로 참가하는 셰치의 전체 회의, "라다(Rada)"에서 투표에 의해 뽑히는 선출직이었다. 물론 셰치의 데모크라시는 오늘날 현대의 민주공화정 정체와는 많은 점에서 차이가 있었다. 셰치 구성원의 총의(總意)가 필요한 주요 의사 결정을 내릴 때 또는 코쉬 아타만 선거와 같은 주요 이벤트마다 소집되던 라다에서는, 모든 참가자가 동시에 아우성치며 서로에게 고함을 지르는 시끄러운 난장판 속에서 집단적인 함성, 야유 및 거친 욕설이 토론을 대신했으며, 중요한 의사결정의 상당수는 만취하거나 극도로 흥분한 참석자들 간의 패싸움 및 결투를 통해 (경우에 따라서는 현장에서 무기를 동원한 실제 전투로 발전하여 상당한 사망자를 내기도 하며) 내려지기가 일쑤였는데, 이렇듯 거칠고 때로는 유혈적인 폭력이 난무하는 민주적 절차를 통해 선출된 셰치의 최고 수반이 바로 "코쉬 아타만(Koshevoi Ataman)"으로,12) 이런 소란과 우여곡절을 거쳐 선출된 아타만에게는 적어도 명목상으로는 카자크 구성원의 절대적인 복종과 셰치 내 동료에 대한 생살여탈권을 포함하는 매우

....

11) Lassota, *Habsburgs*, p. 84.
12) Evarnitskii, *Istoriia*, vol. 1, pp. 218–223.

큰 권한이 부여되었다.13) 비록 그 형태에서는 지극히 원시적이었으나 그 절차에 있어서는 철저하게 민주적이었던 선출 과정과 대비되는 셰치 아타만의 절대적인 권력은, 셰치가 언제 어디서든 카자크짓을 수행하기 위한 전쟁 준비 상태에 있으며 언제나 타타르의 습격을 대비하고 전투태세를 유지하는 상시적 전사공동체라는 특수성에 말미암은 것이었다고 할 수 있다.

전원이 건장한 성인 남성으로 구성되어 지극히 호전적인 전사공동체의 수장으로서 코쉬 아타만에게 부여된 가장 중요한 임무는 물론 약탈과 습격, 즉 "카자크짓"을 위해 셰치의 무리를 이끄는 최고 지휘관의 역할이었다. 그러나 셰치가 카자크짓을 위한 상설화된 영구거주지로 변모함에 따라 셰치의 운영을 위해서는 행정과 보급을 담당할 조직과 요원 역시 필수적이었고, 이에 따라 아타만의 휘하에는 행정을 담당함과 동시에 아타만을 보좌하고 정무를 조언하는 일종의 원시적인 관료 행정조직이 등장하게 되었으니 셰치 내에서 이들 행정가들을 부르던 명칭이 바로 "피사르(Pisar: 서기)"였다.14) 아마도 그 구성원의 절대다수가 일자무식의 문맹이었을 자포로지예 카자크 사회에서 피사르는 공동체 내에서는 극소수에 불과했던 (아마도 귀족과 성직자 출신이었을) 한 줌의 지식인 집단에 의해 독점되었던 것으로 추정된다. 이들 지식인 집단은 셰치의 구성원 사이에 분쟁이 벌어졌을 때 사안을 심사하고 조정하며 판결을 내리는 판사의 직무, 즉 "수쟈(Sud'ia: 판관)" 직위 역시 거의 독점하였으니, 자포로지예 셰치를 일종의 원시 민주정으로 부를 수 있는 또 다른 근거는 바로 독자적인 재판권을 행사하던 이들 판관의 존

---

13) *Ibid*.
14) *Ibid*., pp. 224－225.

재였다고 할 수 있다.[15] 이는 비록 현대적 기준에서는 지극히 조야하고 원시적인 형태로 운영되었지만 엄연한 선출직으로 판관의 역할을 담당하던 수쟈로 인해 셰치에서는 원시적인 형태나마 삼권(즉, 셰치 구성원 총회인 라다, 아타만과 피사르로 이뤄진 행정부, 수쟈로 구성된 재판부)의 명백한 "분화"가 이뤄졌던 것으로 보이기 때문이다.[16]

이러한 삼권의 분화와 더불어 셰치에는 아타만의 권력을 뒷받침하고 전투와 행정에서 아타만의 명령을 집행하며 수쟈가 내리는 판결과 군법을 물리적으로 시행하는 역할을 담당하던 직책 또한 존재했으니, 이들은 바로 "예사울(Esaul)"로 불리던 일종의 장교단으로[17] 원칙적으로는 이들의 직책 또한 셰치 구성원에 의해 뽑히는 선출직이었다. "지휘관"을 의미하는 볼가 타타르어 "야사울(Iasaul)"에서 유래한 표현으로 추정되는 예사울은,[18] 우리말로는 아마도 "일정 부분 관료 성격을 지닌 일종의 장교집단"으로 가장 근사치에 가깝게 번역될 수 있을 터인데, 그 구성원 모두가 평등한 공동체임을 자임하던 셰치에 이러한 장교집단이 존재한 이유는, 규율과 효율, 그리고 신속한 의사결정이 생명인 전투 현장에서는 평시의 민주적 평등주의가 적용될 여지가 없었기 때문이었다. 예사울은 또한 코쉬 아타만과 피사르, 수쟈 등과 더불어 이른바 "스타르쉬나(Starshina)"로 불리던 자포로지예 셰치 사회 내 상

....

15) *Ibid.*, pp. 223 – 224.
16) 삼권의 분리가 아니라 "분화"가 더 적합한 표현인 이유는 "수쟈"라는 집단이 별개로 분화하여 존재했지만, 재판부 최고 수장의 직위는 필요에 따라 코쉬 아타만이 맡는 경우도 존재했기 때문이다(*ibid.*, p. 240).
17) *Ibid.*, pp. 225 – 227.
18) Aleksei Aleksandrovich Mukhin, *Kazach'e dvizhenie v Rossii i stranakh blizhnego zarubezh'ia* (Moscow: Panorama, 1994), p. 9.

위계층의 주요 구성원이었다.[19)]

　　스타르쉬나를 포함한 셰치의 모든 구성원들은 당대 동슬라브어로 "쿠렌(Kuren')"으로 불리던 목조막사에 집단으로 거주하며 공동으로 생활하였다. 삶이 곧 전투 준비의 연속이던 셰치에서 생활 단위로서의 쿠렌은 곧 카자크 부대, 즉 "보이스코"를 구성하는 하나의 전투단위이자 행정단위로서도 기능했기에, 막사에서 같이 거주하는 동료는 곧 전장에서의 전우였다고 할 수 있다. 쿠렌의 조직 및 운영 역시 셰치의 운영 원칙인 민주적 평등주의를 따랐다. 개별 쿠렌의 지도자인 쿠렌 아타만은 쿠렌 구성원들에 의해 민주적인 절차에 따라 투표로 선출되었으며, 일단 선출된 쿠렌 아타만에게는 셰치 전체를 대표하던 코쉬 아타만의 그것에 상응할 만큼 쿠렌 내에서 절대적인 권능이 부여되었다.[20)] 쿠렌 아타만은 또한 셰치를 다스리는 행정조직 구성원들만이 참석하는 지도부 총회, "스호드카(Skhodka)"의 주요 구성원이기도 하였는데, 셰치 구성원 전원이 참석하여 의사 결정 과정에 오랜 시간이 소요되며 때로는 의견대립으로 총의를 모으기 힘든 라다와는 달리, 시급한 정치적 군사적 결정이나 보안을 요하는 사안에 필요 시마다 소집된 스호드카는 쿠렌 아타만 외에 코쉬 아타만과 예사울, 피사르, 수쟈 등의 셰치 고위층 전체, 즉 "스타르쉬나"가 포함된 자포로지예 셰치의 주요 의사결정 기구였다고 할 수 있다.[21)]

　　셰치의 규모가 크게 커지며 제정 러시아에 예속된 채 아타만의 권력이 강화되는 18세기 중반 이후부터는 스호드카가 라다의 기능을 사

---

19) Evarnitskii, *Istoriia*, vol. 1, p. 240.
20) *Ibid.*, pp. 229－230.
21) *Ibid.*

실상 대체하기에 이르지만 적어도 초기인 17세기 전반까지 스호드카의 권한은 상당히 제약되어 있었으며, 스호드카 및 코쉬 아타만의 역할과 비중이 커지는 후기에도, 최종적인 의사 결정권을 가진 셰치 최고의 권력 기관이 전체 구성원이 참여하는 총회라는 셰치의 기본적인 권력 구조 자체는 결코 변하지 않았다. 사실 라다는 자포로지예 셰치의 전체 역사에 있어 우크라이나의 카자크 공동체가 소멸하는 최후의 순간까지도 최종적이며 절대적인 권력 기관이자 카자크 데모크라시의 상징으로 남았으니, 이는 최고 지휘관이자 최고 행정관으로 적어도 명목상으로는 셰치 구성원에 대해 절대적인 생사여탈권을 가진 코쉬 아타만의 권한이, 라다의 대다수를 차지하던 하층 카자크 전사의 변덕에 의해 항상 제약을 받았기 때문이었다. 개별 카자크는 아타만을 포함한 스타르쉬나와 상하관계에 있었지만, 그 카자크가 "전체"가 될 때 이러한 상하관계는 성립하지 않았다. 셰치 구성원 전체, 특히 수적으로 항상 다수인 일반 카자크의 총의를 반영하는 라다는 필요 시 언제든 소집되어 다수결 원칙에 따라 아타만을 수시로 탄핵할 수 있었으니, 이 경우 불신임된 아타만이 바로 그 직전까지 자신의 부하였던 카자크 전사들에 의해 아타만 직위에서 해임되거나 현장에서 살해되는 일도 심심치 않게 반복되던 셰치의 일상이었던 것이다.[22]

셰치의 출현과 성장은 하나의 사회 현상으로 출발한 카자크의 정

....

22) 자포로지예 카자크는 심지어 전투 현장에서도 필요할 경우 자신들의 아타만을 해임시키는 것을 주저하지 않았다. 자포로지예 카자크의 지도자로 셰치의 부대를 이끌고 폴란드에 대항하는 날리바이코 반란에 참여하였던 코쉬 아타만 그레고리 로보다(Gregori Loboda)의 경우가 가장 널리 알려진 사례로, 한때 날리바이코와 함께 반(反)폴란드 항쟁을 이끄는 카자크 영웅으로 칭송받던 이 카자크 전사는 불리한 전황 때문에 폴란드 측과의 협상을 꾀하다 해임되어 동료 카자크에게 살해당하는 비극적 최후를 맞이하였던 바 있다.

체성이 다른 사회 집단과 구분되는 집단적 정체성을 형성하며 카자크 현상이 "카자크 조직"으로 변모하게 되는 첫 번째 분기점이었다. 그러나 셰치라고 하는 조직체의 등장에도 불구하고 카자크 집단이 가진 사회 현상으로서의 속성은 결코 사라지지 않았다. 카자크 정체성의 사회 현상적 속성은 어떤 의미에서 셰치의 등장으로 인해 더욱 강화되었다고 해도 과언이 아닌데, 이는 셰치의 형성과 더불어 "카자크짓하기"가 드네프르강 하안의 좁은 "우크라이나"를 넘어선 남서부 러시아, 즉 오늘날의 우크라이나 전역을 뒤덮는 대규모 유행으로 발전하기 시작했기 때문이다. 이러한 변화가 가져온 즉각적인 결과는 평소에는 생업에 종사하다가 특정 시기에만 셰치에 가서 카자크짓을 하며 약탈과 강도질로 생계를 영위하는 "계절 카자크" 또는 "부업 카자크"의 등장이었다.[23] 16세기 후반부터 점점 많은 루시인 농민들과 하층 도시민들이 셰치 인근 거주지에서 겨울에는 농업과 어업 및 목축에 종사하다가 여름 한 철에만 "카자크짓"을 위해 셰치에 집결하였고, 이 경우 "카자크"란 표현은 생계를 위해 "카자크짓"을 일종의 부업(많은 경우 주업)으로 택한 사람을 의미하던 단어에 더 가깝다고 해도 해도 과언이 아니다.

농노제의 속박을 피해 도주한 농민의 우크라이나 이주는 많은 경우 가족을 동반하였고, "계절 카자크"는 전사가 될 수 있는 성인 남성들에게만 거주가 허용되던 셰치 내로 여성과 아이를 데리고 갈 수 없었던 이들 도망 농노 가정의 가장(家長)들이 택할 수 있는 사실상 유일한 선택이었다. 이들은 셰치의 보호 하에 요새 인근의 땅을 경작하며 1년

23) Philip Longworth, *The Cossacks* (London: Constable, 1969), p. 21; Alexandra Iakovlevna Efimenko, *Ocherki istorii Pravoberezhnoi Ukrainy* (Kiev: Tipografiia G. T. Korchak Novitskogo, 1895), p. 38.

의 반은 농민 또는 어민으로서 나머지 절반은 셰치에서 카자크짓을 하는 또 다른 생업으로 생계를 꾸려나갔으니, 이러한 "부업 카자크"들은 주로 독신자들로 구성되었던 셰치 내 상주 카자크만큼이나 중요한 셰치의 주요 구성원이었던 것으로 추정된다.[24] 이들 부업 카자크의 존재 때문에 셰치가 동원할 수 있는 병력의 수는 고정되어 있지 않았으며 카자크 전사의 수는 심지어 때로는 카자크 본인들도 정확하게 파악하기 힘들 정도로 언제나 유동적이었다. 사실 당대 우크라이나에서 살던 성인 남성이라면 누구든 자신의 의사에 따라 원하면 언제 어디서나 카자크가 될 수 있었다고 해도 과언이 아닌데, 평상시 셰치에 상주하는 카자크 전사의 수는 수천 정도였던 것으로 추론되지만, 사회격변기에 이 수는 수만 명 이상, 경우에 따라서는 (특히 1648년의 흐멜니츠키 봉기 시에는) 수십 만을 넘어가는 대병력으로 폭증하기 일쑤였는데, 이러한 셰치의 폭발적인 동원력은 사회 조직인 동시에 원하는 이는 누구든 언제 어디서나 카자크가 될 수 있는 사회 현상으로서의 성격을 동시에 가진 카자크 집단의 이중적 속성이 만들어낸 결과였다. 훗날 폴란드 당국을 곤경에 몰아넣게 될 카자크 현상의 가공할 만한 폭발력은 근본적으로 셰치라는 조직 그 자체라기보다는 셰치라는 근거지를 중심으로 언제나 폭발하여 팽창할 수 있는 "현상"으로서의 속성에 기인한 산물이었던 셈이다.

Ⅲ "카자크 길들이기"와 카자크의 신분화

앞서 언급했듯이 셰치의 등장은 당대 동유럽의 봉건적 반동과 드네프르강 유역의 "열린 국경"의 우연한 조합이 만들어 낸 자연발생적

---

24) *Ibid.*

인 현상이었다. 그러나 아직 이 지역에 대한 확고한 통제력을 가지지 못했던 폴란드-리투아니아 정부는 셰치를 중심으로 점차 세력화하기 시작하는 카자크 집단의 성장을 사실상 속수무책으로 바라볼 수밖에 없었고, 이러한 상황에서 폴란드-리투아니아 정부가 취할 수 있는 선택은 자명했다. 그것은 돈강 유역의 또 다른 "우크라이나"에 출현한 카자크 집단에 대해 모스크바 러시아가 취한 조치와 마찬가지로, 이들 카자크 집단을 체제 내로 끌어들여 이들을 체제의 일부로 "길들이는 것"이었다. 카자크를 폴란드-리투아니아의 사회 편제에 편입시키기 위한 일련의 조치들은 카자크의 숫자가 폭증하기 시작한 16세기 후반부터 본격화되었는데, 자포로지예 카자크 무리들에 대한 폴란드-리투아니아 당국의 본격적인 첫 개입 사례는 1572년 폴란드 왕국의 국왕이자 리투아니아 대공 지그문트 2세(Zygmunt August)의 칙령에서 확인할 수 있다. 1572년 6월 지그문트는 폴란드인 장군 얀 바도프스키(Jan Badowski)를 카자크 부대를 지휘하는 폴란드 왕국의 헤트만(Hetman: 지휘관)으로 임명/파견하며 다음의 명령을 내렸다. "변경(우크라이나)의 모든 카자크에게 … 지체 없이 질서를 수립하되 … 공정함과 온당함을 더불어 하라 … ."[25] 비록 더 후대에 가게 되면 카자크의 전사로서의 역할에 더욱 크게 의존하게 되지만 지그문트로부터 나온 카자크에 대한 최초의 칙령은 이들을 이용하기보다는 "통제"하고 "길들이는 것"에 주된 목적이 있었던 것으로 판단되는데, 이는 앞서 언급했듯이 변경 지역을 떠돌던 카자크 무리들이 일으킨 소란과 이로 인한 국경 분쟁의

25) *Akty, otnosiashchiesia k istorii Iuzhnoi i Zapadnoi Rossii, sobrannye i izdannye Arkheograficheskoi komissiei*, 15 vols. (St Petersburg: Tipografiia E. Praga, 1861−92), vol 2, no. 149, p. 176.

가능성 때문이었다.[26]

"카자크에게 질서를 수립하라"는 지그문트 2세의 칙령을 더욱 보완하고 구체화한 최초의 인물은 지그문트의 뒤를 이어 폴란드 왕위를 계승한 스테판 바토리(Stepan Batori)였다. 바토리는 거친 스텝에서 떠도는 이들 카자크 무리들의 군사적 가치와 잠재력에 큰 관심을 보이며 "지도자를 주고 급여를 수여하며 이들을 하나의 실체를 가진 조직으로 인정한" 사실상 최초의 폴란드 국왕이었다고 할 수 있으며,[27] 카자크

....

26) 우크라이나 역사가 흐루셰프스키는 1572년 지그문트의 칙령으로 왕실에 고용된 등록 카자크 부대가 처음으로 출현하였다고 추정하고 있으나(Hrushevskii, *Istoriia*, vol. 7, pp. 110–111) 그는 이 추정에 대한 사료적 근거를 제시하고 있지 않으며, 지그문트의 칙령 원문 자체는 카자크의 군사적 고용에 관한 내용을 담고 있지 않다. 칙령에 따라 "질서를 수립하는 과정"에서 헤트만 바도프스키에 의해 일부 카자크 부대가 창설되었을 것은 정황상 유력해 보이나 이 카자크 부대 자체에 대한 언급은 기록에 나타나지 않는다. 1572년 칙령의 주요 목적은 카자크의 군사력을 이용하는 것이 아니라 이 무렵 자포로지예 지역에서 소용돌이치기 시작한 셰치 인근의 카자크 현상을 "통제"하는 것에 있었다.

27) 카자크를 고용하려는 시도 자체는 물론 바토리가 처음은 아니었으며 16세기 내내 카자크는 모스크바 러시아에서처럼 폴란드의 변경 요새에 고용되어 국경선을 방어하는 일종의 용병으로 활약하였던 바 있다. 카자크가 역사의 무대에 본격 등장하는 16세기 초 이미 다쉬케비치와 같은 우크라이나 현지의 일부 군정관(*Starosta Generalny*)들에 의해 카자크 부대가 편성되었던 적이 있으며 (Aleksandr Rigel'man, *Letopisnoe povestvovanie o Maloi Rossii i ee narode i Kozakakh voobshche* [Moscow, 1847], p. 14), 이들이 조직한 카자크 무장집단은 이후 우크라이나 전역에서 벌어지게 될 대(對)타타르 항쟁의 주역이기도 하였다. 또한 같은 시기 폴란드 국왕이자 리투아니아 대공 지그문트(Zygmunt) 1세는 카자크의 군사적 가치에 주목하고 그들을 정부 예산으로 정식 고용하여 드네프르강 일대의 대(對)타타르 방어선과 요새에 주둔시키려는 착상을 내놓았으나, 그의 계획은 적어도 그의 치세 중에는 예산 부족으로 실현되지 못하였다. 설사 지그문트 1세의 계획이 실현되었다고 할지라도 그 결과는 바토리의 그것과 전혀 달랐을 것으로 추론되는데, 이는 지그문트의 안(案)에 따라 만들어졌을 부대는 폴란드인 헤트만의 지휘 아래 놓인 "카자크로 충원된 폴란드군"이지 카자크 아타만의 지휘 하에 독립 제대를 갖추어 등장하는 바토리 시기의 "독자적인 카자크 부대"는 아니었기 때문이다. 같은 맥락에서 예컨대 16세기 중반 체르카시와 키예프, 지토미르 등의 변경 요새에 주둔

에 대한 그의 관심은 일차적으로 당시 진행 중이던 모스크바 러시아와의 전쟁, 즉 리보니아 전쟁 때문이었던 것으로 사료된다. 헝가리 출신의 외부인으로 슐라흐타에 의해 선택된 채 새롭게 폴란드 왕위에 즉위하여 우크라이나의 사정에 어두웠을 바토리에게, 카자크의 존재와 이들이 가지는 잠재적 가치를 알린 장본인은 바로 자포로지예 카자크 자신이었다. 바토리의 즉위 직후인 1578년 여름 스스로를 자포로지예 카자크의 대표로 자처하는 15인의 카자크가 궁정에 출현하여 바토리에게 자신들의 군사 복무를 청했기 때문인데, 이에 대해 바토리는 개별 카자크에 대해 일정 금액의 급료를 지불하며 이들을 군인으로 채용하는 조치로 화답하였으니,28) 소수의 인원으로 시작된 카자크의 고용이 더 큰 규모의 카자크 부대 결성으로 이어지는 것에는 오랜 시간이 걸리지 않았다. 이 무렵 모스크바 러시아에 대한 공세를 준비하던 바토리는 즉각 카자크의 군사적 가치와 효용을 간파하였고, 이에 그는 병력 보충을 위해 "우크라이나"에 사자를 파견하여 "국왕의 적들처럼 불복종하는 모든 이들을 진압하고 [포로로] 잡으며 끝장내버릴" 카자크 부대의 모병을 명령하였던 것이다.29)

....

한 폴란드의 방어 병력은 현지 스타로스타에 의해 개별적으로 고용된 카자크가 포함되어 있었으나(*Arkhiv Iugo Zapadnoi Rossii*, 34 vols. [Kiev: Universitetskaia tipografiia, 1859−1911], part 3, vol. 1, p. 394) 이들은 "카자크 부대"라기보다는 "카자크로 일부 충원된 폴란드군 수비대"에 더 가까웠다고 할 수 있다. 지그문트 1세의 카자크 고용 계획에 대한 자세한 내용은 M. Dovnar-Zapol'skii, *Dokumenty Moskovskogo arkhiva ministerstva iustitsii* (Moscow: Tovarishchestvo tipografii A. I. Mamontova, 1897), vol. 1, p. 523 을 보라.

28) A. V. Storozhenko, *Stefan Batorii i Dneprovskie kozaki* (Kiev: Tipografiia G. L. Frontskevicha, 1904), pp. 71−74.

29) P. A. Kulish, *Materialy dlia istorii vossoedineniia Rusi*, 3 vols. (Moscow: Tovarishchestvo "Obshchestvennaia pol'za," 1877), vol. 3. p. 1.

그 결과 리보니아 전쟁에 파견된 바토리의 군대에는 자포로지예 세치에서 모집된 일군의 카자크 군단이 포함된 채 전투에 참전하였는데, 총 12개의 연대로 조직/편성되어 리보니아 전쟁에 참전한 6천 명의 카자크 부대는 정규 편제하 폴란드-리투아니아 왕국군과는 여러 가지 측면에서 달랐다.[30] 이들은 일종의 용병으로서 급료를 받았을 뿐만 아니라 자신들만의 독립적인 편제를 이루며 부대 지휘관을 "직접" 선출할 권리를 가졌기 때문이다.[31] 관련 기록은 왜 유독 이들에게 이러한 권리가 부여되었는지를 직접 언급하고 있지 않지만, 당대의 기록은 자포로지예를 중심으로 우크라이나에서 모병된 이들 카자크들이 개인 단위가 아니라 하나의 단위 부대, 즉 보이스코를 자체적으로 "미리" (아마도 세치에서) 구성한 채 리보니아 전쟁에 참여하고 있었다는 사실을 시사하고 있다. 또한 바토리는 현지의 스타로스타들이 이들에게 세금을 부과하거나 이들의 범법행위에 대해 사형 선고를 내리는 것을 엄격히 금하는 칙령을 내림으로써 이미 오래전부터 지방 군정관들의 통치로부터 자유로운 존재가 되어 있던 카자크의 반(半)독립적 지위를 기정사실로 인정하였는데,[32] 의도가 무엇이었든 카자크들이 독자적인 제대를 갖춘 채 사실상 반(半)독립적인 상태로 리보니아 원정에 참여하는 것을 허락하며, 카자크들을 사실상 별개의 법적 관할 아래 놓을 것임을 선포한 바토리의 칙령은 자포로지예 카자크의 역사, 나아가 카자크 현

....

30) *Arkhiv iugo zapadnoi Rossii*, part 3, vol. 1, p. 14. 바토리가 소집/동원한 총 병력은 56,000명으로 추산되며 이 중 6천 명의 인원으로 구성된 카자크 부대는 수적으로는 많지 않으나, 이들의 출진이 폴란드군 소속 정규 편제 단위로서의 첫 실전 데뷔였다는 점을 고려하면 의미 있는 숫자였다.

31) *Ibid.*

32) Hrushevskii, *Istoriia*, vol. 7, pp. 120-121.

상의 미래에 있어 매우 중요한 전환점이 될 예정이었다. 이는 바토리의 조치에 의해 사실상 반(半)독립적인 카자크 보이스코의 존재가 폴란드 -리투아니아 정부에 의해 비공식적으로 그리고 의도하지 않게 "인정" 되게 된 것에 다름 아니었기 때문이며, 이는 또한 하나의 사회 현상으로 출발한 카자크 현상이 정부에 의해 독자적인 제도이자 교섭 상대로 인정받는 용병 카자크 조직, 즉 이른바 "등록 카자크 집단"이 출현하게 되는 역사적인 분기점이 되었기 때문이다. 다시 말해 바토리의 칙령은 카자크를 폴란드-리투아니아 연방의 신분제적 질서 아래 그 존재를 인정받는 일종의 정식 "신분"으로 만들었던 것이다.

그렇다면 바토리는 어떠한 이유로 카자크를 공식 인정하고 이들을 국왕의 이름으로 고용하기 시작하였던 것일까? 일차적으로는 위에서 언급했듯이 그들의 군사적 가치 및 효용이 가장 중요한 요인이었을 터이나 여기에는 또 다른 정치적 고려가 있었을 것으로 추산되는바, 그 해답은 피아스트 왕조의 단절 이래 바토리를 포함한 폴란드-리투아니아의 여러 선출직 국왕들을 괴롭힌 고질적인 문제였던 국왕권에 대한 슐라흐타 귀족집단의 도전과 견제에서 찾을 수 있다. 슐라흐타가 지배하던 신분제 의회 세임(Sejm)의 점증하는 권력을 마주한 채 그들에 의해 "간택"된 후 선출되어 실질적인 권력 행사에 큰 제약을 받던 폴란드 국왕의 입장에서, 비록 명목상이기는 하지만 엄연히 국왕의 신민으로 슐라흐타와 사회경제적으로 상충되고 대립적인 이해관계를 가졌던 카자크의 존재는 슐라흐타를 견제할 수 있는 잠재적 동맹 세력의 부상을 의미하는 것이었기 때문이었다. 바토리의 진정한 의도가 무엇이었든 애초에는 "카자크 길들이기"를 표방하며 시작된 카자크의 신분화는 1590년 세임이 내린 다음의 결의안으로 최종적인 결실을 맺었으니, 여기서 결정된 사항은 다음과 같았다. 첫째, 1,000명의 카자크로 구성된 국왕 직속 부대를 편성하여 크레멘츄크(Kremenchuk) 요새 아래의 우크라이나 급류 지대에 주둔시킨다. 둘째, 6천 명의 (상설) 등록 카자크 부대를 편성하며 그 지휘관으로는 폴란드군 헤트만을 임명한다. 셋째, 등록 카자크 부대를 지휘할 장교단은 우크라이나의 슐라흐타 중에 선택한다. 넷째, 등록 카자크 부대의 충원은 카자크 부대의 지휘관과 폴란드 총사령관의 승인 아래에서만 가능하다. 다섯째, 카자크가 되기 위한 농노의 도망은 철저히 금지한다. 여섯째, 모든 (등록) 카자크에게는 외국 영토(특히 오스만 제국)에 대한 임의적인 공격이 금지되며 폴란드 국왕에 대해 충성을 맹세하여야 한다.[33)]

　　상기 결의안 중 카자크의 충원을 규제하고 도망 농노의 참가를 금지한 제4항과 5항의 내용이 보여주듯 세임의 결의안은 카자크의 존재를 인정하려는 목적에서 나온 것이 결코 아니었다. 세임의 결정은 그보다도 카자크 현상의 확산을 억제하고 이미 존재하는 카자크는 통제하며 장기적으로는 그들의 수를 줄이고자 하는 의도에서 나온 결정이었던 것이다. 그러나 세임의 결정은 세임의 주인이던 폴란드 슐라흐타의 의도와는 정반대의 아이러니한 상황을 초래하게 되는데, 이는 세임의 결정으로 카자크의 존재가 다시금 확인되었을 뿐만이 아니라 이번에는 등록 카자크의 존재를 상설화하고 공식적으로 인정하는 법적 기반이 그것도 카자크 집단과 사회경제적 이해관계가 상충되는 슐라흐타 자신에 의해 마련되었기 때문이었다. 1578년 바토리가 고용한 등록 카자크는 리보니아 전쟁과 같은 필요에 따라 일회적으로 고용된 임시적인 전

---

33) Feodor. D. Nikolaichik, "Pervye kazatskie dvizheniia v Rechi Pospolitoi (1591–1596)," *Kievskaia Starina*, 8, 1884, p. 433.

투집단의 성격을 여전히 가지고 있었던 반면, 세임의 결정에 의해 그 존재가 인정된 등록 카자크 부대는 사실상 무기한으로 고용되어 복무하는 상설부대의 성격을 가졌던 것이다. 돌이켜 보면 1590년의 결의안이 가져온 역사적 파장은 결코 작지 않았다고 할 수 있다. 등록 카자크 부대의 소집과 고용이 사실상 상설화됨으로써, 이제 카자크가 폴란드-리투아니아 왕국에 존재하는 신분제 사회의 "항구적인" 정식 구성요소라는 사실이 국왕뿐만이 아니라 슐라흐타 자신에 의해서도 인정되어 버린 셈이었기 때문이었다.

세임의 결정은 "누가 카자크인가?"를 정하는 권한을 폴란드 당국이 가진다는 전제 아래, 카자크의 군사력을 이용하는 것과 더불어 카자크를 길들임으로써 우크라이나 지역의 안정과 군사력 강화를 꾀하려는 이중의 목적에서 출발한 조치였다고 할 수 있다. 카자크의 군사력을 왕국의 방어를 위해 이용한다는 착상은 단기적으로 볼 때 확실히 성공적이었으며, 슐라흐타 집단의 견제와 비협조로 군사력 동원에 상당한 어려움을 겪던 폴란드 국왕에게 등록 카자크 상설부대의 존재는 왕국의 재정이 허용하는 한에 있어서는 필요 시 언제 어디서나 동원 가능한 항구적 병력 자원의 등장을 의미했다. 이제 정부에 의해 존재가 공식적으로 인정된 이들 등록 카자크 병력은 남동부 루시 지역에 대한 타타르의 공격에 대해 확실한 억지력으로 작용하며 슐라흐타로 구성된 후사르(Hussar) 기병대만큼이나 중요한 군사력의 주축 중 하나로 떠올랐으니, 당시 동란 시대의 혼란을 겪던 폴란드의 숙적, 모스크바 러시아에 대해 폴란드-리투아니아 연방이 실시한 일련의 공세에서도 독립 제대 단위를 이룬 채 용병으로 고용되어 참전한 카자크는 여러 차례 폴란드 침공군의 주축으로 활약하였던 바 있다. 예컨대 이른바 동란 시대가 종결된 직후인 1618년, 여전히 전란에서 회복되지 않은 러시아를 상대로 폴란드-리투아니아가 모스크바 러시아에 취한 최후의 대공세에서 폴란드-리투아니아군의 선봉은 자포로지예 아타만 사가이다치니 (Petr K. Sagaidachnyi)가 이끄는 2만여 명의 등록 카자크 용병 부대였으니, 이 부대의 주축을 이룬 자포로지예 카자크는 수차례에 걸쳐 러시아군을 격파하는 무훈을 세우며 모스크바 러시아의 서쪽 국경과 남부 변경을 초토화시키는 크나큰 활약을 보였던 것이다.34) 카자크의 활약상은 곧이어 벌어진 폴란드-리투아니아 왕국과 오스만 제국 간의 혈투에서도 그 빛을 발하였다. 역시 자포로지예 아타만 사가이다치니가 지휘하는 4만여 명의 카자크 부대는 1621년 우크라이나 내지로 깊숙이 침투한 오스만 대군의 주력을 폴란드가 격파하는 데 크게 기여한 호틴 (Khotin) 전투의 사실상 주역 중 하나였기 때문이다.35)

　　이러한 군사적 기여에도 불구하고 카자크 집단의 존재는 여전히 양날의 검으로 남았다. 카자크 부대의 군사적 기여와 활약에도 불구하고 카자크의 신분화는 오히려 우크라이나 지역의 불안정성을 더더욱 증대시키며 종국에는 폴란드-리투아니아 왕국에 치명상을 입히는 역설적인 결과를 만들게 될 운명이었는데 그 이유는 아이러니하게도 등

....

34) V. B. Antonovich and V. A. Bets, ed., *Istoricheskie deiateli iugo-zapadnoi Rossii*, 2 vols. (Kiev: Tipografiia universiteta sv. Vladimira, 1883 – 1885), vol. 1, pp. 6 – 7.

35) "Materiali do istorii ukrains'koi kozachchni Dokumenti po rik 1631," in *Zhelera do istorii Ukraini Rusi*, ed. by Nauchnoe obshchestvo imeni Tarasa Shevchenko, 11 vols (L'vov, 1895 – 1924), vol. 8 (1908), no. 151. 정확히는 41,520명의 카자크로 구성된 12개 카자크 연대가 구성되어 자포로지예 아타만 사가이다치니의 총 지휘 아래 참전하였으며, 4만 명이 넘게 모집된 카자크 병력 수는 당대 폴란드-리투아니아 연방의 재정 상황이 감당할 수 있는 최대치로 추론된다(*ibid.*).

록 카자크 제도의 도입 자체가 카자크 현상을 억제하기보다는 "카자크 짓"을 전보다 훨씬 인기 있는 직업으로 만듦으로써 카자크가 되고자 하는 도망 농노의 수를 더욱 증가시키고 카자크가 되고자 하는 이들의 숫자를 문자 그대로 폭증시키는 역설적 상황을 초래하였기 때문이었다. 이러한 상황에서 새롭게 등장한 문제의 핵심은 폴란드 정부가 카자크 신분의 일원으로 정식 인정한 "등록 카자크"와 스스로를 카자크로 자칭하거나 자처하는 이들, 즉 "비등록 카자크" 간의 괴리였다. 폴란드 정부가 카자크로 정식 인정하여 급료를 지불하며 부역 면제 및 면세 혜택을 부여한 이들은 오로지 전자에 한정되었으며, 이들의 숫자는 카자크를 자칭하던 이들 중에서도 상대적으로 소수였다. 반면 실제 카자크 집단의 절대다수를 차지하는 이들은 농민 출신으로 정식 카자크로 인정받지 못하는 "비등록 카자크"였으니, 폴란드 정부와 슐라흐타의 시선에서 볼 때 "비등록 카자크"란 영지를 불법적으로 이탈하여 변경으로 도주한 도망 농노나 강도질을 저지르는 범죄자 및 무뢰한들의 군집에 불과하였던 것이다. 폴란드의 입장에서 자포로지예 세치는 등록 카자크 부대를 충원할 수 있는 병력 자원의 보고였지만, 다른 한편으로 세치란 카자크를 자처하나 카자크로 인정받지 못하던, 그러나 동료 카자크에게는 여전히 카자크의 일원으로 인정되던 이들 "비등록 카자크"가 집결하여 거주하는 본거지에 다름 아니었다.

등록 카자크 집단의 등장으로 인해 폴란드 정부가 직면하게 된 가장 큰 현실적 문제는 이들의 고용을 위해 사용할 수 있는 재정의 만성적 부족이었다. 카자크의 크나큰 군사적 유용성에도 불구하고 폴란드 정부가 급료를 지불하며 고용할 수 있는 카자크의 수는 한정되어 있었던 반면, "카자크짓"을 그것도 급료를 받아가며 수행한다는 것은 농노제의 질곡에 신음하던 당대 우크라이나 농민들에게는 분명 매력적인 선택이었고, 그 결과 카자크 현상을 통제하려는 폴란드-리투아니아 당국의 애초 의도와 배치되는 정반대의 상황이 시작되는 것에는 오랜 시간이 걸리지 않았다. 바토리의 개혁과 등록 카자크를 항구적인 제도로 만들어 버린 세임의 결정 직후부터 농노제의 구속과 압박을 피해 "급류 너머"의 변경으로 이주하는 농민들이 숫자는 엄청난 속도로 폭증하기 시작하였고, 이들의 본거지인 셰치와 폴란드-리투아니아 당국 간 관계는 언제나 더 많은 카자크를 "등록 카자크"로 인정받길 원하는 셰치와, 이들의 숫자를 언제나 최소한도로 제한하려는 (그러나 필요시에는 이러한 제한을 깨며 이들을 최대한 고용하는 모순적 면모를 보인) 폴란드-리투아니아 정부 당국 간 갈등으로 점철되었던 것이다. 이처럼 카자크 집단의 신분화는 카자크 현상의 성장과 확산을 억제하기보다는 오히려 고무하고 성장시키는 역설적인 결과를 만들어내었으니, 농노제와 카자크 현상은 사실상 동전의 양면과도 같은 현상이었다고 할 수 있다. 농노제가 강화될수록 카자크의 숫자는 늘어났고, 카자크의 숫자가 늘수록 폴란드 정부의 우크라이나 지역에 대한 지배력은 약화되고 농노제를 위협하는 이 지역의 사회경제적 불안정성은 더욱 커졌기 때문이다. 슐라흐타가 지배하는 사실상의 귀족 공화국이 되어버린 16세기 말 폴란드-리투아니아의 우크라이나 사회에서 폴란드의 슐라흐타와 우크라이나의 카자크가 공존하는 모순적 상황이 초래할 결과는 자명했다. 그것은 바로 카자크 반란이었다.

Ⅳ 카자크 반란과 우니아트 교회

우크라이나에서 첫 번째로 일어난 대규모 카자크 반란은 크리스토프 코신스키(Kristof Kosinskii)가 이끈 1590년의 카자크 대봉기였다. 코신스키의 반란은 이 봉기가 최초의 카자크 대봉기였다는 역사적 의의 외에도, 이 반란에 의해 (카자크로 복무한 경력을 가진) 하층 슐라흐타 출신의 지도자와 농민 및 카자크 대중의 결합으로 특징지어지는 카자크 반란의 첫 "원형"이 만들어졌다는 점에서 따라서 반(半)세기 후 흐멜니츠키 반란으로 시작될 이른바 "대홍수"의 선구이자 원조가 되었다는 점에서 특히 주목할 만한 가치가 있다. 반(半)세기의 간격으로 일어난 두 반란에는 기원과 과정 및 배경에서 상당한 유사성이 관찰되는데, 이는 두 반란 모두 루블린 연합 이후 우크라이나 지역으로 급격히 확산된 폴란드 왕국의 신분제적 질서 속으로 "입신양명(立身揚名)"하려는 소토지 소유 신참 귀족과, 거대 영지를 곳곳에 보유한 채 영지 확장에 몰두하던 대토지 소유 기성 대귀족 사이에 일어나던 슐라흐타 내부의 균열로부터 시작되었으며, 애초 신참 소귀족과 기성 대귀족 간에 벌어지던 슐라흐타 집단의 내부적 갈등이, 등록 카자크의 가담과 농민(비등록 카자크)의 대대적 참여를 통해 왕국 전역을 뒤흔드는 거대 반란으로 폭발하게 되는 반란 확산의 경로 역시 거의 동일하였기 때문이다. 코신스키와 흐멜니츠키 양자 모두 젊은 시절 카자크짓으로 "입신"하였으나 결과적으로 그들의 "양명"은 기득권층인 대토지 소유귀족들과의 충돌에 의해 중단되는 유사한 좌절과 실패를 경험한 인물이었다.

카자크 반란의 불씨를 놓은 슐라흐타 집단 내부의 이러한 모순을 이해하기 위해서는 농노제의 이식 후 16세기 후반부터 점점 확장되던 우크라이나 지역 슐라흐타 집단 내부의 경제적 불평등에 주목할 필요가 있는데, 이는 슐라흐타가 자영 농민과 크게 다를 바 없는 소규모 토지 소유 젠트리로부터 엄청난 규모의 토지자산을 가진 대영주에 이르기까지 매우 다양한 층위의 귀족을 포괄하는 거대집단이었기 때문이었다. 이러한 불평등은 물론 폴란드-리투아니아 왕국 전역에서 나타나는 공통적인 현상이었지만 슐라흐타의 본고장인 폴란드 본토와 이 제도가 농노제와 더불어 이제 막 "이식"된 변경 우크라이나의 상황은 달랐다. 이는 점증하는 경제적 불평등에도 불구하고 오랜 역사 속에서 이른바 "사르마티아주의"로 대표되는 공통의 문화적 코드와, 확고한 신분적 정체성에 기반한 동류집단으로서의 공동체 의식을 이미 오래전부터 확립한 폴란드 본토의 원조 슐라흐타와는 달리, 제도의 이식을 통해 새롭게 만들어지는 과정에서 아직 확고한 신분적 정체성이 형성되지 못한 우크라이나의 루시계 슐라흐타 내부에는, 토지를 겸병하며 영지 확장에 나서려는 대토지 귀족들과 이제 막 젠트리로 입신하려는 군소 귀족들 사이에 첨예한 사회적 긴장이 잠재한 채 고조되고 있었기 때문이다.

폴란드 본토였다면 이러한 사회적 긴장은 잠재된 상태로 남거나 혹은 슐라흐타 내부의 사소한 분쟁으로 한정되었을 것이며, 장기적으로는 루블린 연합 이후 가속화되던 우크라이나 지역 루시계 엘리트층의 폴란드화가 슐라흐타 내의 신분적 동질성과 정서적 유대감을 궁극적으로 증대시키며 폴란드 본토처럼 집단 내부의 갈등을 봉합했을 것으로 추측되나, 카자크 현상이 태동하고 카자크가 존재감을 확대해 가던 당대 우크라이나의 상황은 폴란드 본토와 다를 수밖에 없었다. 이들 군소 지주들 자신부터가 다름 아닌 카자크 출신으로 많은 경우 비등록 카자크로부터 등록 카자크로 "입신"하였으며 궁극적으로는 슐라흐타가 되어 특권층의 일원이 되는 "양명"을 꿈꾸던 자들이었기 때문이다. 자신들의 "입신"이 좌절될 경우 이들 군소 젠트리의 선택이 무엇이었을지를 짐작하기란 어렵지 않다. 그것은 바로 다시 "카자크짓"하기로 돌아가는 것이었으니, 대영지 귀족과의 소유권 분쟁에 휘말려 슐라흐타 특권의 핵심인 토지를 빼앗길 상황에 처한 크리스토프 코신스키의 선택 역시 (반[半]세기 후의 흐멜니츠키 또한) 그러하였다.

> [크레멘츄크의 카자크] 동지들이여 … 우리는 스타로스타가 정확한 급료를 빨리 지불하지 않는다는 이야기를 들었소. 그러니 기다리지 말고 우리에게 즉시 오시오. … 카자크 부대의 이름으로 [다음의 내용을] 스타로스타에게 알리시오. 우리는 더 이상 그를 기다리지 않는다는 것을. 우리 스스로 문제를 해결할 것임을. 우리 카자크 부대는 그 돈을 더는 기다리지 않을 것임을 …. 크리스토프 코신스키[로부터].36)

농노제와 신분제적 질서의 질곡이 만들어내는 점증하는 사회경제적 모순 속에서 코신스키가 시작한 반란의 불씨가 우크라이나 전역을 뒤흔드는 전면적인 카자크 봉기로 타오르는 것에는 오랜 시간이 걸리지 않았다. 코신스키의 호소에 처음으로 호응한 이들은 거듭 반복되는 급료 지불 지연에 분노해 있던 크레멘츄크 요새의 등록 카자크였고, 한때 폴란드 왕국에 충성을 맹세하였으나 이제 코신스키의 지휘 아래 반기를 든 이들의 참여는 남동부 변경 전역에서 등록 카자크들의 대대적인 이탈과 반란 참여를 알리는 신호탄으로 작용하였다. 애초 소규모 인원으로 시작했던 코신스키의 반란군은 이제 이들의 가담에 따라 상당

---

36) Hrushevskii, *Istoriia*, vol. 7, p. 141.

한 규모를 갖춘 본격적인 대반란으로 급속히 비화하기 시작했던 것이다.[37] 1591년 말에 이르면 이들 정식 카자크 외에 카자크를 "자칭"하던 수많은 "비등록 카자크(즉 '카자크짓'을 하며 카자크를 자처하는 농민)" 역시 합류하기 시작하여 코신스키의 군세는 수만의 병력을 자랑하는 대부대로 급격히 확장되었고, 이후의 역사적 경과는 잘 알려져 있다. 코신스키가 사로잡혀 처형되는 1593년까지 대략 2년간 코신스키의 카자크 반란군은 동쪽으로는 키예프에서 서쪽으로는 오스트로폴(Ostropol)에 이르는 광대한 폴란드 영토를 휩쓸며 "카자크짓"을 자행하는 파괴와 약탈의 사신(死神)이 되었고,[38] 그들이 점령한 지역은 농노가 해방되고 지주가 학살되며 타 지역의 도망 농노들이 카자크가 되기 위해 몰려오는 일종의 "카자크 해방구"가 되었으며, (동남부 변경 오지에 자리한 셰치와는 달리) 폴란드-리투아니아 연합왕국의 정중앙인 오스트로폴 지역에 자리 잡은 이 카자크 해방구에서 코신스키는 비록 짧은 시간이나마 당대인의 표현을 빌리자면 마치 "카자크 공화국의 우두머리처럼 군림"하였던 것이다.[39] 코신스키가 세운 카자크 공화국은 사실상 반(半)세기 후 흐멜니츠키의 지도 아래 우크라이나에 출현하게 될 카자크 헤트만 국가의 선구이자 원형에 다름 아니었다.

초반의 극적인 성공에도 불구하고 그리고 반(半)세기 후의 흐멜니츠키 반란과의 주목할 만한 배경과 과정의 유사성에도 불구하고 코신스키의 카자크 반란은 결국 실패하였다. 그렇다면 흐멜니츠키는 왜 성공할 수 있었던 것이며 코신스키는 왜 실패하였던 것일까? 1593년의

37) Storozhenko, *Stefan Batorii*, p. 310.
38) *Arkhiv iugo zapadnoi Rossii*, part 3, vol. 1, p. 15.
39) Kulish, *Materialy*, vol. 2, p. 34.

실패와 1648년의 성공을 가른 결정적 차이는 16세기 후반의 카자크와 17세기 중반의 카자크 집단 간의 근본적인 성격 차이에서 찾을 수 있다. 코신스키의 반란은 엄밀히 말해 "카자크 현상"이 우크라이나 슐라흐타 집단의 내부적 모순과 맞물려 일어난 사건이었다. 자포로지예 셰치의 존재에서 볼 수 있듯이 이 무렵 카자크는 분명 현상을 넘어 하나의 집단으로서 물리적으로 실재하고 있었으나, 카자크 자신이 스스로를 카자크로 규정하며 카자크를 자처하는 행위가 자체적인 집단 기억과 통합적 정체성의 준거로 작용하는 단계는 아직 아니었다고 할 수 있다. 이 당시까지만 해도 자포로지예 카자크의 집단적 정체성은 "카자크"라기보다는 자포로지예라고 하는 지역에 방점이 찍힌 "셰치"의 그것에 더 가까웠다고 할 수 있으며, 전술하였듯이 셰치는 카자크짓을 생활방식이자 주업으로 채택하여 살아가던 무뢰한들이 군집한 전사공동체에 불과하였다. 그러나 반(半)세기 후 이른바 "대홍수 시대" 시대에 이르면 상황은 달라져 있었으니, 1648년 코신스키와 유사한 처지에 놓인 흐멜니츠키가 반(反)폴란드 봉기의 기치를 내걸었을 무렵 "카자크"란 관념은 이미 변경의 루시인과 본토 폴란드인 간의 "다름"을 상징하는 집단 정체성의 준거 중 하나가 되어 있었기 때문이다.

1593년 코신스키 반란의 실패에서 1648년 흐멜니츠키 봉기의 성공에 이르는 대략 반(半)세기의 기간은 카자크의 주도 아래 이른바 우크라이나 정체성이 처음으로 태동하기 시작한 기간이었다고 할 수 있다. 이 무렵 태동한 남서부 루시인들 간 정체성의 카자크적 자각과 카자크로서의 집단 기억은, 동방정교를 믿고 동슬라브어를 사용하는 루시인 집단으로 막연하게 구분되던 이들이 같은 루시인의 나라이자 루시의 본가임을 자처하던 "로씨야"에 거주하는 루시인들과도 차별화된 별개의 집단으로 변모하게 되는 집단 정체성의 뿌리가 되었기 때문이다. 애초에는 서쪽 폴란드인과의 "다름"으로 출발하여 훗날에는 동쪽 루시인(대러시아인)과의 또 다른 "다름"으로 확장되며, 더 나중 시기에는 새로운 독자적인 우크라이나 민족주의와 정체성의 탄생으로 이어지게 될 새로운 루시 정체성은 바로 이러한 "카자크로서의 자각"으로부터 촉발되었다. 그렇다면 이른바 "카자크짓"하기로부터 시작되었으나 종국에는 새로운 민족 탄생 및 국가건설의 여정으로 이어지게 될 이러한 다름의 자각은 어디에서 왔으며 어떤 과정과 경로를 거쳐 카자크 정체성의 일부가 되었던 것인가? 모여 "카자크짓"을 하거나 국가 권력에 의해 고용되어 등록 카자크로 인정받은 것 외에는 큰 공통점이 없던 무뢰한들과 폭력배, 살인범, 강도들의 군집이, 공통의 정체성과 집단적 자의식을 가진 특수한 집단으로 변모하는 계기는 어디에서 비롯된 것인가? "사회 현상"이 자기 정체성을 가진 하나의 집단으로 변모하는 계기는 어디에서 추동되었던 것인가? 이러한 의문에 대한 해답은 바로 우니아트(통합) 교회 운동에서 찾을 수 있다.

통합 교회라는 명칭 자체가 보여주듯 우니아트 운동은 폴란드-리투아니아 왕국 내 카톨릭 신앙과 정교 신앙 간의 제도적 통일을 목표로 시작된 움직임이었다. 신분과 종교가 정체성을 결정하는 절대적 기준으로 작용하던 근세 초의 폴란드-리투아니아 사회에서, 폴란드인과 루시인을 가르는 결정적인 차별성은 바로 신앙의 차이에 있었다. 폴란드 정체성의 핵심이 카톨릭 신앙에 있었다면 왕국 내 루시 정체성의 핵심은 키예프 루시 시대 이래 이 지역에 뿌리내린 동방정교 신앙이었던 것이다. 그러나 16세기 후반 루블린 연합으로 우크라이나의 동방정교 신앙은 급격한 위기에 봉착하기 시작하였던바, 그 원인은 바로 루블린 연합 이후 가속화한 루시계 엘리트의 급격한 폴란드화와 통합 교회의 출현에서 찾을 수 있다. 미약한 왕권과 강력한 귀족정으로 특징지어지는 폴란드 왕국의 신분제적 질서는, 발트 지역의 리투아니아계 귀족들뿐만이 아니라 우크라이나의 루시계 엘리트들에게도 자신들의 신분적 특권(즉 농노화된 루시계 농민에 대한 수탈 및 착취권과 면세 혜택)을 국제(國制)를 통해 정당화시키고 보장받는다는 점에서 이들의 정치적 폴란드화를 촉진하는 강력한 촉매로 작용하여 왔으나, 루시계 엘리트들이 신분 간 장벽을 넘어 피지배민인 루시계 농민들과 공유하고 있던 정교 신앙은 이들의 완전한 폴란드화를 가로막으며 폴란드-리투아니아 왕국의 정치적 통합을 완성하는 데 최종적인 장애물로 남아 있었다.

폴란드 당국이 통합 교회 운동을 열성적으로 지원하였던 것은 바로 이러한 상황 때문이었다. 정치적이고 경제적인 폴란드화(즉 슐라흐타로의 통합과 농노제 도입)와 폴란드화가 가져오는 여러 사회적 편익(귀족으로서의 신분적 특권과 농노화된 루시 농민에 대한 무한수탈권)에도 불구하고, 여전히 동방정교 신앙을 고수하던 우크라이나의 루시계 귀족과 폴란드의 카톨릭 슐라흐타 사이에는 종교적 긴장이 여전히 존재하고 있던 터에, 로마 교황의 권위를 인정하되 정교의 예식과 관습 및 교구 독립성을 그대로 유지하는 우니아트 교회 운동은, 국가의 완전한 통합을 원하는 폴란드 정부와 자신의 특권적 지위와 혜택을 유지하길 원하는 대다수 루시계 귀족이 찾을 수 있는 아마도 가장 이상적이었을 타협점이자 합리적인 절충점에 다름 아니었다.

폴란드-리투아니아 영내의 모든 정교 교회가 최소한 형식상으로 로마 교황의 최종적 종주권을 인정하게 만든 1596년의 브레스트 공의회(Brestskii sobor)는 이러한 "절충"의 필요성이 만들어낸 필연적 결과물이었다. 이러한 절충은 물론 만장일치가 아니었고 브레스트 공의회의 결정은 종교적으로 여전히 정교 신앙을 고수하고자 하던 루시계의 일부 대귀족들과 수도원 중심의 반(反)통합 정교 성직자들의 격렬한 반발에 직면하였다.[40] 이러한 진통이 물론 이들 루시계 귀족들이 폴란드-리투아니아 연방에 대한 충성을 저버렸음을 의미하는 것은 아니었으니, 그들의 충성은 본질적으로 농노제와 미약한 왕권으로 특징지어지는 폴란드-리투아니아 연합 왕국의 체제 속에서 그들이 향유하게 된 신분적 특권에 기반한 것이었고, 따라서 이들 루시계 귀족들의 특권이 위협받지 않은 한 그들의 반발이 종교적 진통을 넘어 체제 자체를 위협하는 정치적인 위기로 발전할 가능성은 거의 없었다. 그들의 반발이 신앙의 영역에 국한되는 한, 그리고 이들 루시계 슐라흐타들이 자신들의 사회경제적 특권을 포기할 의사가 없는 한, 새로이 출범한 통합 교회는 예수회와 로마 교황청의 지지 속에서 그리고 폴란드 왕실의 적극적인 지원과 후견 속에서 순탄한 미래를 가진 것처럼 보였다. 이는, 이 당시 통합에 반대하던 루시계 귀족들 역시 정치적으로나 사회경제적으로 이미 완전히 폴란드화된 상태였던 것에 더해, 통합령 선포를 기점으로 우크라이나 내 상당수의 교회와 수도원들이 우니아트 교회에 합류함으로써 제도로서의 동방정교회의 기반 자체가 급속히 와해되는 진정한 존재의 위기에 봉착하였기 때문이다.

이 위기의 본질은 통합 교회의 출범으로 인해 우크라이나 내 정교 신앙의 제도적 존속 자체가 큰 난관에 봉착하게 되었다는 사실에 있었다. 반(反)통합파 측의 반발 때문에 제도로서의 정교회의 존재 자체가

....

40) Serhii Plokhy, *The Cossacks and Religion in Early Modern Ukraine* (Oxford: Oxford University Press, 2002), pp. 84-85.

곧바로 불법화되었던 것은 아니었으며, 격렬한 종교적 반발에 직면한 폴란드 세임은 (특히 루시계 슐라흐타의) 정교파 지지층을 달래기 위한 목적으로 1607년과 1609년 2차례에 걸쳐 예배의 권리와 영지보유권 같은 권리를 비통합파 교회에도 허락하는 상당히 의미 있는 양보조치를 취하기도 하였던 바 있다.[41] 동방정교의 입장에서 볼 때 문제는 현재가 아니라 교회의 미래였다. 루블린 연합을 통해 구(舊) 리투아니아 대공국의 수장을 계승하며 당연직으로서 성직 임명권을 독점적으로 행사해 온 폴란드 국왕들이, 통합 이후 고령으로 퇴임하거나 사망하는 정교회 성직의 공석을 동방정교회 신앙을 고수하는 인물로 채우지 않을 것은 명약관화했고, 따라서 폴란드령 우크라이나에서 정교 신앙의 지속은 제도적 기반의 와해로 인해 그 전망이 점차 불투명해지고 있었기 때문이다. 루시계 엘리트층이 급격히 폴란드화하던 당대의 우크라이나에서 교회라고 하는 제도적 기반의 존재는 정교 신앙의 유지를 위한 마지막 보루였다. 그러나 교회를 이끌 정교회 출신의 성직자가 제대로 충원될 수 없는 상황은 우크라이나의 동방정교가 점점 루시계 농민들만이 믿는 "농노의 신앙"이 될 것임을 의미했다. 이러한 상황에서 우니아트 교회를 후견하는 폴란드 정부의 정책이 가져올 귀결은 지극히 자명했으니, 그것은 바로 폴란드령 남동 변경 지역의 완전한 "폴란드화"였다. 통합 교회는 봉건적 반동과 농노제의 이식으로 시작된 폴란드화의 마지막 퍼즐을 완성하게 될 최종적이고 불가역적인 조치였던 것이다.

이러한 급격한 동화의 과정을 중단시킨 것이 바로 자포로지예 카자크의 개입이었다. 1620년 아타만 사가이다치니가 이끄는 일군의 카자크 무장부대는 예루살렘에서 모스크바로 이어지는 방문 일정을 마치

---

41) *Ibid.*, p. 87.

고 키예프를 거쳐 예루살렘으로 귀환 여정에 오른 예루살렘 정교회의 총대주교 테오파네스(Theophanes of Jerusalem)와 그의 일행을 "영접(사실상 반납치)"한 후 다시 키예프로 데려가는 사건으로 큰 파란을 일으켰는데,[42] 테오파네스 본인으로서는 의도하지 않았을 그의 두 번째 키예프 방문은 바로 직전의 방문과는 전혀 달랐다. 이는 다시 키예프로 끌려 온 테오파네스에게는 "카자크의 보호(물론 실질적으로는 '압박')" 아래 사망과 은퇴로 인해 그 시점에서 공석으로 남아 있던 여러 성직을 서임하고 축성하는 임무가 강요되었기 때문이며, (교회와 수도원에서 예배를 인도하는 것 외에는 아무 일도 하지 않았던) 바로 직전의 방문과는 대조적으로, 테오파네스는 두 번째 방문 기간 내내 공석이 된 채 남아 있던 "모든" 우크라이나 지역 동방정교회 성직을 새로운 인물로 채워 넣는 성직자 서임의 임무를 성실히 수행하였다.[43] 이러한 축성의 과정에서 테오파네스의 "자의"와 카자크의 "타의"가 어느 정도로 작용하였는지는 불분명하나 축성 자체는 테오파네스의 결심 없이는 불가능한 과업이었고 망설이던 테오파네스가 이 임무를 수행하도록 만든 것은 명백히 협박과 설득이 뒤섞인 카자크의 신변 보호 약속이었다. 당대인의 표현을 빌리자면 "[동방] 정교 [카자크] 군대와 아타만 사가이다치니는 성스러운 총대주교를 그들의 품 안에 데리고 와 [카자크의] 보호 아래 두었고"[44] 총대주교는 축성과 서임 의식을 통해 카자크의 기대에 부응

....

42) O. M. Bodianskii, *Letopis' monastyriia Gustynskogo* (Moscow, 1848; Moscow: Kniga po trebovaniiu, 2013), p. 13 (page citations are to the reprint edition).

43) 축성/서임된 주교의 명단과 지역에 대한 상세한 내용은 *ibid.*, pp. 15–17을 보라.

44) *Ibid.*, p. 13.

하였던 것이다.

그동안 성직자 임명권을 사실상 독점적으로 행사하여 왔던 폴란드 국왕의 입장에서 볼 때 이러한 행위는 왕의 권위에 정면으로 도전하는 엄연한 불법행위였다. 폴란드 국왕 지그문트 바자(Zygmunt Waza)는 즉각 테오파네스에 의해 새로 서임된 주교와 사제들의 직위 인정을 거부하고 이들을 즉각 체포할 것을 명했으나 그의 명령은 집행될 수 없었다.[45] 이는 새롭게 서임된 이들 주교들과 사제들이 다름 아닌 카자크 무장세력의 강력한 보호를 받고 있었던 것과 더불어 임박한 오스만 제국과의 전쟁 전망 때문이었으니, 새로이 축성된 주교와 성직자를 체포하는 행위는 이들의 후견인이자 테오파네스를 초빙한 당사자인 카자크의 반발을 불러와 곧 예상되는 오스만 제국의 침공에 대응할 왕국의 군사적 역량을 약화시킬 것임이 명약관화했던 탓이다.[46] 자포로지예 카자크가 일으킨 파란의 즉각적인 결과는 실질적으로 성직자의 역할을 담당하나 폴란드 당국에 의해서는 결코 공식적으로 인정되지 않는 비공식적인 "우크라이나 동방정교 정교회 지도부"의 출현으로, 일견 희극적이기까지 한 이 에피소드는 우크라이나의 역사에서 가장 중요한 역사적 분기점 중 하나가 될 운명이었다. 동방정교회가 우크라이나 지역에서 존재의 위기에 직면한 바로 그 순간, 카자크의 갑작스러운 개입과 그로 인한 동방정교 교회 조직의 인적 제도적 기반의 부활 및 존속은, 우크라이나의 루시인들이 폴란드인에게 동화되지 않은 채 자신들의 루시 정체성을 이어나갈 수 있는 중요한 종교적 지형과 정체성의 자산 및 기반을 만들어내었기 때문이다.

....

45) Plokhy, *The Cossacks*, p. 89.
46) *Ibid.*, pp. 117－118.

역으로 우니아트 통합운동에 대한 저항은 원래 하나의 사회 현상으로 출발한 카자크 현상이 자포로지예 보이스코라고 하는 느슨한 전사 조직체를 넘어 자체적인 응집력과 자의식을 가진 독자적 카자크 공동체, "우크라이나 카자크 집단"의 형성으로 이행하는 계기로도 작용하였으며, 이러한 변화는 우니아트 교회의 출범을 전후한 시기에 관측되는 카자크 반란의 성격 변화에서도 확인할 수 있다. 물론 이 자의식이 카자크 반란에서 처음부터 뚜렷하였던 것은 아니었으며, 종교 문제가 가지는 파급력과 동원력을 카자크 집단이 처음부터 주목하며 종교 문제를 카자크 봉기를 정당화하는 대의명분으로 내걸었던 것은 더더욱 아니었다. 주지하듯 소규모의 산발적인 카자크짓이 아닌 최초의 카자크 대반란으로 꼽히는 크리스토프 코신스키의 카자크 봉기는 우니아트 교회를 둘러싼 갈등이 표면화되기 전에 시작되었으며, 이 반란의 근본 요인은 농노제의 질곡 및 우크라이나의 루시계 슐라흐타 집단 내부의 갈등이었다. 이 시기만 해도 코신스키는 물론이고 그에게 합세한 여러 카자크에게도 종교 문제는 전혀 주된 관심사가 아니었던 것이다. 그러나 불과 몇 년 뒤 곧바로 폴란드-리투아니아를 강타한 날리바이코(Nalivaiko)-로보다(Loboda)의 카자크 반란은 달랐다. 날리바이코가 주도하고 로보다가 이끄는 자포로지예 셰치가 가세한 이 반란은 슐라흐타에 대한 저항과 더불어 당시 본격 시행에 들어간 통합 교회에 대한 반대와 동방정교 신앙에 대한 수호를 거병의 주요 명분으로 내걸었기 때문이며, 이러한 종교적 대의명분은 심지어 자포로지예 셰치에 소속되었던 적도 없으며 등록 카자크로도 복무한 경력조차 없는 전형적인 "비등록 방랑 카자크," 날리바이코의 봉기가 개별 카자크들의 이합집산을 넘어 자포로지예 카자크 집단까지 본격 참전하게 만들 만큼 거대한 유혈사태로 번진 원인 중 하나이기도 하였다. 다시 말해 신분제의 모순이 카자크 반란을 폭발하게 만든 불씨였다면 우니아트 통합 교회의 출현은 여기에 기름을 끼얹은 카자크 반란의 촉매였던 셈이다.

Ⅴ 맺음말을 대신하여

날리바이코와 로보다가 이끈 카자크 대반란이 폴란드군에게 진압된 후 우크라이나의 카자크 집단은 일견 폴란드 당국의 의도대로 "길들여진" 것처럼 보였다. 일련의 저항에도 불구하고 우니아트 교회로의 통합은 중단되지 않았고, 통합 교회와 농노제는 우크라이나 전역에서 뿌리내리며 우크라이나 지역 루시계 엘리트들의 폴란드화를 한층 가속화시켰기 때문이다. 반란의 실패 후 자포로지예 셰치는 일견 폴란드를 위해 충성을 다하는 왕국의 충실한 동반자가 된 것처럼 보였으며, 앞서 언급했듯이 우크라이나에서 모병되어 폴란드를 위해 복무한 셰치 출신의 카자크 부대는 17세기 전반 폴란드 왕국이 치른 일련의 전투에서 폴란드군이 거둔 승리의 주역 중 하나였다. 17세기 초반 폴란드 당국의 입장에서 볼 때 그들의 "카자크 길들이기"는 오랜 고난 끝에 이제 정상 궤도에 오른 것처럼 보였으니, 자포로지예 카자크 집단의 미래는 제정 러시아 치하에서 같은 시기 돈 카자크 집단이 걷던 경로와 유사하게 명백히 순조로운 "신분화"의 과정에 들어선 것 같은 착각을 불러일으켰던 것이다.

이러한 장밋빛 전망은 실현되지 않았다. 반(半)세기 후 실제로 일어난 일은 폴란드–리투아니아 연방을 강타하게 될 "대홍수"였으니, 1648년 보그단 흐멜니츠키의 지휘 아래 시작될 거대한 규모의 카자크 대봉기는 폴란드-리투아니아 연방으로부터 왕국의 동남부 영역 전체를 아우르는 광대한 영토를 순식간에 앗아가며 폴란드의 미래를 뒤흔드는 치명상을 입히게 될 운명이었기 때문이다. 이렇듯 우크라이나의 드네프르 카자크 집단의 선택은 돈 카자크가 걷게 될 카자크 신분으로의 길과는 달리 "카자크 국가"였고, 그 결과 우크라이나에 수립된 "카자크 헤트만 국가"는 훗날 이 지역에 출현하게 될 국민국가 우크라이나의 역사적 원형에 다름 아니었다고 할 수 있다. 그렇다면 똑같이 변경에 거주하는 경계인으로 출현하였던 돈 카자크와 드네프르 카자크가 이렇듯 상반되는 역사적 경로를 걷게 된 이유는 무엇이었을까?

그 해답은 카자크 현상이 발흥한 드네프르강 인근 우크라이나의 사회경제적 특수성에서 찾을 수 있다. 모스크바 러시아와 종교와 언어 및 문화를 공유하던 돈 카자크 집단과는 달리, 자포로지예 카자크와 그 지배자 폴란드-리투아니아의 관계는 신분적 차별에 기반한 사회경제적 착취와 동방정교 루시인과 카톨릭 폴란드인 간의 종교적 차이가 신분제의 모순을 증폭시키며 교차하는 이중의 질곡 아래 놓여 있었다. 앞서 살펴보았듯이 폴란드 당국이 도입한 등록 카자크 제도는 애초 의도한 카자크 현상의 억제가 아닌 "확산"을 불러왔으며, 역시 폴란드 정부의 적극적인 후견과 지원 아래 시작된 통합 교회 운동은 애초 의도한 폴란드화가 아닌 동방정교 기반 루시 정체성의 자각과 각성을 촉발시키며 카자크 현상에 의해 추동되는 현지 루시인들의 강력한 저항을 맞이하였다. 16세기 말 일련의 카자크 반란을 통해 촉발되어 확산되는 이러한 루시 정체성의 자각과 각성이야말로 흐멜니츠키가 이끄는 1648년의 카자크 대봉기가 성공할 수 있었던 가장 큰 요인이었으니, "일반명사" 우크라이나가 "고유명사" 우크라이나로 변모하는 역사적 이행의 과정은, 반(半)세기 후 "루시인의 유일한 전제군주"가 이끄는 카자크 대봉기가 시작되기 전 루시 정체성의 각성과 더불어 이미 시작된 상태였던 셈이다. 훗날에 이르면 이웃한 소위 "큰러시아"와 공유하는 루시 정체성과도 민족적 차별성을 주장하게 될 독자적 "우크라이나 정체성"의 첫 출발이, 바로 그 "루시 정체성"의 자각과 각성으로부터 시작되었던 것은 우크라이나 역사의 카자크적 기원이 초래한 역사의 아이러니였다.

CHAPTER
03

In Search for the Roots of the Ukrainian Question

『루시인의 역사』와
우크라이나 민족서사의 첫 탄생

I 들어가는 말

민족주의 운동의 광풍이 휘몰아치던 19세기 유럽에서 동유럽의
수많은 "비(非)역사적 민족(Non-Historical Nation)"의 사례 중 우크라이
나(*Ukraina*)인만큼 엥겔스(Friedrich Engels)가 말한 비(非)역사적 민족의
정의에 부합하는 집단은 없었다. 어떤 의미에서 우크라이나인은 심지
어 비(非)역사적 민족이라 불릴 자격조차 갖추지 못한 집단이었다고 해
도 과언이 아닌데, 동유럽의 여러 민족주의 운동에 대한 엥겔스의 냉소
어린 경멸적 시선을 고려하면 우크라이나의 독립은 고사하고 우크라이
나인이란 집단의 존재 자체가 엥겔스에게는 인정되지 않았을 것으로
보이기 때문이다. 비(非)역사적 민족들(예컨대 체코인, 크로아티아인, 바스
크인 등등)을 "역사의 쓰레기장"으로 들어가야 할 "민족적 쓰레기
(*Völkerabfall*)"로 단언하던[1] 엥겔스는 이들의 독립된 국민국가 수립 시
도 역시 시종일관 신랄하게 비판하였지만 그의 비판에는 적어도 이들
비(非)역사적 민족들의 "실존" 자체에 대한 부정은 담겨있지 않았다.
엥겔스가 문제 삼았던 것은 고전 맑시즘의 도식 속 소위 역사의 발전
법칙상 당위성에 따른 독립 국가를 수립할 수 있는 자격이지 이들의
존재 자체가 아니었기 때문이다.[2]

....

[1] Karl Marx and Friedrich Engels, *The Russian Menace to Europe: a
Collection of Articles, Speeches, Letters, and News dispatches*, ed. by Paul W.
Blackstock and Bert F. Hoselitz (New York: Free Press, 1952), pp. 61-62;
구자정 「"맑스(Marx)"에서 "스탈린(Stalin)"으로 - 맑시즘 민족론을 통해 본
소비에트 민족정책의 역사적 계보 -」 『史叢』 80, 2013, p. 458; Roman
Rosdolsky, "The Problem of the 'Nonhistoric Peoples' and Engels' 'False
Prognosis'," *Critique: Journal of Socialist Theory*, 18-1, 1991, p. 125.

[2] 맑스와 엥겔스의 고전적 맑시즘에서 민족과 국민국가는 하부구조의 생산양식
에 조응할 때만 그 존재가 정당화될 수 있었고, 이에 따라 맑스가 바라보던 유

훗날 우크라이나인이라 불리게 될 이들의 경우는 이와 달랐다. 엥겔스가 역사적 민족과 비(非)역사적 민족의 구분을 처음으로 제시하던 바로 그 시점에서 우크라이나인이라는 독자적 민족의 존재 유무는, 엥겔스 자신을 포함한 당대 유럽인들의 시선에서는 물론이고 심지어 훗날 우크라이나인으로 분류될 이들 자신들에게도 여전히 불확실하고 그 실존 자체가 의심되던 상태였기 때문이다.[3] 한 집단의 민족적 정체성

....

럽 각국의 민족주의 운동에 대한 입장도 그 조응성 유무 및 정도에 따라 상반되게 나타났다. 예컨대 맑스는 폴란드와 아일랜드의 독립운동에 대해서는 시종일관 동정적이고 우호적인 견해를 표명했는데, 이는 그가 폴란드 및 아일랜드 독립의 대의에 공감해서가 아니라 이들의 독립투쟁이 자본주의 발전이라는 생산양식의 변화, 즉 "역사발전"에 조응하는 합법칙적 현상이라고 판단했기 때문이었다. 이러한 역사발전이 "미성숙"한 지역에서 등장하는 독립운동, 예컨대 체코나 바스크, 크로아티아 독립운동에 대해서는 맑스나 엥겔스 모두 경멸적인 시선을 숨기지 않았으니, 엥겔스의 다소 과격한 표현을 빌리자면, 엥겔스에게 이들의 독립운동은 역사발전의 쓰레기장에 던져 넣어야 할 "쓰레기"에 다름 아니었던 것이다. 중국과 인도와 같이 소위 역사발전이 "부재"한 지역에 대한 맑스의 평가와 판단은 같은 이유로 한층 가혹했다. 이 지역에서는 정상적인 보편적 역사발전이 관측되지 않으며 "아시아적 생산양식(Asiatic Mode of Production)"이라고 불리는 비정상적인 하부구조가 지배하는 지역이라는 것이 맑스의 일관된 평가였기 때문이다. 이에 따라 맑스는 제국주의 열강에 의한 비(非)유럽지역의 수탈과 파괴, 착취, 특히 영국 제국주의에 의한 인도 통치를 시종일관 찬양했는데, 이는 식민통치에 의한 기존 전통사회의 파괴가 맑스에게는 역사가 부재한 이들 비유럽 지역이 보편적인 역사발전의 과정에 편입되는 합법칙적 활동으로 간주되었기 때문이었다. 이런 맥락에서 맑스는 "식민지 근대화론"의 사실상 선구이자 원조라 할 수 있다. 고전적 맑시즘의 민족론에 대한 보다 자세한 논의는 Rosdolsky, "The Problem," pp. 124−137; 구자정, 「맑스(Marx)"에서 "스탈린(Stalin)"으로」, pp. 449−458을 보라. 아시아적 생산양식에 대해서는 Marian Sawer, *Marxism and the Question of the Asiatic Mode of Production* (Berlin: Springer, 1977); Dmitry Shlapentokh, "Marx, the 'Asiatic Mode of Production,' and 'Oriental Despotism' as 'True' Socialism," *Comparative Sociology*, 18, 2019, pp. 489−521을 참조하라.

3) 제정 러시아령 소러시아의 경우 20세기 초까지도 우크라이나 지식인 사회조차 우크라이나 민족주의 운동에 공감하지 못하는 이들이 다수였다. 키예프를 중심으로 한 우크라이나(또는 "소러시아") 지식인 집단 사이에서는 우크라이나인이 러시아인과 구별되는 별개의 민족으로 실존하는 집단인가의 문제를 두고 격렬

이 그 집단이 공유하는 역사적 기억과 서사에 의해 규정된다면, 훗날 우크라이나인으로 자처하게 될 서남부 러시아의 "루시인(*Rus'ski* 또는 루신[*Rusyn*], 또는 루테니아인[Ruthenian])"에게는 아무리 일러도 19세기 초반까지는 그러한 기억 및 서사 자체가 아직 존재하지 않았던 상태였다고 할 수 있다. 이 시점에서 존재한 기억은 근대적 민족공동체의 형성에 필수적인 우크라이나 민족사의 그것이 아니라, 이웃한 "큰 루시인들"과 공유하며 러시아와의 통합을 추동한 카자크(*Kazak*) 운동의 기억과 동방정교 루시인으로서의 기억에 더 가까웠기 때문이며, 더구나 그

....

한 논쟁이 벌어지곤 했는데, 우크라이나 민족의 존재를 주장하던 이들은 물론이고, 우크라이나 민족의 "부재"를 주장하던 이들 또한 모두 카자크 스타르쉬나 가문 출신의 현재 기준에서는 똑같은 우크라이나인이었다는 사실은 역사의 아이러니에 다름 아니다. 시중에서 흔히 발견되는 우크라이나 역사 개설서에서 우크라이나 민족주의 탄압 정책의 대표격으로 기술하고 있는 엠스 칙령(*Emskii ukaz*)의 사례가 이 아이러니의 산 증거인데, 우크라이나어 출판물을 금지한 이 칙령의 실제 역사적 배경은 알려진 것보다 더욱 복잡하다. 이 칙령을 제안하고 제정 러시아 정부 내 상당수 "러시아인" 관료들의 반대를 무릅쓰며 이를 무리하게 밀어붙여 관철시킨 당사자 역시 미하일 유제포비치(Mikhail V. Iuzefovich)를 필두로 한 우크라이나인 지식인들이었기 때문이다(A. I. Miller, *"Ukrainskii vopros" politike vlastei i russkom obshestvennom mnenii, vtoraia polovina XIX v.* [Kiev: Laurus, 2013], pp. 53–54). 우크라이나인이 우크라이나 민족주의에 결사적으로 반대하는 이 역설적 상황의 결과 러시아 혁명 발발 전까지만 해도 제정 러시아 내의 우크라이나 민족주의 운동은, 실제 활동하는 제국 내 우크라이나 민족주의자의 "전체" 숫자가 겨우 "열차 차량 두 칸을 채울 정도의 숫자밖에 안 될 정도"로 적었다는 흐로마다(*Hromada*: [우크라이나] 공동체) 운동 출신의 저명한 우크라이나 독립운동가, 예브헨 치칼렌코(Evhen H. Chikalenko)의 회고가 보여주듯이 지극히 미약한 상태에 있었다. 참고로 치칼렌코의 우크라이나어 원문은 아래와 같다. ... mi z Kieva razom viihali do Poltavi v odnomu poizdi, zainiavshi i pidriad dva vahoni. Zhartuiuchi kazali mi, shcho koli, boron' Bozhe, nash poizd rozib'et'sia, to na dovho pripinit'siia vidrodzhennia ukrains'koi natsii ... (Evhen H. Chikalenko, *Spohadi, 1861–1907* [New York: Ukrains'ka vil'na akademiia nauk u SSA, 1955], p. 337). 이 상황에서 이 시기 우크라이나 민족주의 운동이 크게 성장한 지역은 당시 합스부르크 오스트리아의 지배를 받던 할리치나(Halichina) 지방이었다.

기억은 이웃한 큰 루시인과 더불어 동방정교 신앙을 대표하는 루시인의 나라 "로씨야(Rossiia: 러시아의 원어명)"의 일원으로 제정 러시아의 성립에 큰 기여를 하던 "작은 루시인"의 그것에 다름 아니었다. 물론 이 시기 훗날 우크라이나인으로 불리게 될 집단은 물리적으로 엄연히 실존하였다. 그러나 그 실존이 여전히 스스로에게 자각되지 않은 채로 남아 있던 전형적인 "비(非)역사적 민족"이 바로 우크라이나인이었던 것이다.

이러한 상황에 첫 변화의 움직임이 포착된 것은 바로 18세기 말 또는 19세기 초반의 시기로 추정되고 있다. 이는 "큰 루시"와 차별화되는 "작은 루시"만의 역사를 모색하는 새로운 종류의 기억과 역사적 상상력이 바로 이 무렵에 처음으로 탄생하였기 때문인데, 독자적 민족으로서의 존재 자체가 의심되던 비(非)역사적 집단으로서의 소루시인 집단이 역사적 민족으로서의 우크라이나인으로 변모하는 첫 계기는 바로 이러한 새로운 역사적 상상력과 이 상상력이 추동한 새로운 민족서사를 통해 마련되었다고 할 수 있다. 그렇다면 "작은 루시인"이라 불리던 비(非)역사적 민족은 어떤 이유로, 그리고 어떠한 경로와 과정을 거쳐 "우크라이나인"이라고 하는 역사적 민족으로 탈바꿈하기 시작한 것인가? 그들의 존재를 규정하고 정당화하는 독자적 민족으로서의 우크라이나의 역사는 어떻게 처음으로 상상되기 시작했는가? 우크라이나인이라는 정체성을 발명하고 부여하게 되는 우크라이나인만의 역사적 집단 기억과 민족서사는 최초 어떠한 이유와 계기로 어떠한 역사적 경과를 거쳐 역사의 무대에 나타나게 되는가?

이번 장은 바로 이러한 우크라이나 민족서사의 "첫" 탄생에 대해 추적해 보고자 하는 시도이다. 이를 위해 이 글에서는 우크라이나 민족주의 역사학계에서 이 여정의 첫 출발점으로 자타가 공인하고 있는 "우크라이나 민족의 [첫] 권리선언,"[4] 『루시인 또는 소러시아의 역사 (*Istoriia Rusov ili Maloi Rossii*: 이하 "루시인의 역사"로 약칭)』[5]에 주목하였다. 18세기 말 또는 19세기 초 익명의 저자에 의해 집필되어[6] 우크라이나와 러시아의 지식인 사회에서 널리 회람되던 중 19세기 중반 공식 출간된 『루시인의 역사』는, 다수의 러시아/우크라이나 지식인들에게 지대한 영향을 미치며[7] 훗날 우크라이나 민족주의 역사학계의 거

---

4) Oleksander P. Ohloblin, "Introduction," in *Istoriia Rusiv*, trans. from Russian to Ukrainian by Viacheslav Davidenko (New York: Vidavnitstvo "Vistnik," 1956), p. xxv. 북미 우크라이나인 공동체의 후원에 의해 출간된 이 판본은 최초의 우크라이나어 번역본으로 꼽히는데, 우크라이나 민족서사와 민족주의 운동의 첫 시작으로 꼽히는 기념비적인 이 저작이 원래 러시아어로 집필되었다는 아이러니에 더하여, 이 책이 1956년에 가서야 뒤늦게 우크라이나어로 번역되었던 것 역시 주목할 만한 아이러니가 아닐 수 없다.

5) Georgii Konisskii, ed., *Istoriia Rusov ili Maloi Rossii* (Moscow: Universitetskaia tipografiia, 1846), *Istoriia Rusiv*, trans. from Russian to Ukrainian by Viacheslav Davidenko (New York: Vidavnitstvo "Vistnik," 1956).

6) 이 저작은 여러 정황으로 보아 18세기 말 19세기 초가 집필 시기로 추정되고 있는데, 예컨대 이 책의 첫 우크라이나어 번역본에 부친 서문에서 북미 우크라이나 민족주의 역사학계의 거장, 오흘로블린이 추정하는 집필 시기는 1802년에서 1805년 사이이다(Ohloblin, "Introduction," p. viii).

7) Serhii Plokhy, "Ukraine or Little Russia? Revisiting an Early Nineteenth-Century Debate," *Canadian Slavonic Papers*, 48–3, 2006, p. 337. 오늘날까지도 대중적으로 소비되고 있는 자포로지예 카자크의 이미지는 사실상 『루시인의 역사』로부터 기원한 것이라 할 수 있는데, 이는 『루시인의 역사』가 타라스 셰브첸코(Taras H. Shevchenko), 알렉산드르 푸쉬킨, 니콜라이 고골 (Nikolai V. Gogol') 등 19세기 러시아와 우크라이나의 대문호들에게 지대한 영향을 끼쳤기 때문이다(Plokhy, *The Cossack Myth: History and Nationhood in the Age of Empires* [Cambridge: Cambridge University Press, 2012], pp. 47–65). 예컨대 고골의 대표작 중의 하나인 『타라스 불바(Taras Bul'ba)』 는 『루시인의 역사』에서 묘사된 카자크 영웅을 픽션화시킨 것에 불과한 것이라 해도 과언이 아닐 정도로, 고골이 창조해 낸 카자크의 문학적 이미지에서 『루시인의 역사』가 끼친 영향력은 절대적이었다.

장, 미하일로 흐루셰프스키(Mikhailo S. Hrushevskii)에 의해 완결되는 우크라이나 "민족창조 공정"의 첫 디딤돌을 놓은 기념비적인 저작이었다.[8] "역사서술을 통해 민족을 만들어낸" 우크라이나 민족주의 역사학의 거장 흐루셰프스키의 본원주의적(Primodialistic) 민족사 제조 공정에서[9] 큰 루시와 구별되는 독자적 "우크라이나-루시(*Ukraina-Rus'*) 테제"의 단초는 바로 우크라이나인이야말로 키예프 루시를 계승하는 정통 루시임을 처음으로 주장했던 『루시인의 역사』로부터 유래한 것이었기 때문이다. 우크라이나 민족주의 운동의 씨앗을 뿌리게 될 독자적 우크라이나 역사 담론의 첫 출현 과정과 그 배경을 탐색함으로써, 이 장에서는 변경을 지칭하는 동슬라브어 일반명사 우크라이나가 독자적 민족의 거주지인 "고유명사" 우크라이나로 이행하는 우크라이나 민족주의 운동의 첫 여정이 "왜" 그리고 "어떻게" 시작되었는지에 대한 질문에 답해 보고자 하는 것이다.

II 우크라이나 민족주의는 "왜" 시작되었는가?

18세기 중반 드네프르(Dnepr)강 연변에 존재하던 "카자크 헤트만 국가(우크라이나어: *Het'manshchina*, 러시아어: *Getmanshchina*)[10]"는 카자

---

8) Mikhailo Hrushevskii, *Istoriia Ukraini-Rusi*, 10 vols. (L'vov – Vienna – Kiev, 1898 – 1936; New York, 1954 – 1958; Kiev, 1991 – 1994).

9) 한정숙, 「역사서술로 우크라이나 민족을 만들어내다: 흐루셰프스키의 『우크라이나의 역사』와 우크라이나 정체성」 『러시아연구』 24 – 2, 2014, pp. 365 – 406.

10) 정식 명칭은 "자포로지예 군(*Voisko Zaporozhskoe*)"이었으나 자포로지예 카자크 집단의 본원으로 역시 같은 명칭을 자처하던 "자포로지예 세치(*Zaporozhskaia Sech'*)"와의 구별을 위해 "헤트만 국가"라는 호칭으로 부르는 것이 19세기 이후 역사가들의 관행이었다. 한편 헤트만 국가의 통치자들 스스

크 현상에 의해 국가가 수립된 "카자크적 과거"와 카자크적 속성으로부터 점점 멀어지는 "탈(脫)카자크적 현재" 사이의 괴리가 빚어내는 존재의 모순에 처해 있었다. 주지하듯 명목상 이 국가는 카자크 반란에 의해 수립되고 카자크 운동에서 자신의 존재 이유와 정체성을 찾는 카자크 현상의 제도화된 결과물이었다. 하지만 이 시점의 헤트만 국가에서 기성 권위를 부인하고 국가 권력에 도전하며 기존 질서를 뒤엎는 카자크 현상으로서의 속성은 거의 사라진 상태였으니, 이른바 "스타르쉬나(Starshina)"라고 불리던 카자크 헤트만 국가의 지배 엘리트들은 스스로를 자포로지예(Zaporozh'e) 보이스코(Voisko)의 후예라기보다는 페레야슬라브 협정(Pereiaslavskaia Rada)을 통해 대러시아와의 동군연합(同君聯合)을 구성하는 "소러시아"의 대표자들로 자처하고 있었기 때문이었다.11) 헤트만 국가의 카자크적 기원에도 불구하고 이 무렵 이들이 대표하던 소러시아는 카자크 민주주의가 지배하던 전사공동체 "자포로지예 셰치(Zaporozhskaia sech')"의 그것과는 매우 달랐다. 카자크 헤트만 국가는 구(舊) 폴란드-리투아니아 연방(Korona Polska i Wielkie Księstwo Litewskie)을 지배하던 폴란드식 슐라흐타(Szlachta)를 자처하던

....

로가 자처했던 공식 칭호는 "[구(舊) 폴란드-리투아니아 영토 내] 루시인의 유일한 전제군주(Edniovlastnyi samoderzhets rus'skii)"였다(Vossoedinenie Ukrainy s Rossiei: Dokumenty i materialy v trekh tomakh [Moscow: Nauka, 1953], vol. 2, p. 108; Nikolai I. Kostomarov, Russkaia istoriia v zhizneopisaniiakh ee glavneishikh deiatelei v trekh knigakh [Moscow: Olma-Press, 2004], vol. 2, p. 358). 이러한 맥락에서 카자크 헤트만 국가는 카자크가 수립한 동방정교 기반의 루시인 국가로 정의될 수 있으며 바로 이러한 루시 정체성이 루시인을 대표하는 "루시인의 나라," "로씨야"와 헤트만 국가 간 동군연합을 정당화하는 당대의 논거였다.

11) Zenon E. Kohut, *Russian Centralism and Ukrainian Autonomy: Imperial Absorption of the Hetmanate, 1760s–1830s* (Cambridge: Harvard Ukrainian Research Institute, 1988), p. 61.

카자크 귀족들과 그들의 지배를 받는 농민들로 구성된, 마치 "대홍수 (*Potop*)" 이전 시기를 연상케 하는 엄격한 신분제 사회로 변모한 상태였기 때문이다. 심지어 일부 지역에서는 소루시인 농민의 부분적인 농노화 현상까지 이미 시작된 상태였으니,[12] 흐멜니츠키 봉기 당시 농노화로 대변되는 폴란드화 및 신분제적 질서를 강화하는 봉건적 반동에 맞서 "대홍수"를 일으킨 자포로지예 카자크의 후예들이, 이제는 그들이 파괴했던 한 세기 전 폴란드-리투아니아 연방의 원조 슐라흐타와 점차 유사한 존재가 되어 버린 것은 명백한 역사의 아이러니였다.[13]

슐라흐타로서의 권리는 또한 페레야슬라브 협정 이래 카자크 헤트만 국가가 누려오던 자치권의 핵심 요소이기도 하였다. 카자크 헤트만 국가를 지배하던 카자크 엘리트들은 신분제적 질서를 통해 자신들이 누리고 있는 특권을 "슐라흐타의 자유"로써 정당화하고 있었으나, 그들의 이러한 자유는 표트르 대제(Petr *Velikii*)의 개혁 이후 유럽식 절대왕정을 향한 본격 행보를 시작한 제정 러시아의 강력한 중앙집권화 정책에 의해 위협받기 시작하였다. 마제파(Ivan S. Mazepa) 반란[14]으로 대표되는 카자크 스타르쉬나의 저항에 직면한 표트르 대제는 소러시아의 명목상 자치권 자체는 박탈하지 않았으나 카자크 국가의 수장 헤트만의 권력을 지극히 약화시켰으니, 형식상으로는 여전히 동군연합으로서의 형태를 유지한 채 러시아 본토로부터 분리된 행정-군사-사법 체제

---

12) *Ibid.*, 37.

13) Kohut, "The Development of a Little Russian Identity and Ukrainian Nationbuilding," *Harvard Ukrainian Studies*, 10-3/4, 1986, p. 567.

14) 마제파 반란에 대해서는 O. Subtelny, *Mazepists: Ukrainian Separatism in the Eighteenth Century* (New York: Columbia University Press, 1981); T. G. Tairova-Iiakovleva, *Ivan Mazepa i Rossiiskaia imperiia* (Moscow: Tsentrpoligraf, 2011)을 보라.

를 유지하던 카자크 헤트만 국가의 독립성은 나날이 강화되는 중앙집
권화 속에서 제정 러시아의 절대왕정 체제와는 결코 병존할 수 없었다.
마제파 반란의 실패 이후 헤트만 국가의 자율성 상실과 러시아로의 통
합은 사실상 시간문제가 된 상태였던 것이다.[15]

아이러니하게도 이 통합은 표트르 대제가 건설하기 시작한 유럽식
제국 건설에 카자크 스타르쉬나가 적극 동참함에 따라 더욱 가속화되
었다. 사실 따지고 보면 모든 동슬라브 루시인을 대표하고 통합하는
"보편제국[16]"을 표방하던 제정 러시아의 범루시적 국가 정체성 성립에
큰 기여를 한 집단이 바로 소러시아 출신의 카자크 엘리트 집단이었던
것이다. 다수의 헤트만 국가 출신 소러시아 지식인들과 엘리트들이 이
시기 제정 러시아 정부에 발탁되어 차르의 최측근이자 최고권력자로
군림하였는데, 이와 같은 제정 정부의 노골적 소루시인 선호에는 물론
이유가 있었다. 구(舊) 모스크바 러시아의 타타르-몽골적 유산과 완전
히 단절한 채 철저히 유럽화된 서유럽식 절대왕정을 수립하려던 표트
르 대제와 그의 후계자들에게, 폴란드-리투아니아 연방을 통해 일찍부
터 서유럽 문화의 세례를 받은 서부 변경 출신 소루시인 엘리트들은
제정 러시아의 전체 신민 중에서도 상대적으로 가장 서구화된 인재에
다름 아니었기 때문이며, 소러시아 지역이 제정 러시아의 근대화 과정
에서 제정 정부가 가장 크게 의존한 인재 배출의 산실이 되었던 아이

----

15) 1764년에 일어난 일은 엄격히 말해 헤트만 국가의 마지막 헤트만 키릴 라주모
프스키의 해임과 헤트만 직위의 폐지 및 이를 대신하는 소러시아 지사직의 신
설로, 러시아 본토와 분리된 채 별개로 운영되어 온 기존 헤트만 국가의 행정-
사법 조직들은 바로 폐지되지 않았다. "소러시아주"가 완전히 제정 러시아의
한 지방으로 일체화된 것은 19세기 전반에 가서야 일어난 일이었다.
16) "러시아"라는 호칭은 이 제국이 모든 동방정교 루시인을 포괄하는 "범루시 보
편제국"이라는 의미를 담고 있다.

러니는 바로 이러한 배경에서 나타난 결과였다.

예컨대 표트르 대제의 총애를 받으며 러시아 정교회의 개혁을 주도한 페오판 프로코포비치(Feofan Prokopovich)는 한때 폴란드화되어 로마 카톨릭으로 개종한 문제적 전력을 가진 소러시아 출신 귀족이었으며,17) 그가 공부했던 키예프의 모힐라 아카데미(*Kiievo-Mohilianska akademiia*)는 이 시기 상트 페테르부르크에서 활약했던 수많은 소루시인 관료와 성직자 및 장군을 배출한 인재의 산실이었다.18) 소루시인들이 제정 정부에 중용되는 상황은 예카테리나 여제(Ekaterina *Velikaia*) 시기에도 변함없이 계속되었으니, 예카테리나 여제의 연인으로 "밤의 황제"라는 별칭을 얻을 만큼의 실세이자 사실상 제국의 최고 권력자로 군림했던 알렉세이 라주모프스키(Aleksei G. Razumkvskii), 그의 형제이자 예카테리나 여제 즉위의 최대 공신으로 카자크 국가의 마지막 헤트만 직을 역임했던 키릴 라주모프스키(Kiril G. Razumovskii) 역시 소러시아를 대표하던 카자크 슐라흐타 출신의 권력자였던 것이다.19) 위의 사례에서 보이듯 카자크 스타르쉬나 출신의 소루시인 엘리트들은 표트르 대제가 건설하기 시작하고 예카테리나 여제가 완수한 "제국" 러시아 건설에 적극 동참하였을 뿐만 아니라, 어떤 면에서 이들은 모스크바 러시아가 "작은 루시"와 "하얀 루시", 그리고 "큰 루시"의 세 루시 집단

....

17) Ia. A. Chistovich, *Feofan Prokopovich i ego vremiia* (St. Petersburg, 1868), pp. 1-24.
18) Gary Marker, "Staffing Peter's Church: Organizational Politics and the Journeys of Kyivan Clergy in the Early Eighteenth Century," *Kiivs'ka Akademiia*, 8, 2010, pp. 79-91.
19) 키릴 라주모프스키는 예카테리나 여제를 옹립하는 궁정 쿠데타 당시 이즈마일로프스키(*Izmailovskii*) 연대의 지휘관으로 이 쿠데타에서 가장 핵심적인 역할을 수행하였던 바 있다(A. G. Bil'basov, *Istoriia Ekateriny Vtoroi*, 3 vols. [Berlin: Izdanie Fridrikha Gottgreinera, 1900], vol. 1, pp. 22-37).

모두를 아우르는 범루시 통합제국으로 변신하는 데 가장 큰 기여 지분을 가진 주역이자 당사자에 다름 아니었다.

　1764년에 일어난 카자크 국가의 공식 소멸과[20] 소러시아 속주로의 점진적 전환이 이 사건에 대한 후대 우크라이나 민족주의 역사학계의 평가와는 달리 최소 카자크 국가의 폐지 자체에 대해서는 별다른 반발 없이 이루어진 지극히 산문적인 사건이었던 것도 바로 이러한 배경에서 이해할 수 있다.[21] 당시 페테르부르크의 궁정에서 제정 러시아 정부를 위해 봉사하던 다수의 소러시아 출신 관료들은 물론이고 소러시아 현지의 엘리트들 역시 (심지어 헤트만 자신조차도) 카자크 헤트만 국가의 완전 폐지 자체에 대해서는 별다른 이의를 제기하지 않았으니, 여기에는 물론 이유가 있었다. 그동안 카자크 스타르쉬나가 헤트만 국가의 독립성에 집착하였던 이유는, 페레야슬라브 협정 이래 러시아 제국과는 별개의 행정적 독자성을 유지해 오던 카자크 헤트만 국가의 자치권이 이들이 누려온 폴란드식 슐라흐타로서의 특권을 담보할 수 있는 정치적 방어막으로 기능하였기 때문이었다.[22] 물론 카자크 엘리트들이

....

20) 1764년 예카테리나 여제의 칙령에 의해 헤트만 직과 헤트만 국가는 공식 폐지되었고, 표트르 대제 시절 설치된 "소러시아 콜레기야(*Malorossiiskaia kollegiia*)"가 당분간 구(舊) 헤트만 국가의 통치와 행정의 전권을 담당하였다(*Polnoe sobranie zakonov Rossiiskoi imperii* [St. Petersburg: Gosudarstvennaia tipografiia, 1885－1916], vol. 16, no. 12277, pp. 961－962).

21) 일부 슐라흐타 엘리트가 자신들의 이해관계를 대변하는 신분제 의회 설치를 요구하여 예카테리나 여제를 격노시킨 해프닝은 있었으나, 이러한 소러시아 슐라흐타 엘리트들의 반응은 헤트만 국가의 독립성 유지를 위한 것이 아니라 자신들의 "신분적 특권"을 보호하기 위한 움직임이었다. 이들의 관심사는 소러시아의 독립이 아니라 자신들의 특권 유지에 있었기 때문이다.

22) 카자크 헤트만 국가의 엘리트들은 슐라흐타임을 자처하고 있었지만, 제정 정부에서는 이들의 주장을 인정하지 않았다. 비록 합병을 즈음한 시기에 이르면 정책을 바꾸게 되지만 적어도 1764년 이전까지 카자크 스타르쉬나에 대한 제정 정부의 공식 입장은 "소러시아에는 [러시아식 제도에 부응하는] 귀족 자체가 존재하

선호하던 체제는 차르라는 전제군주에 복속된 러시아식 "드보랴네 (Dvoriane: 귀족)"보다는 더 큰 자율성을 가진 "슐라흐타"로서의 지위였지만, 러시아 귀족집단의 신분적 자율성과 발언권이 더욱 커지기 시작한 예카테리나 여제 즉위 이후부터, 특히 이전까지 슐라흐타의 귀족 지위를 인정하지 않던 제정 정부가 헤트만 국가의 폐지와 더불어 "소러시아에는 귀족이 존재하지 않는다"는 기존 입장을 폐기한 1764년 이후 이들의 입장은 바뀌기 시작하였던 것이다.[23]

만약 그들이 누려온 신분적 권리가 합병 이후에도 유지될 수 있다면? 더구나 이 권리가 헤트만 국가의 자치권에 기반한 지방적 차원의 특권이 아니라 제정 러시아라는 거대 제국의 법률적 제도적 보장을 가진 러시아식 "드보랸스트보(Dvorianstvo: 제정 러시아 신분제의 봉직귀족)"의 그것으로 대체될 수 있다면? 게다가 그 특권이 (예컨대 소러시아 지역 농민의 전면적 농노화와 같은) 기존의 슐라흐타가 누리던 그것보다 훨씬 거대한 사회경제적 보상을 담고 있다면? 이러한 전제 조건이 충족될 경우 카자크 스타르쉬나로서는 카자크 국가의 폐지와 러시아로의 완전 통합에 반대할 이유가 없었다. 1785년 반포된 "귀족헌장(Gramota na prava, vol'nost' i preumyshchestva blagorodnogo rossiiskogo dvoriianstva)"으로 열리게 될 "드보랸스트보"로서의 기회와 가능성의 공간은, 제국의 서쪽 변경에 자리한 지역 슐라흐타의 특권이 제정 러시아라는 대제국의 법률적 제도적 뒷받침을 받는 제국 엘리트의 그것으로 확장되는 장

지 않는다"였기 때문이다(Dmitri Miller, "Ocherki iz istorii iuridicheskogo byta staroi Malorossii − Prevrashchenie malorusskoi starshiny v dvorrianstvo," *Kievskaia Starina*, 1, 1897, p. 18). 따라서 헤트만 국가에서 슐라흐타가 누리던 특권은 전적으로 헤트만 국가의 자치권에 기반을 둔 것이었다.

23) *Ibid*.

밋빛 미래를 의미했으니, 사회경제적인 측면에서도 전체 소러시아 농민들의 전면적 농노화24)를 포함한 드보랸스트보의 신분적 특권은 서쪽 변방의 지역 엘리트에 불과한 슐라흐타의 그것보다 훨씬 매력적인 보상이었다.25)

　　물론 문제는 그렇게 간단하지 않았다. 바로 "귀족"이 무엇인가에 대한 개념 정의에서 제정 정부와 카자크 스타르쉬나 사이에는 근본적으로 큰 시각의 차이가 존재했기 때문이다. 한편으로 제정 러시아 정부가 바라보던 귀족은 국가에 대한 봉직의 대가로 특권을 보장받는, 즉 "군주가 있기에 귀족이 존재하는" 전형적인 봉직귀족의 그것이었다. 제정 러시아의 이러한 귀족 관념은 모스크바 공국 시대 이래 계속된 전제군주정의 전통을 계승한 동시에, 표트르 대제가 도입한 서유럽식 절대왕정의 이상에도 부합하는 관점이었던 것이다. 반면 소러시아의 카자크 엘리트들이 바라보던 귀족의 모습은 모스크바 러시아의 그것과는 전혀 달랐다. 이들이 가진 귀족관은 "귀족이 있고 그 다음에 국가가 존재하는" 폴란드-리투아니아 연방 식 슐라흐타의 모습에 더 가까웠기 때문이다. 전자가 모스크바 러시아의 군주에 대한 봉사의 대가로 "하사된 권리"에 기반한 것이었다면, 후자는 폴란드-리투아니아의 국왕을 대상으로 (소러시아의 경우 이른바 "대홍수"를 통해) 카자크 엘리트들이

---

24) *Polnoe sobranie zakonov Rossiiskoi imperii*, vol. 21, no. 15724, p. 908. 우크라이나 농민들은 1783년 예카테리나 여제의 칙령으로 완전한 농노 신분이 되었다. 우크라이나 농민들은 18세기 후반 일부 지역에서 소수가 사실상 농노화된 상태가 되어 있었지만, 이들의 절대다수는 칙령 이전까지 엄연히 거주이전의 자유를 가진 자유민이었다.

25) 러시아 봉직귀족의 특권 신분화를 법적으로 제도화한 귀족헌장 자체는 공식적으로 1785년에 부여된 것이었지만, 제도화 자체는 귀족의 국가 봉직 의무를 처음으로 철폐한 표트르 3세의 "귀족 자유선언(*Manifest o vol'nost' dvorianstva*)"으로 1762년에 이미 시작된 상태였다.

"쟁취한 권리"에 기반한 것이었다고 할 수 있다. 전자가 고도로 중앙집권화된 왕국의 전제군주에 예속된 특권층을 의미했다면, 후자는 귀족들에 의해 좌지우지되는 미약한 왕권과 강력한 귀족권력 및 귀족에 의한 정치권력의 독점을 특징으로 하는 분권화된 귀족 공화국의 지배층을 의미했다. 즉 제정 정부와 헤트만 국가의 엘리트들은 똑같이 "귀족"이란 단어를 쓰면서도 실제로는 전혀 다른 의미로 사용하고 있었던 셈이다. "소러시아에는 귀족이 존재하지 않는다"라는 1764년 이전 제정 정부의 공식 입장은 결국 모스크바 러시아를 계승하던 제정 러시아와 폴란드-리투아니아 연방의 역사적 경험을 공유하던 카자크 헤트만 국가라는 두 국가 간 상이한 역사적 경험의 차이가 반영된 결과였다고 할 수 있다.

이렇듯 제정 정부가 귀족으로 인정하지 않던 카자크 스타르쉬나가 그동안 소러시아에서 신분적 특권을 누리는 사실상의 귀족으로 자리매김할 수 있었던 것은, 앞서 언급했듯 제정 러시아와 분리된 별개의 법적 사회적 제도의 존재와 이의 유지를 가능하게 했던 동군연합하 헤트만 국가의 자치권 때문이었다. 예카테리나 여제 즉위 후 제정 러시아에서 점차 무르익고 있던 귀족특권의 제도화 전망과, 제정 정부가 "소러시아에는 귀족이 존재하지 않는다"는 기존 입장을 바꾼 1764년 이후, 제정 정부의 정책 전환은 이들 카자크 스타르쉬나가 헤트만 국가의 폐지에 크게 저항하지 않고 이를 수용했던 가장 큰 이유였으나,[26] 기존 방침의 폐기가 이들 카자크 슐라흐타들의 자동적인 드보럇스트보 편입을 의미하지는 않았다. 실제로 이들의 완전 편입은 오랜 진통을 거쳐 19세기 중반에 가서야 완결되는 장구한 과정이 되었는데 이는 이들의

----

26) Miller, "Ocherki," p. 18.

편입에 카자크 슐라흐타의 기준에서는 받아들이기 어려운 "드보랸스트보"로서의 자격요건을 설정하고 이를 입증할 증거자료 제출을 요구한 제정 정부와 이에 반발하는 카자크 엘리트 사이에 벌어진 갈등의 악순환 때문이었다.[27]

카자크 슐라흐타의 드보랸스트보 편입은 제정 관방국 (*Gerol'dmeisterskaia Kontora*)이 설정한 다음의 두 가지 요건을 충족시켜야 진행될 수 있었다. 첫째, 드보랸스트보 편입을 원하는 카자크 스타르쉬나는 자신의 가문이 러시아식 드보랸스트보에 상응하는 오랜 역사를 가진 "슐라흐타"임을 증명할 문서화된 증빙자료를 관방국에 제시할 수 있어야 했다. 둘째, 관방국은 또한 드보랸스트보가 될 수 있는 자격을 "제정 정부에서 공무를 담당했던 경력을 가진 자"로 한정하였다. 국가에 대한 봉직이 신분을 결정하던 러시아식 드보랸스트보의 기준에서 이러한 자격 설정은 지극히 당연한 상식적 조치에 다름 아니었으나, 이러한 기준의 실제 적용은 역사적 경험의 차이로 인해 "신분이 봉직에 우선하는" 폴란드의 슐라흐타식 귀족 관념에 익숙한 카자크 엘리트들에게는 반발을 불러올 수밖에 없었다. 더구나 적지 않은 수가 소위 "대홍수" 이전에는 "카자크짓"을 하던 평민에서 벼락출세한 카자크 봉기군 지도부의 후손이던 카자크 엘리트들에게 자신들의 선조가 절멸시켰던 폴란드 슐라흐타의 후손임을 입증할 근거가 있을 리 만무했으니, 귀족 편입 심사는 그 과정에서 소러시아의 카자크 스타르쉬나 사이

---

27) Oleksiy Tolochko, "Fellows and Travelers: Thinking about Ukrainian History in the Early Nineteenth Century," in Georgiy Kasianov and Philipp Ther, eds., *A Laboratory of Transnational History: Ukraine and Recent Ukrainian Historiography* (Budapest: Central European University Press, 2009), p. 153.

에 광범위한 고문서의 위조 및 조작을 촉발시킴과 동시에[28] 이에 대응하기 위한 제정 당국의 검증 또한 더욱 강화시켰고, 이에 더욱 까다로워진 검증은 카자크 엘리트들의 반발을 더더욱 확산시키는 악순환으로 이어짐으로써, 소러시아 슐랴흐타의 드보랸스트보 전환을 거의 1세기에 달할 만큼 오랜 시간이 걸리는 과정으로 만들었던 것이다.[29] 설사 카자크 엘리트들이 위조와 조작을 통해 고문서를 만들어 내더라도 또는 자신의 가문이 폴란드-리투아니아 연방 시절로 거슬러가는 진짜 슐랴흐타의 집안임을 증빙하는 문건을 제출하더라도 문제는 바로 해결되지 않았다. 제정 관방국에서는 이들 카자크 엘리트들이 헤트만 국가에서 맡았던 직책과 공무 수행 경력을 드보랸스트보로 인정받기 위해 필수적으로 요구되는 공직 경력으로 인정하지 않았기 때문이다.[30] 이는 곧 (제정 러시아 중앙정부에 출사했던 소수의 카자크 가문을 제외하면) 카자크 엘리트 가문 대다수가 드보랸스트보 편입을 위한 자격이 미달함을 의미하는 것이었으니, 카자크 헤트만 국가라는 정치적 방어막 뒤에서 그동안 슐랴흐타로서의 독점적 권리를 향유해온 카자크 엘리트들은 바야흐로 그들이 이제까지 누려온 신분적 특권을 상실하게 될 존재의 위기에 봉착하게 된 것이다.

18세기 말 19세기 초에 이르자 드보랸스트보 편입을 두고 일어난 이러한 갈등 상황은 역사 인식에 있어 1764년 헤트만 국가 폐지 당시만 해도 그 누구도 예상치 못했던 역설적 결과를 빚어내기 시작하였다.

....

28) Alexandra Iakovlevna Efimenko, "Malorusskoe dvorianstvo i ego sug'ba," in *Iuzhnaia Rus': Ocherki, issledovaniia i zametki*, 2 vols. (St. Petersburg: Obshchestvo imeni T. G. Shevchenka, 1905), vol. 1, p. 186.
29) Tolochko, "Fellows," pp. 153-154.
30) Miller, "Ocherki," pp. 4-5.

그전까지 자신의 카자크적 과거를 사실상 완전히 망각한 채 특권 귀족인 "슐라흐타로서의 현재"를 누려왔으나 이제 존재의 위기에 직면한 다수의 카자크 엘리트 사이에서 갑자기 자신들의 역사, 특히 "카자크적 과거"에 대한 관심이 폭증하기 시작했기 때문이다. 이는 외견상으로는 드보랸스트보 편입 심사로 촉발된 고문서 찾기 광풍이 가져온 당연한 결과였지만,31) 1764년의 시점에서 제정 정부도 카자크 엘리트 자신들도 예상치 못했던 것은 카자크적 과거에 대한 이러한 호고주의(好古主義)적 관심의 폭발이 관방국의 깐깐한 심사 및 검증과 만나게 될 때 무슨 일이 일어날 것인가에 대한 예측이었다. 바로 이어지는 장에서 살펴보겠지만, 일단 이러한 카자크적 과거에 대한 자각과 제정 정부에 대한 카자크 엘리트들의 점증하는 불만이 맞물리자, "슐라흐타적 현재"와 "카자크적 과거" 사이의 이 모순적 만남은 카자크 엘리트 사이에 카자크 정체성에 대한 새로운 역사적 상상력의 탄생 및 집단기억의 전면적 재구성을 촉발하게 되었기 때문이다. 헤트만 국가의 카자크 엘리트들이 스스로를 "슐라흐타"로 여기며 이에 따른 신분적 권리의 인정을 제정 정부에 촉구하던 이 상황이 이 시점의 소러시아가 사실상 완전히 탈카자크화한 완연한 신분제 사회가 되었다는 증거였다면, 제정 정부로부터 바로 그 슐라흐타 신분의 제도적 인정을 받기 위한 바로 그 노

---

31) 18세기까지만 해도 사실상 찾아보기 힘들던 소러시아의 역사, 지리, 민속, 구비 문학에 대한 간행물과 저작들이 19세기 초반부터 갑자기 폭증하기 시작하는 이른바 "우크라이나 민족 르네상스(Ukrains'ke natsional'ne vidrozhdennia)"는 바로 이러한 배경에서 일어난 역사적 현상이었다고 할 수 있다. 바로 이 르네상스로부터 훗날 우크라이나 민족주의 역사학계에서 "민족적 각성"으로 부르게 될 민족서사가 출현하기 시작하였으니(A. A. Shtyrbul, "Ukrainskaia politicheskaia elita: ot natsional'nogo vozrozhdeniia – k natsional'nomu samoopredeleniiu," Klio, 4, 2012, pp. 137-139), 그 서사의 틀과 줄거리를 최초로 제시한 저작이 바로 이 장의 후반부에서 다루는 『루시인의 역사』였다.

력이 상기한 "탈카자크화"에 의해 망각되고 거의 소멸되어 가던 "카자크 정체성"의 재발견을 촉발한 것은 역사의 아이러니였다. 카자크적 과거와 슐라흐타적 현재 간 이 모순적인 만남 속에서 구(舊) 카자크 헤트만 국가의 영토에서는 훗날 우크라이나 민족주의라 불릴 또 다른 "미래"를 구성하게 될 새로운 민족서사가 바로 이 아이러니로부터 태동하기 시작하였으니, 그 서사의 첫 시작을 알리게 될 저작이 바로 "우크라이나 민족의 [첫] 권리 선언" 『루시인의 역사』였다.

  그렇다면 현재의 불만을 과거로 투사시킴으로서 미래를 위해 새롭게 재구성될 이 새로운 민족서사란 과연 어떠한 내용이었던 것일까? 그것은 소루시인이야말로 키예프 루시를 계승하는 진정한 정통 루시이며, 카자크야말로 이러한 루시 정통성의 역사적 계승자라는 "독자적 소루시 역사 담론"이었다.

Ⅲ 우크라이나 민족주의는 "어떻게" 태동하기 시작하였는가?

  『루시인의 역사』는, 18세기 말 또는 19세기 초 문화적으로나 언어적으로나 사회적으로나 완벽히 "러시아화"한 (그것도 제정 정부에서 고위 관직을 역임한 이로 추정되는) 익명의 저자에 의해 저술된 것으로 추측되는 비공식 출간 저작물이었다.[32] 이 저작은 (그 서문의 주장을 믿는다

----

32) 『루시인의 역사』 저자가 누구인지의 문제에 대해서는 오랫동안 학계의 논쟁이 진행되어왔다. 저자는 여전히 확정되지 않은 채 미궁에 빠져 있으나, 가장 유력한 후보가 이 저작의 자칭 "발견자"이자 "보관자"였던 그리고리 폴레티카라는 것에는 의문의 여지가 없으며, 그 저자가 누구든 그 인물이 헤트만 국가의 카자크 슐라흐타 출신일 것이라는 점에는 모든 연구자들이 동의하고 있다. 그리고리 폴레티카를 유력 후보로 보는 시각에 대해서는 Vladimir S. Ikonnikov,

면) 오랫동안 재야에 묻혀 있다가 (여러 정황상 실제 저자로 추정되는) 그리고리 폴레티카(Grigorii Andreevich Poletika)라는 소러시아 지역명사에 의해 "재발견"되어, 19세기 전반 우크라이나는 물론이고 제정 러시아의 많은 식자층 사이에서 등사판 저작물로 널리 회람되던 중, 19세기 중반에 가서야 뒤늦게 정식으로 간행된 일종의 "위서(僞書)"였다. 비록 이 책의 서문에서는, 『루시인의 역사』가 지금은 실전된 고대의 연대기 및 사료에 의거하여 모길레프(Mogilev) 지역 한 수도원의 수사들에 의해 집필된 원고를 기반으로, 이 지역 교구의 대주교 게오르기 코니스키 (Georgii Konisskii)에 의해 최종 편집되어 완성된 실제 역사서라고 주장하고 있지만33) 그 신빙성은 지극히 의문시되고 있으며 그 내용에서도

....

Opyt russkoi istoriografii, 2 vols. (Kiev: Tipografiia Imperatorskogo Universiteta sv. Vladimira, 1891−1908), vol. 2 (1892), book 2, pp. 1621−1623; Dmitro I. Doroshenko, "Istoriia Rusov iak pam'iatka ukrainskoi politichnoi dumki druhoi polovini XVIII stolittia," *Khliborobs'ka Ukraina*, 3, 1921, pp. 183−190을, 예카테리나 여제 시절 권력자이자 총신이었던 알렉산드르 베즈보로드코(Aleksandr A. Bezborodko)를 저자로 추정하는 시각에 대해서는 M. Vozniak, *"Psevdo-Konis'kii i Psevdo-Poletika," 'Istoriia Rusov' u literaturi i nautsi* (L'vov−Kiev, 1939)를 보라. 관련 논쟁에 대한 개관으로는 Oleksander Ohloblin, "Where was Istoriia Rusov Written?," *Annals of the Ukrainian Academy of Arts and Sciences in the United States*, 3−2, 1953, pp. 670−695를 참조하라. 이처럼 연구사적으로 『루시인의 역사』를 둘러싼 학계의 기존 논의는 우크라이나 민족주의 운동의 태동에서 소러시아 정체성의 중요성을 환기시킨 코후트의 논문(Kohut, "The Development of a Little Russian Identity," pp. 559−576)이 1986년에 나오기 전까지 "카자크 엘리트 중 누가 이 저작을 썼는가?"라는 다소 미시적인 문제에 집중되어 온 경향이 있었다. 관련 논쟁에 대한 상세한 분석과 더불어, 이 문제적 저작에 의해 만들어진 "카자크 민족으로서의 우크라이나인"이라는 신화가 19세기 중반부터 본격 태동하기 시작하는 우크라이나 민족주의 운동의 형성에 미친 구체적 영향에 대해서는 Plokhy, *The Cossack Myth*를 보라.

33) *Istoriia Rusov*, p. i−ii (page citations are to the Russian edition). 코니스키 대주교는 폴란드 분할 후 제정 러시아령이 된 구(舊) 폴란드−리투아니아 연방 영토에서 평생을 제정 정부의 반(反)우니아트 반(反)카톨릭 정책에 적극 동참

이 저작에 실제 역사서로서의 학술적 가치34)를 부여하기는 어렵기 때문이다.35)

다른 사료에 의해 일체 검증되지 않는 흐멜니츠키나 마제파, 타타르 칸 등의 사적 대화 및 은밀한 일화까지 "실제 대화" 및 마치 "실제 있었던 일"이었던 것처럼 수록하며 역사서라기보다는 사실상 문학에 더 가까운 이 저작이, 그것도 우크라이나어도 아닌 완벽한 당대의 표준 러시아어로 집필된 이 "자칭" 역사서가 그럼에도 우크라이나 민족주의 운동의 첫 발흥에 있어 그토록 중요하게 여겨지는 이유는 무엇일까? 그것은 이 책이 담고 있는 파격적인 주장과 관점 때문이었다. 다시 말해 『루시인의 역사』가 중요한 저작이 된 이유는 이 책이 사실(史實)을 다루는 실제 역사서로 간주되었기 때문이 아니라 "우크라이나 민족의 [첫] 권리선언"을 담은 정치적 팜플렛이기 때문이었던 것이다. 따라서 『역사』의 진정한 가치는 그 내용 속에 담긴 실제 역사가 아니라 이 저작 속에서 임의로 재구성된 역사적 사실에 대한 파격적인 "해석"에서

·················

했던 인물로 당대 러시아에서는 이 무렵 상당한 유명인사였다. 평생을 지극히 친(親)제정 성향으로 일관한 이 인물을 『루시인의 역사』 편저자로 "설정"했던 이유는 당국의 검열을 피하기 위함으로 추정되고 있다. 코니스키의 생애에 대한 간략한 개관으로는 Plokhy, *The Cossack Myth*, pp. 29-30을 보라. 그의 생애에 대한 자세한 내용은 Mariia V. Kashyba, *Georgii Konisskii* (Moscow: Mysl', 1979); M. Bulgakov, *Preosviashchennyi Georgii Konisskii Arkhiepiskop Mogilevskii* (Minsk: Vinograd, 2000)을 참조하라.

34) 『역사』가 위서일 것이라는 의심은 19세기 중반부터 이미 제기되고 있었다. 예컨대 미하일 막시모비치(Mikhail Maksimovich)와 같은 역사가들은 이 책이 코니스키 대주교와 같은 유명인의 이름을 빈 "위작"일 것으로 추측하고 있었다 (Mikhail A. Maksimovich, *Sobranie sochinenii*, 3 vols. [Kiev: M. P. Frits, 1876-1880], vol. 1 [1876], pp. 305-306). 물론 막시모비치가 이 책의 의미를 폄하했던 것은 결코 아니었으니, 그가 바라본 이 저작의 중요성은 역사서로서가 아닌 "문학적 가치"에 있었다(*ibid.*).

35) Plokhy, "Ukraine or Little Russia?," p. 337.

찾을 수 있겠다. 그렇다면 대체 이 저작 속 어떤 주장과 관점이 파격적이었으며 무엇이 이 책을 우크라이나 민족주의 운동의 경전으로 만들었던 것일까? 그 해답은 『루시인의 역사』가, 바로 우크라이나인들이 서쪽의 폴란드인들은 물론이고 동쪽의 대루시인과도 구분되는 "독자적 집단"이 될 수 있다는 주장의 첫 단서를, 매우 독창적인 다름의 근거와 더불어 역사상 처음으로 제시한 문제적 저작이었다는 사실에서 찾을 수 있다.

그 다름의 근거는 아이러니하게도 우크라이나인(원문에서는 "소러시아의 루시인")이 바로 진정한 루시인이라는 이른바 "소러시아 루시 적통론"으로부터 비롯되었다. 『루시인의 역사』 속에는 "루시인 또는 소러시아의 역사"라는 제목 자체가 보여주듯 키예프 루시 이래 루시 문명의 역사적 정통성을 계승하는 진정한 적자(嫡子)가 모스크바 중심의 대러시아가 아니라 구(舊) 키예프 루시 지역에서 계속 거주해 온 카자크와 그들이 만든 카자크 헤트만 국가이며, "루시"라는 명칭은 모스크바 러시아의 대루시인에게 빼앗겨버린 소러시아의 고유한 명칭이라는 파격적인 주장이 담겨있었기 때문이다.36) 예컨대 『역사』에 따르면,

"잘 알려져 있듯이 오늘날 모스크바 [러시아]의 것으로 간주되는 것들은 원래 우리들[소루시인]의 것이었다. [그들이 누리고 있는] 정부, 패권, 그리고 '루시'라는 명칭 자체가 우리

---

36) *Istoriia Rusov*, p. 204. 동방정교 루시인로서의 정체성은 우크라이나의 실질적 기원으로 여겨지는 카자크 헤트만 국가에서도 가장 핵심적 가치였으니, 1648년의 반(反)폴란드 봉기를 통해 카자크 국가를 만든 주역인 흐멜니츠키조차도 앞선 각주에서 언급했듯 스스로를 "[폴란드 왕국 땅에 존재하는] 루시인의 유일한 전제군주"로 자처하고 있었다(*Vossoedinenie Ukrainy s Rossiei*, vol. 2, p. 108; Kostomarov, *Russkaia istoriia*, vol. 2, p. 358).

들로부터 그들[모스크바인들]에게로 건너가 버린 것이다."[37]

따라서 『루시인의 역사』에서는 원래 "변경"을 의미하는 동슬라브어이자 오늘날 독립 우크라이나를 지칭하는 고유명사가 된 "우크라이나"를, 우크라이나 지역을 지칭하는 이름으로 사용하는 것에 지극히 부정적인 견해를 피력하였다.[38] 즉 "[소]러시아"야 말로 우크라이나를 지칭하는 올바르고 유일한 표현이며 우크라이나라는 단어는 "루시"라는 말을 모스크바 러시아에 찬탈당한 결과물이라는 것이다.[39] 동일한 이유로 훗날 우크라이나인으로 자처하게 될 이들을 지칭하기 위해 『루시인의 역사』가 시종일관 사용하는 명칭 또한 바로 "루시인(*Rus'* 또는 *Ruskii*)"이었다.[40] 우크라이나 민족주의 운동의 효시이자 "폴란드 및 러시아와 구별되는 우크라이나"라는 관념의 바로 첫 출발로 여겨지는 바로 그 저작이, 우크라이나 민족주의를 처음으로 태동시킨 도화선으로 자타가 공인하는 바로 그 저작이, 바로 그러한 목적으로 훗날 고유명사화하는 "우크라이나"라는 단어의 사용에 지극히 비판적이었던 것

....

37) *Istoriia Rusov*, p. 204. 강조는 필자.

38) *Ibid.*, pp. iii−iv.

39) 『루시인의 역사』에서 처음으로 제기된 소위 "명칭 찬탈"의 문제의식은 후대의 우크라이나 민족주의 운동의 전개에 큰 영향을 끼쳤다. 모스크바 공국 중심의 대루시인 국가가 "러시아"라는 표현을 독점한 것은 우크라이나 민족주의자들의 시선에서 바라볼 때 우크라이나 민족주의의 태동과 발흥을 지체시킨 심각한 저해 요인에 다름 아니었으니, 어느 우크라이나 역사가의 표현을 빌리자면 "[모스크바 중심의 대]루시와 러시아를 동일시하는 관행은 실제적 의미에서 우크라이나인으로부터 역사적 명칭을 앗아감과 동시에 우크라이나의 역사적 근원을 미궁에 빠트렸기" 때문이다(Alexander Sydorenko, "The Ukrainians," in James S. Olson, ed., *An Ethnohistorical Dictionary of the Russian and Soviet Empires* [London: Greenwood Press, 1994], p. 675).

40) 원문이 "*Russkii*"가 아닌 "*Ruskii*"이다.

은, 오늘날의 시각에서 본다면 명백한 아이러니이자 모순인 동시에 훗날 이 저작을 경전화시키게 될 우크라이나 민족주의자들에게 크나큰 딜레마를 안겨주게 되지만,[41] 이 책이 집필되어 출간되던 당대의 시각에서 볼 때 이러한 관점에는 전혀 근거가 없지 않았다. 소루시를 정통으로 바라보던『루시인의 역사』저자의 시각에 따르자면, 원래 변경을 의미하는 "우크라이나"라는 단어를 소러시아 지역을 지칭하는 호칭으로 사용하는 것은, 루시 역사의 발원지로 마땅히 루시의 "중심부"여야 할 이 지역을, 폴란드 또는 모스크바 러시아와 대비되는 제국의 진정한 "변경"으로 주변화시키고 그 중요성을 축소시키는 단어 선택에 다름 아니었기 때문이다.[42] 다시 말해 소러시아를 우크라이나라 부르는 것은 곧 폴란드나 러시아가 "중심부"이며 소러시아는 폴란드-리투아니아나 모스크바 러시아에 통합되어야 하는 "주변부" 변경 지역이라는 주장에 대한 암묵적 인정에 다름 아니었다.

그렇다면 우크라이나는 어떤 명칭으로 불려야 하는 것일까? 이에 대한 저자의 해답은 바로 책 제목이 보여주듯 "소러시아"였으며, 적어도『루시인의 역사』가 집필되던 시점까지는 이 단어의 사용에 오늘날과 같은 정치적 함의 또한 담겨있지 않았다. 큰 러시아와 작은 러시아란 단어가 내포하는 근대적 위계가 이 시기까지는 아직 확고하게 자리 잡지 않은 상태였으며, 이러한 호명 방식의 기원 또한 따지고 보면 그러한 암묵적 위계를 전제로 시작된 것이 아니었기 때문이다. 애초 "소

41) 바로 이러한 이유로 1956년에 나온 이 저작의 "첫" 우크라이나어 번역본은 "*Istoriia Rusov ili Maloi Rossii* (루시인 또는 소러시아의 역사)"라는 원 제목에서 "소러시아"라는 단어를 아예 제외해 버린 채 출간되었다. 현재까지도 통용되는 우크라이나어 번역본의 정식 명칭은 소러시아가 빠진 "*Istoriia Rusiv*(루시인의 역사)"이다.

42) *Istoriia Rusov*, pp. iii−iv.

러시아(*Mikra Rhossia*)" 및 "대러시아(*Megale Rhossia*)"라는 표현 자체는 원래 동로마 제국의 콘스탄티노플 총주교가 동슬라브 지역을 대상으로 만든 14세기 초의 총주교구 교구 구분에서 유래된 것이었으며,43) 이러한 구분의 관례는 이 무렵 동지중해권의 그리스인들에게는 그리스 본토와 변경의 "대"그리스를 구분하던 고대 헬레니즘 시대로 거슬러 올라가는 오랜 역사를 가진 관행이었다. 따지고 보면 이러한 관행 속에서 "소"와 "대"란 접두사가 의미하던 위계는 오늘날 대러시아 및 소러시아란 호칭이 암묵적으로 담고 있는 위계와는 오히려 정반대였다고 할 수 있다.44) 이러한 호명 방식의 발원지였던 고대 헬레니즘 세계에서 남부 이탈리아와 시실리섬에 자리한 그리스인 식민지역을 의미하던 "대그리스(메갈레 헬라스, 그리스어: *Megale Hellas*, 라틴어: *Magna Graecia*)"는 따지고 보면 그리스 문명의 중심지가 아니라 오히려 그리스 본토와 대비되는 서쪽의 "변경"을 의미했기 때문이다.45)

우크라이나라는 명칭의 사용에 완고하게 반대하며 대신 소러시아라는 호칭을 선호하던 『루시인의 역사』 저자의 선택은 바로 이러한 이유에서 나온 것이었다. 『역사』 저자의 시각에서 해석한다면 "소러시

---

43) A. V. Soloviev, "Velikaia, Malaia i Belaia Rus'," *Voprosy istorii*, 7, 1947, pp. 30−32; Wilfrid Simpson, "The Names 'Rus,' 'Russia,' 'Ukraine' and Their Historical Background," *Slavistica*, 10, 1951, p. 13.

44) Andrei V. Storozhenko, *Malaia Rossiia ili Ukraina?* (Rostov-na-donu, 1919), reprinted in I. A. Linnichenko and I. A. Volkonskii, eds., *Ukrainskii separatizm v Rossii: Ideologiia natsional'nogo rackola* (Moscow: "Moskva," 1998), p. 281 (page citations are to the reprint edition).

45) 고전기 그리스와 헬레니즘 시대 "변경"으로서의 마그나 그라이키아 관념에 대한 보다 자세한 내용은 Airton Pollini and Pedro Paulo Funari, "Greek Perceptions of Frontier *en Magna Graecia*: Literature and Archaeology in dialogue," *Studia Historica Historia Antigua*, 23, 2005, pp. 331−344를 보라.

아"와 "대러시아"의 관계는 이러한 호칭의 원조인 고대 헬레니즘 세계로 대입해 보면 "그리스 본토"와 "마그나 그라이키아(*Magna Graecia*: 대그리스)"라 불리던 남부 이탈리아와 시칠리아(Sicilia)섬의 그리스인 식민지와 유사한 관계에 다름 아니었기 때문이다. 마그나 그라이키아가 비록 그 크기에서나 인구에서나 그리스 본토보다도 더 광대하며 시라쿠사(Siracusa)와 같은 거대한 유명 폴리스가 출현한 그리스 문명의 또 다른 주요 축이 되었다 할지라도, 이 지역은 그리스 본토에서 이주한 이들에 의해 그리스 문명의 "변경"에 건설된 엄연한 "주변부"였다. 대그리스가 주변부라면, 모스크바 러시아가 출현하는 대러시아 지역 또한 몽골 침공 이후 소위 "타타르의 멍에" 시기 키예프 루시의 "본토"로부터 이주한 루시인들에 의해 개척한 변경이자 주변부에 다름 아니었던 셈이다.[46) 모스크바가 대러시아의 중심 도시가 된 것은 시라쿠사가 변경인 "마그나 그라이키아," 즉 "대그리스"의 핵심 도시가 된 것과 유사한 맥락의 현상이었다. 동슬라브 루시 문명의 원(原) 중심지가 키예프 루시가 태동한 소러시아 지역이며 따라서 모스크바 러시아인이 거주하는 대러시아 지역이 오히려 "변경"에 해당한다면, 그들이 거주하는 대러시아 또한 결코 루시의 적통이 될 수 없었다. 소러시아야말로 키예프 루시의 옛 지역이자 동방정교 신앙을 믿는 "루시의 본토"이며 소루시인, 즉 오늘날의 우크라이나인이야말로 바로 그 자체로 "정통 루시인"이라는 것이 『루시인의 역사』 저자의 주장이었던 것이다. "오늘날 모스크바 [러시아]의 것으로 간주되는 것들은 원래 우리들[소루시인]의 것"[47)이었다는 『역사』 저자의 한탄과 "정부, 패권, 그리고 '루시'라는

....

46) Storozhenko, *Malaia Rossiia ili Ukraina?*, pp. 281 – 282.

47) *Istoriia Rusov*, p. 204.

명칭 자체가 우리들로부터 그들[모스크바인들]에게로 건너가 버린 것"[48])이라는 『역사』 저자의 주장은 바로 이러한 역사 인식에서 나온 진술이었으며, 이러한 주장은 어떤 의미에서 모스크바 러시아의 정통성, 나아가 하얀 루시, 작은 루시, 큰 루시 전부를 통합한다는 제정 러시아의 범루시 통일 이데올로기에 대해 균열을 내는 최초의 과감한 도전이었다.

"정부, 패권, 그리고 '루시'라는 명칭 자체가 우리들로부터 그들[모스크바인들]에게로 건너가 버리게 만든 것"은 『루시인의 역사』 속 설명에 따르자면 물론 모스크바 루시인들의 책임이 아니라 몽골의 침공과 그로 인한 키예프 루시의 파괴가 원인이었으며, 최소 이 시대까지에 대한 『역사』 저자의 인식은 카람진(N. M. Karamzin)으로부터 클류체프스키(V. S. Kliuchevskii)에 이르는 제정 러시아 국가주의 학파의 이른바 "정통적" 해석과 동일하였다고 할 수 있다. 『루시인의 역사』가 이들과 달랐던 것은 "그 후에 무슨 일이 일어났는가?"에 대한 견해였다. 키예프 루시의 멸망 이후 루시의 중심지가 모스크바강 주변의 큰 루시인 집단으로 넘어갔으며 키예프 루시의 정통성을 계승한 것이 바로 블라디미르(Vladimir), 수즈달(Suzdal'), 야로슬라블(Iaroslavl') 등 큰 루시인 공국들을 통합한 모스크바 러시아라는 것이 러시아 국가주의 학파의 설명이었다면, 『역사』는 과거 키예프 루시의 영역에서 출현하여 키예프 루시의 몰락 이후에도 고토(古土)를 그 자리에서 계속 지켜온 한 특정 집단의 존재 및 그들의 활동과 역할을 근거로 이러한 통설에 정면으로 도전하며 반기를 들었는데, 『루시인의 역사』 저자가 자신의 논지를 뒷받침하는 근거로 삼은 그 집단이 누구였는지를 짐작하기란 어렵

....

48) *Ibid*.

지 않다. 그들은 바로 "카자크"였다.

카자크는 『역사』의 저자가 자신의 저작에서 가장 많은 부분을 할 애한 대상이자 사실상 『루시인의 역사』 속 서사 전체를 지배하는 핵심 주인공이었다. 어떤 의미에서 『루시인의 역사』는 일견 세베린 날리바이 코(Severin Nalivaiko)[49]에서 표트르 사가이다치니(Petr Sagaidachnyi),[50] 보그단 흐멜니츠키(Bogdan Khmel'nitskii), 이반 마제파에 이르는 여러 카자크 기사(*Gaidamaki* 또는 *Rytsary*)들을 다루는 애국주의적 무용담 및 영웅담이라고 해도 과언은 아니며, 바로 이러한 『역사』 속 낭만주의야 말로 문학과 역사의 경계에 걸쳐 있는 이 책에 고골과 푸쉬킨, 셰브첸 코 등의 여러 대문호들이 매혹된 이유였다. 『역사』는 결국 본질적으로 크림 타타르와의 투쟁에서 그리고 폴란드-리투아니아에 대한 카자크 반란, 최종적으로는 보그단 흐멜니츠키에 의한 카자크 국가 수립 및 이 반 마제파의 봉기로 이어지는 일련의 사건에서 활약한 카자크 영웅들 에 대한 일종의 헌사(獻詞)라 할 수 있으니, 바로 이러한 측면에서 『역 사』는 고대 및 중세 루시 공후들의 위업을 찬양하는 전근대 동슬라브 연대기와 많은 특징을 공유하고 있다. 서술 방식에서도 그리고 그 구성 에서도 『이고리 원정기(*Slovo o polku Igoreve*)』와 같은 고중세 연대기의 형식과 언어를 그대로 빼닮은 『역사』 속 카자크 영웅담에는, 그 외형 및 형식상 유사성에도 불구하고 고중세 연대기와는 근본적으로 다른 차이가 존재하고 있었다. 이는 『이고리 원정기』를 연상케 하는 전근대 적인 연대기식 레토릭과 서술방식의 이면에서 『역사』의 저자가 전달하 고자 한 메시지는 단순한 영웅기(英雄記) 또는 성인전(聖人傳)이 아니라

....

49) *Ibid.*, pp. 35-40.
50) *Ibid.*, pp. 44-48.

지극히 근대적인 일종의 "이데올로기"였기 때문이다.

그렇다면 그 이데올로기란 무엇이었던가? 『역사』가 담고 있는 이데올로기의 핵심은 키예프 루시의 전통과 유산이 단절되지 않은 채 소러시아 지역에서 쭉 이어지고 있다는 일종의 본원주의적(Primodialistic) "연속성 테제"라 할 수 있다. 그때 그 시절 루시인들의 후손은 여전히 이 지역에 살고 있으며 바로 이들이 "카자크"라는 주장이야말로 『이고리 원정기』식 중세의 언어와 수사 속에 감추어진 가장 중요한 근대적 메시지였던 것이다.[51] "사회 현상"으로서의 카자크가 소루시인의 일부인 것이 아니라 소루시인이 바로 카자크라는 이러한 역사 인식 속에서 카자크에 대한 정의는 훗날 역사가 미하일로 흐루셰프스키에 의해 완결되는 중대한 의미 변화의 첫 여정을 시작했으니, 이제 카자크는 변경에서 "카자크짓"을 일삼던 무뢰배와 강도떼 집단이 아니라 폴란드라는 외세의 위협에 맞서 동방정교를 수호하고 농노화와 싸우는 영웅적 아타만 "대장 불바"의 모습으로 변신하기 시작했던 것이다.[52]

전근대의 언어와 표현 및 형식을 빌어 실제로는 지극히 "근대적인 이데올로기"를 담고 있는 이러한 『역사』 속 본원주의에 또 다른 근대적 이데올로기의 방점을 찍은 것은 이러한 카자크 영웅담에 그 전사(前史)로서의 고대사를 결합시킨 『역사』의 통사적(通史的)인 구성이었다. 이러한 "고대"에 대한 언급은 물론 『루시인의 역사』가 당연히 처음은 아니었지만 『루시인의 역사』가 이전의 연대기와 달랐던 점은, 키예프

----

51) 바로 이 점에서 『루시인의 역사』가 다른 지역의 카자크, 예컨대 돈 카자크와 야이크(우랄) 카자크에 대해 침묵하고 있는 것 역시 주목할 만한 부분이다.

52) 실제로 고골이 『타라스 불바』를 집필하게 된 계기가 바로 『루시인의 역사』와의 조우를 통해서였다. 비록 이데올로기적 지향은 정반대지만 『타라스 불바』에서 묘사된 카자크의 이미지와 『루시인의 역사』가 창조해 낸 카자크의 상(像) 사이에는 본질적인 차이가 없다고 할 수 있다.

루시 출현 이전의 선사(先史)를 모스크바 러시아의 역사로부터 분리시킨 채 바로 소러시아만의 독점적 전사(前史)로 연결시키려 한 시도로부터 찾을 수 있다. "노아의 아들 야벳(Afet: Japheth)"으로 거슬러 올라가는 작은 루시인의 조상 슬라브인들은 그들의 이름이 사르마티아인이든, 루시인이든, 바랑기인으로 불리든 이 땅에 계속해서 거주해 왔으며,[53] 그들의 루시적 본질은 변방의 모스크바 루시가 러시아란 명칭을 가져간 후에도 본질적인 변화 없이 연속적으로 지속되었다는 주장과, 몽골의 침공으로 키예프 루시가 물리적으로 파괴된 이후에도, 루시의 유산은 사라지지 않고 "작은 러시아"에서 이곳에 계속 거주하던 소루시인들에 의해 지속되었으며 그 루시인 계승자는 바로 자포로지예 셰치를 중심으로 한 카자크였다는 새로운 서사를 통해, 『루시인의 역사』는 역사상 처음으로 카자크의 역사를 키예프 루시의 역사적 계보와 직접 연결시키며 카자크를 소러시아 역사의 주역으로 등장시켰으니, 이를 통해 『루시인의 역사』는 문자 그대로 처음으로 고대(고대 루시), 중세(키예프 루시), 근대(카자크 헤트만 국가)를 가진 우크라이나 민족서사의 첫 얼개를, 지극히 근대적이며 민족사적인 연속적 통사(通史)의 외양으로 그려내기 시작했던 것이다.

물론 『루시인의 역사』에서 시종일관 낭만적인 영웅으로 묘사된 카자크는 역사 속 진실과 부합하지 않았다. 『루시인의 역사』가 가지는 또 다른 두드러진 특징은 카자크의 행적에 대한 지극히 선별적인 묘사라 할 수 있다. 예컨대 『루시인의 역사』에 의해 철저하게 낭만적인 영웅담으로 윤색된 사건인 소위 "대홍수"의 경우 실제로는 대규모의 학살과 파괴가 동반된 사건이기도 했지만 『루시인의 역사』는 이에 대해

53) *Istoriia Rusov*, pp. 1–5.

철저히 침묵하고 있기 때문이다. 흐멜니츠키 휘하 카자크 봉기군이 유대인과 폴란드계 도시주민을 상대로 자행했던 수많은 포그롬(*Pogrom*)은 『역사』의 서사에서 완전히 생략된 채 망각되고 있었으니, 이러한 전형적 "카자크짓"이 빠진 『역사』 속 카자크는 실제로 누구와 더 닮은 존재였던 것일까? 바로 이 질문에서 『루시인의 역사』에 담긴 또 다른 모순과 아이러니를 확인할 수 있다. 『루시인의 역사』 속에서 묘사되는 카자크와 카자크가 누리던 자유의 모습은 실제의 역사 속 카자크보다는 아이러니하게도 이들이 "대홍수"를 통해 철저하게 파멸시킨 "폴란드 슐라흐타"의 그것에 더욱 가까웠기 때문이다. 바로 이런 점에서 『루시인의 역사』는 "드보랸스트보"로서의 미래를 위해 카자크적 과거를 동원하여 슐라흐타적 현재의 신분적 특권을 정당화하려던 당대 소러시아 지역 카자크 엘리트들의 모순적 행각을 역사서라는 이름을 빌어 서사적으로 합리화하는 일종의 정치적 권리선언에 다름 아니라 할 수 있다.

　　카자크의 이름 아래 실제로는 완전히 탈카자크화하여 특권 신분이 되어버린 카자크 출신 "슐라흐타"를 묘사하며, 반(反)봉건적인 "카자크의 자유"라는 이름 아래 실제로는 카자크 슐라흐타가 누린 "신분적 자유"를 "대장 타라스 불바"의 모습으로 그려내던 『루시인의 역사』 속 모순적 시선에서, 카자크 엘리트들의 특권을 앗아가려는 모스크바 러시아의 강력한 중앙집권적 왕권과 그에 복속된 러시아의 봉직귀족에 대한 『루시인의 역사』의 서술은 결코 우호적일 수 없었다. 예컨대 작중에 등장하는 타타르 칸의 발언을 빌려 모스크바인들의 속성을 "무지와 광신 그리고 잔인성"[54]으로 질타하며, "모스크바 사람들을 지배하

---

54) *Istoriia Rusov*, p. 95.

고 있는 것은 가장 무익한 노예제와 최고 수준의 굴종 상태"라 비판하던[55] 『역사』 저자의 눈에, 제정 러시아는 "… 심지어 고귀한 자들과 귀족조차도 차르의 노예일 뿐"인 전제왕정에 불과했던 것이다.[56] 외견상 모스크바 러시아라는 "과거"에 대한 이러한 통렬한 비판은 물론 실제로는 『역사』가 집필되던 시점의 "현재"의 러시아를 겨냥해 의도된 것이었다. 이러한 진술은 카자크 헤트만 국가라는 정치적 보호막이 사라진 이후 카자크 슐라흐타들이 기대하던 신분적 특권의 유지 가능성이 불투명해진 당대의 현실에 대해, 이 책의 저자는 물론이고 이 책이 겨냥하던 독자들, 즉 소러시아의 카자크 슐라흐타가 느끼던 불만과 비분강개를 반영한 것이었기 때문이다. "카자크적 자유"의 이름으로 실제로는 "슐라흐타식 귀족의 자유"를 기대하던 카자크 엘리트의 시선에서 제정 러시아의 봉직귀족은 그들이 아무리 "고귀한 자들"일지라도 차르의 노예로 보일 수밖에 없었던 것이다.

물론 『루시인의 역사』 저자는 모스크바 러시아인들도 큰 맥락에서 루시의 일원임을 부인하지 않았다. 『역사』의 저자가 모스크바 러시아의 소위 "노예제 및 굴종 상태"를 비판한 것은 대루시인들이 정통이 될 수 없는 이유 중 하나일 뿐 이들이 루시인이 아니란 주장은 결코 아니었으며, 『역사』는 또한 소러시아와 대러시아 간 이러한 차이 및 소러시아의 루시 정통성을 근거로 소러시아의 역사적 독자성과 이에 기반한 자치(더 정확히는 이를 통한 소러시아 귀족의 신분적 특권 유지)를 주장한 저작이지 소러시아의 독립을 주장한 저작은 결코 아니었기 때문이다. 이 저작 어디에서도 소러시아의 분리독립을 옹호하는 구절은 찾을

---

55) *Ibid.*, p. 98.
56) *Ibid.*

수 없으며, 사실 소러시아의 독립, 나아가 근대적 국민국가 우크라이나의 완전 독립은『루시인의 역사』저자가 꿈꾸거나 상상하던 미래 또한 결코 아니었다. 따지고 보면 이 시점에서 "소러시아"라는 호칭이 올바르다는 주장 자체가 "작은 루시, 큰 루시, 그리고 하얀 루시 모두를 아우르는 통일적 범루시 국가로서의 러시아"라는 제정 러시아의 통합 이데올로기를 여전히 부분적으로 내면화한 주장에 다름 아니라 할 수 있다. 이러한 맥락에서 볼 때『루시인의 역사』가 우크라이나 민족의 첫 권리선언이라는 우크라이나 민족주의 역사학계가 부여한 후대의 찬사는 사실상 명백한 과장이었다. 실제로 이 책은 그 의도에서나 실제적 내용에서나 우크라이나 민족의 첫 권리선언이라기보다는 소러시아 지역 카자크 엘리트들의 "폴란드식 슐라흐타로서의 권리선언"에 더 가깝기 때문이며, 그 내용에서는 완전히 탈카자크화한 채 그 자신이 슐라흐타가 되어 버린 우크라이나 엘리트들의 신분적 권리를 역사 속 "카자크적 자유"의 이름으로 정당화하여 포장한 저작에 지나지 않았기 때문이다. 만약 제정 정부의 선택이 카자크 스타르쉬나들의 이러한 권리와 그들이 이제까지 누려온 특권을 존중하여 이들 모두를 제정의 신분제 속 "드보랸스트보"로 자동 편입시키는 정책이었다면,『루시인의 역사』의 독자들을 포함한 소러시아의 카자크 엘리트들이 뒤늦게 소러시아의 자치권을 다시금 외칠 이유도 없었을 것이며, 더 나아가 이들의 일원으로 추정되는『루시인의 역사』저자가 구태여 이러한 "권리선언"을 집필할 이유도 없었을 것이다.[57]

....

57) 역사에 If는 없지만 약간의 과장과 비약을 더하면, 만약 이때 제정 러시아 정부가 카자크 슐라흐타에게 양보를 했다면 어쩌면 우크라이나 민족주의 운동 자체가 태어나지 않았을 수도, 또는 우크라이나라는 근대적 정체성이 아예 태동하지 않을 수도 있었다. 참고로 전근대적인 신분적 특권을 지키기 위한 몸부림이

그렇다면 실제로는 "카자크 엘리트들의 '폴란드식 슐라흐타'로서의 권리선언"에 다름 아닌 『루시인의 역사』가 우크라이나 민족주의의 태동에 미친 진정한 기여와 가치는 어디에서 찾을 수 있을까?『루시인의 역사』의 기여는 이 책이 제정 러시아의 통일 이데올로기를 전제하면서도 소러시아의 루시 적통론을 기반으로 모스크바 러시아에 대한 직설적인 비판을 가하였고, 이를 통해 처음으로 이 통일 이데올로기에 대한 최초의 "미세균열"을 이 책이 타깃으로 삼은 소러시아의 카자크 엘리트 사이에 만들어냈다는 점에서 찾을 수 있겠다. 그렇다면 러시아어로 쓰인 것에 더해 우크라이나라는 호칭의 고유명사적 사용을 단호히 거부하고 소루시인들이 오히려 진정한 정통 루시인임을 주장한 이 문제적 저작이, 아이러니하게도 우크라이나 민족주의 운동의 효시가 되었던 이유는 무엇이었을까? 그 해답은 카자크의 이름 아래 실제로는 작은 루시인이라는 별개의 본원주의적 집단을 주인공으로 등장시킨 이 저작의 구성에서 찾을 수 있다. 이 저작은 그 내용상 실제적으로는 자포로지예 카자크와 이들을 이끈 헤트만들을 독점적으로 다루는 카자크

....

근대적인 "민족주의"와 "분리주의"로 변모하는 사례는 사실 소러시아의 카자크 슐라흐타가 유일한 사례가 아니며, 대략 100년 뒤인 러시아 혁명기 남부 러시아의 카자크 거주 구역에서 또다시 이번에도 카자크 집단에 의해 재현된다. 1917년 러시아 혁명으로 면세와 독점적 토지보유 혜택을 잃게 된 남부 러시아의 카자크 집단은, 자신들이 러시아인 및 우크라이나인과 구별되는 별개의 "카자크 민족"임을 주장하며, 민족자결주의에 기반한 카자크 독립 국가 수립을 시도했기 때문이다. 이렇게 수립된 카자크 국가에서 카자크는 자신들의 시대착오적인 신분적 특권을 "민족의 권리" 및 "시민권"과 "사회주의"의 이름으로 정당화하며 카자크 신분에 속하지 않던 러시아/우크라이나 농민들의 추방과 강제이주를 기획했던 바 있다. 자세한 내용은 필자의 졸고, Ja-Jeong Koo, "Universalizing Cossack Particularism: 'the Cossack Revolution' in the Early 20th Century Kuban'," *Revolutionary Russia*, 25−1, 2012, pp. 1−29 및, Koo, "From an Estate to a Cossack Nation: Kuban' *samostiinost'*, 1917," *Europe-Asia Studies*, 66−10, 2014, pp. 1649−1678을 참고하라.

역사서이지만 그 실제 내용과 달리 이 저작은 결코 카자크에 대한 역사서임을 단 한 번도 표방하지 않았다.[58] 『루시인의 역사』라는 제목 그 자체가 보여주듯이 『역사』는 키예프 루시 시대 이래 이른바 "소러시아"로 불리는 지역에 계속 거주해 오면서 키예프 루시의 유산을 계승하는 정통 루시인의 역사를 다룬다고 주장했던 것이다. 루시인의 이름 아래 실제로는 자포로지예 카자크의 역사를 담고 있는 이 저작에서 소러시아 지역 루시인을 모스크바 러시아인과 다른 존재이자 "정통"으로 만드는 핵심 논리는 바로 "카자크적 과거와 기억"이었다. 카자크와 루시는 『역사』 이전에도 그리고 이후에도 꾸준히 사용되던 역사적 개념이자 전통이었지만, 이 두 개념은 이전까지는 결코 동일선상에 사용되지 않았던 별개의 관념이었다. 『루시인의 역사』는 이 두 개념을 결합하였을 뿐만 아니라 이전까지 알려지지 않은 완전히 새로운 방식으로 재구성했으니, 이러한 재구성의 결과가 무엇이었는지를 짐작하기란 어렵지 않다. 그것은 "카자크가 곧 정통 루시"이고 "정통 루시가 곧 카자크"인 새로운 역사적 상상력과 그에 기반한 새로운 민족서사의 태동이었다. 이러한 상상의 결과는 잘 알려져 있다. 그것은 바로 "자포로지예 카자크의 민족화"였다. "비(非)역사적 민족" 소루시인이 "역사적 민족" 우크라이나인으로 변모하는 장대한 여정은 바로 이러한 『역사』 속 서사로부터 시작되었던 것이다.

....

58) 바로 이 점에서 『루시인의 역사』는 동 시기 같은 주제를 대상으로 출간되어 『역사』만큼이나 널리 읽힌 카자크 관련 대중 역사서였던 알렉산드르 리겔만의 저작(Aleksandr Rigel'man, *Letopisnoe povestvovanie o Maloi Rossii i ee narode i Kozakakh voobshche* [Moscow, 1847])과 정반대의 대척점에 서 있다고 할 수 있다. 리겔만의 저작이 단순히 소러시아 지역의 카자크를 다루는 "카자크 역사서"임을 표방했다면 『역사』는 카자크의 이름 아래 소루시인의 역사를 다루는 "소러시아 역사서"임을 자처했기 때문이다.

물론 아직 근대적 민족주의 개념이 확립되지 않은 18세기 말 19세기 초의 제정 러시아에서 집필되어 러시아의 범루시 통일 이데올로기에 여전히 포섭된 채 소러시아 카자크 귀족의 특권 유지를 노골적으로 주장하는 이 저작에서, 후대 우크라이나 민족주의 역사가들이 주장하듯 근대적인 우크라이나 민족주의 이데올로기를 읽어내는 것은 명백한 과장이며, 어떤 의미에서 『루시인의 역사』를 이런 식으로 독해하던 후대 우크라이나 민족주의 역사가들의 시선과 해석은 우크라이나계 미국 역사가 플로히의 표현을 빌리자면 19세기에 만들어진 일종의 "신화"에 다름 아니라 할 수 있다.[59] 하지만 적어도 다음의 두 가지 측면에서 『루시인의 역사』는 우크라이나 민족주의 운동에서 그 중요성을 인정받기에 모자람이 없다고 할 수 있겠다. 첫째, 이제까지 하나의 사회 현상으로 취급되던 카자크가 새롭게 우크라이나 "민족"을 상징하는 본질적 요소로 상상되기 시작하는 첫 계기를 제공한 책이 바로 『루시인의 역사』였다. 둘째, 작은 루시인이야말로 키예프 루시를 계승하는 "정통 루시인"이라는 파격적 메시지는, 훗날 역사가들이 새로운 민족서사를 만들게 되는 새로운 본원주의적 역사적 상상력의 토대가 되어 이 민족서사가 훗날 랑케식의 실증주의적 민족사로 발전하는 데 지대한 영향을 끼쳤다. 훗날 미하일로 흐루셰프스키에 의해 정립되게 될 키예프 루시 – 카자크 헤트만 국가 – 독립 우크라이나로 이어지는 "역사적 계보"의 역사적 연원이 바로 『루시인의 역사』였기 때문이다.

----

59) Plokhy, *The Cossack Myth*.

IV 맺음말을 대신하여

19세기 말 우크라이나의 역사가 미하일로 흐루셰프스키는 자신의
역작 『우크라이나-루시의 역사』를 통해, 카람진, 솔로비요프(S. M.
Soloviev), 플라토노프(S. F. Platonov), 그리고 클류체프스키로 이어지는
제정 러시아의 국가주의 역사학(*Gosudarsvennicheskaia shkola*)[60]을 해
체시키기 위한 거대한 도전을 시작했다. 무려 40여 년간에 걸쳐 10권
이라는 엄청나게 방대한 분량으로 집필된 이 기념비적 노작의 기본 목
적은, 제정 러시아가 독점해 온 범루시 통합 정체성으로부터 우크라이
나인과 우크라이나의 역사를 떼어내어 완전히 분리시키는 작업이었다
고 할 수 있다. 주지하듯 제정 러시아는 단순히 큰 루시인들만의 국가
가 아니었다. 큰 루시와 작은 루시, 그리고 하얀 루시 모두를 대변하는
동방정교 보편제국을 자처하던 나라가 바로 제정 러시아였기 때문이
며, 루시인의 나라를 의미하는 "로씨야"라는 국명 자체가 루시인 집단
모두를 아우르는 이러한 통합적 범루시 정체성을 반영한 것이었다고
할 수 있다.

제정 러시아의 이러한 통합 이념을 이데올로기적으로 정당화했던

----

60) 제정 러시아의 이러한 국가주의 역사학을 대표하는 저작으로는 N. M.
Karamzin, *Istoriia gosudarstva Rossiiskogo* (St. Petersburg: Voennaia
tipografiia Glavnogo shtava Ego Imperatorskogo Velichestva, 1816‒1817);
S. M. Soloviev, *Istoria Rossii s drevneishikh vremen* (St. Petersburg:
Tovarishchestvo "Obshchestvennaia pol'za," 1851‒1879); S. F. Platonov,
Lektsii po russkoi istorii (St. Petersburg: Stolichnaia Skoropechatnaia, 1899);
V. S. Kliuchevskii, *Kurs russkoi istorii* (Moscow: Tipografiia G. Liosnera i
Sovko, 1904)를 참조하라. 제정 러시아 국가주의 역사학에 대한 자세한 내용은
Thomas Sanders, *Historiography of Imperial Russia: the Profession and
Writing of History in a Multinational State* (New York: Routledge, 1997)을
보라.

것이 바로 러시아의 국가주의 역사학이었다. 키예프 루시-모스크바
루시-제정 러시아로 이어지는 이 계보 속의 연속성 서사는 제정 러시
아가 "범루시인의 통합제국" "로씨야(즉 모든 루시인의 국가)"로 스스로
를 자리매김하는 정통성의 근거에 다름 아니었기 때문이다. 이러한 제
국의 서사 속에 "작은 루시인"을 위한 독자적인 기억과 역사적 상상력
의 공간은 존재하지 않았으며 존재할 수도 없었다. 훗날 우크라이나인
으로 불리게 될 집단의 실존은 19세기 내내 큰 루시인의 형제인 "작은
루시인"의 형태로 엄연히 인정되었으며 그 구성원들이 가지던 나름의
독자적 종족성과 민속성은 19세기 초부터 폭발적으로 등장하는 여러
민속학 연구들과 타라스 셰브첸코로 대표되는 우크라이나 문학의 거장
들이 펼치게 될 문학적 상상력에 의해 충분히 발견되고 상상되고 있었
지만, 그들에게는 여전히 명확한 역사적 기억이 부재하였으며 민족사
창조공정을 통해 그러한 기억을 발명해 낼 국가 또한 존재하지 않았다.
우크라이나인이 19세기 유럽에서 전형적이고 대표적인 "비(非)역사적
민족" 중의 하나가 된 것은 바로 이러한 이유에서였던 것이다.

　　이런 맥락에서 흐루셰프스키가 『우크라이나-루시의 역사』를 통해
창조하고 제시한 새로운 역사적 계보는 제정 러시아 국가주의 학파의
주장과 이에 근거한 제정 러시아의 범루시 통일 이데올로기를 해체시
키기 위한 본격 안티테제였다고 할 수 있다. 치밀한 문헌 탐구를 통한
풍부한 사료의 "선택적" 동원과 19세기 중반부터 등장한 이른바 실증
적 역사학의 이름 아래 소위 과학적 역사연구 방법론에 토대를 둔 학
문적 엄밀성의 외양을 갖춘 채, 흐루셰프스키는 안테스(Antes)-키예프
루시-카자크 헤트만 국가-우크라이나로 이어지는 새로운 정통 루시
인, "우크라이나-루시"의 본원주의적 계보를 치밀하게 발명해 내었기

때문이며, 이 발명을 통해 우크라이나라는 호칭은 특정 지역과 그 지역에 거주하는 민족을 지칭하는 고유명사로 정착할 수 있었다. 이 새로운 계보도에 따르면 소루시인들은 더 이상 역사가 없는 비(非)역사적 민족이 아니었다. 이들은 과거 키예프 루시가 자리한 고토(古土)에서 키예프 루시의 전통을 계승하고, 카자크 운동이라는 영광스러운 과거를 가졌으며 카자크 헤트만 국가라는 우크라이나인 민족국가를 수립한 집단 기억을 가진 (그럼으로써 이웃한 대루시인이나 폴란드인과도 어깨를 견줄 수 있는 수준의 역사를 가진) "역사적 민족"으로서의 우크라이나인으로 재탄생하게 되었으니, 바로 이러한 민족서사의 완성이야말로 "역사서술로 민족을 만들어 낸" 우크라이나 민족주의 역사학의 거장, 미하일로 흐루셰프스키의 가장 중요한 업적이라고 할 수 있겠다.

소루시인들에게 스스로의 과거를 "우크라이나인의 역사"로 자각시킨다는 측면에서 그리고 그 역사를 실증적이고 과학적이며 세련된 근대적 민족사의 형태로 제시했다는 점에서도 우크라이나 민족창조 프로젝트에서 흐루셰프스키의 기여는 결정적인 것이었지만, 이러한 민족사 제조 공정에서 핵심적인 역할을 한 소위 "우크라이나-루시" 국가 테제 속 새로운 역사적 계보는 흐루셰프스키 혼자만의 발명품은 결코 아니었으니, 그 기원이 무엇이었는지를 짐작하기란 어렵지 않다. 그것은 바로 소루시인이 키예프 루시를 계승하는 진정한 정통 루시인이며 따라서 이들이 나름의 역사를 가진 고유한 역사적 집단임을 최초로 주장했던 『루시인의 역사』였으니, 훗날 흐루셰프스키에 의해 완결되는 일반명사 우크라이나의 "고유명사화"를 향한 기나긴 여정의 첫 출발이, 바로 그 우크라이나라는 단어의 고유명사적 사용에 가장 완고하게 반대하던 저작에 의해 처음으로 시작되었다는 역설이야말로 우크라이나의 민족주의 운동과 이를 정당화하던 민족서사가 내포한 진정한 아이러니 중 하나였다. 1991년 누구도 예상치 못한 소비에트 연방의 갑작스러운 해체로 "예상치 않게" 탄생한[61] 국가인 "독립 국가 우크라이나"의 민족서사는, 이처럼 그로부터 대략 200여 년 전 역시 당대인 누구도 "예상치 않은" 상황의 우연한 조합에 의해 시작되었으니, 19세기의 조용한 점진적 발전기를 거쳐 20세기 전반 격렬한 태풍으로 돌연 대폭발하게 될 우크라이나 민족주의 운동은[62] 바로 『루시인의 역사』속 우연한 "나비의 날갯짓"으로부터 자라난 "예상치 않은" 폭풍우였던 것이다.

---

61) Andrew Wilson, *The Ukrainians: Unexpected Nation* (New Heaven: Yale University Press, 2000).

62) 1917년 러시아 혁명을 기점으로 본격 점화하는 우크라이나 민족주의 운동은 (독립 국가 수립을 위해 나치 독일과 손을 잡는 것을 주저하지 않을 정도로) 동유럽의 여러 민족주의 운동에서도 가장 격렬하고 투쟁적이며 가장 과격했던 무장 독립운동 중의 하나였다. 1930년대와 1940년대 서부 우크라이나에서 폭발하게 되는 우크라이나 파시즘 운동에 대한 자세한 내용은 이어지는 4장과 5장을 참고하라.

CHAPTER
04

In Search for the Roots of the Ukrainian Question

악마와의 계약?
- 우크라이나의 파시즘 운동, 1929~1945 -

[우크라이나 민족주의자단(OUN)] 단원들은 [민족의] 대의에 도움이 되는 행동이라면 그 행위가 설사 최악의 범죄적 행위라 할지라도 범죄를 저지르는 것을 결코 주저해서는 아니 된다.

　　　　　　　　　　　　　－『우크라이나 민족주의자의 십계명(*Dekaloh*)』 제7조 －1)

파시즘과 나치즘 그리고 다가올 우크라이나인의 [민족] 봉기는 하나의 [파시즘] 세계혁명의 [연쇄적] 연결고리들이다.

　　　　　　　　　　　　　　　　　　－ 야로슬라브 스테치코(Iaroslav Stets'ko) －2)

1) Petro Mirchuk, *Naris istorii Orhanizatsii Ukrains'kikh Natsionalistiv* (Munich: Ukrains'ke vidavnitstvo, 1968), p. 126. 참고로 이어지는 『민족주의자의 십계명』 제8조의 내용은 다음과 같다. "[우크라이나] 민족의 적들을 증오와 기만으로 대하라!"

2) S. O. [Iaroslav Stets'ko], "Viina stabilizuiet'sia (Ohliad svitovikh podii) Nash klich" (March 19th, 1933), as cited in Marco Carynnyk, "A Knife in the Back of Our Revolution," *The American Association for Polish-Jewish Studies*. www.aapjstudies.org/manager/external/ckfinder/userfiles/files/Carynnyk%20Reply%20to%20Motyl%202%20.pdf (검색일. 2022년 10월 20일), pp. 5-6.

Ⅰ 문제의 제기

주지하듯 1930년대와 1940년대 전반의 동유럽과 유럽 러시아 지역은 인류 역사상 최대 규모의 살육과 잔학행위가 벌어진 역사적 대비극의 현장이었다. 미국의 역사학자 티모시 스나이더(Timothy Snyder)가 "피로 물든 땅(Bloodlands)"으로 명명하길 주저하지 않은[3] 이 지역에는 동쪽으로는 모스크바에서 서쪽으로는 베를린에 이르는 동부 유럽의 거의 모든 국가가 포함되지만, 그중에서도 많은 인명이 가장 잔인한 방식으로 도살된 재난의 주 진앙(震央) 하나를 꼽을 때 그 지역이 독소전(獨蘇戰) 당시의 우크라이나라는 것에는 그 누구도 이견을 보이지 않고 있다. 제2차 세계대전 당시 우크라이나 지역에 거주하던 수천만 명의 주민들에게 일어난 비극은 실로 지옥도(地獄道)라는 표현으로도 그 참상을 표현하기 힘들 만큼 아비규환 그 자체였다. 이 지역이 나치 독일군과 소련군 간에 생사를 건 공방이 벌어지는 동부전선의 정중앙에 위치했던 만큼 전쟁의 포화로 인한 파괴 및 인명의 희생은 물론 피할 수 없는 운명이었겠지만, 우크라이나가 대재난의 현장이 된 진정한 이유는 그 희생자 중 절대다수가 무고한 민간인이었다는 사실에서 찾을 수 있다. 히틀러가 독일 제3제국의 영생을 위해 기획한 동부 유럽의 이른바

----

3) Timothy Snyder, *Bloodlands: Europe Between Hitler and Stalin* (New York: Basic Books, 2010). 이 지역에서 스나이더는 전쟁에 의한 폭력이 아니라 순수하게 이데올로기적인 측면에서 특정 집단의 완전 절멸을 목적으로 수행된 폭력과 학살(독일의 유대인 홀로코스트, 나치와는 별개로 동유럽의 민중들이 자발적으로 그리고 개별적으로 자행한 유대인 학살, 의도적으로 기획된 아사 등)의 피해자 수를 집계하며 그 희생자 수를 대략 천 4백만 명으로 추산하고 있는데, 이러한 수치는 군인 사망자를 제외한 순수한 민간인 피해자 수만을 집계한 수치이며 더구나 가급적 과장을 배제하고 가장 보수적인 통계자료만을 사용한 "최소 수치"이다.

"레벤스라움(*Lebensraum*: 생활공간)"에서도 우크라이나는 정중앙에 자리했고, 따라서 우크라이나에서 나치 독일의 통치는 독일군의 여러 점령지 중에서도 가장 가혹한 수준의 착취와 수탈, 파괴 및 학살, 그리고 잔학행위로 점철되었다.[4] 우크라이나는 또한 전쟁 발발 전까지 전 세계에서 가장 많은 유대인이 거주하던 유대인 밀집 지역이었기에 이 지역이 나치가 기획한 유대인 대학살, 홀로코스트의 주요 무대가 된 것은 지극히 당연한 결과였던 것이다. 전쟁 기간 우크라이나에 펼쳐진 지옥도의 참상은 아이와 부녀자 및 노약자를 포함한 민간인들의 희생자 수에서도 확인되는데, 관련 연구를 종합하여 집계된 독소전 당시 우크라이나 지역 희생자의 수는 가장 보수적인 통계에 근거하여 추산해도 무려 6백 8십만 명에 달하는 것으로 추산되며 그중 5백 20만 명의 사망자가 순수 민간인이었던 것으로 집계되고 있다.[5]

....

4) 나치 독일이 우크라이나 지역에서 자행한 수탈과 착취, 학살에 대한 개관으로는 Ihor Kamenetsky, *Hitler's Occupation Of Ukraine, 1941−1944: A Study of Totalitarian Imperialism* (Milwaukee: Marquette University Press, 1956); Alexander Dallin, *German Rule in Russia, 1941−1945: a Study of Occupation Policies* (Boulder, Co: Westview Press, 1981); Karel C. Berkhoff, *Harvest of Despair: Life and Death in Ukraine under Nazi Rule* (Boston: Belknap Press, 2004); Wendy Lower, *Nazi Empire-Building and the Holocaust in Ukraine* (Chapel Hill: The University of North Carolina Press, 2005); Igor' G. Ermolov, *Tri Goda bez Stalina: Okkupatsiia −Sovetskie Grazhdane mezhdu Natsistami i Bol'shevikami, 1941−1944* (Moscow: Tsentropoligraf, 2010)를 보라.

5) 영아와 유아를 살해하는 일은 열성적인 나치 추종자에게도 많은 정신적 충격을 가져오는 임무였기에, 많은 경우 이 임무는 우크라이나인 자원자로 구성된 보조경찰(*Schutsmannschaft*)이나 민병대에게 맡겨졌다. 1941년 8월 키예프 인근의 도시 빌라 체르크바(Bila Tserkva[우크라이나어], Belaia Tserkov'[러시아어]. 우리 말로는 아이러니하게도 "하얀 교회"를 의미) 교외에서 일어난 유대인 영유아 학살 사건은 "총탄에 의한 홀로코스트"의 비극성과 잔인성, 그리고 우크라이나인 학살 도우미들이 담당하던 그로테스크한 역할을 보여주는 상징적 사건으로 남아 있다. 1941년 8월 2일에서 19일 사이 이 지역에서 활동하던 아

인자츠그루페(*Einsatzgruppe*) 분견대는 해당 지역의 유대인 주민 전원(8백 명에서 9백 명으로 추산)에 대한 총살을 집행하며 임무 수행의 편의성을 위해 최소 90명 이상으로 추산되는 0세에서 6세 사이(또 다른 증언에 의하면 최고령자는 5세 유아) 유대인 어린이들을 부모로부터 격리시켰는데, 이 아이들은 부모들에 대한 처리가 끝난 이후 처형이 예정되어 있었다. 부모들에 대한 심문 및 수색, 고문과 학살이 집행되는 수일 동안 이 아이들은 음식은 고사하고 식수의 공급조차 금지된 채 우크라이나인 초병의 감시하에 감금되어 있었는데, 갈증과 배고픔에 며칠 간 계속되는 어린이들의 울음소리와 처절한 비명은 인근 막사에 주둔한 독일 국방군 소속 일반 사병들에게 엄청난 정신적 고통을 야기했다. 사병들은 소속 사단의 군목(개신교)과 종군사제(카톨릭)에 도움을 청했고, 이들의 보고를 받은 사단 지휘부에서는 상황 확인을 위해 사단 참모장교 헬무트 그로스쿠르트(Helmuth Groscurth) 중령을 현장에 파견했다. 독실한 보수적 기독교인으로 상당한 반(反)나치 성향을 가졌던 이 인물은 당시의 독일군 장교로서는 매우 예외적인 (독소전 사상 유일무이한) 조치를 취하게 되는데, 그로스쿠르트는 아인자츠그루페와의 충돌을 각오하고 건물 주위에 부하들을 배치하여 아이들의 처형장 이송을 막았던 것이다. 물론 이 조치는 처형을 단 며칠 간 늦추었을 뿐 어린이들의 목숨을 구하지 못했다. 중령은 상급부대인 독일 제6군 사령부에 이 사건을 보고하며 도움을 요청하였으나, (이 사건의 전말을 상세히 기록하여 후대에 알린) 그의 일기 속에 기록된 독일 남부집단군 6군 사령관 라이헤나우(Walther von Reichenau)의 반응은 아이들에 대한 처우의 부적절함을 인정하면서도 "[유대인] 영유아들의 처형이 필수불가결한 조치"이며 "처형 집행 여부를 즉각 보고하라"는 것이었다. 최고 지휘관이 처형을 승인한 이상 사형은 미뤄질 수 없었고 결국 8월 22일 어린이들은 전원 살해되었는데, 이 학살의 집행을 맡은 이들이 바로 우크라이나인 민병대였다. 한편 이 일로 징계를 받아야 했던 그로스쿠르트 중령은 이후 두 번 다시 이러한 용기를 발휘하지 못한 채 1943년 겨울 스탈린그라드에서 소련군의 포로가 된 채 사망하였다. 소련군에 압수되어 1970년대에 공개된 그의 일기는 나치의 만행을 고발하는 주요 증거 중 하나가 되었고, 유대인 아이들을 보호하려던 그의 행동은 (그리고 종군사제와 군목의 행동 역시) 수백만 명이 복무한 동부전선의 독일군 "전체"를 통틀어 독일 국방군이 홀로코스트의 실행에 반대하며 직접 개입한 유일무이한 양심적 사례로 남아 있다. 물론 이들 "양심적 독일인들"조차 아이들의 부모들을 살해하는 것에는 조금의 회의도 일체의 이의도 제기하지 않았다. 빌라 체르크바 학살은 학살 가해자가 남긴 상세한 기록이 보존되어 정황과 전모가 상세히 밝혀진 예외적인 사례로 독소전 당시 동부전선에서는 빌라 체르크바의 비극과 유사한 사례가 무수히 존재하고 있다. 빌라 체르크바의 비극에 대한 자세한 내용은 다음 사료집과 연구를 참조하라. "'Zur Aufrechterhaltung der Manneszucht ...' Das Kinder-Massaker in Bjelaja-Zerkow, die Kriegspfarrer und die Wehrmacht," in Ernst Klee, Willi Dreßen and Volker Rieß, *"Schöne Zeiten"*

이들 민간인 사망자에는 적게는 백 40만 명에서 많게는 2백 10만 명으로 추산되는 유대인 희생자가 포함되어 있는데, 이들의 수는 전쟁 당시 우크라이나 지역에서 사망한 전체 민간인 피해자의 17% 내지 22%에 해당하는 수치이다.[6] 나치의 홀로코스트는 비록 나치 점령하 유럽 전역(全域)에서 자행된 범죄였지만 우크라이나 지역에서 일어난 나치의 유대인 대학살은 다음의 두 가지 측면에서 다른 점령지와 구별되는 두드러진 특징을 보여주고 있다. 첫 번째로 "살인 임무 집행에서 고도화된 효율성과 완전성"을 꼽을 수 있다. 주지하듯 우크라이나는 폴란드와 더불어 아쉬케나지(Ashkenazi) 유대인의 본향(本鄕)으로 앞서 언급했듯이 독소전 발발 직전까지만 해도 전 세계에서 가장 많은 유대인이 밀집하여 거주한 곳이었지만, 현재의 우크라이나에는 극소수의 유대인만이 남아 있는데 이는 우크라이나 거주 유대인 중 무려 80%에 달하는 유대인을 도살해버린 홀로코스트가 만들어낸 결과였다.[7] 특히

....

- *Judenmord aus der Sicht der Täter und Gaffer* (Frankfurt am Main: S. Fischer, 1988), pp. 131-146; Saul Friedländer, "The Wehrmacht, German Society, and the Knowledge of the Mass Extermination of the Jews," in Omer Bartov, Atina Grossmann and Mary Nolan, eds., *Crimes of War: Guilt and Denial in the Twentieth Century* (New York: The New Press, 2002), pp. 17-30.
6) Alexander Kruglov, "Jewish Losses in Ukraine, 1941-1944," in Ray Brandon and Wendy Lower, eds., *The Shoah in Ukraine: History, Testimony, Memorialization* (Bloomington: Indiana University Press, 2010), pp. 284-287. 학살 피해자의 수를 이백만 명으로 추산하면 우크라이나 거주 피해자의 비율은 80%에 이른다.
7) 독소전 발발 직전까지 우크라이나 내 유대인 주민의 수는 (독소 불가침조약으로 소련에 병합된 서부 지역을 포함하여) 이백오십만 명 이상을 헤아리며 전체 인구의 6.2%를 차지하고 있었지만, 그 수는 전쟁 중의 학살 및 전후 이주를 통해 2001년에 이르면 우크라이나 전 인구의 0.21%로 급감하였다(Valentin Krisachenko and Olena Diakova, "Istorichna dinamika chisel'nosti Evreis'koi spil'noti v Ukraini," *Ukraina u svitovii istorii*, 50-1, 2014, pp. 98-100).

피해가 심했던 지역은 서부 우크라이나의 볼린(Volin') 지방으로, 이 지역에서는 홀로코스트에 의해 전체 유대인 주민 중 무려 98%가 몰살당하는 대재앙이 발생했던 바 있다.8) 이러한 기록적인 절멸 수치는 나치 점령 치하 유럽의 그 어떤 지역과 비교해도 가장 높은 희생자 비율이라고 할 수 있으며, 이 결과 우크라이나, 특히 서부 지역 우크라이나는 나치가 꿈꾸던 이른바 "유대인 문제의 최종적 해결"이 가장 성공적으로 수행된 지역으로 꼽기에 모자람이 없다.9)

....

8) 볼린 유대인의 완전 절멸에 대한 자세한 내용은 Shmuel Spector, *The Holocaust of Volhynian Jews, 1941-1944* (Jerusalem: Yad Vashem, 1990)을 보라.

9) 서부 우크라이나 유대인의 희생이 컸던 것은 다음의 두 가지 요인이 작용했다. 첫째, 이 지역이 독소 국경에 가까이 자리한 탓에 유대인들은 독일군을 피해 도망할 시간적 여유가 없었다. 중부나 동부 우크라이나의 경우 상대적으로 전선의 후방에 위치했기에 상당수의 유대인들이 소련군의 보호하에 소개되었던 반면 서부 지역의 붉은 군대는 전쟁 발발 직후 신속히 궤멸되어 유대인들이 피난할 시간적 여유를 벌어주지 못했던 것이다. (이 장의 후반부에서 보다 자세히 다루겠지만) 서부 지역이 우크라이나 봉기군(UPA)의 근거지였다는 점 역시 서부 지역 유대인 집단의 완전 절멸에 기여했다. 극소수의 유대인들은 나치의 학살을 피해 산림지역으로 도망했지만, 이곳에서 이들 유대인 생존자들을 기다리던 것은 이 지역에서 게릴라로 활동하며 나치 못지않게 반(反)유대주의적 성향이 강한 우크라이나 봉기군이었고, 이들 홀로코스트 생존자 역시 거의 모두가 결국에는 우크라이나 봉기군에 의해 몰살당하는 운명을 맞이했다. 98%라는 경이적인 절멸 수치를 기록한 볼린 지역의 홀로코스트는 이처럼 나치 당국과 서부 우크라이나의 토착 파시스트 세력 간 조율되지 않은 합작의 결과물이었다. 한편 2%라는 생존자 수치는 이 지역에서 활동하던 극소수의 친소비에트계 파르티잔 그룹이 시도한 유대인 구조 활동의 성과인 동시에 아이러니하게도 스탈린의 악명 높은 강제이주 정책이 전혀 의도치 않게 만든 긍정적인 결과였다고 할 수 있다. 원래 폴란드에 속했던 볼린 지역은 1939년 독소 불가침 조약에 따라 소련군에 점령되었고, 이후 소련 당국이 실시한 가혹한 소비에트화 정책으로 이 지역의 많은 부르주아가 시베리아와 중앙아시아로 강제이주 당하였는데, 그 중의 상당수(대다수는 폴란드인)가 유대인이었던 것이다. 이들 유대인 부르주아들은 1930년대 고려인을 덮친 강제이주보다도 훨씬 가혹한 조건에서 고향을 떠나야 했고 이 과정에서 엄청난 고난을 겪었지만, 이후 볼린을 덮친 대재난에서 이들의 목숨을 구한 것은 독일 침공 직전에 소련 당국이 강압적으

우크라이나 지역에서 자행된 홀로코스트의 더욱 놀라운 특징은 이렇듯 효율적으로 이뤄진 학살이 대부분 "총살"로 수행되었다는 점이라 할 수 있다.[10] 주지하듯 나치가 1942년 이후 가스 트럭과 강제수용소의 가스실로 대변되는 자동화된 학살 시스템을 대대적으로 도입한 근본적인 이유는 "총탄에 의한 홀로코스트(Holocaust by Bullets)"가 수반한 심리적 불편함과 효율성의 문제 때문이었다. 하루에 수천 명의 비무장 민간인을 대상으로 집행하는 총살은 명령에 의해 학살을 수행하는 당사자들에게 그 본인이 아무리 극렬 나치 추종자일지라 하더라도 큰 심리적 충격을 가져왔고, 최단 시간 내에 최대한 많은 유대인을 죽여야 하는 이른바 "유대인 문제의 최종적 해결"을 집행함에 있어 지극히 비효율적인 방식이었던 것이다.[11] 이러한 난관에도 불구하고 우크라이나 지역에서 "총탄에 의한 홀로코스트"가 지극히 효율적으로, 성공적으로 그리고 지속적으로 실행될 수 있었던 이유는 무엇이었을까? 그 해답은 극렬 나치조차도 때로는 주저하는 총살에 적극적으로 (많은 경우 열정적으로) 가담했던 우크라이나 지역 토착민 일부의 친나치 정서와 이 지역에 자리 잡은 자생적 파시즘 세력의 존재에서 찾을 수 있다. 우크라이

....

로 실시한 "강제이주"였다.

10) 아인자츠그루페의 "활약상"과 이들의 "전과(戰果)"에 대한 자세한 내용은 Klee, *et al.*, *"Schöne Zeiten"*; Yitzhak Arad, Shmuel Krakowski and Shmuel Spector, eds., *The Einsatzgruppen Reports: Selections from the Dispatches of the Nazi Death Squads' Campaign against the Jews, July 1941−January 1943* (Washington, D. C.: The United States Holocaust Memorial Museum, 1990)을 보라. 비록 선별된 기록이기는 하지만 이 사료 모음집에는 가능한 한 많은 유대인들을 살해하기 위해 경쟁하던 나치 특수임무부대와 우크라이나인 민병대 및 보조경찰부대의 소름 끼치는 전과 보고가 생생하게 담겨있다.

11) "총탄에 의한 홀로코스트"는 개활지나 삼림 지역에 깊게 (희생자 자신들이) 판 큰 구덩이 앞에 희생자를 일렬로 세운 채 뒷목을 쏜 후 시신을 구덩이 속으로 밀어 떨어뜨리는 방식으로 수행되었다.

나 점령지의 광대함, 그리고 이 지역 유대인의 수와 광범위한 분포를 고려하면 집단 총살을 통해 유대인을 절멸시키는 임무는 나치의 정교한 학살기계조차도 단독으로는 감당하기 힘든 지난한 과업이었다. 우크라이나에서 자행된 "총탄에 의한 홀로코스트"는, 광대한 이 지역을 커버하기에는 그 수가 상대적으로 적은 나치 독일의 유대인 학살 특수 임무부대 "아인자츠그루페(Einsatzgruppe)"의 활동을 보조하고 필요에 따라서는 직접 학살에 참여하길 주저하지 않은 "토착 친나치 세력" 또는 "자생적 파시즘 세력"의 존재, 그리고 이들의 활동을 뒷받침하고 참여하며 유대인 도살에 환호하던 "민중의 지지" 없이는 지속적으로 수행되기 힘든 임무였던 것이다.

토착 친나치 세력의 존재라는 측면에서 볼 때 우크라이나만큼 "총탄에 의한 홀로코스트" 집행에 최적화된 장소는 없었다. 이는 주지하듯 역사적으로 이 지역에 뿌리 깊은 반(反)유대주의 정서 때문인데, 우크라이나 지역에는 많은 이들에게 우크라이나의 국가적 기원으로 꼽히나 그 과정에서 대략 10만여 명의 유대인이 살해당한 흐멜니츠키(Khmel'nitskii) 카자크 반란을 포함하여 이른바 포그롬(Pogrom)이라는 역사적 명칭으로 더욱 잘 알려진 주기적 유대인 학살의 전통이 자리 잡고 있었고,[12] 적지 않은 수의 우크라이나인들이 나치의 반(反)유대인

....

12) 역사적으로 러시아/우크라이나의 카자크 집단은 반(反)유대주의로 악명이 높았는데, 근세 시기 우크라이나 지역에서 일어난 "모든" 카자크 반란이 동유럽 유대인의 역사에서는 대규모의 포그롬으로 점철되어 있었다. 예컨대 헤트만 보그단 흐멜니츠키(Bogdan Khmel'nitskii) 본인부터가 확고한 반(反)유대주의자였으며, 그의 주요 거병 동기 중 하나는 "루시(Rus')의 땅에서 유대인을 절멸시키는 것"이었다. 물론 흐멜니츠키의 반(反)유대주의는 나치 독일 또는 우크라이나 파시즘의 근대적 반(反)유대주의 이데올로기와 동일시되어서는 아니 되는데, 이는 전근대 우크라이나 지역 반(反)유대주의는 민족적인 것이 아니라 "종교적"인 색채가 짙었기 때문이다. 즉 기독교로 개종한 유대인은 더 이상 유대

정책에 열광적으로 호응했던 것은 오랜 역사를 가진 이 지역 내의 자생적 반(反)유대주의를 고려하면 이해하기 어렵지 않은 현상이었다고 할 수 있다. 물론 모든 우크라이나인들이 나치의 비인간적 반인륜범죄를 지지하였던 것은 아니었으며, 우크라이나인 모두가 친나치 협력자였던 것은 더더욱 아니었다. 많은 유대인 생존자들의 증언에서 확인되듯 다수의 우크라이나인은 자신의 생명을 걸고 유대인에게 은신처를 제공하며 유대인을 보호하는 위험을 마다하지 않았고, 이러한 의인(義人) 중 상당수가 그 대가로 자신의 목숨을 잃어야 했던 것이다.[13] 더구나 친나치 부역자의 존재와 홀로코스트에 대한 자발적 협력은 우크라이나의 경우로만 한정된 현상이 아니라 나치의 점령을 경험한 거의 모든 국가에서 공통적으로 발생한 현상이었다.[14] 그러나 우크라이나의

....

인으로 간주되지 않았고 따라서 교회의 보호를 받으며 포그롬의 대상이 될 수 없었다. 흐멜니츠키의 거병 자체가 종교적 동인을 포함한 반란으로, 그의 거병 동기 중 또 다른 하나는 (아이러니하게도 후대에는 할리치나 지역에서 우크라이나 민족주의의 중심이 되는) "카톨릭 우니아트 교회의 확산에 대항하여 루시의 정교 신앙을 수호하는 것"이었다. 이후 발생한 모든 카자크 봉기 또한 포그롬을 수반했으니 카자크 집단의 유대인 학살은 20세기 초 러시아 혁명기까지 계속 습관적으로 반복된 현상이었다. 특히 우크라이나 카자크 집단(자포로지예[Zaporozh'e] 카자크)의 직계 후손인 쿠반 카자키는 1919년 러시아 내전 당시에도 전선 전역에서 상습적인 유대인 학살로 크나큰 악명을 떨친 바 있다.

13) 총 2,185명의 우크라이나인들이 이스라엘의 야드바셈(Yad Vashem) 홀로코스트 기념관에서 유대인을 구한 "의로운 인물(Righteous among Nations)"로 선정되어 추모되고 있다(Brandon, *The Shoah*, p. 14).

14) 우크라이나의 반(反)유대주의와 비견될 유사한 사례는 격렬한 반(反)독일 정서의 이면에서 자생적 반(反)유대주의가 동시에 폭발했던 폴란드에서 찾을 수 있다. 민초들 사이에 상존하던 반(反)유대주의가 자생적 파시즘 운동 조직에 의해 폭발적으로 증폭된 우크라이나와 달리 일부 폴란드인의 홀로코스트 협력은 지도자가 부재한 채 전적으로 민초들의 자발성에 의거한 민중적 반응이었다는 점에서 우크라이나와 다르며 따라서 "악의 일상성과 평범성"을 극명히 보여주는 사례로 꼽힌다. 이와 관련된 보다 자세한 사례 연구는 Jan T. Gross, *Neighbors: The Destruction of the Jewish Community in Jedwabne, Poland*

경우는 나치에 대한 협력의 규모와 홀로코스트에 대한 자발적 참여 및 열광의 정도가 제2차 세계대전 당시 독일의 지배 아래 있던 그 어떤 피점령국가보다도 광범위하였으며, 또한 (특히 나치 점령 초기에는) 민중들의 자발적인 참여를 이끌어 내는 열광적인 사회 현상이었다는 점, 더구나 나치 독일에 대한 지지가 (특히 서부 우크라이나 지역에서) 우크라이나인 자신을 노예화하고 학살하는 나치의 혹독한 수탈정책을 경험한 전쟁 말기까지도 중단 없이 계속되었다는 점에서 대단히 특수한 사례였다고 할 수 있다.[15]

....

(New York: Princeton University Press, 2001)을 보라. 그로스는 이 연구를 통해 유대인과 폴란드인이 수백 년간 평화롭게 공존하던 한 마을에서 절반의 주민(폴란드인)이 (독일 점령 당국으로부터의 일체의 개입 없이) 다른 절반의 "이웃사촌(대략 1,600명의 유대인: 단 이 사건을 은폐해 온 폴란드 당국과 역사학계는 희생자의 수를 350명 내외로 최대한 낮춰 잡고 있음)"을 습격하여 하루 아침에 도륙하는 1941년 7월 예드바브나(Jedwabne)의 비극을 생생히 전달하고 있는데, 그로스가 사료에서 찾아낸 이 참상의 충격성과 추악성은, 학살방식에서 나타난 극도의 잔인성과 더불어 어린아이나 노약자 및 부녀자까지 예외 없이 도살해 버린 학살의 주역이 평범한 마을의 평범한 일반인 남녀노소였다는 점, 즉 이 학살의 주체가 다름 아닌 "민중들"이었다는 사실에 있다. 이 비극에서 살아남은 생존자의 수는 단 7명으로 이들을 구한 의인(義人)들 역시 같은 마을의 한 폴란드인 여성이었던 것 역시 역사의 아이러니가 아닐 수 없다. 한편 이 사건이 일어난 지 대략 2년 뒤에는 서부 우크라이나 지역, 특히 볼린에 거주하던 폴란드인들이 예드바브나의 유대인들이 겪은 것과 유사한 학살의 피해자가 되는데, 이때 학살에 참여한 상당수의 가해자 역시 수백 년간 한 마을에 살아온 우크라이나인 "이웃들"이었다.

15) 굳이 찾는다면 가장 비슷한 경우는 우니아트 교회의 후견하에 자생적 파시즘 운동이 성장한 서부 우크라이나처럼 카톨릭 성직자 중심의 자생적 교권 파시즘 운동(우스타샤[Ustasha])이 일어났던 크로아티아(Croatia)에서 확인할 수 있지만, 크로아티아는 나치 독일의 정식 동맹국으로 나치가 정식 국가로 인정하지 않았던 우크라이나처럼 일방적인 착취와 수탈의 대상은 아니었다는 큰 차이가 있다. 벨라루스의 경우에도 현지에서 나타난 자생적 파시즘 운동(벨라루스 나치당[Belorusskaia natsional-sotsialisticheskaia partiia])이 나치 당국, 특히 나치의 벨라루스 총독 빌헬름 쿠베(Wilhelm Kube)의 적극적인 후견 아래 존재했지만, 우크라이나와 달리 벨라루스 파시즘에 대한 대중적 지지기반은 지극히 미약했다. 나치 점령기 벨라루스 파시즘과 친나치 부역에 대한 상세한 개관으로는

우크라이나는 독소전 발발 당시 나치 침공군의 진주를 "빵과 소금으로" 열렬히 환영한 (특히 서부 지역에서) 극소수의 피점령 국가 중 하나였다. 심지어 서부 우크라이나인으로 구성된 부대는 독일 침공군의 일원으로 바르바로사(Barbarossa) 작전에 직접 참여하거나 현지 사정에 어두운 독일군의 진격을 앞장서 인도하는 "침략의 향도(嚮導)" 역할을 담당하기도 하였던 바 있다.16) 나치 해방군에 대한 열광은 우크라이나에 대한 일방적인 수탈과 착취, 학살로 점철된 나치의 통치를 경험하면서 (특히 중부와 동부 지역에서) 상당히 수그러들게 되지만, 일부 우크라이나인들의 나치 짝사랑은 (특히 서부 우크라이나의 할리치나[Halichina] 지역의 경우) 나치의 패배가 확실해진 전쟁 후기에 가서도 전혀 줄어들지 않았다. 한 가지 예로 1943년 봄 독소전에서 입은 끔찍한 손실로 심각한 병력 부족 현상에 직면한 나치가 우크라이나인 자원병 사단을 조직하기 시작했을 때, 애초 1만 3, 4천 명 규모로 계획된 이 사단에는 무려 8만 명이 넘는 우크라이나인들 자원자들이 몰려 히틀러에 대한 충성을 맹세하는 동시에 나치즘의 승리를 위해 마지막 일인까지 싸울 것을 서약했던 것이다.17) 이렇게 조직된 제14무장친위대(Waffen SS)

다음 연구를 참조하라. Oleg V. Roman'ko, *Belorusskie kollaboratsionisty: Sotrudnichestvo s okkupantami na territorii Belorussii, 1941−1945* (Moscow: Tsentrpoligraf, 2013).

16) 스테판 반데라(Stepan Bandera) 휘하 우크라이나 민족주의자로 구성된 두 개의 독일군 소속 우크라이나인 부대, 롤랑드(*Roland*) 대대와 나이팅게일(*Nachtigall*) 대대가 바르바로사 작전 초기 우크라이나 지역에서 독일군의 침공을 안내하는 향도(嚮導) 역할을 담당했다(O. S. Smyslov, *Stepan Bandera i Bor'ba OUN* [Moscow: Veche, 2011], p. 104; John A. Armstrong, *Ukrainian Nationalism, 1939−1945* [New York: Columbia University Press, 1955], p. 74).

17) Michael Melnyk, *To Battle: the Formation and History of the 14th Gallician SS Volunteer Division* (Solihull, UK: Helion and Company, 2007), p. 36;

전투사단 "할리치나(독일어명 'Galizien')"는 독일 제3제국 최후의 순간까지도 나치즘을 위해 끝까지 헌신한 비(非)독일계 전투부대 중 하나인 동시에, 나치식 인종 이론에 따르면 궁극적으로 노예화되거나 절멸되어야 하는 "열등 인종"으로 구성되었음에도 나치 독일에 대한 충성을 끝까지 유지한 유일무이한 동슬라브계 무장친위대 단위부대에 다름 아니었다.

그렇다면 제2차 세계대전 당시 서부 우크라이나에서 발견되는 이 지역 대중들의 친파시즘 정서는 도대체 어떻게 설명해야 하는 현상인 것인가? 홀로코스트에 대한 이 지역 주민들의 자발적이고 (특히 전쟁 초기에는) 열성적인 참여와 호응은 왜 생겨났던 것인가? 우크라이나인들은 어떠한 이유로 자신들을 착취와 수탈의 대상으로 노예화하고 학대하던 나치 정권에 협력했던 것인가? 피해자가 가해자에게 적극적으로 협력하며 또 다른 약자에게는 더욱 잔악하고 가혹한 가해자로 등장하는 비극적이며 모순적인 제2차 세계대전 시기 우크라이나의 비극적 참상은 도대체 어떠한 이유로 나타나게 되었던 것일까?

이러한 의문을 해명하기 위해 이번 장에서는 1930년대 서부 우크라이나, 특히 할리치나 지방을 중심으로 태동한 우크라이나 토착의 자생적 파시즘 운동에 주목하고자 한다. 주지하듯 "민중의, 민중에 의한, 민중을 위한" 급진적 혁명운동으로서의 파시즘은 (비록 이탈리아 파시즘과 특히 독일 나치즘이 남긴 압도적인 충격에 가려져 있지만) 독일과 이탈리아에 국한된 운동이 아니라, 유럽 대륙 전역(全域)에 걸쳐 나타난 (특히

Roman Krokhmaliuk, *Zahrava na Skhodi: spohadi i dokumenti z pratsi u viis'kovii upravi Halichina v 1943−1945 rokakh* (Toronto: Bratstvo kolishnikh voiakiv I-oi Ukrainskoi divizii UNA, 1978), p. 34. 정확히는 8만 1,999명의 할리치나 지역 우크라이나인 청년들이 사단 창설에 자원했다(*ibid.*).

주변부 유럽에서) 범유럽적인 사회현상이었다. 그러나 우크라이나 파시즘은 독립 우크라이나가 존재하지 않는 당대의 현실 때문에 오로지 "운동"의 형태로만 존재했으며, 그 운동이 독자적인 우크라이나 국민국가 수립이라는 우크라이나 민족주의의 오랜 염원과 각별히 밀착되어 있었다는 점에서, 당대의 우크라이나 파시즘 신봉자들이 보여준 극도의 잔인성과 폭력성 및 민족주의적 광기의 정도에서, 그리고 그 파시즘의 여진(餘震)이 오늘날의 우크라이나에서도 여전히 지속되고 있다는 점에서 역사적으로 주목할 만한 가치가 있는 사례라 할 수 있다. 그렇다면 우크라이나의 파시즘은 어디에서 기원했으며 왜 나타나게 되었던 것이며 그 광기와 폭력의 양상은 어떠하였던 것인가? 나치 점령군에 대한 단순한 협력을 넘어서 "적극적이고 자발적이며 주도적인" 홀로코스트의 주역이 되었던 우크라이나의 파시스트들은 누구였으며 어디서 온 것인가? 그들은 왜 자신들을 착취하고 수탈하던 나치에 동조했던 것인가? 이 장에서는 바로 이러한 질문들에 답해 보고자 한다.

II 우크라이나 파시즘의 기원
: UVO와 "우크라이나 파시즘의 아버지," 드미트로 돈초프

우크라이나 파시즘 운동의 출발은 1920년경 체코 프라하에서 할리치나 출신의 망명 우크라이나 독립운동가들이 조직한 우크라이나 독립운동 단체, "우크라이나 무장전투단(*Ukrains'ka Viis'kova Orhanizatsiia*: 이하 'UVO'로 약칭)"으로 거슬러 올라간다. 조직의 명칭에서 나타나듯이 UVO는, 우크라이나 독립 국가 수립을 위한 무장투쟁을 목적으로 러시아 혁명 당시 우크라이나 독립을 위해 싸웠던 전 참전 군인들에 의해 조직된 일종의 비밀결사 단체였다.18) UVO가 어떤 경로로 어떠한 과정을 통해 어떻게 태어나게 되었는가는 여전히 베일에 감추어져 있으며 심지어 정확히 어느 시기에 결성되었는지도 여전히 명확하지 않다. 이는 이 조직이 당시 우크라이나 독립의 주적(主敵)으로 간주되던 폴란드와 (더 나중 시기에는) 소련 첩보기관의 추적을 피하기 위해 처음부터 철저한 지하 조직으로 출범하였으며 소속 구성원조차도 (UVO의 활동을 책임지던 극소수의 지휘부를 제외하면) 이 단체의 전모를 알 수 없을 만큼 극비리에 운영되었기 때문이다. 분명한 것은 적어도 이 조직의 창설 주역인 동시에 지도자였던 (동시에 UVO의 파시즘적 후계조직인 OUN의 초대 "수령[Providnik 또는 Vozhd']"이기도 하였던) 우크라이나 민족주의자 예브헨 코노발레츠(Yevhen Konovalets')의 회고를 따르면, 1920년 6월 체코 프라하에서 일군의 망명 우크라이나인 지도자들이 집결하였다는 것, 그리고 이 자리에서 우크라이나 독립운동을 지속하기 위한 무장투쟁의 필요성을 공감하고 이를 추진할 소수 정예로 구성된 비밀 테러 조직의 필요성을 논의했다는 사실인데,19) UVO의 이름을 알리는 첫 테러활동이 1921년 6월의 피우수츠키(Józef Piłsudski) 암살 미수 사건이었음을 고려하면 UVO의 정식 출범은 1920년 후반기 또는 1921년 전반기로

----

18) A. V. Kentii, *Ukrains'ka viis'kova orhanizatsiia (UVO) v 1920-1928 rr.* (Kiev: Institut Istorii Ukraini NAN Ukraini, 1998), p. 16; Yevhen Konovalets', *Prichinki do istorii ukrains'koi revoliutsii* (Provid Ukrain'skikh Natsionalistiv, 1948; L'vov: G. O. "Nova khilia," 2002), p. 55 (page citations are to the reprint edition); B. M. Halaiko, "Do pitannia boiovoi diial'nosti Ukrains'koi viis'kovoi orhanizatsii," *Derzhava ta armiia*, 587, 2007, p. 134; Mirchuk, *Naris*, p. 13. 애초 이 조직은 "[우크라이나 영토에 대한] 두 점령자 [즉 소비에트 연방과 폴란드]에 대항한 [무장] 투쟁을 이어나가기 위한 군사적인 핵심간부를 보존하려는 취지하"에 창설되었으나 곧 사보타지와 테러를 위한 비밀결사 조직으로 변모했다(Kentii, *Ukrains'ka*, p. 19).

19) Konovalets', *Prichinki*, p. 55.

추정하는 것이 타당해 보인다.[20)

이 시점에서 UVO가 겨눈 무장투쟁 활동의 주적은 폴란드였다. 이는 그 지도자 코노발레츠를 포함한 UVO의 조직원 절대다수가 제2차 세계대전 발발 전까지 폴란드의 지배를 받던 할리치나 지역 출신이었기 때문인데, 1920년대는 (단명했지만 역사상 처음으로 할리치나 지역에 수립된 우크라이나 독립 국가였던) "서우크라이나 인민공화국(*Zakhidnoukrains'ka Narodna Respublika*)"에 대한 기억과, 이 공화국을 무너트린 폴란드의 점령과 합병에 대한 뼈아픈 경험이 이 지역 주민들 사이에 여전히 생생하게 남아 있던 시기였다. 이러한 반(反)폴란드 정서를 반영하듯 UVO의 첫 활동은 1921년 할리치나의 주도(州都) 리보프시를 방문한 폴란드의 국가수반을 겨눈 암살 시도를 기점으로 시작되었으니, 리보프 도심 속 시가 퍼레이드 중 피우수츠키를 향해 발사된 총탄은 비록 표적을 빗나갔지만, 폴란드 국가원수에 대한 암살 시도는 폴란드 당국에 UVO의 존재와 우크라이나 독립운동의 지속을 알리는 신호탄에 다름 아니었다.[21) 이후 UVO의 투쟁은 경찰서 및 우체국과 같은 공공기

....

20) Alexander J. Motyl, *The Turn to the Right: the Ideological Origins and Development of Ukrainian Nationalism, 1919–1929* (New York: Columbia University Press, 1980), pp. 105–110. 한편 UVO의 출범과 빠른 성장의 이면에는 한스 폰 젝트(Hans von Seeckt)가 이끌던 바이마르기 "독일 공화국 국방군(*Reichswehr*)"으로부터의 적극적인 재정지원이 있었다. 제1차 세계대전 종전 후 폴란드령으로 편입된 독일 동부 영토의 상실을 인정하지 않으며 독립 폴란드의 파괴를 꿈꾸던 독일 군부의 보수주의자들은 폴란드를 약화시킬 목적에서 우크라이나 극우 민족주의자들의 테러활동을 적극 지원하였고, OUN이 출범하고 나치가 집권하여 이데올로기적 동질성까지 확보된 1930년대에 이르러 이러한 양측의 협력 관계는 더욱 강화되었다. 자세한 내용은 Andrii Bolianovs'kii, "Cooperation between the German Military of the Weimar Republic and the Ukrainian Military Organization, 1923–1928," *Harvard Ukrainian Studies*, 23, 1999, pp. 73–84를 보라.

21) Halaiko, "Do pitannia," p. 135.

관 건물에 대한 폭탄 투척, 방화, (활동자금 마련을 위한) 은행 습격 및 현금 탈취,[22] 요인 암살 등의 다양한 양상으로 전개되었으며, 이중 암살의 주요 타깃은 1926년 UVO 요원에 의해 살해된 리보프 교육구의 수장, 스타니슬라브 소빈스키(Stanislav Sobinski)의 사례와 같이 할리치나 지역에서 근무하는 주요 폴란드인 고위관리들이었다.[23]

　　폴란드 정부가 할리치나 지역에 대한 동화정책을 본격화하는 1920년대 후반부터 UVO의 저항운동은 더욱 빈번해지며 특히 UVO의 후계조직, OUN이 출범하는 1929년 이후 급속도로 과격화하게 되는데, 점증하는 과격성을 제외하고도 1930년대의 저항운동과 1920년대의 그것 간에는 그 성격에서 큰 차이가 있었다. 이는, 동화정책을 주도하는 폴란드인 고위관료를 주 타깃으로 수행된 1920년대의 "독립투쟁"과는 달리, 1930년대 이후 OUN의 활동은 폭력의 대상이 심지어 동족인 우크라이나인 지식인들과 민간인들까지 포괄하는 전방위적이고 전면적인 테러로 급격히 극단화하기 시작했기 때문이다. "친폴란드 부역" 혐의로 "친폴파" 반역자로 낙인찍힌 채 살해당한 수많은 우크라이나인 피해자 중에서도 가장 주목할 만한 사례는, 1934년 7월 리보프 소재 우크라이

....

22) UVO의 테러에 의해 가장 많은 피해를 입은 이들은 바로 집배원들이었다. 한편 우체국과 은행을 습격하여 현금을 강탈하는 행위는 우크라이나 민족주의자들 사이에서 "징발 작전(*Ekspropriatsiia*)"이라는 이름으로 불렸는데, 1920년과 1939년 사이 총 18건의 징발 작전이 실행되었던 것으로 추산되고 있다(Motyl, "Ukrainian Nationalist Political Violence in Inter-War Poland," *East European Quarterly*, 19-1, 1985, p. 49).

23) 소빈스키를 살해한 UVO 요원은 보흐단 피드하이니(Bohdan Pidhainii: 이후 제2차 세계대전 중 나치 친위대에 입대하여 무장 SS 할리치나 사단의 장교로 복무하였으며 전후 미국의 보호를 받으며 캐나다로 도주/망명)와 훗날 UPA의 최고사령관이 될 로만 슈헤비치(Roman Shukhevich)로, 암살 수행 당시 이들은 각각 20세와 19세의 대학생이었다(Halaiko, "Do pitannia," p. 136; Mirchuk, *Naris*, p. 27).

나인 김나지움의 교장이었던 우크라이나 민족운동 진영의 온건파 지도
자, 이반 바비(Ivan Babii)의 암살에서 확인할 수 있다. 이반 바비는 젊
은 시절 우크라이나 혁명에 참가한 저명한 독립투사이자 혁명 후에는
우크라이나 문화교육 운동과 민중계몽 운동에 몸담아온 유력 지식인으
로 당대 할리치나의 우크라이나인 사회에서 가장 존경받는 교육자 중
한 명이었기에, 그의 암살은 사회적으로 엄청난 충격과 정치적 파장을
불러일으킨 사건이었다.24) 바비의 암살은 또한 UVO와 그 후계조직인
OUN 간 노선의 근본적 차이를 상징하는 사건이기도 하였다. 그의 죽
음은, 이제 OUN이 추구하는 우크라이나 독립운동의 "특정 노선"에 동
의하지 않는 이들은 설사 해당 인물이 우크라이나 사회에서 존경받는
민족주의 진영의 일원이라 할지라도 그 누구든, "민족의 적"이나 "친폴
파(또는 친러파)"로 선언되어 언제 어디서나 민족과 국가의 이름으로 단
죄될 수 있다는 OUN의 준엄한 경고였기 때문이다. 그렇다면 당대에
OUN이 추구하던 "특정 노선"이란 대체 무엇이었던가? UVO와 OUN의
차이는 무엇이었으며 이 차이를 만든 OUN의 새로운 이데올로기적 지
향은 어디에서 나타나게 되었던 것인가? 이 문제에 대한 해답은 한 역
사가의 표현을 빌리자면 1920년대 할리치나 지역 (또는 할리치나 출신으
로 이뤄진 해외의 망명 우크라이나 공동체) 우크라이나 민족운동 진영에서
일어난 급속한 "우향우(Turn to the Right)" 과정에서 찾을 수 있다.25)

....

24) Mirchuk, *Naris*, p. 368; Grzegorz Rossoliński-Liebe, *Stepan Bandera: the
    Life and Afterlife of a Ukrainian Nationalist: Fascism, Genocide, and Cult*
    (New York: Ibidem Press, 2014), pp. 127-128. 바비의 살해는 당시 할리치
    나 지역 현지 OUN 조직의 총수로 제2차 세계대전 중에는 OUN의 분파,
    "OUN-B"의 수령이 될 반데라의 직접 지시로 일어난 사건이었다(Mirchuk,
    Naris, p. 370).
25) Motyl, *The Turn to the Right*.

우크라이나 민족주의 운동의 이러한 우향우를 주도한 인물은 우크라이나의 사상가이자 철학자, 드미트로 돈초프(Dmitro Dontsov)였다. OUN 계열의 우크라이나 민족주의자들에게 우크라이나 파시즘의 아버지로 꼽히는 돈초프는, (비록 돈초프 자신은 한번도 OUN에 가입한 적이 없었지만) 처음에는 독립운동을 위한 무장투쟁 조직으로 출범했던 UVO가 극단적으로 배타적인 민족주의를 추구하며 무차별적인 테러를 서슴지 않는 본격 파시즘 조직체, OUN으로 퇴행하는 과정에 가장 큰 영향을 끼친 인물로, 어떤 면에서는 그의 커리어 자체가 1920년대 우크라이나 민족주의 운동에서 일어난 급속한 방향 전환과 그 결과물인 우크라이나 파시즘의 탄생을 생생히 보여주는 축도(縮圖)라 할 수 있다. 원래 돈초프는 제1차 세계대전 발발 전까지만 해도 "계급해방"의 틀 속에서 "민족해방"의 가능성을 모색하고 보편적인 역사 진보의 가능성을 믿으며 우크라이나 국민국가 수립을 추구하던 전형적인 정통 맑스주의 그룹의 일원이었다.[26] 그러나 제1차 세계대전을 계기로 유발된 "민족적 각성"을 통해 애국주의적 맑스주의자로 변절한 당대의 수많은 사회민주주의자들처럼 돈초프의 사상적 지향 역시 제1차 세계대전 기간 중 급격한 변화를 거쳤는데, 특히 이 인물을 사회혁명을 꿈꾸던 급진 좌파에서 민족해방을 추구하는 혁명적 우파로 변모시키는 결정적인 계기는 1917년 우크라이나 혁명의 실패였다.

....

26) 제1차 세계대전 발발 이전 돈초프는 우크라이나의 정통 맑스주의 정당으로 멘셰비키 계열 러시아 사회민주주의 노동당과 밀접하게 협력했던 우크라이나 사회민주노동당(*Ukrainska sotsiial-demokratichna robitnicha partiia*)의 당원이자 핵심 지도자였다. 돈초프의 생애에 대한 자세한 개관은 다음의 연구를 참조하라. Mikhailo Sosnovs'kii, *Dmitro Dontsov: Politichnii portret* (New York: Trident International, 1974); Serhii Kvit, *Dmitro Dontsov: Ideolohichnii portret* (L'vov: Halits'ka Vidavnicha Spilka, 2000).

이러한 "우향우"의 결과 돈초프가 이후 추구하고 설파하게 될, 그리고 그의 동반자들과 추종자들이 실현에 옮기게 될 우크라이나 민족주의는 이전 시기 특히 러시아 혁명 당시 우크라이나 혁명을 이끈 주역들, 특히 드네프로 우크라이나에서 "우크라이나 인민공화국(*Ukrains'ka Narodna Respublika*)"을 이끌던 지도자들이 추구하던 그것과는 완전히 달랐다. 주지하듯 저명한 민족주의 역사가로 우크라이나 인민공화국의 첫 국가수반을 역임한 미하일로 흐루셰프스키(Mikhailo Hrushevskii), 문화계에서 우크라이나 민족주의 운동을 주도한 유명 극작가이자 정치가이던 볼로디미르 빈니첸코(Volodimir K. Vinnichenko), 1918년 이후 우크라이나 인민공화국의 실질적 지도자였던 시몬 페틀류라(Simon V. Petliura)와 같은 이른바 "우크라이나 혁명"의 주역들은 모두가 러시아 인민주의 또는 맑시즘의 영향을 짙게 받은 사회주의자였다. 이들 모두는 우크라이나 민족문제를 토지문제의 해결이라는 사회혁명의 연장선상(또는 동일선상)에서 바라보고 있었는데, 이들의 이러한 현실 인식은 토지를 독점한 지주층의 절대다수가 폴란드인(또는 폴란드화한[보다 정확히는 카톨릭으로 개종한] 루테니아인)이거나 러시아인(또는 러시아화한 루테니아인)으로 구성되어 있던 당대 우크라이나의 현실, 즉 사회경제적 모순(즉 토지문제)과 민족적 구분 및 정체성의 문제(즉 민족문제)가 역사적으로 중첩된 채, 우크라이나 농민들 사이에 민족의식의 계발이 지체되고 있던 우크라이나 민족주의 운동의 오랜 딜레마가 반영된 노선이었다고 할 수 있다.[27]

....

27) 20세기 초 우크라이나 민족주의자들이 마주한 문제의 본질은 자신들이 우크라이나 정체성의 핵심으로 상정하던 우크라이나 농민들 사이에서는 막상 우크라이나인으로서의 의식과 정체성이 지극히 희박하다는 점이었다. 민족이라는 단위가 국가에 의해서는 역사상 단 한 번도 공식적인 범주로 인정된 적이 없었던

돈초프의 "우향우"는 우크라이나 민족주의 운동의 이러한 기존 노선에 대한 반성과 비판으로부터 출발하였다. 그를 포함한 1920년대의 많은 우크라이나 민족주의자들은 1917년 혁명 당시 우크라이나 독립 국가 수립 시도가 좌초한 근본 원인을, "우크라이나 혁명"이 내포한 사회혁명적 속성(또는 OUN 출신의 역사가 쿠찹스키[Vasyl' Kuchabts'kii]의 표현을 직접 빌자면, 이에 수반된 "아나키")에서 찾으며, "독립 우크라이나 국가의 수립"이라는 민족주의적 지향보다 토지의 무상분배를 약속하는 볼셰비키(또는 마흐노[Nestor Makhno]나 그리고리예프[Nikifor Grigoriev]와 같은 아나키스트)에 더 이끌린 우크라이나 농민의 선택이, 우크라이나의 독립 시도를 저해하였다는 결론에 도달하였던 것이다.[28] 기존 지도자

....

제정 러시아 사회(주지하듯 러시아 제국은 "우크라이나인"은 고사하고 "러시아인"이라는 근대적 민족 범주조차 공식적으로 인정한 적이 없었다)에서 "루시인(*Russkii*)"이란 차르의 지배하에 정교를 믿고 루시의 언어를 사용하며 이교도인 "이노로드찌(*Inorodtsy*)"와 대비되는 집단이었을 뿐 그 자체로서는 근대적 민족의 의미로 사용되지 않았고, 여기서 정체성의 가장 큰 기준은 바로 "종교"였다. 같은 종교를 믿고 지극히 유사한 (공식적으로는 동일한) 언어를 사용하는 루시인 집단에서 누가 우크라이나인이고 누가 벨라루스인이며 누가 러시아인이 되어야 하는가의 문제는 우크라이나 민족주의자들을 괴롭힌 현안으로, 러시아 혁명 당시 우크라이나 민족주의자들이 토지 문제와 같은 사회경제적 모순에 그토록 집착한 것은, 인구의 절대다수를 차지하지만 우크라이나인으로서의 정체성과 자의식이 희박한 채 토지 문제의 해결을 가장 중요한 현안으로 바라보던 우크라이나 농민들을, 우크라이나 민족운동의 대의로 유인하고 동원하기 위한 불가피한 선택이었다고 볼 수 있다.

28) 이러한 시각을 대변하는 대표적인 저작으로는 Vasyl' Kuchabs'kii, *Die West-Ukraine im Kampfe mit Polen und dem Bolschewismus in den Jahren, 1918-1923* (Berlin: Junker und Dünnhaupt, 1934), *Western Ukraine in Conflict with Poland and Bolshevism, 1918-1923*, trans. by Gus Fagan (Edmonton and Toronto: Canadian Institute of Ukrainian Studies Press, 2009)를 보라. 1917년 우크라이나 혁명에 직접 참여하여 우크라이나 독립 국가 수립의 실패를 직접 목도했던 쿠찹스키는 OUN의 창설자 예브헨 코노발레츠의 측근으로 후에 UVO와 OUN의 조직에도 참여했으나, 나치 독일에서 박사학위를 취득한 1930년대 후반부터는 저술 활동에 주력하며 주로 학자의

들이 추구한 민중 기반의 사회혁명이 실패의 근본 원인이었다면 그 대안 역시 자명했다. 그것은 1917년의 우크라이나 혁명처럼 민중에 의해 엘리트들이 떠밀려 가는 사회혁명이 아니라, 민족주의로 무장한 소수의 "지도자 및 엘리트"가 민중(우크라이나의 경우는 인구의 절대다수를 차지하는 농민)을 각성 및 고무시키고 (물론 돈초프의 관점에서 볼 때) "올바른 방향으로" 일사불란하게 인도하는 "민족혁명"이, 우크라이나 독립 국가 수립을 위한 유일무이한 대안으로 떠오르기 시작했던 것이다.

1920년대 돈초프를 비롯한 당대의 많은 우크라이나 민족주의자들에게 일어난 변화, 즉 이들이 엘리트가 이끄는 민족혁명의 이데올로기, "파시즘"의 열렬한 신봉자가 되었던 것은 바로 이러한 역사적 배경에서 일어난 변화였다고 할 수 있다. 돈초프에게는 이미 따라가고 모방할 수 있는 민족혁명의 이상적 모델이 현실 속에 존재하고 있었으니, 그는 1920년대에는 이탈리아에서 1930년대에는 독일까지 장악하기에 이른 파시즘 민족혁명의 확산에 열광하며, 일련의 번역과 저술 활동을 통해 유럽 파시즘 운동의 이념과 이상을 당시 폴란드 치하에 있던 서우크라이나, 특히 할리치나 지역에 보급하는 활동을 시작했다. 이 과정에서 돈초프가 일차적으로 주력한 것은 파시즘의 핵심 고전들을 우크라이나어로 번역하여 할리치나의 대중, 특히 학생층에게 소개하는 활동이었다. 모국어인 러시아어나 우크라이나어는 물론이고 서유럽 제(諸) 언어까지 능통한 당대의 일급 지식인이던 돈초프 자신이 직접 번역작업에 뛰어들었는데, 그의 손길을 거쳐 나온 (그의 충실한 해설 각주와 더불어 소개된) 우크라이나어 번역물은 나치즘의 성경, 히틀러의 『나의 투쟁』은 물론이고 이탈리아 파시즘의 지도자 무솔리니의 저작선, 알프레드 로

....

길을 걸었다.

젠베르크 및 괴벨스와 같은 유수 파시즘 이론가들의 저작 모두를 포괄했다. UVO의 전면적인 재정지원 하에 돈초프가 발간했던 리보프의 월간지 『문학·학술 통보(Literaturno-naukovii vistnik)』29)는 서유럽과 중부유럽의 파시즘이 우크라이나로 전파되는 통로 역할을 담당하였으니, 돈초프 본인의 표현을 빌면 "통보를 통해 [자신이 할리치나 지역에] 보급하고자 했던 것은 정확히 히틀러주의였다."30)

　　물론 돈초프의 활동은 번역에만 국한되지 않았다. 파시즘의 고전을 소개하는 활동과 더불어 돈초프는 『문학·학술 통보』를 통해 우크라이나 사정에 맞게 현지화시킨 파시즘 사상을 일련의 평론과 저작을 통해 쉴 새 없이 쏟아내었고, 이 결과 1920년대와 1930년대의 돈초프는 당대의 서부 우크라이나에서 가장 많은 저작을 남긴 (동시에 가장 중요한) 사상가 중 한 명으로 꼽기에 모자람이 없다. 그의 파시즘 번역서들과 저작물들은 1920년대 서부 우크라이나의 청년 학생들에게 큰 영향을 끼침으로써 이 지역 민족주의 운동의 급진적 우향우에 크게 기여하였는데, 그가 남긴 많은 저작물 중에서도 파시즘 운동의 우크라이나 정착에 가장 중요한 역할을 담당한 돈초프의 저서가 『민족주의(Natsionalizm)』라는 것에는 역사가들 사이에 이견이 존재하지 않는

----

29) 돈초프와 UVO의 관계에 대해서는 Sosnovs'kii, *Dmitro Dontsov*, pp. 170-182를 보라. 돈초프가 발간한 월간지의 명칭은 서부 우크라이나의 저명한 민족주의자, 이반 프란코(Ivan Franko)가 발간했던 동명의 잡지 이름을 의도적으로 재사용한 것이다. 돈초프는 할리치나 지방에서 우크라이나 민족주의 운동이 태동하는 과정에서 이반 프랑코의 이름이 가지는 위상을 자신의 월간지에 투영시키고자 했던 것으로 보이지만, 민족주의자인 동시에 본질적으로 인민주의적 사회주의자임을 자처했던 프랑코의 우크라이나 민족주의와 돈초프의 극단적인 민족주의 간 공통점은 거의 존재하지 않는다.
30) Taras Kurylo, "The 'Jewish Question' in the Ukrainian Nationalist Discourse of the Inter-War Period," *Polin*, 26, 2013, p. 249.

다.[31) 제목 자체가 직관적으로 보여주듯 이 책은 파시즘 이데올로기의 주 동원기제 중 하나인 극단적 "민족지상주의"와 더불어 세계를 "아(我)와 비아(非我)의 투쟁"으로 보는 이분법적 세계관과 인종주의적 역사관을 주요 특징으로 하는 전형적인 파시즘 저작물로서, 1926년에 초(初) 출간된 이 책을 통해 돈초프는 다음과 같이 과감히 선언했다. "우리와 함께하지 않는 이들은 누구든 … 모두가 우리의 적이다."[32)

돈초프가 말한 "우리"는 누구였던가? 돈초프의 "우리"는 물론 우크라이나인 전체를 의미하지 않았다. 돈초프의 "우리" 속에는 합리적 이성과 지성, 진보에 대한 믿음, 그리고 인류애 및 도덕이라는 보편가치를 완전히 도외시한 채, 우크라이나 독립 국가 수립이라는 민족적 이상과 대의를 위해 모든 것을 던지며 민족을 위해 헌신할 수 있는 "광신자"만이 포함되었기 때문이다. 자신의 저작에서 돈초프는 운동으로서의 민족주의를 시종일관 "민족적 광신주의(Natsional'nii fanatizm)"의 동의어처럼 사용하고 있는데, 이는 돈초프가 이른바 "민족적 광신"을 우크라이나 독립의 성취를 가능하게 만들 유일무이하며 필수불가결한 투쟁의 현실적 방식으로 바라보고 있었기 때문으로, 돈초프의 표현을 직접 빌면 "민족적 광신주의란 [역사적으로] 강한 민족들의 무기로 각 민족들이 위대한 성취를 이루는 것을 조력하는 수단"[33)을 의미했다. 돈초프에게 세계사의 전개과정은 "강한 민족만이 살아남는 약육강식의 정글"에 다름 아니었으니, (그가 보기에) 한 민족집단이 이러한 정글 속에서 생존하기 위해서는 반드시 다른 민족집단에 대한 정복자가 되어

------

31) Dmitro Dontsov, *Natsionalizm* (L'vov: Nove zhittia, 1926; London: The Ukrainian Publishers, 1966).

32) *Ibid.*, p. 215 (page citations are to the reprint edition).

33) *Ibid.*, p. 218.

야만 했는데, 이를 위해 갖추어야 할 "필수부가결한 자질"이 바로 "민족적 광신" 또는 계속된 돈초프의 부연설명에 의하면 "(타 민족에 대한) 분노와 갈망 및 증오"였던 것이다.[34]

이러한 맥락에서 돈초프는 우크라이나 민족주의 운동의 근본 문제를 (타 민족에 대한) "분노와 갈망, 증오의 부재," 즉 "민족적 광기의 결여"로 진단했다. 폴란드와 러시아에게 동서로 쪼개진 채 예속된 당대 우크라이나의 현실은 돈초프에게는 "분노와 갈망, 증오의 부재"를 보여주는 산 증거였던 것이다. 이 현실을 극복하기 위한 해답을 인류의 역사 속에서 찾으며 돈초프는 특히 "정복당하기 전에 공격하여 [적들을 먼저] 정복해야 함"의 중요성을 강조했는데, 이는, "… [각 민족들에게] 삶의 목표는 소유와 지배에 있기 때문"으로, 돈초프가 바라 본 "[민족으로서의] 삶의 본질은 [타 민족을] 복종시키고 [영토적으로] 팽창하며 권력을 추구하는 … 것"에 있었다.[35] 그렇다면 우크라이나 민족주의 운동은 왜 복종시키고 팽창하며 권력을 추구해야 하는가? 돈초프의 대답은 다음과 같았다. "자연의 법칙은 [곧] 힘의 법칙이다. … [민족의] 팽창은 해당 민족이 가진 생존 의지의 자기 확인인 동시에 다른 민족들에게는 해당 민족의 생존 의지를 거부하는 행위의 발로이기 때문이다."[36] 같은 논리의 연장선상에서 돈초프는 자신의 옛 스승 맑스가 계급들 간의 투쟁이 역사적으로 피할 수 없는 필연적 과정이라고 보았던 것처럼 "[민족들 간의] 투쟁 역시 [역사적으로] 피할 수 없는 과정"이라고 주장하였으니,[37] 그에게 각 민족들 간에 벌어지는 전쟁은

34) *Ibid.*, p. 225.
35) *Ibid.*, p. 239.
36) *Ibid.*
37) *Ibid.*

"항구적인 [역사의] 법칙"에 다름 아니었던 셈이다.[38] 세계는 각 민족들이 정복하고 정복당하는 약육강식의 정글로서만, 인류의 역사는 생사를 건 민족 간 대결이 벌어지는 무대로서만 바라보던 돈초프식 역사 인식의 논리적 귀결은 자명했으니, 그것은 바로 우크라이나판 "인종주의(*Rasoznavstvo*)"였다. 돈초프에게 인종주의란 역사발전을 추동하여 변화를 이끌어 내는 진보의 원동력이었으니, 이는 "자연과 역사란 … 어떤 인종이 강하고 약한지만을 알며 … 강한 인종은 약한 인종의 희생 하에 자유를 되찾게 되기 [때문]"으로,[39] 돈초프에게 독립 국가의 수립이라는 우크라이나 민족주의의 오랜 숙원은 우크라이나인이 (독일인이나 이탈리아인처럼) 다른 민족의 희생하에 "스스로가 강한 인종임을 입증할 경우"에만 실현 가능한 시나리오였다.

문제는 우크라이나 민족운동이 당면한 당대의 현실이었다. 돈초프의 바람과는 상반되게 자신만의 자주적 독립 국가를 아직 이루지 못한 우크라이나인은 돈초프의 입장에서 볼 때 여전히 이웃한 다른 강한 민족들(돈초프에게는 특히 러시아)의 지배를 받고 있었기 때문이다. 그렇다면 어떻게 해야 우크라이나인들은 스스로가 강한 인종임을 입증하며 독립을 위한 자유를 되찾을 수 있을 것인가? 우크라이나인은 어떻게 해야 다시 강해질 수 있는가? 돈초프에게 해답은 너무도 분명했다. 그에게 우크라이나 민족주의 운동의 유일한 활로란 "분노와 갈망, 증오"에 기초하여 "도덕적 가치를 완전히 무시하는 순수하고 완전하며 아름다운 폭력"에 의해서만 찾을 수 있는 길이었던 것이다.[40] 보편적 인류애

----

38) *Ibid.*, p. 243.
39) *Ibid.*, p. 262.
40) *Ibid.*, p. 283.

에 기초한 도덕과 윤리를 우크라이나 민족운동에 요구되는 "순수하고 완전하며 아름다운 폭력"의 수행에 큰 걸림돌로 작용하는 속물적 가치로 질타하며 돈초프는, 도덕과 윤리가 전적으로 민족운동의 대의에 도움이 되는가 아닌가의 여부로 판단되어야 할 문제라고 주장하였다. 따라서 돈초프 자신의 표현을 다시 빌리자면 "[도덕적으로] 좋은 행동이란 [우리] 민족의 이익이 되는 행동이며, 나쁜 행동이란 [우리] 민족의 이익에 해를 가져오는 행동"으로41) 여기서 폭력은 민족에 이익을 가져올 수 있는 "한 민족이 가진 유일한 수단"이었으며, 돈초프는 그 폭력 행위의 수행에 있어서는 어떠한 인도적 가치도 가차 없이 배제한 채 독립투쟁은 "야수와 같이 폭력적인 방식"으로 추구되어야 한다고 단언했다.42) 같은 맥락에서 그는 역사 속에서 나타나는 민족 갈등을 "[한 민족의 다른 민족에 대한] 복종과 지배를 위한 투쟁"으로 규정하였으니,43) 돈초프는 역사 속에 이 투쟁이 현실화되는 힘의 투사방식 즉 "침략"을 모든 민족주의 운동이 추구해야 할 본원적 속성으로 이상화했다.

같은 맥락에서 돈초프는 "[모든] 민족에게는 정복할 것인가 아니면 [정복당하여] 소멸할 것인가"라고 하는 근원적 딜레마가 존재한다고 보았으니, 돈초프가 보기에 현 단계에서 우크라이나인들이 독립 국가를 수립하고 생존하기 위해 취할 수 있는 다른 선택의 여지는 없었다. 그에게 우크라이나 독립 국가 수립의 염원은 우크라이나 민족운동이 얼마나 "야수와 같이 폭력적인 방식"으로 타 민족에 대한 "침략과 정복"을 수행할 수 있는가에 의해서만 실현될 수 있는 사안이었던 것

....

41) *Ibid.*, p. 271.
42) *Ibid.*, p. 283.
43) *Ibid.*, p. 284.

이다. 1917년 당시 민중 주도로 이뤄진 밑으로부터의 이른바 "우크라이나 혁명"의 대실패를 현장에서 직접 지켜보며 절망한 당대의 많은 우크라이나 지식인들처럼, 돈초프에게 침략과 폭력행위의 주체는 민족의 절대다수를 구성하는 민중(특히 우크라이나의 경우는 당대의 시점에서 인구의 압도적 다수를 차지하던 농민)이 아니었으며 민중이 되어서도 아니 되었다. 돈초프는 대신 우크라이나 민중들에게 "분노와 갈망, 증오"에 기초한 폭력을 고취시키고 "야수와 같이 폭력적인 방식"으로 타 민족에 대한 침략을 이끌어 갈 엘리트 집단의 도래를 꿈꾸며 자신의 저작물을 통해 이들을 양성하는 데 전력을 기울였는데, 그 집단을 돈초프 자신은 다음과 같이 정의했다. 이들은 "민족적 대의를 고취하고 유포하는 … 적극적인 소수 그룹"으로 그들은 "무지몽매한 [즉 우크라이나 민족의식이 희박한 우크라이나 농민] 대중들에게 민족적 대의를 가르치고 … 인민대중을 [독립] 투쟁을 위해 동원할 수 있는 [선도자] 그룹"[44]을 의미했다. 돈초프가 꿈꾸던 이들 엘리트 집단은 과연 누구였던 것인가? 바로 OUN(*Orhanizatsiia Ukrains'kikh Natsionalistiv*)이었다.

Ⅲ OUN의 조직과 이데올로기

OUN은 1929년 1월 28일 오스트리아 빈에서 일군의 망명 우크라이나인 독립운동가들과 할리치나 지역 민족주의 활동가들이 참여한 "제1차 우크라이나 민족주의자 대회"에 의해 역사에 처음으로 등장하였다.[45] 우리말로 직역하면 "우크라이나 민족주의자단"이라는 매우 포

----

44) *Ibid*., pp. 285 – 286.

괄적인 조직명이 시사하듯, OUN은 애초 각기 분열된 채 활동하던 여러 우크라이나 민족운동 조직을 포괄하여 통합하는, 범국민적이고 범민족적인 독립운동단체를 결성한다는 대의명분 속에 출범하였다.[46] 이렇듯 통합을 표방하며 시작되었고 또한 이전까지 UVO와 별개로 활동하던 몇몇 우파 학생운동 단체들이 새로이 출범한 OUN에 합류하게 되었지만, 결성 당시의 시점에서 볼 때 OUN은 전체 우크라이나인을 대표하는 진정한 범우크라이나 독립운동 조직이라기보다는 당시 나날이 과격화하던 우익 계열 우크라이나 민족운동 단체들이 UVO를 주축으로 결합한 결사체에 가까웠다고 할 수 있다.[47] 이는, 사회주의 성향의 활동가들과 헤트만 스코로파드스키(Pavel P. Skoropadskii)가 이끌던 보수 민족주의 진영이 참가하지 않았던 것은 물론이고, UVO(와 OUN)의 주 지지기반이던 할리치나 지역에서도 친소적 노선을 취하던 사회주의 계열과 폴란드 통치에 선택적으로 협력하던 소위 "친폴파" 온건 민족운동진영의 경우 OUN의 노선과 정치적 지향에 (적어도 OUN의 대중적 인기가 할리치나 전역으로 폭발적으로 증가하는 1930년대 후반까지는) 전혀 동조하지 않았기 때문이었다.[48] "우크라이나 민족주의자 대회"에서

....

45) Mirchuk, *Naris*, pp. 88–90.
46) *Ibid*.
47) OUN을 출범시킨 주축은 UVO였지만, UVO 외에 우크라이나 민족주의 청년연합(*Soiuz Ukrains'koi natsionalistichnoi molodi*), 우크라이나 민족주의자 연맹(*Legiia Ukrains'kikh natsionalistiv*), 우크라이나 민족주의 청년 그룹(*Hrupa Ukrains'koi national'noi molodi*)과 같은 극우 우익 민족주의 단체들(특히 급진 학생운동 조직)이 함께 결성에 참여하였다(*ibid.*, p. 88–90; Motyl, *The Turn to the Right*, p. 146).
48) OUN과 대립하던 온건 민족주의자 조직체 중에서 가장 대표적인 단체를 꼽는다면, 간전기 폴란드 의회에서 할리치나 지방을 대변하는 지역정당으로 활동하던 "우크라이나 민족민주연합(*Ukrains'ke natsional'no-demokratichne ob'ednannia*: UNDO)"을 들 수 있다. 우니아트 교회와의 밀접한 협력 아래 주

1929년 1월 OUN 창립 발기인들의 단체사진

출처 : Mirchuk, *Naris istorii Orhanizatsii Ukrains'kikh Natsionalistiv*, p. 89.

OUN의 출범을 주도한 이들은 1920년대 반(反)폴란드 무장투쟁을 수
행하던 예브헨 코노발레츠, 미콜라 스치보르스키(Mikola Stsibors'kii), 볼
로디미르 마르티네츠(Volodimir Martinets')와 같은 UVO의 옛 지도자들

로 보수적 자유주의자와 온건 사회민주주의자들로 구성되었던 이 정당은 우크
라이나의 독립을 궁극적으로 지향하면서도 현실 정책에서는 폴란드 당국의 통
치를 현실로 받아들이며 우크라이나인의 문화적 자치와 권익 보호에 주력하던
합법 정치 조직이었다. 이들은 UVO와 OUN이 주도하던 무차별적 테러와 무장
투쟁에 반대하였고, 폴란드 당국과 협력하며 우크라이나 독립을 위한 여건을 점
진적으로 만들어간다는 이들의 온건 노선은 OUN에 의해 "친폴란드파"이자 반
역행위로 매도되었다. 그 결과 OUN과 민족민주연합은 시종일관 적대적 긴장
관계에 있었으니, OUN에 의해 살해당한 피해자 중 상당수가 민족민주연합 소
속의 이른바 "친폴파" 정치인들이었던 것은 물론이다. 민족민주연합의 활동에
대한 자세한 내용은, R. B. Puida, "Parlamentska diial'nist' Ukrains'kogo
natsional'no-demokratichnogo ob'ednannia, 1928-1939 rr.," *Prikarpats'kii
Visnik NTSH.* (*Seriia "Dumka"*), 15-3, 2011, pp. 176-181; B. Khruslov,
"Politichna diiatel'nist' Ukrains'kogo natsional'no-demogratichnogo
ob'ednannia, 1925-1939 rr." Unpublished Ph. D. Candidate Thesis
(Chernivets'kii natsional'nii universitet imeni Yuria Fed'skovicha), 2000을
보라.

이었으며, 이른바 OUN의 "프로비드(Provid: 지도부)"를 구성한 주요 인물들 역시 구(舊) UVO 출신들이었다. 이처럼 인적 구성에서 발견되는 연속성에도 불구하고 UVO와 OUN은 근본적인 속성에서 성격이 엄연히 다른 조직으로, 두 조직 간의 차별성은 시간이 갈수록 확연히 더 커지며 종국에는 OUN이 UVO를 완전히 대체하게 되는데, 그 차이는 다음의 두 가지 측면에서 확인할 수 있다.

첫 번째 차이는 바로 독립투쟁을 위한 체계적인 비전과 투쟁의 청사진 및 목표, 그리고 구체적인 행동 강령을 제시한 OUN의 이데올로기였다. 앞서 언급했듯이 UVO는 우크라이나 독립 국가 건설 투쟁을 지속적 무장 항쟁을 통해 (비록 그 활동은 군사적 활동이라기보다는 요인암살, 우체국 습격, 비무장 민간인 살해와 같은 테러가 주를 이루었지만) 이어나가려는 무장 독립운동 단체였고, 이런 점에서 UVO는 당대에 존재하던 여러 피식민지 국가들의 독립운동 조직(예컨대 굳이 유사한 사례를 찾자면 일본 식민통치기에 활동하던 식민지 조선의 북로군정서[北路軍政署]나 의열단[義烈團] 및 광복군[光復軍])과 그 성격이 매우 유사한 조직이었다고 할 수 있다. 우크라이나 국가를 어떻게 수립하고 건설하며 운영해 나갈지에 대한 명확한 정치적 청사진과 비전을 제시하기보다는 무장 테러를 통한 투쟁(그리고 이러한 활동을 통해 국제사회를 향해 우크라이나 독립투쟁의 대의를 알리는 것)에 주 초점을 맞춘 UVO와는 달리, OUN은 적어도 명목상으로는 모든 우크라이나 독립운동 단체를 통합하는 전방위적이고 범국민적인 범우크라이나 민족운동을 표방했고 그에 걸맞은 명확한 이념과 구체적 실행 프로그램을 갖추고 있었다는 점에서 UVO와는 사뭇 성격이 다른 결사체였던 것이다. 다시 말해 UVO가 무장투쟁을 위한 소수 정예의 비밀 결사체임을 표방했다면, OUN은 우크라이나 인민을 독립투쟁의 대의로 끌어드리고 동원하기 위한 "엘리트 주도하의 혁명적 대중운동 조직"으로 그 차이를 정의할 수 있겠다. 그렇다면 이러한 목표를 실현하기 위한 OUN의 프로그램은 구체적으로 무엇이었던 것인가? 그들이 꿈꾸던 독립 우크라이나의 청사진은 무엇이었으며 독립을 실현하기 위한 그들의 투쟁 프로그램은 어떠한 내용이었던가? OUN이 추구한 이데올로기의 어떠한 면모가 이 운동을 범유럽 파시즘 운동의 일원으로 만들게 되었던 것인가?

이러한 의문에 대한 첫 번째 해답은 "우리와 함께하지 않는 자들은 모두가 우리의 적이며" "민족은 모든 것에 우선한다"는 OUN의 슬로건으로 대변되는 극단적인 "배제적 민족주의(Exclusive Nationalism)"에서 찾을 수 있다. 돈초프의 영향이 짙게 배어나는 OUN의 이러한 민족주의 담론 속에서 확인되는 "배제"의 기준은 물론 우크라이나인의 민족 정체성을 "핏줄"과 "인종"에서 찾는 인종주의였다. 역사를 민족들 사이에 벌어지는 항구적 투쟁의 무대로 바라 본 "우크라이나 파시즘의 아버지" 돈초프의 강력한 영향을 반영하듯, OUN의 소장 활동가이자 이론가였던 야로슬라브 오르샨(Iaroslav Orshan)은 "인종주의(*Rasoznavstvo*)를 세계 역사 [발전]의 열쇠"로 규정하였다.[49] 독일 나치즘과 지극히 흡사한 이러한 인종주의적 세계관은 OUN이 스스로를 세계 파시즘 운동의 위풍당당한 구성원으로 자랑스럽게 자임할 수 있는 훌륭한 근거가 되었으니, 오르샨은 OUN이 추구하는 민족주의 이데올로기의 파시즘적 속성을 다음과 같이 정의하였던 바 있다. "[이탈리아] 파시즘과 [독일] 나치즘, 그리고 우크라이나 민족주의는 … 같은 [인종주의 기반의 민족주의] 정신이 민족에 따라 [각기] 다르게 나타나는 표현이다."[50] 역시

....

49) Iaroslav Orshan, *Doba natsionalizmu* (Paris, 1938), p. 5.

OUN의 소장 활동가이자 1941년 6월 30일 나치 점령하 리보프시에서 선포된 이른바 "우크라이나 독립 선언"의 주역 야로슬라브 스테치코는 다음과 같이 예언했다. "파시즘과 나치즘 그리고 다가올 우크라이나인의 [민족] 봉기는 하나의 [파시즘] 세계 혁명의 [연쇄적] 연결고리들이다."51) 나치가 설정한 독일인의 범주가 그러하였듯이 OUN이 설정한 우크라이나인의 범주 속에 당대 우크라이나 지역에 살던 수많은 타자들은 결코 포함될 수 없었다. 오랫동안 우크라이나 영내에 함께 거주해 왔으며 OUN이 "정복자"로 인식하던 폴란드인과 러시아인과 같은 강력한 이웃들이 독립 우크라이나에서 배제되어야 했음은 물론이었으니, "우크라이나 땅에서 모든 정복자들을 [물리적으로] 완전히 제거해 버릴 때에만 우크라이나 국경 내에서 우크라이나 민족의 광범위한 성장이 가능하다"는 것이 OUN의 공식 견해였던 것이다.52)

OUN의 배제적 민족주의에서 주목할 만한 또 다른 배제의 대상은 바로 유대인이었으며, OUN 내부에서 강력하게 작동한 반(反)유대주의 담론은 OUN이 범유럽 파시즘 운동의 일원으로 분류될 수 있는 또 다른 이유이기도 하다. 우크라이나에서 오랫동안 소수자이자 약자로 탄압받아온 유대인은 어떤 기준으로 보아도 OUN이 규정한 정복자의 모습에는 전혀 부합하지 않았지만 유대인에 대한 OUN의 증오와 반감 그리고 혐오는 그 정도 및 심각성에 있어 나치의 그것에 전혀 뒤처지

50) *Ibid.*, p. 29. 원문은 다음과 같다. "Natsionalizmi: Fashizm, natsional-sotsiializm, ukrains'kii natsionalizm ... tse rizni natsional'ni vislivi odnogo dukha ... (*ibid.*)."

51) Carynnyk, "A Knife," pp. 5–6.

52) Aleksandr Diukov, *Vtorostepennyi vrag: OUN, UPA i reshenie 'evreiskogo voprosa'* (Moscow: Fond "Istoricheskaia pamiat'," 2009), p. 32.

지 않았다. OUN이 표방한 반(反)유대주의는 역사적으로 뿌리 깊은 우크라이나 민중의 반(反)유대주의 정서를 반영하듯 많은 우크라이나 농민들을 OUN식 파시즘 혁명의 대오로 유인한 매우 인기 있는 동원 기제 중 하나였지만, OUN의 반(反)유대주의는 전근대 우크라이나 농민의 그것처럼 문화적이고 종교적인 차이에 기반한 것이 아니라 본원주의적(Primordialistic) 인종주의에 기반한 "근대적 이데올로기"였다는 점에서 우크라이나의 전통적인 반(反)유태 정서와는 크나큰 차이가 있었다고 할 수 있다. 기독교로의 개종을 통한 "동화"라고 하는 근본적인 탈출구가 존재했던 전근대 시기의 유대인과는 달리, OUN이 활보하던 1930년대의 서우크라이나와 1940년대의 나치 치하 우크라이나에서 유대인에게 생존의 가능성은 거의 존재하지 않았다. 이는 물론 종교나 문화가 아니라 "인종"이라는 본원주의적 측면에서 유대인을 규정하고 정의하는 나치 독일의 시선과 관점을 OUN이 전적으로 수용하여 내면화시켰기 때문으로, OUN식 인종주의 담론의 시선 속에서 유대인은 OUN의 한 지도자가 남긴 다음의 기록에서 확인할 수 있듯이 우크라이나인의 인종적 순수성을 더럽히는 주범으로 [이전과 같이] 동화가 아니라 "배제," 보다 정확히 말하자면 "물리적 제거"의 대상이었다.

"유대인을 어떻게 처리해야 하는가? 우리에게는 이백만 명의 유대인이 있다. 그들이 우크라이나 민족 유기체를 더럽히는 것을 허락해야 하는가? 그들을 받아들여야 하는가? … 유대인들을 우크라이나로부터 쫓아낸다면 … 어디로 [보낼 것인가]? 그 어느 누구도 유대인을 원하지 않는다. 모두가 그들을 제거하고 싶어만 할 뿐이다."53)

독소전 발발 이후 나치의 홀로코스트와는 별개로 우크라이나 전역에서 OUN의 주도하에 자행된 광란의 포그롬과 유대인 학살에 대한 일부 우크라이나 민중의 열광적 호응이 보여주듯 유대인 문제에 대한 OUN의 해법은 지극히 단순명료했다. 돈초프식으로 바꾸어 표현하면 "도덕적 가치를 완전히 무시하는 순수하고 완전하며 아름다운 폭력"을 통해 "그들이 자발적으로 걸어 나가지 않는다면 그들을 모두 제거하는 것"이 OUN이 꿈꾸던 해결책으로, OUN 지도자 안드리 멜닉(Andrii Mel'nik)의 표현을 빌리자면 "… 우크라이나 독립을 위한 무장투쟁에서 보다 많은 유대인이 살해당하면 당할수록, 그것은 [이를 통해 수립될] 우크라이나 국가를 위해서는 [더욱] 바람직한 일"이었던 것이다.54)

"인종적으로 순수한 우크라이나 단일 민족국가 수립"이라는 인종주의적 지향 외에도 OUN의 이데올로기 속에는 "혁명적 우파"로서의 특성이 담긴 파시즘의 여러 요소가 곳곳에 스며들어 있었으니, 이러한 혁명성이야말로 OUN이 기존의 우크라이나 민족운동은 물론이고 일반적 의미의 식민지 민족주의 운동과 결정적으로 차별화되는 요소라고 할 수 있다. 독립 국가 수립이라는 목표를 우선적으로 추구했던 여타 우크라이나 민족주의 운동 단체와 달리 OUN의 목표는 단순히 우크라이나 독립의 쟁취에 있지 않았다. 많은 급진적 민족주의 지식인과 독일 노동계급을 제3제국 건설을 위한 "민족혁명"의 혁명 대오로 끌어드린 독일의 나치와 흡사하게, OUN은 독립의 쟁취라는 일반적 대의를 넘어

---

53) Kurylo, "The 'Jewish Question,'" p. 712.
54) Rossoliński-Liebe, *Stepan Bandera*, p. 75.

서 우크라이나 사회 전반의 "혁명적 개조와 변혁"을 동시에 꾀하고 있었기 때문이다. 다시 말해 OUN은 우크라이나 땅에 파시즘 유토피아의 실현을 꿈꾸던 진정한 의미의 "급진 혁명가들"이었다고 할 수 있다.

OUN의 혁명론은 두 개의 단계로 구성된 OUN의 "혁명 프로그램" 속에서 구체화되었다. OUN에게 있어 우크라이나식 파시즘 체제 건설의 첫 단초는 독립 쟁취를 위한 기반을 창출하기 위해 우크라이나 민중을 봉기시키는 "영구혁명(Permanentna revoliutsiia)"의 단계였다.[55] 이 단계는 우크라이나를 정복하고 있는 외세(즉 러시아와 폴란드)에 대한 항구적이고 지속적인 무장투쟁을 의미했는데, 압도적 외세의 지배를 받고 있는 우크라이나의 절망적 상황을 고려하여 OUN은 우크라이나 전역이 연속적인 폭력의 순환과 대규모의 반란으로 전화(戰火)로 휩싸이게 될 때에만 비로소 우크라이나 독립의 기회가 도래할 것이라고 예측했고, 이 기회를 마련하기 위한 OUN의 전략이 바로, "광범위한 대중을 … 혁명적 방식으로 준비시키는 민중 봉기(Narodne povstannia)"[56]를 통해 우크라이나 전역을 항구적인 폭력과 피바람의 소용돌이 속으로 몰아넣는 "영구혁명"이었던 것이다.[57]

이른바 "영구혁명"이 우크라이나의 독립을 쟁취할 수 있는 외부적이고 정황적인 여건을 조성하는 단계를 의미했다면, 두 번째 단계인 이른바 "민족혁명(Natsional'na revoliutsiia)"은 우크라이나의 독립을 쟁취함과 동시에 오로지 인종적으로 순수한 우크라이나인으로만 구성된 우

----

55) Mirchuk, *Naris*, p. 137.
56) "Permanentna revoliutsiia," *Surma*, 10, 1930, p. 5, S. O. Lisina, "Programni dokumenti OUN: osnova tvorennia nezalezhnoi Ukrains'koi sobornoi samostiinoi derzhavi," *Derzhava ta armiia*, 809, 2014, p. 65에서 재인용.
57) Mirchuk, *Naris*, pp. 137-138.

크라이나 국민국가를 수립하고 OUN이 이끄는 파시즘 일당독재를 실현하기 위한 혁명적 실천의 단계였다고 할 수 있다.[58] 스스로를 우크라이나 민족운동 전체를 대표하는 범우크라이나 조직체로 자임하던 OUN은 자신 이외 다른 정당의 존재를 일체 용인할 의사가 없었고, 따라서 OUN 사상가들이 "민족혁명"을 통해 수립하고자 했던 독립 우크라이나의 정체(政體)는 대의제와 다당제 기반의 정당정치, 그리고 선거에 의해 민주적으로 운영될 국가는 결코 아니었다고 할 수 있다. 그렇다면 OUN이 꿈꾸던 우크라이나의 미래 정체(政體)는 구체적으로 어떠한 체제였던 것인가? OUN의 해답, 특히 OUN의 이론가 미콜라 스치보르스키가 제시한 해답은, OUN의 지도자이자 "민족의 수령 (*Vozhd' natsii*)"의 영도 아래 "민족의 이름으로" "민족을 위해" "민족에 의해" 주체적이고 자주적으로 수립될 "민족의 독재," "나치오크라티야 (*Natsiokratiia*: 민족정[民族政])"였다.[59] 나치오크라티야는 비록 OUN의 상상 속에서만 존재했고 구두 선언을 통해서만 실현에 옮겨졌으며[60]

----

58) *Ibid.*, pp. 138−139.
59) Mikola Stsibors'kii, *Natsiokratiia* (Paris, 1935), p. 56, pp. 72−73.
60) 야로슬라브 스테치코가 이끄는 할리치나 현지의 OUN-B(반데라 분파) 조직은 1941년 6월 30일 나치 독일에 의해 러시아로부터 "해방된" 할리치나의 주도 리보프에서 (나치 당국과는 일체의 사전 논의 없이) 우크라이나 독립 국가 수립을 선포하는 "민족혁명"을 시도하였다. OUN의 군사적 가치와 이데올로기적 동질성에 주목하여 이들을 이용하기는 하였으나, 실제로는 독립은커녕 우크라이나인들을 노예화하려고 계획하던 나치 당국에게 이러한 행위가 용인될 리는 만무했고, 사건의 주역 모두는 즉각 체포된 후 베를린으로 이송되어 가택 연금에 처해졌다. 1941년 6월 30일의 사건에 대한 자세한 내용은 다음의 연구와 자료집을 참조하라. Grzegorz Rossoliński-Liebe, "Ukrainian National Revolution of 1941: Discourse and Practice of a Fascist Movement," *Kritika: Explorations in Russian and Eurasian History*, 12−1, 2011, pp. 83−114; Orest Dziuban, ed., *Ukrains'ke derzhavotvorennia − Akt 30 chervnia 1941: Zbirnik dokumentiv i materialiv* (L'vov: Piramida, 2001).

실제로는 결코 수립된 적이 없기에 "민족정"의 실체가 어떠하였을지에 대해서는 알 길이 없지만, OUN식 "민족독재"의 진면목을 현실 속에서 확인하기란 어렵지 않다. 유사한 민족혁명을 통해 유사한 "민족의 독재" 혹은 수령의 영도 아래 일사불란한 "민중의 독재"가 실현된 독일과 이탈리아의 사례에서 볼 수 있듯이, 1930년대 OUN 지도부가 꿈꾸던 "민족정" 우크라이나의 실체는 사실상 나치 독일과 파시스트 이탈리아의 재현으로, OUN의 일당독재 아래 OUN을 이끄는 수령에 의해 민족의 이름으로 민중의 지지 속에서 일사분란하게 통치되는 파시즘 민중독재였던 것이다.[61] 돈초프가 꿈꾸던 "민족적 대의를 고취하고 유포하는 … 적극적인 소수 그룹"[62]으로서 OUN은 스스로를 민족혁명을 위한 "혁명의 전위"로 자처하였고 그들이 추구한 이 단계 혁명의 미래는 "나치오크라티야"의 형태로 실현될 파시즘 유토피아가 되어야 했다.

이렇듯 구체적인 청사진과 혁명 프로그램 속에 녹아 들어간 급진적 파시즘 이데올로기가 OUN과 UVO 간 첫 번째 차이였다면 두 조직 간의 또 다른 결정적 차별성은 OUN 출범 직후 각종 테러활동의 주역으로 활약하기 시작하며 급기야는 조직을 장악하기 시작한 "신세대 청년 파시스트"의 등장에서 확인할 수 있다. 앞서 언급했듯이 애초 OUN을 출범시킨 주역은 1920년대 우크라이나 민족운동 진영의 전반적 우향우 과정을 통해 "혁명적 우파"로 거듭난 코노발레츠와 같은 구(舊) UVO의 지도자들이었으며, 돈초프 역시 코노발레츠와 같이 구세대에 속한 인물이었다. 그러나 1930년대 OUN 조직, 특히 폴란드령 할리치나의 현지 조직에서 OUN의 주축을 이루었던 이들은 서우크라이나 현

---

61) Mirchuk, *Naris*, pp. 138-139.
62) Dontsov, *Natsionalizm*, p. 285.

지에서 태어나 거주하던 토착의 청년 민족주의자들이었는데, 이들 신세대 우크라이나 민족주의자들은 1920년대 UVO 활동을 기획하고 OUN의 정식 출범을 주도했으나 1930년대 이후에는 점차 노쇠화/보수화 되어가던 구세대와 여러 가지 측면에서 달랐다. 우선 구(舊) UVO의 지도자들은 전원이 19세기 후반 태생으로 제1차 세계대전에 (러시아 측 또는 독일/오스트리아 측에서) 참전하여 러시아 혁명(또는 독일 혁명과 헝가리 혁명)을 겪었으며 곧바로 이어진 우크라이나 혁명기에는 동부와 서부 우크라이나에 각기 수립된 우크라이나 독립 국가에서 활동하며 격동의 청년기를 보낸 인물들이었다. 또한 이들 구세대 독립운동가의 절대다수는 우크라이나 민족운동의 대오에 뛰어들 당시만 해도 자유주의적 온건 민족주의자 또는 정통 사회주의자로 출발하였으나, 우크라이나 혁명의 좌절을 경험한 이후인 1920년대부터 극우 파시스트로 거듭난 이른바 "전향한 파시스트"였다는 공통점을 가졌다.

신세대 파시스트들은 달랐다. 이들은 19세기 말이나 20세기 초에 출생하였으며 우크라이나 민족운동의 "우향우"가 시작된 1920년대 초반 대학이나 김나지움에 입학한 청년들로, 그 절대다수는 소속 대학이나 김나지움 내 극우 학생운동 서클에서의 민족주의 활동을 통해 우크라이나 독립운동의 대오에 뛰어든 "학생 운동권 출신"이었다고 할 수 있다. 이 당시 할리치나의 여러 김나지움과 대학은, 소련의 지배를 받던 동부 우크라이나와 폴란드의 통치하에 놓인 서부 우크라이나의 분단을 민족의 역사적 비극으로 바라보며 동서 우크라이나의 통일과 자주적인 독립 국가의 수립을 열망하는 급진 민족주의 학생운동의 온상(溫床)에 다름 아니었는데, 이들 "운동권" 청년 학생들에게 가장 결정적인 영향을 끼친 인물이 과연 누구였을지를 짐작하기란 어렵지 않다. 그 인물은 바로 "우크라이나 파시즘의 아버지" 드미트로 돈초프였다. 이들 운동권 학생들은 돈초프가 소개하고 보급한 서구 파시즘의 고전들과 돈초프 자신이 남긴 수많은 비합법 등사판 저작물과 합법 출판물을 읽으며 우크라이나 문제의 혁명적 해결을 약속하는 파시즘 운동의 대오에 열성적으로 뛰어들기 시작했던 것이다.[63] 1920년대 전반을 기준으로 연령적으로는 대다수가 40대와 50대 이상으로 최소 30대 후반 이상의 중장년층으로 이뤄진 구세대가 "우향우"를 통해 극좌에서 극우로 전향한 "거듭난 파시스트(Reborn Fascist)"였다면, 이 당시만 해도 거의 전원이 10대 후반 20대 초반의 청년이던 이들 운동권 신세대 학생들은 우크라이나 민족운동의 커리어를 시작하는 첫 단계부터 민족혁명을 통한 우크라이나 문제의 "혁명적 해결"을 꿈꾸던 "타고난 파시스트 (Natural-born Fascist)"로 정의할 수 있겠다.

이들 신세대 청년들을 구세대 민족주의자들과 구별짓는 또 다른 주목할 특징은, 이데올로기적 급진성과 더불어 즉각적인 행동을 통해 신속한 가시적 성과를 원하는 과격함이었다. 상대적으로 안전한 해외 망명지에 자리 잡은 구세대 지도자들과 달리 이들 신세대 "돈초프 키즈(Dontsov Kids)"는 대다수가 할리치나 현지에 거주하면서 해외의 UVO 지도부가 지시한 테러활동의 집행을 자발적으로 도맡았고, 그 과

....

63) 돈초프는 구세대 민족주의자들의 우향우에 결정적인 영향을 끼치는 동시에 그 자신의 생애부터가 전후 우크라이나 민족주의 운동에 일어난 "우향우"의 축도를 보여주지만, 구세대 민족주의자들과 신세대 청년 민족주의자들에게 돈초프의 위상은 달랐다. 구세대에게 돈초프가 우크라이나 민족운동의 우향우를 함께한 "동료"였다면 후자에게 돈초프의 위상은 다가 올 파시즘 유토피아의 도래를 예언하는 "선지자"의 그것에 가까웠기 때문이며, "세례 요한"의 역할을 자처한 돈초프에게 우크라이나 민족의 "메시아"로 선정된 인물이 바로 신세대 파시스트 그룹의 리더, 스테판 반데라였다.

정에서 얻게 된 수많은 살인의 체험과 그 대가로 치르게 된 치열한 옥고(獄苦)의 경험은 이들 청년 학생층 민족주의자들을 더욱 급진화/과격화시키는 계기로 작용하였다. 궁극적으로는 민족혁명을 통한 파시스트 우크라이나의 건설을 꿈꾸면서도 실제 행동에 있어서는 (물론 상대적인 의미에서) 여전히 신중하고 보수적인 접근을 취한 구세대 지도자들과는 달리, 이들 신세대 청년 파시스트들은 우크라이나 독립 쟁취를 위해 보다 가시적인 무장투쟁과 더욱 빠르고 즉각적인 결과를 원했다. OUN이 공식 출범하던 1929년만 해도 이들 신세대 파시스트의 영향력은 크지 않았지만, OUN의 테러활동이 본격 궤도에 오르며 유럽 전역에 전운(戰雲)이 감돌기 시작한 1930년대 후반부터 상황은 급격히 달라지기 시작했다. 이제 완전한 성년(成年)에 다다른 이들 "돈초프 키즈"는 중견 간부의 역할, 특히 OUN의 중장년층 지도부가 처형이나 수감으로 이탈한 할리치나 현지의 경우는 고위 간부의 직위를 맡으며 할리치나 현지 OUN 조직을 급속도로 장악해 나가기 시작했기 때문이다.

이들 청년 파시스트 세대를 대표하며 학생 운동권 세대의 리더로 떠오른 인물이 바로, 오늘날에도 여전히 우크라이나 민족주의 운동사에서 문제적 아이콘이자 논쟁적 유산으로 남아 있는 스테판 반데라(Stepan Bandera)였다. 우니아트 정교회 소속의 성직자 집안에서 태어나 이미 청소년기부터 UVO에 참여하여 일련의 테러활동에서 두각을 나타낸 반데라는 불과 24세의 나이로 할리치나 현지 OUN 조직의 최고 지도자가 되었던 인물로,[64] 1930년대 중반 일련의 테러 교사 혐의

---

64) Stepan Bandera, "Moi Zhittiepisni dani," in *Perspektivi ukrainskoi revoliutsii* (Munich: Vidannia Orhanizatsii Ukrainskikh Natsionalistiv, 1978), p. 7. 반데라가 어린 나이에 OUN의 할리치나 현지 조직의 최고 지도자로 떠오를 수 있었던 것은 동년배 사이에서 독보적이던 그의 카리스마 및 지도력 외에도, 폴란

로 폴란드 당국에 체포되었을 때 공판 과정에서 보여준 단호한 저항적 이미지와 카리스마로 할리치나 민중들 사이에 크나큰 대중적 명망을 얻은 신세대 파시스트의 대표주자였다. 할리치나 본토 현지 조직원의 대다수를 차지한 채 반데라의 리더십 아래 보다 과격한 투쟁을 원하던 이들 아들 세대의 청년층 파시스트와, 보다 신중한 접근을 원하는 중장년층 아버지 세대 지도자들 사이에 고조되던 긴장은, OUN 창설의 주역으로 그 자신은 구세대 민족주의자의 일원이었지만 청년층 조직원의 존경을 한 몸에 받던 예브헨 코노발레츠의 지도력과 카리스마에 의해 봉합되고 있었지만,[65] 1938년 봄 이후 상황은 일변하기 시작했다. 이는 코노발레츠가 1938년 5월 네덜란드의 로테르담에서 (스탈린이 직접 내린 특별지시에 의해) NKVD가 비밀리에 기획/실행한 특수작전에 의해 암살되었기 때문이다.[66]

....

드 당국의 계속된 탄압으로 구세대에 속한 노장층 OUN 지도자들이 계속 체포되어 심각한 지도부 공백상황이 만들어졌기 때문이었다.

65) Armstrong, *Ukrainian Nationalism*, p. 41.

66) 코노발레츠는 스탈린이 개인적으로 내린 특별 지령을 받고 우크라이나 출신의 OUN 추종자로 위장하여 접근한 NKVD의 전문 암살요원에 의해 피살되었다. 코노발레츠를 살해한 인물은 지금까지도 소련/러시아 역사상 가장 성공적인 특수요원 중 한 명으로 리하르트 조르게(Richard Sorge)와 더불어 전설적인 명성을 남긴 파벨 수도플라토프(Pavel Sudoplatov)였는데, 그 자신이 우크라이나 출신으로 우크라이나 서부 방언에 능통했던 수도플라토프는 소비에트령 우크라이나 현지에서 활동하는 반(反)소비에트 조직의 일원이자 OUN의 추종자로 위장한 채 코노발레츠에게 접근하였고, 양자의 면담은 1938년 5월 23일 네덜란드 로테르담의 한 호텔에서 성사되었다. 네덜란드 경찰 측의 조사에 의하면 회합이 끝난 직후 수도플라토프는 "호의의 표시로" 선물용 초콜릿 박스를 코노발레츠에게 전달하였는데, 이후 이 선물을 휴대한 채 숙소로 귀가하던 코노발레츠는 초콜릿 박스 속에 숨겨진 특수폭탄의 폭발로 몸이 산산조각이 난 채 현장에서 즉사하였다. 한편 사건 발생 직후 로테르담에 입항한 소련 상선을 타고 레닌그라드로 도주한 수도플라토프는 제2차 세계대전 종전 후에도 OUN의 군사조직 UPA의 사령관, 로만 슈헤비치를 매복/사살하는 특수작전을 진두지휘하며 OUN의 입장에서는 사실상 천적(天敵)과 같은 존재가 되었다. (비록 실패로

코노발레츠의 암살 이후 OUN은 분열되었다. 해외에 거주하던 구세대 파시스트들은 즉시 이탈리아의 로마에서 OUN 전체 대의원 총회를 열고 코노발레츠의 후계자로 암살당한 옛 영도자의 측근으로 오랫동안 그를 보좌해 온 안드리 멜닉을 OUN의 새로운 "수령"으로 선출했지만,[67] 할리치나 현지의 청년 파시스트들은 해외의 장년층 세대가 주도한 이러한 인선을 받아들이지 않았다. 반데라의 친우이자 오른팔로 훗날 OUN의 무장조직, "우크라이나 봉기군(*Ukrains'ka Povstans'ka Armiia*: UPA)"의 최고사령관이 되어 수없이 많은 무고한 유대인과 폴란드인들을 "독립투쟁"의 일환으로 살해하게 될 로만 슈헤비치(Roman Shukhevich), 반데라를 대신하여 1941년 리보프에서 독립 (파시스트) 우크라이나의 출범을 공식 선언하게 될 "민족혁명"의 주역, 야로슬라브 스테치코, 1941년에는 나치 점령 하 리보프시의 치안 책임자로 많은 유대인을 살해했으며 (독일 게슈타포에 의해 방첩전문가로 전문적인 훈련을 수료한 후인)[68] 1943년과 1944년에는 UPA의 방첩부대 지휘관으로 볼린 지역의 폴란드인 대학살을 진두지휘할 미콜라 레베드(Mikola Lebed')등 할리치나 현지의 "돈초프 키즈"는, 폴란드 크라쿠프에서 새롭게 자신들만의 OUN 대의원 총회를 소집 후 독자적인 "혁명 지도부

끝났지만) 스탈린이 자신과 대립 관계에 있던 유고슬라비아의 지도자, 티토 암살 작전의 집행을 맡긴 책임자 역시 수도플라토프였다. 코노발레츠의 암살에 대한 보다 자세한 정보는 Marc Jansen and Ben de Jong, "Stalin's Hand in Rotterdam: the Murder of the Ukrainian Nationalist Yevhen Konovalets in May 1938," *Intelligence and National Security*, 9-4, 1994, pp. 676-694를 참조하라.

67) Smyslov, *Stepan Bandera*, p. 80.

68) Richard Breitman, *Hitler's Shadow: Nazi War Criminals, U. S. Intelligence, and the Cold War* (Washington, D. C.: National Archives and Records Administration, 2010), p. 74.

(*Revoliutsiinii provid*)"를 구성하고 코노발레츠의 후계자로 자신들의 리더, 스테판 반데라를 OUN의 새로운 영도자(*Providnik*)로 선출했다.[69]

서로 정통성을 주장하는 두 개의 경쟁적 OUN 분파가 출현하게 된 결과는 자명했다. OUN은 멜닉을 수장으로 하는 "멜닉파 OUN(이하 'OUN-M'으로 통칭)"과 스테판 반데라를 수반으로 하는 "반데라파 OUN(이하 'OUN-B'로 칭함)"로 분열되었던 것이다. 양 조직은 향후 우크라이나 파시즘 운동의 헤게모니와 히틀러의 총애를 두고 치열하게 경합하며 (상대 조직원을 살해하기까지 하는) 적대적 관계로 들어가게 되지만,[70] 두 조직은 이데올로기적인 측면에서 볼 때 여전히 동일한 목표를 가진 집단이었다. 이는 두 조직 모두가 나치 독일과의 밀접한 협력 속에서 민중 지향의 혁명적 인종주의와 반(反)유대주의, 반공주의적 반소노선 같은 파시즘의 대의를 추구했던 것과 동시에, 우크라이나 문제의 해결을 "영구혁명"과 "민족혁명"을 통한 파시즘 우크라이나의 수립 속에서 찾는다는 총론에 있어 양 집단의 지향은 궁극적으로 거의 일치했기 때문이다.

양 조직의 차이는 세대 차이 외에도 영구혁명과 민족혁명을 구체적으로 어떻게 실현할 것인가의 문제, 보다 구체적으로는 그리고 "제2

....

69) S. M. Mechnik, *V pidpilli revoliutsiinoi OUN* (L'vov: Vidavnitstvo Feniks, 1993), p. 139; Smyslov, *Stepan Bandera*, pp. 92 – 93; Armstrong, *Ukrainian Nationalism*, p. 62.

70) 상당수의 OUN 조직원들이 양 조직 간의 경합 과정에서 사망하였다. 가장 주목할 만한 사례는 오멜리얀 세닉(Omeliian Senik)과 미콜라 스치보르스키와 같은 OUN-M 지도부 요인들의 암살 사건으로, 멜닉의 최측근이던 이들은 1941년 9월 독일군 점령하 지토미르(Zhitomir)시에서 OUN-B 소속 암살자의 총격을 받고 살해되었다(*ibid.*, pp. 94 – 95). 사건 직후 OUN-M은 휘하 조직원들에게 즉각적인 보복을 명하였고 이 사건을 계기로 두 OUN 분파는 제2차 세계대전 기간 내내 서로가 서로를 살해하는 본격적인 적대관계에 들어섰다.

차 세계대전이라는 현 상황을 어떻게 볼 것이며 현 단계에서 OUN은 우크라이나 독립의 실현을 위해 어떠한 선택을 해야 하는가"에 대한 각론의 문제에서 찾을 수 있으며, 그 차별성은 독소전 발발 후 양 집단이 선택한 노선 차이 속에서도 확인된다. OUN의 두 분파는 모두 나치 독일의 소련 침공을 우크라이나 독립의 여건을 마련하는 "영구혁명"의 단계로 인식했지만, 그 다음 단계인 민족혁명을 어떻게 추구해야 하는가의 문제에 있어서 양 조직은 서로 다른 입장을 취했다. 먼저 OUN-M은 우호국이자 후견 세력인 나치 독일의 승리가 전제된 후에야 우크라이나 독립이 가능하다고 보며, 독일과 소련 간의 생사를 건 전쟁이 벌어지는 상황에서 민족혁명의 즉각적인 실현을 추축국 진영의 전쟁 승리 이후로 유보하는 노선을 택했고, 따라서 OUN-M의 기본 정책은 독일의 전쟁 수행에 협조함으로써[71] 영구혁명 단계를 더욱 심화시키고 궁극적으로는 민족혁명의 토대를 점진적으로 준비하는 것이었다고 할 수 있다.

　이러한 노선에 따라 나치 독일과의 협력에 전력을 기울였던 OUN-M과는 달리, 보다 과격하고 급진적이며 신속한 혁명을 꿈꾸는

----

71) OUN-M의 전쟁 협력은 나치 당국의 승인하에 OUN-M 계열 인사들로 조직되어 폴란드와 서부 우크라이나 지역에서 나치 당국의 통치와 전쟁 수행을 도운 크라쿠프 소재 "우크라이나 중앙위원회(*Ukrainskii tsentral'nii komitet*)"와 리보프 소재 "우크라이나 지역위원회(*Ukrainskii kraiovii komitet*)"를 통해 이루어졌다. 1942년 2월 "우크라이나 지역위원회"를 통합하여 독일 점령하 서부 우크라이나 전역을 관할하는 조직이 된 "우크라이나 중앙위원회"는 1944년 우크라이나인으로 구성된 무장친위대 부대 "할리치나 사단"의 모병에 주도적인 역할을 담당하였다(*ibid.*, pp. 51-53; O. A. Gurs'ka, "Diial'nist' Ukrains'kogo tsentral'nogo komitetu u general'nii gubernii pid chas drugoi svitoi viini," *Derzhava ta armiia*, 652, 2009, pp. 152-156; Michael O. Logusz, *Galicia Division: The Waffen-SS 14th Grenadier Division, 1943-1945* [Atglen, PA: Schiffer Publishing, 1997], pp. 59-90).

청년층으로 이뤄진 OUN-B의 선택은 달랐다. 나치 독일을 해방자로 보며 히틀러에게 일방적으로 구애했다는 점에서 OUN-B의 친독일 노선은 OUN-M과 동일했지만 구세대 파시스트들과 달리 OUN-B가 원하던 것은 즉각적이고 가시적인 성과였다. 나치 독일 당국과의 일체의 사전 논의 없이 우크라이나 독립 국가의 수립을 선포하고 이를 기정사실로서 독일 측에 통보하고자 했던 (이에 따라 독일 측의 당혹과 반발을 불러온) 1941년 6월 30일의 소위 "우크라이나 민족혁명" 선포나, 나치 치하에서 부역한 소속 조직원들을 중심으로 나치 당국과의 협의 없이 OUN-B가 독자적으로 조직한 "우크라이나 봉기군(UPA)"의 사례에서 볼 수 있듯이, OUN-B는 독일과 우호 관계를 유지하면서도 필요시에는 독일로부터 자주적인 독자 행보를 걷고자 하는 의지를 가진 집단이었다. 예컨대 UPA가 저지른 제2차 세계대전 최악의 전쟁 범죄 중 하나인 독소전 후반의 볼린 지역 폴란드인 대학살은 독일 측과는 일체의 사전 조율 없이 OUN-B가 주체적으로, 자주적으로, 독자적으로 그리고 의도적으로 저지른 전쟁 범죄 행위였던 것이다.

이러한 각론의 차이에도 불구하고 나치 독일에 대한 협력에 있어서는 전쟁 초기부터 양 분파 모두가 (특히 전쟁 초기에는) 경쟁적으로 열성과 성의를 보였다. 보다 신속한 행동을 원하던 OUN-B는 즉각적인 가시적 성과를 가져올 것으로 예상된 나치 독일과의 군사적 협력에 보다 적극적이었고, 이러한 OUN-B의 열정과 구애는 1941년 6월 나치 독일의 소련 침공 당시 독일군의 일원으로 바르바로사 작전의 우크라이나 전역(戰域)에서 침공군의 향도 역할을 담당한 우크라이나인 부대, "나이팅게일 대대"와 "롤랑드 대대"의 결성으로 이어졌다.[72] OUN-M

----

72) Smyslov, *Stepan Bandera*, p. 104; Aleksandr Reent and Aleksandr Lysenko,

은 그 누구보다도 민간 차원에서 나치 독일에 협력했으며, OUN-M의 적극적 협조는 나치 점령하의 할리치나 지역을 (유대인과 폴란드인에게 자행한 OUN 조직원 자신의 일상화된 폭력을 제외하면) 제2차 세계대전기 독일 피점령지 중에서 독일에 대한 저항이 사실상 전무한 (아마도 가장 평화로웠을) 친나치 피점령 지역으로 만드는데 일조하였다.

OUN-M은 사실 당대 독일 점령지에 존재했던 그 어떤 친파시즘 세력보다도 더욱 열성적인 히틀러 추종 세력이었다고 부르기에 모자람이 없는데, 이는 1943년 이후 독일 측으로부터 이탈하여 UPA라는 독자적인 무장집단을 구성하여 자체적인 민간인 학살과 반소투쟁을 전개하게 될 OUN-B와 달리, OUN-M 계열의 우크라이나 민족주의자들은 패색이 짙어지는 전쟁 막바지까지 필사적으로 싸우며 독일 측에 대한 충성을 저버리지 않았기 때문이었다. 예컨대 제3제국의 패망 직전까지 나치를 위해 싸운 극소수의 외국인 부대 중 하나인 제14무장친위대 전투사단 "할리치나"는 SS의 수장 하인리히 힘러(Heinrich Himmler)의 후원 아래 (그리고 할리치나 우니아트 교회의 축복 속에서) 사실상 OUN-M의 주도와 참여에 의해 만들어진 조직에 다름 아니었는데,[73]

"Ukrainians in Armed Formations of the Warring Sides during World War II," *The Journal of Slavic Military Studies*, 10-1, 1997, pp. 214-215. 두 부대 중 나이팅게일 대대는 나치 독일군과 함께 리보프에 입성했으며 그 직후 자행된 리보프 포그롬에 조직적으로 관여한 혐의를 받고 있다.

73) Logusz, *Galicia Division*, pp. 59-90. 할리치나 사단의 우크라이나인 병사들은 전원이 다음의 내용을 서약했다. "나는 볼셰비즘에 대한 투쟁에서 독일군 총사령관 아돌프 히틀러에게 절대적으로 복종할 것을 맹세하며 … 이 맹세를 위해 나의 목숨을 내 던질 준비가 되어 있습니다(Melnyk, *To Battle*, p. 57, p. 68)." 할리치나 사단에 대한 자세한 내용은 다음의 연구와 회고록을 참조하라. Wolf-Dietrich Heike, *Sie wollten die Freiheit: Die Geschichte der Ukrainischen Division, 1943-1945* (Dorheim: Podzun-Pallas-Verlag GmbH, 1973); Melnyk, *To Battle*; Logusz, *Galicia Division*; Andrii

1944년 6월 "브로디 전투(*Bitva pid Brodami*)"를 통해 동부전선에 투입된 할리치나 사단은 수적으로 압도적인 소련군을 상대해야 하는 절망적인 상황에서도 최선을 다해 전투에 임했으며, 그 후 전체 병력의 2/3에 가까운 병력을 잃는 궤멸적인 타격을 입으면서도[74] 제대와 편성, 규율 및 군기를 유지하는 (당시 독일 측이 편성한 외국인 부대 중에서는 예외적이라 할 수 있을 만큼) 매우 인상적인 전투력을 선보였던 바 있다.[75]

···

Bolianovs'kii, *Diviziia Halichina: Istoriia* (L'vov: L'vovs'kii universitet im. I. franka, 2000); Rolf Michaelis, *Waffen-Grenadier Division Der SS Galizien* (Warsaw: Wydawnictwo Militaria, 2008); Begliar Navruzov, *14-a grenaderskaia diviziia SS "Galitsiia"* (Moscow: Veche, 2010). 할리치나 사단은 OUN-M의 주도하에 모병되어 출범한 부대였지만 OUN-B 계열의 롤랑드 대대와 나이팅게일 대대 출신 나치 부역자들도 일부가 사단의 장교단 및 하사관 조직에 포함되어 있었다(Bolianovs'kii, *Diviziia*, p. 61).

74) 브로디 전투에 투입·전개된 할리치나 사단의 실제 병력 수는 대략 11,000명 내외로 이 전투에 참가했던 생존자들(특히 전후 캐나다 앨버타 대학의 총장직을 역임한 페트로 사바린[Petro Savarin])은 7천 명 이상의 우크라이나인 병사가 전사했다고 회고하고 있다. 소련군의 포위망을 뚫고 생환한 병력 수가 4~5천 명 내외였던 것은 사실이지만 실종된 이들 모두가 전사자였다는 것은 명백한 과장인데, 이는 포위망에 갇혀 원대 복귀가 불가능한 상황이 된 병사들 상당수가 브로디 현지에서 활동하던 UPA 게릴라 부대에 합류하였기 때문이었다. 관련 논쟁에 대한 자세한 내용은 Logusz, *Galicia Division*, pp. 257-261을 보라. 한편 소련군 당국은 할리치나 사단을 상대하는 전장에 의도적으로 우크라이나인 부대만을 집중 배치하였다. 붉은 군대 소속으로 싸우던 우크라이나인의 절대다수는 소련 치하의 동부와 중부 우크라이나 출신이었기에, 브로디에서 할리치나 사단이 치른 격전은 사실상 "친나치 (현재는 친서방) 서부 우크라이나인"과 "친소비에트(현재는 친러시아) 성향의 동부 우크라이나인" 사이에 일어난 동족 간 내전이었다고 해도 과언이 아니다.

75) 전쟁 종결 시까지 나치 당국에 대한 충성은 물론이고 엄중한 규율 및 군기를 유지했던 우크라이나계 할리치나 사단의 사례는, 주로 벨라루스인과 러시아인 전쟁포로로 구성되었으나 명령 불복종, 탈영 및 상습적 항명으로 나치 당국을 괴롭힌 무장친위대 제30척탄병사단 "러시아(*Russische*)"나, 역시 규율의 부재 및 명령 불복종으로 악명 높았던 무장친위대 소속 러시아인 단위부대 "카민스키 여단(Kaminski Brigade: 정식 명칭은 'S.S. Sturmbrigade RONA [*Russkaia osvoboditel'naia narodnaia armiia*].' 이 부대는 추후 무장친위대 제29척탄병사단[29 *Waffen*-Grenadier-Division der SS 'RONA']로 확대/개편됨)"의 경우

우크라이나인으로 구성된 독일 무장친위대 제14척탄병사단 "할리치나"

사단 출범식에서 히틀러와 제3제국에 대한 충성을 서약하는 우크라이나 병사들

출처: *Polskie Archiwa Państwowe*

할리치나 사단은 또한 이후 재편성 후에도 독일 측을 위해 계속 싸우며 전쟁 종전 직전까지도 제3제국에 대한 충성을 유지한 극소수의 비독일계 외국인 사단 중 하나이자 사실상 유일무이한 동슬라브계 전투부대이기도 하였다.

IV "축제"로서의 학살: 반(反)유대주의 포그롬과 폴란드인 대학살

나치에 대한 OUN의 협력은 물론 군사적 기여에 한정되지 않았다. 1941년 가을 우크라이나 전토가 나치 치하에 떨어진 직후 우크라

....

와 비교되는 대조적 사례로 꼽힌다. 한편 나치를 위해 복무한 러시아계 및 소연방 소수민족 출신 단위부대에 대한 자세한 내용은 다음 연구를 참조하라. Sergei I. Drobiazko, *Pod znamenami vraga: Antisovetskie formirovaniia v sostave germanskikh voourzhen* (Moscow: EKSMO, 2004).

이나 점령지 전역에서는 이후 자행될 홀로코스트에서 나치 점령 당국을 도울 우크라이나인 보조경찰부대(*Schutsmannschaft*)가 우크라이나 현지인들의 열정적인 참여와 더불어 조직되기 시작했는데, 초기에는 민병대의 형태로 전적으로 자원에 의해 만들어진 이 부대의 주축을 이뤘던 이들이 과연 누구였을 지를 짐작하기란 어렵지 않으며, 그 해답은 OUN-B의 지도자로 베를린에 있던 반데라를 대신하여 할리치나 현지의 OUN 조직을 이끌던 야로슬라브 스테치코가 나치 당국에 보낸 다음의 자술서(自述書)에서 확인할 수 있다.

> "나는 비록 … 모스크바[의 소비에트 정권]을 가장 중요한 결정적인 적으로 간주하지만, 우크라이나를 노예화하도록 모스크바를 돕고 있는 유대인들의 유해하고 적대적인 역할을 심각하게 받아들인다. 그러므로 나는 [나치가 행하는] 유대인들에 대한 파괴와 … 독일식 학살 방식[즉 총탄에 의한 홀로코스트]의 시급성을 전적으로 지지하는 바이다."[76]

이처럼 나치 보조경찰부대에 대한 OUN 조직원들의 참여는 한편으로 (적어도 전쟁 발발 당시의 시점에서는) 나치 침공군을 "빵과 소금"으로 환영하며 이들을 순수하게 해방군으로 바라보던 서우크라이나 지역 민중의 광범위한 친독일 정서가 반영된 것인 동시에 OUN 추종자들과 나치 당국이 공유하던 이데올로기적 친근성이 만들어낸 결과였다. 다

---

76) K. C. Berkhoff and M. Carynnyk, "The Organization of Ukrainian Nationalists and Its Attitude toward Germans and Jews: Iaroslav Stets'ko's 1941 *Zhyttiepys*," *Harvard Ukrainian Studies*, 23-3/4, 1999, p. 152, p. 171.

른 한편으로 휘하 조직원들의 참여를 독려한 OUN 지도부의 선택은 우크라이나 독립투쟁을 위한 무장 병력을 확보한다는 전략적인 고려가 반영된 결과이기도 하였는데, 이는 OUN 지도부가 우크라이나인 보조경찰부대의 창설을 독소전 발발로 바야흐로 현실로 다가온 "영구혁명"에 대응하고 뒤이어 언젠가 다가올 것으로 예측되던 "민족혁명"을 준비할 수 있는 물리적 수단(즉 무기와 군사적으로 훈련된 인적 자원)을, 그것도 나치 당국의 손을 빌려 손쉽게 확보할 수 있는 기회로 바라보았기 때문이다.[77] OUN의 두 분파 중에서도 "민족혁명"의 즉각적인 실현을 꿈꾸던 (그리고 실제 실행에 옮기려고 시도했던) OUN-B가 특히 나치 보조경찰부대 참여에 한층 적극적이었으니, 1941년과 1942년에 우크라이나에서 활동하며 나치가 자행한 "총탄에 의한 홀로코스트"의 손과 발이 된 우크라이나인 민병대와 보조경찰부대는 표면상으로는 나치의 무기로 무장되고 나치에 의해 훈련되었으며 나치 장교의 지휘를 받으며 나치 당국의 지휘 체계에 편입된 현지인 부대였지만, 실제로는 OUN-B의 강력한 비밀 통제하에 있었다.[78]

　　나치 독일의 힘을 빌려 우크라이나인 청년을 무장시키고 훈련시켜 우크라이나 독립군을 양성한다는 OUN-B의 착상은 1943년 중반 실제 현실이 되었다. 소련군의 반격이 본격화하여 전세가 역전되기 시작한 1943년 여름 서우크라이나 지역에는 붉은 군대에 대항하는 대규모 무장세력이 홀연히 등장하여 1950년대 초반까지 (이 무렵에는 이들의 군사적 가치에 주목한 미국과 영국의 지원을 받으며) 반소 게릴라 투쟁을 지속하

---

77) John-Paul Himka, "The Organization of Ukrainian Nationalists, the Ukrainian Police, and the Holocaust," *Danyliw Research Seminar Paper*, 2011, p. 18.

78) *Ibid.*, p. 17.

였는데, 소련과 같은 외세에 저항하는 "우크라이나 민중의 군대"라는 의미에서 스스로를 "우크라이나 봉기군"으로 자처한 이들 무장집단은 나치에 부역하던 (따라서 홀로코스트에 가담했던) 민병대와 보조경찰부대 출신의 OUN 조직원들과 추종자들이 주축이 되어 만들어진 부대였다. 소련군의 우크라이나 진공이 시작된 1943년 중반 OUN-B 지도부는 나치에 부역하던 휘하 조직원 모두에게 집단 탈영을 명하였고, 이후 우크라이나 지역의 나치 보조경찰부대는 사실상 완전한 해체의 수순을 밟았다. 대다수의 OUN 조직원들은 나치를 위한 복무 당시의 편제와 무장을 유지한 채 중대나 대대 차원으로 탈영하여 삼림 지역에서 활동하던 우크라이나 봉기군의 대오에 고스란히 합류하였고, 자신들이 나치에게서 받은 군사적 훈련과 나치 부역을 통해 얻은 전투와 살인의 경험을 우크라이나를 탈환한 소비에트 정권에 맞서 싸우는 무장 게릴라 투쟁(및 민간인 학살)에 활용하기 시작했던 것이다.[79]

이렇게 UPA에 참여한 전 나치 부역자들은 냉전기 서방 진영에서는 공산주의와 투쟁하는 "자유의 전사"로, 현재의 우크라이나 사회 일각에서는 소비에트 러시아의 압제에 대항하여 우크라이나의 독립을 위해 싸운 영웅적인 "독립투사"로 포장되고 있지만, 이들이 탈영 전까지 나치에 부역하면서 담당했던 주 업무가 무엇이었는지를 짐작하기란 어렵지 않다. 우크라이나 지역에서 자행된 유대인 학살이 (폴란드나 독일 본토 또는 발트해 연안 지역처럼) 가스실이라고 하는 자동화된 설비에 의존하지 않은 채 순전히 총살로만 진행되었던 사실을 고려할 때, 이른바 "총탄에 의한 홀로코스트"는 현지 사정에 익숙한 우크라이나인 부역자

....

79) Timothy Snyder, "The Causes of Ukrainian-Polish Ethnic Cleansing, 1943," *Past and Present*, 179, 2003, p. 211.

"총탄에 의한 홀로코스트"와 우크라이나 민병대원

1942년 10월 서우크라이나의 리브네(Rivne) 지역에서 촬영된 장면으로, 홀로코스트에서 우크라이나 민족주의자들이 담당한 역할을 상징적으로 보여주는 사진이다.

출처: United States Holocaust Memorial Museum by courtesy of *Instytut Pamieci Narodowe*

들의 도움 없이는 성취 불가능한 과업이었고, 우크라이나 보조경찰부대는 독일 당국을 도와 일상적인 치안 활동을 보조하는 동시에 오직 학살과 살인을 목적으로 우크라이나에 파견된 나치의 유대인 도살 전문 특수부대, "아인자츠그루페"의 명령을 집행하는 손과 발의 역할을 담당하였다.80) 어느 연구자의 표현을 빌리면 "총탄에 의한 홀로코스트"는 결코 나치의 단독 범행이 아니라 자원자로 구성된 현지인 부대와의 협력을 통해 수행된 "공동작전(Joint Action)"이기도 하였던 셈이다.81) 당시 불과 15세의 나이에 나치 보조경찰부대에 입대하여 홀로코스트에 참여한 한 OUN 조직원의 회고에 따르면, "[나치가 원하는] 모

---

80) Gabriel N. Finder and Alexander V. Prusin, "Collaboration in Eastern Galicia: the Ukrainian Police and the Holocaust," *East European Jewish Affairs*, 34−2, 2004, pp. 96−97.

81) Meredith M. Meehan, "Auxiliary Police Units in the Occupied Soviet Union, 1941−43: a Case Study of the Holocaust in Gomel, Belarus," Unpublished Ph. D. Thesis (the United States Naval Academy, 2010). p. 18.

든 일을 행하며 … [나치가 원하는 곳은] 어디든 가서 유대인을 사살하던"82) 친나치 부역자들이 넘쳐나던 곳이 바로 우크라이나 서부 지역으로, 이 지역 출신 OUN 계열 자원자들로 채워진 우크라이나 민병대와 보조경찰부대가 특히 두각을 나타낸 업무는 (서두의 각주에서 언급한 빌라 체르크바의 비극에서도 보이듯이) 아인자츠그루페조차도 꺼려하던 영유아와 청소년 유대인들을 살해하는 임무였다.

예컨대 1941년 9월 6일 북우크라이나의 지토미르시 인근 라도미슬(Radomischl) 마을에서 일어난 유대인 학살은 당대 우크라이나 전역에서 자행된 무수한 학살 중에서도 우크라이나인 협력자들이 담당한 역할을 보여주는 전형적 사례로, 당일 현지에 나타나 1,107명의 현지 유대인을 일시에 총살해 버린 아인자츠그루페 소속 제4A특수임무단의 임무는 (상기 유대인들의 자녀들로 추정되는) 561명의 아이들을 도살한 우크라이나인 민병대의 협력에 의해 완수되었으며,83) 다수의 미성년자가 포함된 약 500인의 유대인이 살해된 같은 해 10월 디박읍 학살의 주역 역시 우크라이나인 민병대였다.84) 단 "이틀" 동안 무려 3만 명이 넘는 유대인을 총살하는 잔인무도한 전대미문의 대기록이 수립된 1941년 9월 바비야르 대학살에서도 OUN 조직원들이 참여하고 지휘하던 우크라이나 민병대와 보조경찰은 학살의 주요 협력자였던 것이다.85) 1943

....

82) Berkhoff, *Harvest of Despair*, p. 64.

83) M. C. Dean, "The German Gendarmerie, the Ukrainian *Schutzmannschaft* and the 'Second Wave' of Jewish Killings in Occupied Ukraine: German Policing at the Local Level in the Zhitomir Region, 1941−1944," *German History*, 14−2, 1996, p. 175.

84) *Ibid.*

85) Karel Berkhoff, "Babi Yar: Site of Mass Murder, Ravine of Oblivion," *J. B. and Maurice C. Shapiro Annual Lecture Papers*, 2011, p. 8. 바비야르 대학살의 경우 우크라이나인 민병대 외 이 학살에 참여한 것으로 확실시되는 OUN

년 후반 우크라이나가 붉은 군대에 의해 해방되기 전까지 우크라이나 전역에서는 우크라이나인 부역자들이 중요한 조연 역할을 담당하는 수많은 또 다른 "빌라 체르크바"와 "라도미슬," 그리고 "바비야르"의 참극이 끊임없이 반복되었다. "총탄에 의한 홀로코스트"는 이처럼 우크라이나 현지인들의 도움 없이는 절대 성공할 수 없는 과업이었고, 많은 경우 나치 당국은 우크라이나인 민병대원들의 적극적인 도움과 열정 어린 협력을 살해당한 유대인들의 소유 재산 일부를 분배하는 것으로 보답하였다.[86]

물론 OUN은 "유대인 절멸"과 같은 우크라이나 혁명의 중요한 임무를 나치와 같은 외세의 손에만 맡겨두지 않았다. 앞에서 이미 살펴보았듯이 우크라이나 땅에서 유대인을 비롯한 "타자"를 물리적으로 제거하는 일은 전쟁 발발 전부터 돈초프와 같은 민족주의 사상가들이 꿈꾸던 시나리오이자 시급히 해결해야 할 주요 선결과제였기 때문이다. 독소전의 발발을 "영구혁명"의 시작이자 "인종적으로 순수한 우크라이나 독립 국가"를 수립하기 위한 민족혁명의 전 단계로 바라보았던 OUN은 소련군이 후퇴하자마자 적극적인 인종청소에 나섰는데, 그 첫 번째 희생자는 물론 유대인으로 독일군 진주와 더불어 음지에서 나타난 OUN은 독일군이 진주하는 곳마다 함께 하며 포고령과 선언문을 통해

....

계열(OUN-M 소속)의 보조경찰부대로는 "제118보조경찰대대(OUN-M 내부 명칭은 *Bukovins'kii Kurin'*)"가 지목되고 있다. 부코비나(Bukovina) 출신의 우크라이나인들을 주축으로 일부 할리치나 출신 지원자가 포함된, 대략 2천 명의 병력으로 구성된 제118보조경찰대대는 주로 벨라루스 지역에서 유대인 도살 업무에 종사하였으나, 1941년 9월에는 키예프 인근에 주둔하며 바비야르 학살에도 관여한 것으로 추정된다(Per Anders Rudling, "Terror and Local Collaboration in Occupied Belarus: the Case of *Schutzmannschaft* Battalion 118. Part One: Background," *Historical Yearbook*, 8, 2011, pp. 200–201).
86) Dean, "The German Gendarmerie," p. 175.

유대인 학살을 우크라이나 민중들에게 적극 선동하였다.

> "[우크라이나] 노동자들이여. … 여러 분 사이의 적들,
> 유대인들과 [소련의] 비밀 요원들을 살해하시오!"[87]

> "[우크라이나] 인민들이여, [다음의 내용을] 명심하시오.
> 모스크바와 폴란드, 마자르인, 그리고 유대인들은 모두 당신
> 들의 적들입니다. 그들을 처단하십시오. 명심하시오. 당신들
> 의 지도자는 우크라이나 민족주의자들을 영도하는 OUN입니
> 다. 여러분의 [유일] 수령은 스테판 반데라입니다!"[88]

> "유대인들이여! 너희들은 스탈린을 꽃으로 환영했다. 이
> 제는 우리가 너희들의 목을 따 히틀러의 발밑에 둘 것이다!"[89]

> "우리는 너희들[유대인들]을 끝장내 버릴 것이다. … 우
> 리는 너희[유대인들]의 파멸을 위해 할 수 있는 모든 조치를
> 취할 것이다!"[90]

이렇듯 악의적인 선동의 결과는 자명했다. 소련군 철수 직후 서부
우크라이나 전역은 도처에서 유대인을 대상으로 폭력과 성폭행 그리고
도살이 자행되는 끔찍한 살육의 대향연, "포그롬"의 도가니가 되었으

---

87) Dziuban, *Ukrains'ke*, p. 46.
88) *Ibid.*, p. 129.
89) Berkhoff and Carynnyk, "The Organization," p. 152.
90) *Ibid.*, p. 154.

니, 독일군과 함께 리보프시에 도착한 독일 외무성의 한 관리는 당국에 "황색과 청색의 [우크라이나 국기] 배지를 단 다수의 OUN 조직원들이 이미 [즉 독일군 도착 전부터 나타나] 거리에서 목격되며 그들 중 일부는 무장한 상태로 [외곽에서는 여전히 소련군과의 전투가 진행되는 와중에도] 유대인들에 대한 공격행위가 우크라이나인들에 의해 시작되었음"을 상부에 보고했다.[91] 그가 목격한 공격행위의 실체가 무엇이었는지는 현지 민중들의 "유대인 사냥과 살해"를 즐겁게 관전하던 독일군 병사들이 남긴 아래의 사진들이 생생히 보여주는 바이다.

이러한 살육의 "축제"에서는 과연 얼마만큼의 희생자가 나왔던 것인가? 희생자의 수에 대해서는 아직도 의견이 분분하지만 역사가들은 독소전 발발 직후 첫 주 동안 리보프시에서만 7천 명의 유대인들이, 할리치나 전역으로 따지면 대략 1만 2천여 명의 유대인들이 서우크라이

독일군의 리보프 점령과 포그롬의 시작

좌: 포그롬을 관람하며 촬영 중인 독일군 병사
중: 유대인 여성 피해자와 가해자들의 모습
우: 리보프시에 들어온 나치 독일군을 "눈물로" 환영하며 환호하는 우크라이나인들

출처: Yad Vashem Photo Archive (좌, 중), *Resyrs "Fotografii Starogo L'vova"* (우)

....

91) Dziuban, *Ukrains'ke*, p. 98.

1941년 6월 말 7월 초 리보프 거리의 일상

독일군 진주 후 리보프시를 포함한 서부 우크라이나 전역에서는 우크라이나인 민중들이 참여하는 광란의 "포그롬 축제"가 벌어졌다.

출처 : Yad Vashem Photo Archive

리보프 포그롬의 피해자 시신들

"축제"의 피날레. 대다수의 피해자는 살해되었다. 제일 우측의 여성 시신은 바로 아래 사진 속 유대인 여성으로 추정되며 성폭행 후 살해된 것으로 보인다.

출처 : Yad Vashem Photo Archive

투석과 폭행을 피해 도망가는 리보프의 유대인 여성

우측 사진 속 어린 소년의 모습에서 확인할 수 있듯이 리보프 포그롬의 가해자는 평범한 "일반인 남녀노소"였다.

출처: Yad Vashem Photo Archive

나 전역을 휩쓴 포그롬에 의해 살해되었다고 추정하고 있으며,92) 좀 더 시기를 넓히면 첫 몇 주간 이 지역에서만 최소 58건 이상의 포그롬이 발생하였고 전체적인 사망자의 추정 수치는 3만 5천 명을 넘어서는 것으로 추산하고 있다.93)

이 수치는 나치 당국의 개입은 일체 없이 오로지 우크라이나 민중들이 OUN의 선동에 의해 "자발적으로" 자행한 학살의 결과로, 더 나

---

92) Dieter Pohl, *Nationalsozialistische Judenverfolgung in Ostgalizien 1941–1944: Organisation und Durchführung eines staatlichen Massenverbrechens* (Oldenbourg: Wissenschaftsverlag, 1997), p. 67.

93) Pohl, "Anti-Jewish Pogroms in Western Ukraine: a Research Agenda," in Elazar Barkan, ed., *Shared History–Divided Memory: Jews and Others in Soviet Occupied Poland, 1939–1941* (Leipzig: Leipziger Universitätsverlag, 2007), pp. 305–315.

중에 나치가 집행하게 될 (그리고 우크라이나 부역자들이 적극적 조연을 맡게 될) "총탄에 의한 홀로코스트" 희생자 수에 비하면 실로 미미한 수치에 불과하지만, 리보프 포그롬은 한 집단의 민초(우크라이나인)가 다른 집단의 민초(유대인)에게 통제되지 않는 폭력을 무차별적으로 그리고 전방위적으로 행사했다는 점, 또한 이 수치는 즉시 살해당지는 않았지만 치명적인 부상을 입은 피해자의 수치, 또한 당시 광범위하게 자행된 잔학한 집단 성폭행과 같은 성범죄 피해자의 수치는 전혀 포함하지 않은 것이라는 사실을 고려할 때, 리보프 포그롬은 여전히 충격적인 사건이라고 부르기에 모자람이 없으며, 여기서 OUN 조직원들과 그 추종자들이 보여준 광기와 폭력성은 이어질 우크라이나 지역의 홀로코스트에서 이들이 담당하게 될 활약의 예고편에 다름 아니었다.

전쟁 초기 발생한 수많은 포그롬이 보여주듯 OUN이 유대인에 대해 가진 적개심과 증오는 나치에 전혀 뒤떨어지지 않았다. 그러나 우크라이나 지역에서 자행된 유대인 학살에서 OUN의 직접적 지분은 크지 않으며 사실 OUN으로서는 유대인 제거에 매진할 필요도 없었으니, 이는 그들이 직접 나서지 않아도 지역 내 "유대인의 완전한 절멸"이라는 우크라이나 혁명의 주요 과제를, 나치 당국이 홀로코스트를 통해 대행하여 주고 있었기 때문이었다. 그러나 우크라이나 땅의 "또 다른 타자"는 유대인과는 달리 나치의 도움을 전혀 기대할 수 없었으며, 어떤 면에서 이들을 제거하는 일은 OUN의 기준에서 볼 때 유대인 학살보다도 더욱 시급하고 중대한 문제였다고 할 수 있다. 유대인 문제가 우크라이나인 민족집단의 혈통적 순수성을 보존하기 위한 이데올로기 차원의 문제였다면, 이들 "또 다른 타자"는 OUN에게 그 존재만으로도 우크라이나 독립 국가 수립을 저해하고 저해할 것이며 실제로도 저해해 왔던 역사적 숙적으로 간주되었기에, 이들을 몰아내는 일은 우크라이나 국민국가 수립에 있어 유대인 문제보다도 더욱 절실한 과제로 다가왔기 때문이었다. 그렇다면 이들 "타자"는 누구였던 것인가? 그들은 바로 폴란드인으로, OUN 지도부가 애초에 원하던 우크라이나 내 "폴란드인 문제"에 대한 궁극적 해결책은 OUN-B의 무장조직, "우크라이나 봉기군(UPA)"의 지도자, 미콜라 레베드가 내린 아래의 통문이 보여주듯 폴란드인에 대한 "나치식 홀로코스트"였다.

> "폴란드인을 [단순히] 쫓아내는 것은 … 아무것도 해결하지 못한다. 폴란드인 주민은 물리적으로 절멸되어야 하며 현장에서 나이나 성별에 관계없이 … 제거되어야 할 것이다."94)

이러한 지도부의 지침에 따라 1943년 6월 볼린에서 활동하던 UPA 북부군 지휘관은 서부 우크라이나에 거주하던 폴란드인 전체를 살해하라는 명령을 내렸고, 그의 휘하 부대는 실제로 그 후 수년 동안 "만 5천 명" 이상의 폴란드인을 살해하는 소기의 "성과"를 거두기도 하였으나,95) OUN 지도부의 입장에서는 애석하게도 우크라이나 내 폴란드인 전원을 나치식의 "총탄에 의한 홀로코스트" 방식으로 도살하려던 OUN의 소망은 물론 이뤄지지 않았으며 이뤄질 수도 없었다. 유대인 문제와는 달리 이 문제에 관해서 만큼은 나치 당국의 도움을 받을

---

94) Mikolaj Terles, *Ethnic Cleansing of Poles in Volhynia and Eastern Galicia, 1942–1946* (Toronto: Alliance of the Polish Eastern Provinces, 1993), p. 69.
95) Alexander Statiev, *The Soviet Counterinsurgency in the Western Borderlands* (Cambridge: Cambridge University Press, 2010), p. 86.

수 없었던 것에 더해, OUN은 자력으로 우크라이나 내 폴란드인 집단 전체를 물리적으로 절멸시킬 수 있을 만큼, 즉 나치가 유대인에게 행한 방식 그대로 "최종적 해결"을 시도할 만큼 충분한 조직 역량과 인적 자원을 갖추고 있지 못하였기 때문이다. 만약 우크라이나 영내의 "모든 폴란드인"을 죽일 수 없다면 그 대안 또한 자명했다. 그것은 가능한 한 많은 수의 폴란드인들을 극도의 잔학행위와 무차별적인 폭력 사용을 통해 가능한 한 잔인한 방식으로 살해함으로써, 우크라이나 내 폴란드인 공동체 내부에 최대한의 공포심을 유발하고 이를 통해 지역 내 폴란드인 집단 전체의 자발적 도주를 이끌어내는, "게릴라식 인종청소"였다.

UPA가 전장에 홀연히 등장한 1943년 초여름부터 볼린 전 지역과 할리치나 일부 지역에서 폴란드인 주민을 대상으로 자행되기 시작한 인종청소는 바로 이러한 정책의 결과물이었다. 인종청소 과정에서 일어난 폴란드인에 대한 학살은 OUN이 저지른 범죄행위 중에서도 가장 악랄한 의도로 그리고 가장 악랄한 방식으로 자행된, 가장 끔찍한 전쟁 범죄였다고 부르기에 전혀 모자람이 없는데, 명목상 UPA는 독일군이 패퇴한 우크라이나 전역에서 "유대인 볼셰비키"에 대항하는 게릴라 투쟁을 지속적으로 수행하고 우크라이나 민족운동의 존재와 OUN의 민족주의적 대의를 세계에 알릴 목적으로 탄생한 무장 독립투쟁 조직이었다. 하지만 이들의 게릴라 활동은 압도적인 전력 차이 때문에 당연히 소련 당국에 큰 피해를 안기지 못했으며 UPA는 그럴만한 군사적 역량 또한 갖추고 있지 못했다. 중무장한 소련군과 싸우는 대신 이들은 자신들의 주된 전투 역량을 서부 우크라이나 지역에 거주하던 비무장 폴란드인에 대한 무차별적인 학살에 쏟아 부었는데, UPA의 활동은 실로 (아래에서 제시할 생존자들의 증언에서 확인할 수 있듯이) 필설로 형용하기 힘들 만큼 극악무도한 잔인성으로 점철되었다.

"1943년 6월 … 일군의 UPA 무장대원들이 우리 마을을 포위했다. 우리 [가족]은 모두 집에 있었다. UPA 살인자들은 … 아버지를 마루에 눕게 했다. 나는 지금도 아버지의 창백한 얼굴을 기억한다. … [아버지를 죽인] 총성을 울렸을 때 나는 [2살짜리 아기인 동생] 바샤를 안고 있었는데, 나는 바샤를 떨어뜨리고 창문을 뛰어넘어 도망쳤다. 나의 형제 마리안이 나를 따라 창문을 뛰어넘으려 할 때 총성이 두 번 울렸고 그는 쓰러졌다. … [한참 시간이 지난 후 은신처로부터] 집으로 돌아갈 용기를 낼 때까지 나는 얼마나 시간이 흘렀는지 기억할 수 없다. 집 입구에서 나는 피 웅덩이 속에 누워있는 아버지[의 시신]을 보았다. 멀지 않은 곳에는 도륙된 내 형제의 시신이 있었다. 2살짜리 아기 바샤는 창가에서 발견되었는데 바샤[의 시신]도 칼 또는 총검이 관통한 상태였다. 나의 어머니의 시신은 [이웃에 사는] 삼촌 집 마당에서 찾았는데, 어머니의 머리는 잘린 채 조각나 있었다. 내 삼촌 알렉산데르는 각각 7세, 9세의 두 딸과 함께 살해되었다."96)

---

96) Tadeusz Piotrowski, ed., *Genocide and Rescue in Wolyn: Recollections of the Ukrainian Nationalist Ethnic Cleansing Campaign against the Poles during World War II* (Jefferson, N. C.: McFarland, 2008), p. 52.

볼런의 UPA 학살 피해자들

출처: www.volhyniamassacre.eu (검색일 2022년 10월 30일)

UPA 전사들의 모습

출처: Y. Tys-Krokhmaliuk, *UPA Warfare in Ukraine*, p. 415, p. 420, p. 428,
p. 430 (by courtesy of *Litopis UPA – Blahodiinii Fond im. Volodimira Makara*, L'vov, Ukraine).

　이 증언을 남긴 폴란드인 소년은 UPA를 피해 필사적으로 도망쳤고, 그를 UPA로부터 구출하여 보호한 장본인들은 놀랍게도 인근에 주둔한 독일 국방군 병사들이었으니, 무려 나치 독일군이 UPA의 학살로부터 폴란드 민간인을 보호하는 지극히 기이한 장면은 1943년과 1944년 볼런 지방 곳곳에서 반복적으로 그리고 지속적으로 목격된 광경이

UPA에 의해 학살당한 폴란드 어린이들

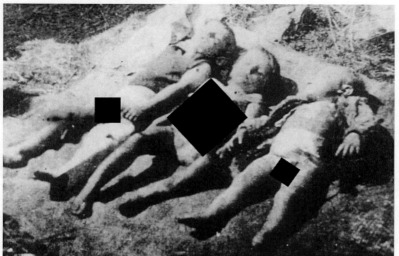

세 어린이 모두 UPA 전사들에게 끔찍한 고문을 당한 채 사망했는데, 특히 중간의 아기는 산채로 내장을 적출당했다.

출처: Aleksander Korman, *Ludobójstwo UPA na ludności polskiej: Dokumentacja fotograficzna* (Wrocław: Nortom, 2003), p. 15.

었다.97) 위 사건은 1943년과 1944년 서부 우크라이나 볼린에서 무수히 자행된 전쟁 범죄의 한 가지 사례에 불과했다.

　UPA는 지도부의 명령 아래 계획적으로, 체계적으로 그리고 의도적으로 이러한 학살을 자행했는데, 앞서 언급했듯이 학살의 주 목적은 나치의 홀로코스트처럼 볼린 지역 폴란드인 전체를 몰살시키는 것이

----

97) 증언에 의하면 도움을 준 독일군 지휘관은 휘하 병사를 학살 장소로 보내서 시신을 수습하고 생존자들을 구출했으며 군의관과 의무병을 시켜 부상자들을 치료하는 호의를 보였다(*ibid.*, p. 53). 물론 폴란드인을 구출하고 보호한 일부 독일군의 행동은 해당 부대 지휘관의 개별적 판단에 의한 것으로 결코 일반화될 수 없다. 독일군은 UPA가 자신들을 공격하지 않은 한 이 문제에 지극히 무관심하였으며, 압도적인 소련군의 공세를 막아내기 급급하던 전선의 급박한 상황 때문이라도 이 문제를 신경 쓸 여유가 없었다.

아니라, 학살을 통해 폴란드인 사이에 공포심을 유발하여 이들이 우크라이나 영내에서 폴란드로 도주하게 만드는 것에 있었으며, 따라서 거의 모든 학살 사례에서 일정하게 발견되는 생존자의 존재는 (그와 더불어 이들 생존자들이 남긴 풍부한 증언은), 일정 수의 생존자들을 일부러 남겨둠으로써 폴란드인 사이에 공포와 충격을 가능한 한 많이 확산시키기 위한 UPA의 의도적인 선택이 만든 역설적인 결과였다.

　　UPA가 자행한 학살에서 일관되게 발견되는 전대미문의 잔인성은 이러한 정책의 필연적 귀결이었다고 할 수 있다. 비록 UPA은 비무장 민간인을 죽이는 행위를 "전투" 또는 "군사작전"으로 명명했지만, "UPA식 전투(또는 현대 우크라이나 극우파 집단의 표현을 빌리자면 '독립투쟁')"의 상당수는 무장한 군인들 사이에서 교전규칙에 따라 벌어지는 실제 전투와는 거리가 멀었고, 그들의 소위 "군사작전"은 저항할 수 없는 어린아이들과 노인, 부녀자들만을 골라 최대한 잔인한 방식으로, 그리고 피해자나 목격자가 최대한의 고통과 공포를 느낄 수 있도록 살해하는, 일방적 도살로 점철되었던 것이다. 1943년 7월 11일 자믈리치(Zamlichi)의 한 마을에서 UPA 전사들은 고령으로 피난가지 못한 84세의 폴란드인 노파를 "석유를 끼얹은 채 산채로 태워 죽였으며,"[98] 올렉산드리브카(Oleksandrivka) 지역의 한 폴란드인 마을에서 습격을 피해 필사적으로 도망친 한 생존자는 "UPA 전사들이 … 아기를 안고 있는 엄마로부터 아이를 낚아채서 거꾸로 든 채, 펜스에 [아기의] 머리가 부딪치도록 흔들며 [짓이겨진 아기의 머리에서] 뇌수가 흘러나오게 만드는 장면"을 목격했다. 이 광경에 비명을 지르던 아기의 엄마는 다른 UPA 전사에 의해 "건초 갈퀴로 난자된 채 살해되었고, 아기는 산채로

---

98) *Ibid*., p. 44.

우물에 던져졌던 것이다."[99] 1943년 8월 28일 벨림체(Velimche) 마을에서 학살의 생존자들은 귀환 후 UPA 전사들에 의해 "산채로 눈이 뽑히고 머리가 쪼개졌으며 혀가 잘린 채 살해된" 세 명의 폴란드인 어린이와 그 부모의 시신을 발견하였다.[100]

1944년 2월 12일 비쉬니베츠(Vishnivets') 마을의 사례는 UPA의 민간인 학살이 철저한 정치적 계산에 따라 이뤄진 의도적 선택이었음을 보여주는 생생한 증거인데, 이 마을에서 일어난 UPA의 "군사작전"은 (심지어 나치 당국조차도 손대길 주저했을) 폴란드계 카톨릭 수도원에 대한 공격으로 시작되었다. 비쉬니베츠 마을을 습격한 UPA 전투부대는 UPA의 공격을 피해 도망한 다른 마을의 "폴란드인 피난민"으로 위장한 채 나타나 피난민을 보호하던 현지 카톨릭 수도원에 보호를 요청하였는데, 그 요청을 받아들인 수사들이 문을 열자마자 정체를 드러낸 이들 UPA 전사들은 수도사들은 물론이고 수도원에 피신해 있던 어린이와 여성 및 노인들까지도 무차별적으로 학살하기 시작했던 것이다.[101] 노약자 및 부녀자들과 수도사들을 상대로 한 "수도원 전투"에서의 승리 후, 이들 UPA "독립군"들은 또한 인근 마을의 폴란드인 농부들에게 총부리를 돌렸는데, 이들이 퇴각한 후 발견된 희생자 중에는 "[고문 때문에] 이가 모두 뽑히고 팔다리가 모두 부러지거나 잘렸으며 [배가] 칼에 난자되어 위장이 노출된 채" 시신으로 발견된 5세 유아가 포함되어 있었다.[102]

UPA는 또한 폴란드인과 결혼한 우크라이나인들에게도 잔인한 선

---

99) *Ibid.*, p. 63.
100) *Ibid.*, p. 67.
101) *Ibid.*, p. 76.
102) *Ibid.*, p. 77.

택을 강요했다. 이들은 폴란드인 아내나 남편을 둔 우크라이나인 모두를 "친폴파"로 낙인찍었으며, "친폴파"로 몰린 이들 우크라이나인들이 생존을 위해 할 수 있는 유일한 선택은 자신의 배우자를 자기 손으로 죽이는 것이었다. 많은 "친폴파"들이 이렇듯 잔인무도한 명령에 따르리는 만무했으니 명령을 거부한 대가는 물론 참혹했다. 페니키(Pen'ki) 마을의 한 우크라이나인 농부는 민족적 대의를 위해 폴란드인 아내를 죽이라는 UPA의 명령을 거부한 죄로 목숨을 잃어야 했으며,[103] 앞서 언급한 벨림체 마을의 한 우크라이나 남성 역시 폴란드인 여성과 결혼했다는 죄목 하나만으로 처형을 당했다.[104] 또 다른 예로 1943년 9월 소스노베(Sosnove) 마을의 한 우크라이나 남성에게는 자신의 폴란드인 아내와 한 살 난 아기를 죽이란 명령을 그가 거부한 죄로 전 가족이 몰살당하는 참극이 벌어졌던 것이다.[105]

V 에필로그: OUN의 새로운 계약?

"독립투쟁"의 기치 아래 자행된 UPA의 이러한 학살은 최소 8만 명에서 최대 15만 명으로 추산되는 폴란드인과 "친폴파" 우크라이나인 사망자를 낳으며 볼린 전역이 붉은 군대에 의해 완전히 해방되기 직전까지 계속 자행되었다. UPA가 자행한 학살의 광기는 (폭력성과 잔인성의 측면에서만 보면 UPA에게 절대 뒤처지질 않을) 소련 당국조차 충격에 빠트리기에 충분했으니, 리브네(Rivne) 지방에서 활동하며 UPA와도 교전하

---

103) *Ibid*., p. 52.
104) *Ibid*., pp. 67 – 68.
105) Terles, *Ethnic Cleansing*, p. 19.

던 친소비에트 파르티잔 부대는 UPA가 이 지역에서 벌인 폴란드인 학살의 잔인무도함을 다음과 같이 (간결하게 그러나 정확하게) 보고했다. "우크라이나 민족주의자들은 … 폴란드 주민을 사살하는 것이 아니라 칼과 도끼를 사용하여 … 나이 및 성별과 관계없이 살해하고 있습니다."106) 이후 독일군을 몰아내고 볼린 지방에 진주한 소련군과 NKVD는 UPA의 활동을 분쇄하고 이들의 잔인무도한 행위를 중단시키기 위한 적극적 진압에 나섰고, 양자 간의 압도적인 전력 차 속에서 UPA가 자행하던 대량 학살과 인종청소는 이 지역에 소비에트 연방의 행정력과 치안이 회복되기 시작한 1946년에 가서야 완전히 중단될 수 있었다. 1945년 4월 유럽에는 나치 독일의 패망과 더불어 드디어 평화가 도래한 것처럼 보였으나 UPA가 여전히 활동하던 서부 우크라이나의 상황은 달랐다. UPA의 반(反)소비에트 게릴라 활동은 현지 우크라이나인 민중의 일관된 암묵적 지지와 지원 속에서 계속되었고, 소련 당국은 각고의 노력 끝에 1950년대에 가서야 독립투쟁을 빙자한 이들의 학살극에 철퇴를 가하고 이 지역에 완전한 평화와 질서를 회복할 수 있었던 것이다.107)

압도적인 전력의 차이에도 불구하고 그리고 우호 세력이던 나치 독일이 패망한 1945년 이후에도 이들이 상당 기간 반소(反蘇) 게릴라 활동을 지속할 수 있었던 이유는 무엇이었을까? 그 해답은 나치 독일을 대신하여 나타나 물심양면으로 우크라이나 파시스트들을 지원하기 시

---

106) Statiev, *The Soviet Counterinsurgency*, p. 86.

107) 서우크라이나 지역 반(反)소비에트 게릴라 진압작전에 대한 자세한 내용은 Jeffrey Burds, "*Agentura*: Soviet Informants' Networks and the Ukrainian Underground in Galicia, 1944–48," *East European Politics and Societies*, 11–1, 1997, pp. 89–130; Statiev, *The Soviet Counterinsurgency*, pp. 97–138을 보라.

1983년 조지 부시 미국 부통령과 담소를 나누는 야로슬라브 스테치코

OUN과 그들의 새로운 후견인 간 협력 관계를 상징적으로 보여주는 사진 중 하나로, 한때 "파시즘 세계혁명"을 꿈꾸던 스테치코는 부시를 포함한 미국 정계 인사들과 (현재까지도 이어지고 있는) 각별한 친분 관계를 맺고 있었다.

출처: Stets'ko, *Ukraine and the Subjugated Nations*, p. 495 (by courtesy of Philosophical Library).

작한 새로운 파시즘 우호 세력의 등장에서 찾을 수 있다.

제2차 세계대전 종전 이후 점증하는 동서 냉전의 위기 속에서 "철의 장막"의 내부에서 대담하게 그리고 일견 무모하게 "악의 제국," 소련에 도전하는 OUN과 OUN의 무장조직 UPA의 존재는 소련 내부의 "반공투사"를 찾던 미국과 영국의 큰 관심을 끌었다. 독일을 대신하는 새로운 반소동맹의 후견인을 찾던 OUN과 UPA 역시 자신들의 파시즘적 과거를 부인 및 청산하고 반공과 다원주의, 의회민주주의를 기치로 한 새로운 친서방 프로그램을 채택함으로써 스스로를 소련이라는 공산주의 거대 악과 저항하는 자유의 투사로 재포장하기 시작했고,108) 서

----

108) 이러한 관점에 대한 자세한 내용은 Peter J. Potichnyj and Yevhen Shtendera, eds., *Political Thought of the Ukrainian Underground, 1943–1951* (Edmonton and Toronto: Canadian Institute of Ukrainian

방 진영은 이제 소위 "자유민주주의 진영"의 최전선에서 "철의 장막" 배후에서 투쟁하게 된 이들 전직 파시스트 전범들에게 무기와 식량을 낙하산으로 투하하고 이들의 대(對)소비에트 게릴라 작전을 지도하는 적극적인 군사원조로 이들의 변신에 화답했다.109)

　　한때 나치 독일을 추종하며 유대인과 폴란드인을 학살하던 우크라이나의 전직 파시스트들과 나치를 패퇴시킨 서방측 주역들 사이에 일어난 기이한 후견과 동맹관계는, 수많은 우크라이나계 파시스트 전범들이 미국과 영국의 특수작전에 의해 구출되어 일체의 처벌을 면한 채, 추후 애국적인 미국 시민 또는 캐나다 시민으로, 정치가로, 학자로, 기업인으로, 평화활동가로 일체의 처벌 없이 평화롭게 그리고 풍요롭게 여생을 보내게 되는 희극적 상황으로 치달았다.110) OUN과 UPA 출신

Study Press, 1986)을 보라. OUN 이론가들과 사상가들의 저작물들을 모아 번역을 통한 의도적 재편집을 거쳐 출간한 이 저작은 OUN이 자행한 수많은 학살과 악행을 완전히 지우고, 반공적이고 민주적이며 다원주의적인 (따라서 반[反]유대주의에 단호히 반대하는) 우크라이나 파시스트 망명자 집단의 조작된 (또는 창조된) 기억을 증거하는 저작이라 할 수 있다.

109) Jeffrey Burds, "The Early Cold War in Soviet West Ukraine, 1944–1948," *Carl Beck Papers in Russian and East European Studies*, 1505, 2001, pp. 11–18.

110) 소련군에게 사살된 로만 슈헤비치와 같은 소수의 예외를 제외하면 전쟁 중 일어난 민간인 학살에 책임을 져야 할 OUN 전범들 중 상당수가 미국과 영국이 실시한 구출작전에 의해 서독(반데라 등), 미국(레베드와 스테치코 등), 캐나다(돈초프 외 다수) 등 서방권 국가로 이주하게 되는데, 이들은 모두 CIA나 영국 정보부의 보호를 받으며 (심지어 이스라엘 측의 요구조차도 무시한 채) 어떠한 종류의 전범재판에도 일체 회부되지 않았다. 상대적으로 덜 알려졌으며 연령이 어린 전범들 중 상당수는 해외에서 새로운 커리어를 시작하여 성공적으로 서구사회에 정착하는데, 예컨대 저명한 학자이자 교수로서 성공적인 경력을 쌓고 캐나다 앨버타 대학의 총장직을 역임한 바 있는 피터 사바린(Peter[Petro] Savarin)은, 젊은 시절 무장 SS 할리치나 사단에서 복무한 경력을 가진 전범 출신 인물이었다. 전 세계를 통틀어 유일무이한 "나치 친위대 출신 대학 총장"이었던 이 인물에 대한 자세한 내용은 Petro Savarin, *Z*

의 이들 "반공투사들"과 그들의 새로운 서방 후견인들 간에 체결되어, 이른바 러시아-우크라이나 전쟁이 발발한 현 시점까지도 지속되고 있는 이러한 "새로운 계약"에 대해서는 추후 별도의 후속 연구를 통해 소개해 볼 계획이다.

....

soboiu vziali Ukrainu: Vid Ternopillia do Al'berti (Kiev: KVITs, 2007)를 보라.

CHAPTER
05

In Search for the Roots of the Ukrainian Question

독일 무장친위대 제14척탄병사단 '할리치나',
1943~1945

Ⅰ 들어가는 말

주지하듯 제2차 세계대전 당시 독일 제3제국이 자랑하던 나치당의 엘리트 전투부대 "무장친위대"는 독일 국적을 가진 순수 독일인으로만 구성된 부대는 결코 아니었다. 세계대전 중 전선에 창설/전개된 총 38개의 무장친위대 사단 중, 제1사단 LSSAH(1. *SS-Panzerdivision "Leibstandarte SS Adolf Hitler"*)나 제2사단 다스 라이히(*Das Reich*), 제3사단 토텐코프(*Totenkopf*)와 같은 무장친위대 핵심 단위부대들은 분명 독일 국적의 순수 독일인 자원병들로 구성되어 있었지만, 기타의 여러 무장친위대 전투사단들은 독일 국적자가 아닌 상당수의 재외동포 독일인(*Volksdeutsche*) 출신자들과 더불어 많은 수의 비(非)독일계 외국인 병사들을 포함하고 있었으며, 심지어 간부를 제외한 일반병 전원이 순수 외국인으로만 구성된 부대들 역시 다수 존재하고 있었기 때문이다.[1] 무장친위대의 이러한 다국적적인 면모는 나치즘의 핵심 이데올로기인 "아리안 인종주의"와 "병력 자원의 필요성"이라는 두 가지 요인이 모순적으로 작용하여 만들어낸 아이러니한 결과였다. 애초 히틀러 직속의 경호부대이자 나치당의 친위군사력으로 출발한 친위대가 본격 거대 전투집단인 무장친위대로 확장을 시작하던 전쟁 초기, 친위대의 수장 하인리히 힘러(Heinrich Himmler)가 꿈꾸던 무장친위대는 독일 국적 게르만인으로만 구성된 부대가 아니라 북유럽과 서유럽 출신의 소위 모

---

1) 전쟁 중 창설된 총 38개의 무장친위대 사단 중에서 과반에 달하는 19개 사단이, 병력 대다수가 외국인으로 구성된 외국인 사단이었다(George H. Stein, *The Waffen SS: Hitler's Elite Guard at War, 1939-1945* [Ithaca: Cornell University Press, 1984], p. 137). 독일계 엘리트 사단에도 상당수의 외국인 병력이 보충병으로 편입되었다는 점을 감안하면 실제 무장친위대 병력 중 절반 이상이 외국인이었다고 해도 과언이 아니다.

든 "아리아인"을 대표하는 "범유럽 엘리트 전투조직"이었기 때문이다. 이 결과 제2차 세계대전 개전과 더불어 급속도로 팽창하던 무장친위대에는 상당수의 비(非)독일계 자원병들로 구성된 부대들이 속속 편성되었으니, 전쟁 초기 이들 병사들의 대다수는 물론 서유럽 전역(全域)의 파시즘 동조자들이었다.[2]

초기만 해도 나치 인종주의를 대변하는 이른바 "아리아인" 중심의 엘리트 부대였던 무장친위대의 인적 구성은 동부전선의 판세가 소련 측으로 넘어가기 시작한 1943년을 기점으로 그 성격이 크게 변화하기 시작하였다. 이는 기존까지 독일인을 포함하여 서유럽 및 북유럽계 지원자로 한정되었던 무장친위대의 입대 자격이 1943년 초반부터는 무려 동유럽의 소위 "열등 인종(Untermensch)"들에게도 개방되었기 때문인데, 이들을 수탈과 착취, 궁극적으로는 절멸의 대상으로 바라보던 나치의 인종주의 이데올로기[3]와 명백히 배치되는 이러한 변화는 주지하듯

....

2) 주지하듯 "민중의, 민중에 의한, 민중을 위한, 민중적 혁명운동"으로서의 파시즘은 독일 및 스페인, 이탈리아만이 아니라 서쪽으로는 프랑스의 "악숑 프랑세즈(Action Française)"로부터 동쪽으로는 우크라이나의 "우크라이나 민족주의자단(Orbanizatsiia Ukraiins'kikh Natsionalistiv: OUN)"에 이르기까지 전간기 유럽 전역에 걸쳐 하층 노동계급과 저소득층 농민들 즉 "민중" 사이에서 상당한 대중적 지지를 얻고 있던 범유럽적인 현상으로, 전쟁 초기 무장친위대에 지원병으로 입대가 허락된 서유럽계 병력 또한 이들 파시즘 동조자였다. 무장친위대에서 복무한 서유럽계 병사의 수는 대략 12만 5천 명 정도로 추산되고 있으며(ibid., p. 138), 1945년 베를린 공방전에서 히틀러가 자살하는 최후의 순간까지 제3제국에 헌신하며 총통관저를 지킨 이들 중 상당수가 이들 비(非)독일계 서유럽인 지원병이었다. 이들에 대한 보다 자세한 정보는 ibid., pp. 137-164; Chris Bishop. SS: Hitler's Foreign Divisions, Foreign Volunteers in the Waffen-SS, 1940-45 (London: the History Press, 2002), pp. 20-59를 보라.

3) 독소전 전반부까지 나치의 소위 "동방정책"은 우크라이나인들과 벨라루스인, 러시아인들을 "주인이 필요한 노예집단"으로 바라보던 히틀러 자신의 표현을 빌리자면 "지배하라(Beberrschen)! 관리하라(Verwalten)! 착취하라(Ausbeuten)!"

동부전선에서 독일군이 겪기 시작한 격심한 전투 손실이 가져온 결과였다. 1941년 겨울 모스크바 공방전을 기점으로 독일군의 공세가 돈좌되며 전선에 파병된 거의 모든 독일군 부대는 격심한 병력 손실을 겪었지만, 자타공인 엘리트 부대로 가장 가혹한 전투 현장에 투입되는 경우가 특히나 잦았던 무장친위대의 피해는 독일 국방군 일반부대보다도 한층 심각하였던 것이며 그 피해 규모는 해가 갈수록 더욱 심대해졌던 것이다.[4]

창설 이래 시종일관 무장친위대의 성장을 경계하며 의혹의 눈초리로 바라보던 독일 국방군과 한정된 병력 자원을 두고 항상 경쟁하던 상황에서 무장친위대의 선택은 잘 알려져 있다. 그것은 모병을 위한 인적 자원의 풀을 나치 이데올로기에서는 금기시되던 동유럽의 소위 "열등 인종"까지 확대하는 것에서 새로운 활로를 찾는 것이었다.[5] 1943년

....

의 세 단어로 정의될 수 있으며, 이를 실현하기 위해 히틀러는 "학살과 [강제] 이주를 포함한 어떠한 조치도 주저해서는 아니 됨"을 강조하였다(Stephen G. Fritz, *Ostkrieg: Hitler's War of Extermination in the East* [Lexington: University Press of Kentucky, 2011], pp. 105–106).

4) Stein, *The Waffen SS*, p. 167. 동부전선 초기 무장친위대는 뛰어난 전투력(및 악명 높은 잔혹성)으로 피아 모두에게 큰 명성을 얻었으나 그 대가로 치른 손실은 막대하였다. 예컨대 1941년 겨울 모스크바 공방전이 독일군의 패배로 끝난 직후 동부전선에서 독일군의 진격을 이끈 *Das Reich* 사단은 독일 국방군의 평균 손실을 압도적으로 상회하는 60%의 전투 손실을 입었으며(*ibid.*, p. 168), 그 후에도 르제프(Rzhev) 돌출부에서 벌어진 제먄스크(Demiansk) 방어전의 주력 병력으로 1942년 가을까지 소련군의 거듭된 공세를 상대해야 했던 토텐코프 사단의 경우 더욱 피해가 막심하여 소련 침공 시작 당시 18,754명의 원편제 병력에서(*ibid.* p. 120) 1942년 7월 기준 51명의 장교와 2,685명의 병력만이 전투 가능한 상태였다(Chris Mann, *SS-Totenkopf: The History of the 'Death's Head' Division, 1940–45* [London: the History Press, 2001], p. 190).

5) 동유럽계 외국인 부대의 존재는 물론 무장친위대에 한정된 일은 아니었다. 독일군에는 이미 1941년 독소전 개전 당시 독일의 동맹국이던 크로아티아로부터 파병된 "크로아티아 레기온(*Kroatische Legion: Kroatischen Infanterie-Regiment*

2월 보스니아의 무슬림 자원병으로 구성된 제13무장친위대 척탄병사단 한트샤르(*Handschar*)를 필두로[6] 무장친위대에는 종전 시까지 다수의 동유럽계 전투사단이 연속적으로 창설되었고, 병력 충원을 담당하는 무장친위대의 총감 고틀롭 베르거(Gottlob Christian Berger)가 열성적으로 추진하던 무장친위대 부대의 이러한 급격한 규모 확대는 친위대의 수장 힘러 역시 적극적으로 지지하던 조치였다. 이 결과 전쟁 말에 이르면 자칭 독일 나치 인종주의의 정화이자 엘리트 군사 조직을 표방하는 무장친위대의 구성원 중 절반 이상의 병력이 사실상 외국인으로, 그것도 그 외국인 병력의 대다수가 소위 "열등 인종" 출신의 병사로 채워지는 기이한 상황이 초래되기에 이르렀던 것이다.[7]

이러한 동유럽계 부대 중에서도 나치 인종주의의 모순을 가장 극명하게 보여주는 대표적인 사례 중 하나가 바로 제14무장친위대 척탄병사단 "할리치나"(14. *Waffen-Grenadier-Division der SS, "Galizien"*)[8]

....

369)"이 독일 국방군의 일원으로 전쟁에 참여하였기 때문이다. 6,300여 명의 크로아티아인 자원병으로 편성된 크로아티아 레기온은 스탈린그라드 전투에 참여하여 전멸한 유일무이한 독일 국방군 소속 비(非)독일계 외국인 단위부대였다. 크로아티아 레기온에 대한 보다 자세한 내용은, Amir Obhodas and Jason D. Mark, *Croatian Legion: the 369th Reinforced (Croatian) Infantry Regiment on the Eastern Front, 1941-1943* (Pimble, Australia: Leaping Horseman Books, 2010)을 보라.

6) 한트샤르 사단은 보스니아 지역의 무슬림 지원병으로 구성되었다. 한트샤르 사단에 대한 자세한 내용은 George Lepre, *Himmler's Bosnian Division: the Waffen-SS Handschar Division, 1943-1945* (Atglen, PA: Schiffer Publishing, 1997); Mario Werhas and Božidar Mikulčić, *13th SS Division Handschar* (Zagreb: Despot Infinitus, 2018); Jonathan Trigg, *Hitler's Jihadis: Muslim Volunteers of the Waffen-SS* (Staplehurst, UK: Spellmount, 2010)를 보라.

7) Stein, *The Waffen SS*, p. xxxi.

8) 사단의 정식 명칭은 독일식 표기를 따르면 "갈리치엔"이지만, 그 구성원이 우크라이나인이었다는 점에서 이 장에서는 "할리치나(*Halichina*)"로 표기한다.

였다. 전쟁 중 창설된 여러 동유럽계 외국인 사단 중에서도 할리치나 사단은 다음의 두 가지 이유에서 특히나 주목할 만한 가치가 있다고 하겠다. 첫째, 할리치나 사단은 제3제국 패망의 마지막 날까지도 규율과 군기 및 무장과 전투력을 유지한 채 히틀러와 나치즘에 대한 충성을 저버리지 않고 베를린이 함락되는 최후의 순간까지 독일의 편에 서서 싸웠던 사실상 유일무이한 슬라브계 "열등 인종" 단위부대였다. 물론 할리치나 사단이 유일한 우크라이나인 전투부대는 아니었는데, 이는 전쟁 중반부터 제3제국에 의해 징병/동원된 다수의 점령지 주민들 중 상당수가 우크라이나 출신자였으며, 특히 주로 소련군 전쟁포로로 구성되어 일부는 보조병력으로 독일 국방군과 함께 전투에까지 참여했던 이른바 "히비(Hiwi: Hilfswilliger)" 부대에서 우크라이나인들은 독일 국방군의 주요 인적 자원 중 하나였기 때문이다.9) 앞서 언급했듯이 무장친위대 역시 다수의 외국인 병력을 운용했으며 전쟁 후반 무장친위대의 급격한 규모 확장은, 전술한 보스니아인 무장친위대 사단으로부터 러시아인 부역자로 구성된 카민스키 여단(Die Brigade "Kaminski"),10) 백계 카자크 출신 망명자를 중심으로 구성된 카자크인 기병사단

....

9) 1943년 후반기 기준 총 32만여 명으로 추산되는 히비 병력이 동원되어 동부전선의 독일군에 할당된 후 전투를 위한 보조병력 역할을 수행하였다. 이들 보조병들의 대다수는 러시아 또는 우크라이나계 전쟁포로와 점령지로부터의 징병자들이었다(Omer Bartov, *Hitler's Army: Soldiers, Nazis, and War in the Third Reich* [Oxford: Oxford University press, 1991], pp. 44-45).

10) 정식 명칭은 "SS Sturmbrigade RONA [*Russkaia osvoboditel'naia narodnaia armiia*])"이다. 카민스키 여단에 대한 자세한 내용은, Igor' G. Ermolov, *Russkoe gosudarstvo v nemetskom tylu: Istoriia Lokotskogo samoupravleniia, 1941-1943* (Moscow: Tsentrpoligraf, 2009); Ivan Kovtun and Dmitrii Zhukov, *29-ia grenaderskaia diviziia SS "Kaminskii"* (Moscow: Veche, 2009); Rolf Michaelis, *The Kaminski Brigade* (Atglen, PA: Schiffer Publishing, 2011)을 참조하라.

(1. *SS-Kosaken-Kavallerie-Division*),[11] 알바니아인들로 구성된 무장
친위대 전투사단(21. *Waffen-Gebirgs-Division der SS "Skanderbeg"*)[12]에
이르기까지 여러 동유럽계 외국인 사단의 창설로 인해 가능했던 결과
였다.[13] 물론 이러한 사단들의 전투력은 일반적으로 그다지 높지 않았
기에 이들이 실제로 주요 전장에 투입되는 일들은 지극히 드물었고, 이
러한 비(非)독일계 사단들의 주 용도는 치안 유지와 대(對)파르티잔 전
투로 국한되었다. 할리치나 사단은 여기서도 지극히 예외적인 사례였
다고 할 수 있다. 이는 실제 독일의 주 전장(戰場)인 동부전선에 투입되
어 소련군과 격전을 치른 사실상 유일무이한 동슬라브계 전투사단이
바로 할리치나 사단이었기 때문이다.

둘째, 할리치나 사단은 서부 우크라이나인의 지지와 지원 및 호응
속에서 출범하여 할리치나 지역의 우크라이나 민족주의 운동과 시종일
관 매우 긴밀한 관계를 유지하고 있었다는 점에서도 여타 비(非)독일계
친위대 사단과는 지극히 차별화되는 존재였다고 할 수 있다. 주지하듯
나치 독일과 소련 간 혈전이 벌어진 동부전선의 정중앙에 위치했던 우

....

11) 원래는 독일 국방군 소속 제1카자크 기병사단(*1. Kosaken-Kavallerie
-Division*)으로 창설되었으나 후에 무장친위대 사단으로 소속이 변경되었다.
카자크 사단에 대한 자세한 내용은 Samuel J. Newland, *Cossacks in the
German Army*, 1941-1945 (London: Routledge, 1991); Petr Krikunov,
Kazaki, mezhdu Stalinym i Gitlerom (Moscow: EKSMO, 2006)을 보라.
12) 알바니아인 무장친위대 사단에 대한 자세한 내용은 Laurent Latruwe and
Gordana Kostic, *La division Skanderbeg: histoire des Waffen-SS albanais
des origines idéologiques aux débuts de la guerre froide* (Paris: Godefroy
de Bouillon, 2004); Trigg, *Hitler's Jihadis*를 보라.
13) 나치 독일을 위해 싸운 러시아계 및 소연방 소수민족 출신 단위부대에 대한 전
반적 개관으로는 Sergei I. Drobiazko, *Pod znamenami vraga: Antisovetskie
formirovaniia v sostave germanskikh voourzhen* (Moscow: EKSMO, 2004)을
참조하라.

크라이나는 전쟁으로 인한 피해를 가장 심하게 겪었던 지역이었다. 나치 독일은 우크라이나인을 결코 대등한 상대로 취급하지 않았으며, 나치의 인종주의적 시선에서 우크라이나인들은 히틀러가 설정한 이른바 "레벤스라움(Lebensraum: 생활권)"에서 노예화, 수탈 및 착취, 학살 및 심지어 부분적 절멸이 예정되어 있던 대표적 "열등 인종"의 일원이었다. 그렇다면 자신을 착취하고 수탈하려는 가해자들을 위해 싸웠던 할리치나 사단의 우크라이나인 구성원들은 과연 누구였던 것이며 그들은 어떠한 배경에서 나치 무장친위대의 일원이 되었던 것인가? 그들은 무엇을 위해 제3제국 최후의 그날까지도 나치 독일의 편에 선 채 충성을 저버리지 않았던 것인가?

이번 장에서는 바로 이러한 의문에 대해 답해 보고자 한다. 1950년대 첫 문제 제기가 등장한 이래[14] 할리치나 사단에 대해 존재하는 소수의 기존 연구성과는 구체적 사실(史實) 관계에서 가지는 나름의 "발견적(Heuristic)" 가치에도 불구하고 미시적인 군사사(軍事史)에만 집중하거나,[15] 우크라이나 민족주의의 시선 속에서 사단의 존재를 암묵적으로 정당화하는 "변명적 역사연구"[16] 또는 정반대의 시선에서 이들

....

14) Basil Dmytryshyn, "The Nazis and the SS Volunteer Division 'Galicia'," *American Slavic and East European Review*, 15−1, 1956, pp. 1−10.

15) 예컨대 Michael O. Logusz, *Galicia Division: The Waffen-SS 14th Grenadier Division, 1943−1945* (Atglen, PA: Schiffer Publishing, 1997); Michael Melnyk, *To Battle: the Formation and History of the 14. Gallician SS Volunteer Division* (Warwick, UK: Helion and Company, 2007)을 보라.

16) 이러한 시각을 반영한 연구로는 Richard Landwehr, *Fighting for Freedom: The Ukrainian Volunteer Division of the Waffen-SS* (Silver Spring, MD: Bibliophile Legion Books, 1985); Taras Hunczak, *On the Horns of a Dilemma: The Story of the Ukrainian Division Halychyna* (New York: University Press of America, 2000); Andrii Bolianovs'kii, *Diviziia Halichina: Istoriia* (L'vov: L'vovs'kii universitet im. I. franka, 2000)을 보라.

을 철저히 "악마화"시키는 "목적론적 역사연구"[17]라는 한계 때문에, 상기한 의문에 대해서도 몰역사적이거나 또는 지나치게 정치화된 해답을 제시하는 경향이 있었다. 본 연구에서는 기존 연구의 이러한 한계를 넘어 보고자 한다. 보다 구체적으로 이 장에서는 할리치나 사단의 기원과 편성, 역할 및 우크라이나 민족주의 운동과의 관계에 주목하며 피해자가 가해자에게 적극적으로 협력하고 부역하며 또 다른 가해자가 되는 기이한 관계로 점철된 제2차 세계대전기 독일-우크라이나 관계의 문제적 국면을, "무장친위대 할리치나 사단"이라는 미시 케이스를 중심으로 검토하는 사례 연구를 제시해 보고자 하는 것이다.

‖ 할리치나 사단의 탄생

지역명을 딴 사단 명칭에서 볼 수 있듯이 할리치나 사단은 서부 우크라이나 할리치나 출신의 우크라이나인 자원병으로 만들어진 부대였다. 나치의 인종주의적 시선에서 보면 수탈과 착취, 말살의 대상에 다름 아닌 우크라이나인들이 나치 무장친위대 부대에 무려 자원병으로 입대하는 상황은 일견 모순적으로 보이지만, 할리치나 지역 우크라이나계 주민들의 대독일 군사 협력은 할리치나 사단의 사례가 처음이 아니었다. 이미 독소전 개전 당시 우크라이나인으로 구성된 두 개의 단위부대, 나이팅게일(*Nachtigall*) 및 롤랑드(*Roland*) 대대가 실제 독일 국방군 소속으로 나치 침공군의 향도(嚮導) 역할을 담당하며 전

---

17) 이러한 견해를 대변하는 저작으로는 Sol Littman, *Pure Soldiers Or Sinister Legion: The Ukrainian 14th Waffen-SS Division* (Montreal: Black Rose Books, 2003)가 있다.

쟁에 참여한 적이 있었기 때문이다.[18] 전쟁 초 서부 우크라이나인의 대독일 군사협력을 이끌었던 주체는 1929년 일군의 망명 우크라이나 독립운동가들이 결성한 무장투쟁 독립운동 조직 "우크라이나 민족주의자단(*Orhanizatsiia Ukrains'kikh Natsionalistiv*[이하 'OUN'으로 약칭])" 이었는데, 주지하듯 OUN은 평범한 무장 독립운동 단체가 아니었다. OUN은 스스로를 나치 독일 및 파시스트 이탈리아와 어깨를 나란히 하는 범유럽 파시즘 운동의 일원으로 자임하며[19] 나치 독일과의 협력을 추구하던, 서부 우크라이나의 자생적 파시즘 운동조직이었기 때문이다.

물론 나치 당국은 우크라이나인들을 동등한 동반자로 바라보지 않았다. 전쟁 발발 전부터 OUN이 꿈꾸던 이상적인 우크라이나 독립 국

---

18) I. K. Patriliak, *Viis'kova diial'nist' OUN (B) u 1940−1942 rokakh* (Kiev: Kiivs'kii natsional'nii universitet imeni Tarasa Shevchenko, 2004), p. 17; John A. Armstrong, *Ukrainian Nationalism, 1939−1945* (New York: Columbia University Press, 1955). p. 74; O. S. Smyslov, *Stepan Bandera i Bor'ba OUN* (Moscow: Veche, 2011), p. 104; Aleksandr Reent and Aleksandr Lysenko, "Ukrainians in Armed Formations of the Warring Sides during World War II," *The Journal of Slavic Military Studies*, 10−1, 1997, pp. 214−215. 두 부대는 독일 국방군 정보부(*Abwehr*)와의 밀접한 협력 속에서 활동하였다. 한편 해당 부대에 복무했던 우크라이나인 병사들은 자신들이 독일군이 아니라 OUN 부대의 일원으로 참가한 것으로 회고하고 있다. 나이팅게일 부대에서 장교로 복무했던 미로슬라브 칼바(Myroslav Kal'ba)의 회고를 빌자면, "그들은 나이팅게일 부대에 자원한 것이 아니라 … [OUN] 조직[의 결정]에 따라 해당부대에 복무하도록 명령을 받은 것"이었기 때문이다(Miroslav Kal'ba, *Nakhtigal' v zapitanniakh i vidpovidiakh* [L'vov, 2008], p. 19). 나이팅게일과 롤랑드 부대 소속 부대원들은 전원이 OUN 소속 조직원이었다. 나이팅게일 및 롤랑드 부대에 대한 자세한 내용은 Patriliak, *Viis'kova diial'nist'*을 보라.
19) 1938년 OUN의 한 활동가는 우크라이나 민족주의 운동과 파시즘과의 연관성을 다음과 같이 정의했다. "[이탈리아] 파시즘과 [독일] 나치즘, 그리고 우크라이나 민족주의는 … 같은 정신이 민족에 따라 [각기] 다르게 나타나는 표현이다(Iaroslav Orshan, *Doba natsionalizmu* [Paris, 1938], p. 5)."

가 수립 시나리오는 나치 독일의 힘을 빌려 "통일 우크라이나"를 수립한 후 비시(Vichy) 프랑스나 우스타샤(Ustasha) 크로아티아와 유사한 나치 동맹국의 자격으로 소비에트 러시아(및 폴란드)와의 투쟁에 나서는 것이었지만, 나치 당국은 독립 우크라이나의 건국을 설사 그렇게 건국된 파시즘 우크라이나가 나치 독일에 우호적인 종속국이라 할지라도 결코 용인할 의사가 없었으며, 결국 이러한 일방적 구애는 주지하듯 비극으로 귀결되었다. 독일군의 소련 침공 준비를 도우며 나치 침공군의 향도 역할을 했던 OUN-B (반데라 분파: 이하 "OUN-B"로 약칭) 계열의 우크라이나 민족주의자들은[20] 1941년 6월 30일 할리치나의 주도(州都) 리보프(L'vov) 점령 후 독일 측과의 아무런 사전 교감 없이 기습적으로 독립 우크라이나의 출범을 선포하며 그들이 꿈꾸던 "민족혁명"[21]의 시

---

20) 제2차 세계대전 당시 OUN은 급진적 노선을 취한 청년층으로 구성된 "반데라 분파(OUN-B)"와 상대적으로 온건한 장년층 멤버로 구성된 "멜닉 분파 (OUN-M)"로 분열되어 있었다. 지도자인 스테판 반데라(Stepan Bandera)와 안드리 멜닉(Andrii Melnik)의 이름을 따 명명된 양 분파는 극심한 경쟁 및 반목 관계에 있었다. 이 두 분파의 노선 차이에 대한 자세한 내용은 Petro Mirchuk, *Revoliutsiinii zmah za USSD: khto taki 'banderivtsi', 'mel'nikivtsi', 'dviikari'* (New York: Soiuz Ukrains'kikh Politviazniv, 1985)을 보라.

21) 앞장에서 검토하였듯이 독일 나치즘과 이탈리아 파시즘의 영향 속에서 OUN은 민족적이고 자주적인 통일 "독립 우크라이나" 건설을 위해 2단계로 구성되는 독자적인 파시즘 혁명론을 발전시켰다. 첫 단계는 바로 "영구혁명"의 단계였다. OUN은 소련과 폴란드라는 외세에 대항하기 위해서는 우크라이나와 폴란드 및 러시아 전역(全域)이 전쟁에 의해 영구적인 전화(戰火)로 뒤덮이는 혁명적 조건이 마련되어야 한다고 판단했고, 이 단계에서 우크라이나 민중을 봉기시켜 항구적이고 지속적인 무장투쟁을 지속해야 한다고 믿었는데 이 단계가 바로 "영구혁명"의 단계였다. "민족혁명"은 "영구혁명"의 결과로 만들어지는 파괴(즉 폴란드와 소련의 붕괴)의 기반 속에서 "인종적으로 순수한" 우크라이나인으로만 구성된 "독립 우크라이나" 국가 건설 시도를 의미했다. 독소전 발발을 "영구혁명"의 단계로 파악한 OUN-B는, 전쟁 초기 독일군에 의한 자칭 "우크라이나 해방"으로 이제 "민족혁명"을 수행할 단계가 도래했다고 믿었던 것이다(Petro Mirchuk, *Naris istorii Orhanizatsii Ukrains'kikh Natsionalistiv* [Munich: Ukrains'ke vidavnitstvo, 1968], p. 54).

작을 알렸지만,[22] 독립 우크라이나는 결코 제3제국이 기획 중인 "신질서"의 일부가 될 수 없었다. 독일 측의 양해 없이 일방적으로 독립 선포를 주도한 OUN-B 지도자들은 즉각 체포되어 강제수용소로 보내지거나 가택 연금형에 처해졌고, 나이팅게일 부대와 롤랑드 부대는 일방적인 부대 해산의 운명을 맞이하였던 것이다.

이러한 관계에 변화가 일어나기 시작한 것은 1943년 초반의 일이었다. 스탈린그라드 전투 패배를 기점으로 나치 당국은 이제까지 동부전선 점령지에 대한 수탈과 착취로 일관되었던 자신의 동방정책을 재검토하기 시작했고 이에 따라 적어도 자신들에게 우호적인 "동방 열등 인종"과의 협력을 일관되게 주장해 오던 나치 지도부 내 온건파의 목소리가 조금씩 커지기 시작했기 때문이다. 이러한 정책적 전환을 선도한 인물 중 하나가 바로 할리치나 지역을 관할하던 나치의 총독(*Gouverneur des Distrikts Galizien*) 오토 베히터(Otto Gustav von Wächter)였다. 오스트리아 출신의 법률가로서 소련과의 전쟁에서 동방 제(諸) 민족과의 협력을 주창하는 나치당 내 온건파의 일원이었던 베히터는, 할리치나 지역 우크라이나인들에게 팽배한 친(親)나치, 반(反)폴란드, 반(反)소비에트 및 반(反)유대주의 정서에 큰 인상을 받고 이 정서의 정치적 함의 및 그 가능성에 주목하였다.[23] 베히터는 부임 직후

....

22) 리보프 함락 후 나이팅게일 부대와 함께 리보프에 입성한 OUN-B는 나치 당국과 일체의 사전 논의 없이 독립 우크라이나의 수립을 일방적으로 선포하였다. 이 사건에 대한 자세한 내용은 아래의 사료집을 참조하라. Orest Dziuban, ed., *Ukrains'ke derzhavotvorennia — Akt 30 chervnia 1941: Zbirnik dokumentiv i materialiv* (L'vov: Piramida, 2001).

23) Wolf-Dietrich Heike, *Sie wollten die Freiheit: Die Geschichte der Ukrainischen Division, 1943-1945* (Dorheim: Podzun-Pallas-Verlag GmbH, 1973), *The Ukrainian Division "Galicia" 1943-45: A Memoir*, trans. by Yuri Boshyk from German to English with introduction of John

부터 상당히 폭넓은 재량을 우크라이나인들에게 허용하고 원활한 통치
를 위한 지역 엘리트들의 자발적 협력을 이끌어내는 것에 자신의 역량
을 집중시키며 당대 나치의 기준에서는 파격적일 만큼 할리치나 지역
민들에게 우호적인 정책을 펼쳤는데,[24] 동부전선의 다른 점령지와는
확연히 구별되던 할리치나 지역의 상대적 안정과 평화는 할리치나 지
역민과 우크라이나 민족주의자들의 친(親)독일 친(親)나치 반(反)유대주
의 정서뿐만 아니라 이에 호응한 독일 점령 당국의 상대적으로 유화적
인 통치가 만들어낸 결과였다고 할 수 있다.[25]

더욱 중요한 것은 베히터가 꿈꾸던 동방 열등민족과의 협력이 할
리치나 지역 내 평화와 질서의 유지에 한정된 것이 아니었다는 점이다.
이는 베히터가 우크라이나인들을 나치 독일이 꿈꾸는 신질서 수립에
직접 "참여"시킴으로써 독일의 이해관계와 우크라이나의 이해관계를
최대한 일치시키는 것에서 장기적인 전쟁 승리의 가능성을 보았기 때
문인데,[26] 베히터가 보는 그 참여의 핵심에는 바로 자신의 통치 하에

....

Amstrong (New York: Shevchenko Scientific Society, 1988), pp. 3-4 (page
citations are to the English edition). 이른바 "동방 제(諸) 민족"과의 협력을
주창했다는 점에서 베히터는 알프레드 로젠베르크(Alfred Rosenberg)와 같은
나치당 내 온건파에 속하는 인물로 분류되지만, 확고한 반(反)유대주의자였던
그의 온건함은 물론 상대적인 맥락에서 봐야 한다. 베히터는 폴란드 정복 직후
크라쿠프(Kraków) 총독 재임 중 이 도시에 유대인 게토(Ghetto)를 만든 장본
인이었으며 제2차 세계대전 초기 폴란드에서 자행된 유대인 학살의 최종 책임
자 중 한 명으로 유대인 문제의 "최종적 해결" 정책의 확고한 신봉자였다.

24) Bolianovs'kii, *Diviziia*, pp. 24-25.
25) 히틀러는 전쟁 종결 후 과거 오스트리아령이던 할리치나 지방 전체를 독일에
병합시키고 독일인들을 이주시킬 계획을 가지고 있었기에(Fritz, *Ostkrieg*, p.
106), 베히터의 유화적 통치와는 별개로 나치 독일의 승전 시 할리치나 지역
우크라이나인을 기다리던 궁극적 운명이 "부분적 절멸"을 포함한 전(全) 주민
의 "전면적 노예화"였음에는 의문의 여지가 없다.
26) Heike, *Sie wollten die Freiheit*, pp. 3-4.

있는 할리치나 지역 우크라이나인으로 구성된 "우크라이나인 무장 전투 부대"를 조직하자는 구상이 자리하고 있었다.[27] 나치 인종주의 이데올 로기와 완전히 배치되는 이러한 베히터의 구상은 그 자체로도 매우 놀 랍고 혁신적인 발상의 전환이었지만, 더욱 주목할 만한 것은 베히터의 상관인 친위대의 수장 힘러와 최종결정권자인 히틀러의 반응이었다고 할 수 있다. 이는 베히터의 제안을 힘러가 긍정적으로 받아들였을 뿐만 이 아니라 1943년 3월 4일에 이르면 히틀러 본인이 우크라이나인으로 구성된 친위대 전투사단의 창설을 승인했기 때문이다.[28] 이 조치 바로 직전 최초의 "비(非)아리아계" 무장친위대 전투사단으로 창설이 허가된 보스니아계 무슬림 사단 한트샤르의 사례가 보여주듯, 이렇듯 놀라운 정책적 전환의 배경과 동기를 짐작하기란 어렵지 않다. 히틀러와 힘러 로 하여금 소위 "열등 인종"으로 구성된 전투사단의 편성을 허용하게끔 만든 결정적 요인은 바로 스탈린그라드 전투를 기점으로 본격화되는 전 황의 급격한 변화였다. 독소전에서 누적되어 가던 끔찍한 물적 인적 손 실과 전황의 급속한 변화는 나치로 하여금 자신들이 완강히 고수해오던 인종주의 원칙조차도 무시하게 만들 만큼 심각했던 것이다.

일단 사단 창설이 승인을 얻게 되자 그 후의 과정은 할리치나 지 역 현지 지도자들의 협조와 묵인 속에서 일사천리로 진행되었다. 독소 전 초반 일방적인 구애와 협력에도 불구하고 나치 당국의 탄압으로 다 시 지하로 들어간 OUN-B는 롤랑드와 나이팅게일 부대의 경험 때문

---

27) Bolianovs'kii, *Diviziia*, pp. 26−27.
28) Roman Kolisnik, *Viiskova Uprava ta Ukrainska Diviziia "Halichina":*
   Diial'nist' Viis'kovoi Upravi ta nimets'ka politika vidnosno ukrains'kikh
   natsional'nikh zbroinikh sil v rokakh 1943−1945 (Toronto: Shevchenko
   Scientific Society of Canada, 1980) p. 12; Dmytryshyn, "The Nazis," pp. 3-5.

Chapter 05 독일 무장친위대 제14척탄병사단 '할리치나' 231

에 당초 우크라이나 사단 창설 구상에 회의적이었지만 곧 입장을 바꾸어 할리치나 사단의 창설을 묵인 또는 방조하는 노선을 취했다. 이는 OUN-B 지도부가 (특히 OUN-B의 군사조직 UPA [*Ukrains'ka Povstans'ka Armiia*: 우크라이나 봉기군]를 이끌던 로만 슈헤비치[Roman Shukhevich] 같은 이들이) 할리치나 사단 창설을 잘 훈련된 우크라이나인 병력과 간부진을 확보할 기회로 보았기 때문으로,29) OUN-B는 심지어 자신의 조직원 중 일부를 할리치나 사단 병력 모병에 자원입대시키는 도박을 감행하기까지 하였던 것이다.30) OUN의 또 다른 분파로 이 시점에서는 나치에 의해 불법화된 채 사실상 지하 조직으로 화한 OUN-B와 달리 나치에 대한 구애를 지속하며 제한되나마 할리치나 지역에서 공개적 활동을 이어나가던 OUN-M(멜닉 분파: 이하 "OUN-M"으로 약칭)은, 모병 활동에 대해 한층 적극적으로 협력하며 사실상 할리치나 사단 출범의 우크라이나 측 주역이 되었으니,31) OUN-M의 협력은 원래 나치 점령하 우크라이나인을 위한 준(準)자치적 복리후생 조직으로 출범하였으나 사실상 나치의 통치를 자문하는 협력 기관으로 기능하던

....

29) Roman Krokhmaliuk, *Zahrava na Skhodi: spohadi i dokumenti z pratsi u viis'kovii upravi Halichina v 1943−1945 rokakh* (Toronto: Bratstvo kolishnikh voiakiv I-oi Ukrainskoi divizii UNA, 1978), pp. 40−41; Bolianovs'kii, *Diviziia*, p. 102.

30) *Ibid.*, p. 104. 이 결과 할리치나 사단에는 적지 않은 수의 반데라 분파 조직원이 자원입대하였다. 그 중에는 보흐단 피드하이니(Bohdan Pidhainii)와 같은 OUN-B 최고위층 핵심 인사들까지 일부 포함되어 있었으며 이들 중 입대자들 중 4명이 롤랑드 부대, 10명이 나이팅게일 부대 출신자들이었다(Kolisnik, *Viiskova Uprava*, p. 28; Bolianovs'kii, *Diviziia*, p. 61). 이들 대다수는 고등교육을 받은 상대적 고학력자들로 대부분 장교와 하사관 대상자로 선정되었으며, 훗날 브로디(Brodi) 전투 후 탈영하여 우크라이나 봉기군의 지도부로 활약하며 서부 우크라이나 거주 폴란드계 주민을 대상으로 한 "볼린(Volin') 대학살"을 이끈 주역이 된다.

31) Mirchuk, *Naris*, p. 126; Krokhmaliuk, *Zahrava na Skhodi*, p. 77.

"우크라이나 중앙위원회(*Ukrainskii tsentral'nii komitet*)"를 통해 주로 이루어졌다.[32] 우크라이나 중앙위원회는 할리치나 출신의 저명한 지리학자이자 명망가로 위원회 수반직을 맡은 볼로디미르 쿠비오비치(Volodimir M. Kubiiovich)를 포함하여 그 구성원 전원이 OUN-M 계열 인사로 채워진 조직이었다. 이들의 적극적인 협력에는 물론 이유가 있었다. 안드리 멜닉(Andrii Melnik)과 같은 OUN-M의 최고 수뇌부는 일찍부터 독일군 산하 독립 우크라이나인 전투부대 창설과 이를 통한 우크라이나의 정식 독소전 참전을 히틀러에게 계속 호소해 왔었기 때문이며, OUN-M의 입장에서 할리치나 사단의 창설은 그들의 오랜 소망이던 "독일군과 함께 싸우는 독자적 우크라이나인 전투부대"의 구상 첫 단계가 실현되는 것에 다름 아니었기 때문이다.[33] 할리치나의 우크라이나인 사회를 대표하고 통합하는 종교적 구심점으로 역시 OUN-M과 긴밀한 관계를 유지하던 우니아트(통합) 교회(*Uniatskaia tserkov'*: 동방 카톨릭 교회) 역시 할리치나 사단의 창설에 적극 협력하였다.[34]

....

32) OUN과 나치 당국의 관계는 불법과 합법이 공존하는 모호함으로 점철되었다. 공식적으로 나치 당국은 우크라이나인이 주도하는 그 어떤 정치적 결사도 인정하지 않았으며 OUN 역시 여기서 예외가 아니었다. 그러나 나치 당국은 서부 우크라이나 지역에서 OUN이 행사하는 광범위한 영향력과 군사적 유용성에 주목했기에 독소전 초기까지 OUN의 양 분파는 완전한 불법 조직도 아니면서 합법적으로 인정되는 것도 아닌 모호한 상태에 있었다.

33) Bolianovs'kii, *Diviziia*, p. 16. 사단 창설이 논의되던 1943년 초의 시점에서 OUN-M의 지도자들은 독일의 승리가 여전히 가능한 것으로 판단하고 있었으며 독일의 승리가 우크라이나 독립의 필요조건이라는 시각을 견지하고 있었다.

34) Kolisnik, *Viiskova Uprava*, pp. 85-89. 우니아트(통합) 교회는 동방정교의 의례와 관습은 따르되 기독교 세계의 "통합"을 위해 로마 교황을 교회의 최고 수장으로 인정하는 교회로, 할리치나 지역 우크라이나인 사회에서 가장 지배적인 기독교 종파였다. 이 종파는 또한 할리치나 지역 우크라이나 민족주의 운동의 종교적 구심적 역할을 했으며, 상당수의 OUN 지도자들이 우니아트 교회 성직자 집안에서 배출되었다. OUN과 우니아트 교회 간 밀접한 협력 관계 및 이 종

이러한 협력 관계에도 불구하고 할리치나 사단을 바라보는 양측의 입장은 물론 동일하지 않았다. 독일 측이 보는 할리치나 사단은 단순히 "우크라이나인으로 구성된 무장친위대 사단"에 가까웠다. 반면 우크라이나 민족주의자들, 특히 OUN-M과 중앙위원회의 지도자들이 기대하던 할리치나 사단은 단순히 무장친위대 소속으로 독일군의 지휘 아래 놓인 "우크라이나인 전투사단"에 가까웠으며, 더 나아가 이들은 할리치나 사단이 향후 건설될 "우크라이나 국민군(Ukrains'ka natsional'na armiia: UNA)"의 모체가 될 수 있을 것으로 기대하였기 때문이다.[35] 이러한 입장 차이는 사단 명칭에 대한 동상이몽으로 이어졌다. 우크라이나 민족주의자 측이 원하던 신설 사단의 명칭은 응당 "우크라이나 사단"이 되어야 했고 실제로 전쟁 말기 독일의 패망을 목전에 앞둔 상황에서 할리치나 사단은 "우크라이나 국민군 제1사단"으로 개명되게 되지만, 칼자루를 쥔 독일 측은 사단 명칭에 "우크라이나"라는 표현의 사용을 허락하지 않았다. 독일 당국은 우크라이나라는 명칭보다도 지역명인 "할리치나"를 고집하여 이를 결국 관철시켰으니, 이는 이 사단으로부터 우크라이나인 전투사단이라는 이미지를 퇴색시킴으로써 사단 창설이 우크라이나 민족주의 운동에 대한 나치 당국의 "공식 인정"으로 보일 가능성을 피하려던 정치적 고려로 말미암은 결과였다. 비록 "우크라이나"라는 명칭 사용은 금지되었지만, 나치 당국은 OUN-M

....

파가 보여준 친(親)파시즘적 행각의 역사적 배경에 대해서는, Anton Shekhovtsov, "By Cross and Sword: 'Clerical Fascism' in Interwar Western Ukraine," *Totalitarian Movements and Political Religions*, 8, 2007, pp. 271-285를 참조하라.

35) 쿠비오비치를 비롯하여 우크라이나 중앙위원회의 지도자들은 할리치나 사단이 독일 국방군 소속이 될 것을 선호했지만(Bolianovs'kii, *Diviziia*, p. 31), 사단 창설의 주무 부서가 친위대였던 상황에서 이러한 요구는 받아들여질 수 없었다.

측에 매우 주목할 만한 상징적 양보를 하게 되는데 그 양보란 새로 창설될 사단에서 바로 우니아트 교회 출신 "종군사제"의 배속을 허락하는 조치였다.36) 새로이 창설될 사단이 군목이나 종군사제가 존재하는 독일 국방군 소속이 아니라 종교적 색채가 철저히 배제되던 무장친위대 소속이었다는 사실을 감안하면, 또한 할리치나 지방의 우크라이나 민족주의 운동에서 우니아트 교회가 차지하는 위상과 영향력을 고려한다면 나치 당국의 이러한 양보는 점령지 주민들, 그것도 "열등 인종"으로 간주하던 피지배 집단에게 보여준 보기 드문 타협의 사례였다고 할 수 있다.

양측의 입장 차에도 불구하고 할리치나 사단의 모병활동은 OUN-M 과 우크라이나 중앙위원회를 중심으로 할리치나 현지의 지식인들과 명망가 및 우니아트 교회의 적극적 협조 아래 매우 순탄하게 진행되었다.37) 우크라이나 중앙위원회를 이끄는 핵심 인물이던 쿠비오비치는 1943년 3월 8일 모병을 위한 적극 협력을 서약하였고, 우크라이나 측의 이러한 약속은 홍보 및 모병 활동을 전담하는 이른바 "[우크라이나] 군사위원회(*Viiskova Uprava*)"의 출범으로 즉각 실현되었다.38) 제1차 세계대전 당시 구(舊)합스부르크 오스트리아 육군에서 장교 복무 경력을 가진 할리치나 태생의 재외동포 독일인으로, 오래전부터 우크라이나 민족주의 운동에 가담하여 OUN-M과 밀접한 유대를 유지해 온 알프레드 비잔츠(Alfred Bisanz)가 수반을 맡은 군사위원회는, 할리치나 사단의 존재 기간 내내 병력의 보충과 보급, 복리후생 지원 등을 주요 업무

---

36) Kolisnik, *Viiskova Uprava*, p. 85; Bolianovs'kii, *Diviziia*, p. 37, p. 44.
37) *Ibid*.
38) Kolisnik, *Viiskova Uprava*, p. 10.

로 맡으며 나치 당국과 우크라이나 중앙위원회 간, 나아가 할리치나 사단 내 독일인 고위 간부와 우크라이나인 사병 간의 가교 역할을 담당하였다.[39] 이러한 적극적 협력의 결과 모병 활동은 우크라이나 사단 창설의 제안자이자 산파인 할리치나 총독 베히터의 기대를 월등히 초과하는 성과를 거두었다.[40] 애초 베히터가 예상했던 지원자의 수는 기껏해야 2만 명 정도로, 베히터 자신은 과연 사단의 편제 정원을 채울 수 있을 만큼의 지원자들이 있을지 여부조차 걱정하고 있었지만, 막상 뚜껑을 열자 무려 8만 명 이상의 우크라이나인 자원자가 몰렸기 때문이다.[41] 이 중 기초 학력 심사와 신체검사를 거쳐 대략 52,875명의 지원자가 복무 적합 심사를 통과하였으니 이러한 수치는 무장친위대 전투사단의 일반적 규모인 대략 1만 3천 명 내외의 정원을 모두 채우고도 남을 규모로, 이처럼 넘쳐나는 병력 자원은 나치 당국이 예정했던 1개 무장친위대 사단 이외에 원래 계획에는 없던 4개의 우크라이나인 경찰연대를 추가 창설하게 되는 이유가 되었다.[42]

....

39) "Nainovisha istoriia Ukraini," *Visti Kombatanta*, 3, 1964, p. 6; Kolisnik, *Viiskova Uprava*, pp. 10 – 11; Bolianovs'kii, *Diviziia*, pp. 36 – 37.

40) 사실상 나이로 보나 사회적 지위로 보나 입대가 허가될 리 만무했지만 쿠비오비치 자신부터 솔선수범의 차원에서 자원입대자 명부 일순위로 자신의 이름을 올렸다(*ibid.*, p. 62).

41) Kolisnik, *Viiskova Uprava*, p. 70. 모병 마지막 날인 1943년 6월 2월 기준 총 지원자의 수는 81,999 명이었다(Krokhmaliuk, *Zahrava na Skhodi*, p. 34).

42) Bolianovs'kii, *Diviziia*, pp. 216 – 217; Heike, *Sie wollten die Freiheit*, p. 5; Krokhmaliuk, *Zahrava na Skhodi*, pp. 68 – 69. 독일 당국은 남은 병력 자원을 이용하여 각기 1,200여 명에서 최대 1,800명의 병력으로 구성되는 4개의 경찰대대를 일시적으로 추가 창설하였다. 이러한 조치는 기대와 달리 일반 SS 소속의 경찰부대로 배치된 것에 분개한 우크라이나 병사들의 반발을 불러왔고, 우크라이나 군사위원회는 베히터를 통해 우크라이나 측의 항의를 전달하였다. 결국 이러한 반발이 효력을 발휘하여 이들 4개 경찰대대는 해산된 후 할리치나 사단의 보충대로 편입되게 된다(Heike, *Sie wollten die Freiheit*, pp. 23 – 25).

병력의 수급에는 이처럼 전혀 문제가 없었지만 전문성과 지휘 경험을 필요로 하는 장교와 하사관의 경우는 상황이 달랐다. 할리치나 지역에는 과거 할리치나 지역이 합스부르크 왕조의 지배를 받던 시절 오스트리아군 소속으로 제1차 세계대전에 참전했으며 1918년 우크라이나 독립혁명에도 참여한 바 있는 다수의 장교 경력자들이 존재했고 이들 상당수가 사단 창설에 지원했지만 1940년대에는 이미 노년을 바라보는 나이가 되어 버린 이들을 할리치나 사단에 선발하는 것은 명백히 무리였다. 간전기 폴란드군 소속으로 훈련된 우크라이나인 간부 자원이 일부 존재했으나 이들의 숫자 역시 자리를 채우기엔 턱없이 부족했다.[43] 이러한 간부진 부족을 타개하기 위해 나치 당국은 사병 지원자들 중 고학력자를 선발하여 초급장교와 하사관 양성 훈련을 시작했으나, 이렇게 배출될 우크라이나인 간부 자원들은 사단 창설에 즉각 활용될 수 없었기에, 결국 할리치나 사단의 장교단과 하사관단 역시 다른

한편 이들 경찰대대 병력은 짧은 존립기간 동안 나치 당국의 반(反)파르티잔 활동에 전용되었는데 이들 병력 중 일부가 1944년 2월 최소 500인 이상의 폴란드 민간인 사망자가 나온 "후타 피니아츠카(Huta Pieniacka) 학살"을 비롯한 여러 전쟁 범죄에 연루된 혐의를 받고 있다. 창설부터가 할리치나 사단 지원자들로 구성되었고 훗날 이들 병력 전원이 할리치나 사단에 다시 흡수된 탓에 후타 피니아츠카 학살은 일부 역사가들에 의해 할리치나 사단이 자행한 대표적인 전쟁 범죄로 꼽히고 있으나, 이 사건의 배경이 된 반(反)파르티잔 작전에 할리치나 사단 자체는 연관되지 않았으며 사건이 벌어지던 시점에서 이들 부대는 할리치나 사단 소속도 아니었다. 그렇다고 해서 할리치나 사단 구성원들의 개별적 전쟁 범죄 혐의가 면책되지는 않는데, 이는 할리치나 사단의 우크라이나인 구성원들 중 적지 않은 수가 독소전 초기 나치 독일이 자행한 이른바 "총탄에 의한 홀로코스트"를 보조한 민병대원들과 경찰부대원 출신자들로 추정되고, 사단의 독일인 수뇌부 역시 다수가 1941년과 1942년 사이 "아인자츠그루펜(*Einsatzgruppen der Sicherheitspolizei und des SD*)"의 일원으로 활동한 학살의 주역이었기 때문이다. 후타 피니아츠카 학살에 대한 책임을 할리치나 사단 그 자체에 돌리는 시각에 대해서는 Littman, *Pure Soldiers*를 보라.

43) Kolisnik, *Viiskova Uprava*, p. 78.

비(非)독일계 무장친위대 사단처럼 절대다수가 독일인들, 특히 "재외동포 독일인"으로 채워질 운명이었다.

선발된 우크라이나인 병력의 훈련은 1943년 7월 300명의 장교 후보자와 48명의 군의관 후보생, 1,300명의 하사관 후보생 등을 포함한 간부 자원의 훈련소 입소를 필두로 시작되었다.[44] 훈련은 병과와 병종에 따라 우크라이나와 폴란드, 독일 본토에 산재한 다양한 무장친위대 훈련소에서 진행되었으나,[45] 대다수의 병력, 특히 병력의 중추인 하사관단과 일반 전투병의 훈련이 집중적으로 진행된 곳은 전반부 기초 군사훈련을 담당한 폴란드의 하이델라거(Heidelager) 훈련소와 사단 단위의 실전 기반 응용 훈련이 실시된 노이하머(Neuhammer) 훈련소였다.[46] 병과에 따라 3, 4개월 간 진행된 기초 군사훈련은 나치의 인종주의적 편견과는 상관없이 엄격하게 진행되었고, 입소한 훈련병들은 독일인 병사가 받는 것과 동일한 과정 아래 실탄이 사용되는 혹독한 제대별 전술 훈련을 받았다.[47]

신병의 훈련과 더불어 사단 지휘부도 모습을 갖추기 시작했으니, 본격적인 사단의 창설은 무장친위대 소장 프리츠 프라이탁(Fritz Freitag)의 사단장 부임과 볼프 디트리히 하이케(Wolf-Dietrich Heike) 육군 소

....

44) *Ibid.*, p. 14.

45) 전투 기초 훈련과 더불어 반(反)소비에트주의와 반(反)유대주의 및 인종주의를 기반으로 한 독일의 "민족사회주의"의 사상 교육 역시 중점적으로 병행되었다 (Melnyk, *To Battle*, p. 111). 소위 "열등 인종"인 우크라이나인에게 "민족사회주의"를 강의한다는 것은 물론 지극히 모순적인 행태였으나 OUN의 파시즘 이데올로기에 오랫동안 노출되었던 우크라이나인 훈련병들에게는 큰 문제가 되지 않았다. 따지고 보면 OUN의 사상 역시 지극히 유사했기 때문이다.

46) Heike, *Sie wollten die Freiheit*, pp. 5–9, p. 23. 노이하머 훈련소에서는 1944년 3월 이후 사단 단위의 훈련이 시행되었다(*ibid.*).

47) *Ibid.*

령의 참모장 부임과 더불어 시작되었다고 할 수 있다.[48] 전후에 출간된 자신의 회고록으로 할리치나 사단에 관한 한 가장 중요한 핵심적 사료를 남기게 될 하이케는 사단 내 독일인 장교 중 유일무이한 국방군 출신 장교였다. 국방군으로부터 전속되어 온 하이케를 제외한 나머지 독일인 장교들은 전원이 친위대 출신이었으니, 그 절대다수는 본토 독일인이 아닌 재외동포 독일인으로 이들 대부분은 사단장 프라이탁을 포함하여 치안 유지 및 경찰 업무와 대(對)파르티잔 전투에 동원되던 친위대 내 경찰부대 출신자였다.[49] 사단 장교단이 주로 경찰 업무에 종사하던 인원들로 채워진 것은 병력의 급격한 확장과 급증하는 병력 손실에 따른 만성적인 지휘관 부족 현상에 기인한 것으로, 이 결과 사단의 중추를 구성한 독일인 장교단의 역량은 전투 경험이 풍부한 고참 지휘관의 지휘를 받던 LSSAH나 다스 라이히, 바이킹 사단(5. SS-Panzerdivision "Wiking")과 같은 다른 친위대 엘리트 사단과 비교할 때 현저히 낮은 수준이었다고 할 수 있다.

더욱 치명적이었던 것은 사단 내 독일인 지휘관들이 우크라이나인 병력에 대해 가진 인종주의적 편견이었다. 참모장 하이케를 제외한 모든 독일인 지휘관이 친위대 출신자로 따라서 그 중 상당수가 나치 인종주의 이데올로기의 광신적 신봉자들이었던 상황에서 이들로부터 우

....

48) Bolianovs'kii, *Diviziia*, p. 173. 1943년 10월 20일에 부임한 프라이탁은 부임 직전까지 무장친위대 제4기갑사단 연대장직을 역임한 바 있었지만, 그가 쌓은 주요 경력은 전투사단이 아닌 경찰부대에서 이뤄진 것으로 이러한 그의 경험 부족은 훗날 실전에서 치명적인 문제로 작용하게 된다.

49) Heike, *Sie wollten die Freiheit*, p. 12. 이들 중 상당수는 또한 아인자츠그루펜의 일원으로 동부전선에서 자행된 "총탄에 의한 홀로코스트"에 참여한 경력을 가진 인물이었다(Per Anders Rudling, "'They Defended Ukraine': The 14. *Waffen-Grenadier-Division der SS* [*Galizische Nr.* 1] revisited," *The Journal of Slavic Military Studies*, 25-3, 2012, p. 344).

크라이나인 병사들에 대한 편견 없는 시선을 기대하기란 어려웠기 때문이다. 사단의 주요 지휘관 보직, 특히 연대장과 대대장 직위로부터 우크라이나인들이 거의 배제되었던 상황은 바로 이러한 인종주의적 편견의 결과였다고 할 수 있다. 대략 1년 반에 이르는 할리치나 사단의 짧은 역사에서 연대급 이상의 지휘관 보직에 임명된 우크라이나인은 사단의 포병연대장직을 맡은 미콜라 팔리엔코(Mikola Palienko)를 포함한 단 세 명으로, 팔리엔코를 제외한 다른 이들은 독일인 장교 배속 전까지 일시적으로 연대장직을 맡은 임시직에 불과하였다.50) 사단 창설 초기 사단의 지휘관 보직이 독일인으로 채워지던 것은 훈련된 우크라이나인 장교들과 하사관이 부족한 상황에서 어쩔 수 없는 조치였지만, 향후 훈련을 통해 다수의 우크라이나인 장교와 하사관이 배출되어 배속되던 상황에서도,51) 또한 훗날 브로디(Brodi) 전투로 대다수 독일인 지휘관들이 전사하거나 실종된 상태에서도 사단장 프라이탁은 사단 내 고위지휘관 보직 선임에서 독일인 우선주의를 버리지 않았는데, 이렇

---

50) Kolisnik, *Viiskova Uprava*, p. 80. 미콜라 팔리엔코는 할리치나 사단에 참여한 우크라이나인 장교 중에서 가장 다채로운 경력을 가진 인물이라고 할 수 있다. 제1차 세계대전에서는 제정 러시아군 장교로, 곧 이어진 우크라이나 혁명 중에는 서우크라이나 독립군의 지휘관으로, 다시 제2차 세계대전 발발 시에는 폴란드군 대령으로 복무하며 독일군과 전투를 벌인 바 있는 팔리엔코는, 1944년 또다시 할리치나 사단에 입대하여 사단의 포병연대장 직을 맡았다. 대다수 우크라이나인 장교들의 능력을 의심하고 그들의 전문성에 회의적인 평가를 서슴지 않던 사단의 독일인 지휘부에서도 그 능력과 전문성을 인정받은 거의 유일한 인물이었던 팔리엔코는 1944년 7월 21일 브로디 전투에서 전사하였다 (Bolianovs'kii, *Diviziia*, p. 361).

51) 1944년 6월에 이르면 대략 600명의 우크라이나인 초급장교와 2,000여 명의 하사관이 훈련을 마치고 사단배속을 기다리고 있었다(Vasil Veriha, "Dmitro Paliiv – Voin i Patriot [1896-1944]," *Visti Kombatanta*, 4/5, 1968, p. 44). 훈련 기간 때문에 브로디 전투에 참가하지 않았던 이들은 브로디 전투 이후 사단의 재건에 투입되었으나 이들 중 연대급 이상의 단위 부대 지휘관 보직이 부여된 이들은 단 한 명도 없었다.

듯 완고한 인종주의적 편견은 사단의 존재 내내 지속된 독일인과 우크라이나인 간 고질적 긴장의 근본적 원인이 되었다.[52]

이러한 여러 잠재적 문제에도 불구하고 그리고 소수의 훈련병이 하이델라거 훈련소에서 무기를 들고 UPA로 탈영하는 사태가 벌어졌음에도[53] 전반적으로 사단 창설 작업은 순탄하게 진행되었다. 사단 전체가 노이하머 훈련소에 집결하여 사단 단위의 실전 훈련이 실시되기 시작한 1944년 봄이 되자, "무장친위대 전투사단 할리치나"는 잘 훈련되고 잘 장비된 본격 전투사단으로 그 모습을 서서히 드러내기 시작하였던 것이다. 사단은 3개의 연대(29연대, 30연대, 31연대)로 구성되며 각 연대는 3개 전투대대와 1개 보충대대 및 1개 수색대대로 이뤄진 1944년식 독일군 보병 전투사단의 편제를 따라 창설되었으며, 앞서 언급했듯이 모든 단위부대의 지휘관은 팔리엔코가 연대장 보직을 맡은 포병연대를 제외하면 모두 독일인이었다.[54] 사단 자체의 훈련 및 보충대가 창설되어 사단 입대 자원의 훈련을 자체적으로 감당하는 지원 체계가 완비된 1944년 4월 중순에 이르자 할리치나 사단은 291명의 장교와 666명의 하사관을 포함하여 13,999명의 병력으로 구성된 부대로 거듭나고 있었다.[55] 약 한 달 후인 1944년 5월 17일 노이하머를 방문, 할리치나

----

52) Heike, *Sie wollten die Freiheit*, pp. 23 – 24; Krokhmaliuk, *Zabrava na Skhodi*, p. 66.

53) Dmitro Ferkuniak, *Spomini z zhittia v Divizii 'Halichina' i v poloni* 1943 – 1947 (Ivano-Frankivs'k: Lileiia-NV, 2003), p. 6. 총 184명의 훈련병이 탈영하였으며(*ibid.*) 이들 대부분은 UPA에 가담한 것으로 추정된다. 하이델라거 훈련소는 할리치나 지역과의 근접성 때문에 탈영과 UPA 참가가 상대적으로 용이하였다.

54) Heike, *Sie wollten die Freiheit*, p. 23.

55) Melnyk, *To Battle*, p. 107. 이 수치는 대략 800여 명의 보충대대 소속 병력 수는 제외한 수치로, 이 시점에서 할리치나 사단의 고질적 문제는 넘치는 우크라

할리치나 사단 병사들을 사열 중인 친위대의 수장 힘러(정중앙)

좌측에서 세 번째 인물이 할리치나 총독 베히터이고, 좌측에서 네 번째 힘러의 즉 후방에 서 있는 인물이 사단장인 프라이탁이다.

출처: *Polskie Archiwa Państwowe*

사단을 사열하며 사단의 충성 서약56)을 받은 친위대의 수장 하인리히 힘러는 자신이 평소 멸시해 오던 "열등 인종" 부대의 준비태세와 훈련 도에 큰 만족감을 표시하였고, 사단 창설의 제안자이자 주역이었던 할리치나 총독 베히터와 2인의 독일인 장교, 8인의 우크라이나 장교들은

....

이나인 병력 자원에 비해 부족한 우크라이나인 장교와 하사관의 수였다고 할 수 있다. 1944년 4월의 시점에서 사단은 1944년형 독일군 사단의 편제 정원을 천 명 가까이 넘어선 상태였지만 장교와 하사관의 수는 각각 458명과 2,431명의 편제 정원을 아직 채우지 못한 상태였다. 6월에 이르면 대략 600명의 우크라이나인 초급장교와 2,000여 명의 하사관이 훈련을 마친 상태였지만, 이들 지휘관 자원은 브로디 전투 이후에야 배치되었다.

56) 할리치나 사단의 전 우크라이나인 장병은 다음의 내용을 서약하였다. "나는 볼셰비즘에 대한 투쟁에서 독일군 총사령관 아돌프 히틀러에게 절대적으로 복종할 것을 맹세하며 … 이 맹세를 위해 나의 목숨을 내던질 준비가 되어 있습니다(*ibid.*, p. 57)."

힘러로부터 즉석 "특별 승진"이라는 포상을 받았다.[57]

　　사단으로서의 구색은 이처럼 이미 1944년 전반에 이미 갖추어졌고 모든 훈련과정이 공식 종료된 1944년 6월에 이르면 사단 자체는 적어도 서류상으로는 바로 전투 투입이 가능한 상태가 되었다. 신설 사단으로서 할리치나 사단의 문제는 실전 경험의 부족이었는데, 이 무렵 사단 병력의 일부는 이미 작은 규모나마 실전을 경험한 상태였다. 이는 사단 병력의 일부(대략 2천여 명)가 1944년 2월 "임시편성 전투단(바이어스도르프 전투단: *Kampfgruppe* Beyersdorff)"의 형태로 차출되어, 3월 말까지 서우크라이나 지역에 침투한 소비에트 파르티잔 소탕 작전에 투입되어 활동했기 때문이다.[58] 그러나 이러한 부분적 실전 경험에도 불구하고 나치의 인종주의에 따르면 소위 "열등 인종"으로 이뤄진 동슬라브계 사단을 실제 주적인 소련군과의 실전에 투입하는 것은 별개의 문제였다. 예컨대 친(親)독일 카자크로 구성된 카자크 사단이라든가, 보스니아의 무슬림 사단, 그리고 카민스키 여단 역시 할리치나 사단과 유사한 의도와 목적으로 편성된 동슬라브계 무장친위대 소속 전투사단이었지만, 이들은 주로 후방의 치안 유지나 대(對)파르티잔 전투, 바르샤바 봉기 진압 같은 "부차적 임무"에 전용되었고 독일 측은 전투력과 충성심이 의심되는 이들 동슬라브계 전투사단을 최전선에서 벌어지는 전투, 특히 소련군과의 전투에 투입하는 것만은 끝까지 주저했던 것이다.

....

57) *Ibid.*, p. 111.
58) Krokhmaliuk, *Zahrava na Skhodi*, pp. 67–68. 일부 폴란드 역사가들은 이때 바이어스도르프 전투단이 폴란드인 마을을 공격하며 민간인을 학살하는 전쟁 범죄를 자행했다는 주장을 펼치고 있으나, 그 범죄 사례 중 가장 중요한 학살로 지목되는 볼린 지역 코하니브카(Kokhanivka) 마을 학살은 1943년 11월 23일의 일로 1944년 2월부터 활동하기 시작한 바이어스도르프 전투단의 반(反)파르티잔 소탕전과는 시기적으로 전혀 연관이 없는 사안이라 할 수 있다.

할리치나 사단의 경우는 달랐다. 할리치나 사단은 사단급 동슬라브계 외인부대로서는 소련군과의 실전에 그것도 "최전선"에 그것도 훈련이 끝난 "즉시" 이례적으로 전투에 투입된 사실상 유일무이한 전투부대였기 때문이다. 할리치나 사단의 이러한 빠른 전선 투입은 사실 나치 당국도 원하던 바가 아니었다. 특히 사단 창설의 주역인 할리치나 총독 베히터는 물론이고 사단을 지원하는 우크라이나 중앙위원회와 군사위원회 측 인사들 그리고 사단 지휘부 역시 이제 막 창설된 신생 사단을 (적어도 사단 병력 대다수가 후방에서 어느 정도의 실전 경험을 쌓기 전까지는) 최전선에 투입하는 것이 무리라고 보았기 때문이다.[59] 그러나 급격히 악화하는 동부전선의 전황은 이러한 사치를 허락하지 않았다.

Ⅲ 브로디 전투(*Bitva pid Brodami*)

1944년 7월 13일 소련군은 리보프를 목표로 서부 우크라이나 전역(全域)을 대상으로 하는 대대적인 공세를 개시했다. 이 공격은 서부 우크라이나 지역의 실지(失地)를 회복하는 동시에 주공인 바그라티온 작전(*Operatsiia Bagration*)의 전과를 확대하고 독일군이 중부 집단군으로 병력을 차출하는 것을 막는, 일종의 조공으로 실시되었으나, 이미 장비의 질적 양적 측면에서 독일군을 압도하던 소련군은 주공이 아닌 이 공격에서조차도 무려 80개의 사단으로 구성된 84만여 명의 병력, 10개의 장갑 기계화 사단, 13,900여 대의 대포, 1,614대의 전차 및 자주포, 2,800여 대의 비행기 등으로 이뤄진 막대한 전력을 투사시킬 수

---

59) Krokhmaliuk, *Zahrava na Skhodi*, pp. 95 – 96.

있었다.[60] 이에 대항하는 독일군의 전력은 절망적인 열세에 놓여 있었다. 수치상 독일군은 이 지역에 4개의 전차사단을 포함한 43개 사단을 가지고 있었으나 그 중 1/3에 가까운 사단은 전투력과 무장이 부족한 헝가리 보병사단(12개 사단)이었으며 전차와 중화기 및 항공력에서도 심각한 열세에 처해 있던 것에 더해, 거의 모든 독일군 부대가 오랜 전투에 따른 병력 소모로 심각한 편제 정원 미달 상태에 있었기 때문이다.[61]

창설된 지 얼마 되지 않아 경험도 일천하며 사병 전원이 비(非)아리아계 신병으로 구성된 외국인 사단을, 즉각적인 실전에 그것도 압도적 열세에 놓인 최전선에 투입하는 조치는 바로 이러한 배경에서 일어난 결과였다. 애초 사단은 실전 경험 부족을 호소하는 사단장 프라이탁 및 할리치나 총독 베히터의 간곡한 요청에 따라, (당시 북우크라이나 집단군 사령관이던 발터 모델[Walter Model] 원수의 동의를 얻어) 최전선에서 다소 후방에 위치한 스타니슬라브(Stanislav) 지역에 주둔한 채 점진적으로 "포화의 세례"를 받도록 계획되어 있었다.[62] 사단의 일천한 전투경험을 고려해서 내려진 이 명령은 그러나 같은 시기 "바그라티온 공세"로 인한 병력의 차출 때문에 실행될 수 없었다. 붕괴 위기에 처한 독일군 중부 집단군의 엄청난 피해를 메우기 위해, 독일군 총사령부는 북우크라이나 집단군 산하 다수의 전투 사단(3개의 전차사단과 2개의 보병사단)을 중부 집단군으로 급히 차출하는 결정을 내렸고,[63] 그 공백을 메

....

60) *Istoriia Velikoi Otechestvennoi Voiny Sovetskogo Soiuza* (Moscow: Voen. izdatel'stvo, 1962), vol. 4, p. 207.
61) Samuel W. Mitcham Jr., *The German Defeat in the East, 1944-45* (Mechanicsburg, PA: Stackpole Books, 2007), pp. 66-67.
62) Heike, *Sie wollten die Freiheit*, pp. 28-29.
63) Mitcham Jr., *The German Defeat*, p. 65.

워야 할 부대 중 하나가 바로 할리치나 사단이었던 것이다. "무장친위대 제14척탄병사단 할리치나"라는 정규 제식명을 이제 막 부여받은 이 신생 전투사단을, 독일군 당국이 사실상 최전방에 다름 아닌 브로디 전역(戰域)의 독일 제13군 산하로 배치한 것은 바로 이렇듯 급박한 전선의 상황 전개에 따른 것이었다.

1944년 7월 초 브로디에 전개되던 시점에서 사단은 346명의 장교와 1,131명의 하사관, 13,822명의 사병으로 구성되어 일반적 독일군 사단의 병력 수를 뛰어넘는 총 15,299명의 병력으로 구성되어 있었다.[64] 따라서 당시 오랜 전투 손실로 편제 정원에 미달한 채 전선에 투입되는 일이 빈번하던 독일군 사단들과는 달리 할리치나 사단은 적어도 병력의 수에 있어서는 이 무렵의 독일군에게는 점차 찾기 힘든 존재가 되어 버린 "완편(完編) 전투사단"이었다고 할 수 있다. 할리치나 사단은 무장에 있어서도 일선의 독일 국방군 사단보다도 훨씬 우월한 최신 장비를 갖추었다는 평가를 받았는데 이는 물론 할리치나 사단이 무장친위대의 일원으로서 누린 장비와 보급에서의 우선순위 덕분이었다.[65] 독일군은 일반적으로 비(非)독일계 전투사단의 전투력에 지극히 회의적이었으나 심각한 병력 부족에 시달리던 당시 상황에서 브로디 지역 방어를 책임진 독일군 제13군 사령부가 할리치나 사단의 배치를 마다할 리는 만무했고, 사령부로부터 사단이 부여받은 첫 번째 명령은 이 지역에 대한 소련군의 주공이 예상되었으나 병력 부족으로 여전히

....

64) Tys-Krokhmaliuk, "Orhanizatsiia 1 UD UNA," *Visti Kombatanta*, 3, 1963, pp. 15-18.
65) Logusz, *Galicia*, pp. 198-199. 참모장 하이케의 회고에 따르면 이 무렵 할리치나 사단은 요청한 것보다 더 많은 무기와 장비를 보급받았을 정도로 충실한 "과무장"을 자랑했다.

빈약한 상태에 있던 브로디 전역 전면의 방어막을 두텁게 하는 2선 방어부대이자 "전략 예비"로서의 역할이었다. 사단은 브로디시 바로 앞에 구축된 독일군의 1선 방어선 바로 뒤에 자리한 채 방어선이 뚫릴 경우 2차 방어선을 형성하며, 필요하면 긴급 소방수로서의 역할을 수행하도록 기대되었던 것이다.[66]

소련군의 첫 공세는 7월 13일 아침에 시작되었다. 첫날 브로디시 바로 앞에 자리한 독일군 방어선에 대한 전면 공격으로 시작된 소련군의 첫 공세는 격렬한 전투 끝에 1차 방어선을 지키던 독일군에 의해 격퇴되었기에 할리치나 사단은 이 첫 전투에 참가하지 않았다. 7월 13일의 공격은 독일군에게 격심한 손실을 강요했으나 문제는 이 첫 공세가 "주공"이 아니었다는 점에 있었다. 소련군은 조공으로 실시된 전면 공격에도 독일군의 주의를 분산시키고 기만하기에 충분할 만큼의 수적 물적 우위를 누리고 있었고, 전면 공세가 지속되는 와중인 7월 14일에 개시된 측면 공격이 사실상 실질적 주공이었던 것이다. 병력 부족으로 인해 양익에 충분한 방어 병력을 배치할 수 없었던 상황에서 독일군의 양 측면 방어선이 돌파되는 것에는 오랜 시간이 걸리지 않았다. 소련군의 우회기동이 성공적으로 진행되자 브로디 전역(戰域)에 밀집된 독일군 전체가 포위섬멸의 위기에 몰리는 것 또한 결국 시간문제가 되었다.[67] 브로디 전투를 또 다른 "스탈린그라드"로 만들 수도 있을 위기를 돌파하기 위해 7월 14일 저녁 13군 사령부는 소련군의 기동을 격퇴

66) Krokhmaliuk, *Zahrava na Skhodi*, p. 96; Pavlo Shandruk, "Fatychnyi stan i taktychne polozheniia I UD UNA pid Brodami," in *Pravda pro 1 Ukrains'ku diviziiu «Halichina» Ukrains'koi Natsional'noi Armii: Statti, narisi, spohadi* (L'vov: Osnova, 1994), pp. 139−143; Hunczak, *On the Horns*, p. 86.

67) Landwehr, *Fighting*, pp. 68−72.

할 반격을 기획하였고, 그 반격의 주역 중 하나로 선택된 부대가 바로 할리치나 사단이었다. 사단의 30연대에 의해 수행된 이 반격은 할리치나 사단 병력의 사실상 첫 실전 데뷔였으나 공격은 바로 그 시작부터 큰 어려움에 부딪혔다. 30연대 병력이 잘 방비된 진지를 떠나 이동을 시작했을 때 그들을 기다린 것은 고대하던 소련군 보병과의 전투가 아니라 제공권을 장악한 소련군 항공기와 포병에 의해 가해지는 일방적인 폭격과 포격이었기 때문이다.[68]

개활지를 통한 전투 집결지로의 행군 중에 속수무책으로 당한 이 공격으로 30연대는 본격적인 전투 시작 전부터 상당한 손실을 입었다. 30연대는 악전고투 끝에 7월 15일에는 공격 예정 지역에 도달하여 해당 전선을 방어하던 독일 국방군 349사단을 구원하며 반격을 시도하였으나, 예정된 공격은 계획대로 시행될 수 없었다. 30연대가 전투배치를 미처 완료하기도 전에 바로 다수의 전차를 앞세운 소련군의 즉각적인 공세가 선제적으로 개시되었기 때문이다, 계속 소련군의 공중 폭격에 노출된 상황에서 반격은커녕 수적으로 3배가 넘는 소련군의 끊임없는 공격 아래 이미 그 전력이 상당히 약화되어 있던 30연대는 본격적인 전투 개시 즉시 문자 그대로 괴멸의 운명을 맞이하였는데, 특히 경험이 부족한 병사들을 이끌던 하급 지휘관, 특히 우크라이나인 하급 지휘관들의 대량 손실이 치명적이었다. 전투 개시 단 몇 시간 만에 30연대는 우크라이나인 분대 지휘관 전원이 전사 또는 중상을 입거나 실종되는 사태로 인해 연대의 지휘체계가 완전한 마비 상태에 빠졌기 때문이다. 이 상황에서 진행된 수 시간의 전투는 30연대 총원의 절반 가까운 병력이 사망하거나 중상을 입는 대참사로 이어졌고, 결국 30연대는 전투

----

68) Hunczak, *On the Horns*, p. 90.

투입 당일 사실상의 전투 불능 상태가 되었다.[69]

동일한 운명이 30연대를 이어 전선에 축차 투입된 29연대와 31연대를 기다리고 있었다. 이들 2개 연대는 포병 지원도 없이 사실상 단독으로 수 개 사단급의 소련군을 상대해야 했던 30연대와는 달리 사단 포병의 화력 지원 아래 다른 독일군 부대와 함께 투입되어 싸웠던 탓에 전투 개시 당일 "즉각적인 전멸"이라는 30연대에 닥친 참사는 피할 수 있었으나, 이 두 연대가 궁극적으로 겪게 될 운명은 30연대와 크게 다르지 않았다. 포위를 막으려는 독일군의 결사적인 반격에도 불구하고 소련군은 7월 17일 압도적인 양적 질적 우세를 바탕으로 양익 돌파에 성공하였고, 이에 따라 브로디시 전면에 포진한 독일군 전 부대(대략 6개 사단)가 완전히 포위된 채 섬멸을 기다리는 신세가 되었기 때문이다.[70] 전투 중 동슬라브계 동족인 우크라이나인 병력의 존재를 확인하고 경악한 소련군은 자신들 기준에는 "매국노"에 다름 아니며 또한 가장 취약할 것으로 예상된 할리치나 사단에 자신들의 공격을 집중시켰고, 이 결과 사단이 맡은 지역은 브로디 전투에서도 가장 치열한 전투가 벌어지는 현장이 되었다. 할리치나 사단 병력이 담당한 브로디 지역의 작은 마을 피드하이치(Pidhaitsi)는, 특히 7월 19일 하루 동안에만 수차례나 주인이 바뀔 정도로 공격자인 소련군과 방어자인 할리치나 사단 간 격렬한 공방전의 무대가 되었던 것이다.[71]

물론 이러한 공방은 오래 지속될 수 없었다. 제공권을 완전히 장악한 채 압도적인 병력과 우월한 기갑전력으로 쉴 새 없이 계속 휘몰

---

69) *Ibid.*; Heike, *Sie wollten die Freiheit*, pp. 43−44; Bolianovs'kii, *Diviziia*, pp. 231−232.

70) Hunczak, *On the Horns*, pp. 90−91.

71) Landwehr, *Fighting*, pp. 80−81; Heike, *Sie wollten die Freiheit*, p. 47.

아치는 소련군의 거듭된 공세 속에서, 또한 증원이나 구원을 기다릴 수 없는 절망적 상황 속에서 손실이 누적되어 가던 브로디 전역(戰域)의 독일군은 전투 와중에 지휘관들이 대거 전사/실종되면서 전 사단이 빠른 속도로 붕괴되어 가기 시작했으며, 이는 할리치나 사단 역시 예외가 아니었다. 7월 19일에는 29연대와 31연대 모두 대부분의 지휘관이 전사하거나 중상을 입었고 이에 따라 30연대와 동일한 지휘부 공백 상태가 벌어졌기 때문이다.[72] 지휘관 손실로 휘하 부대에 대한 통제가 불가능하게 되어 버린 이러한 절망적 상황은 할리치나 사단의 최고 지휘관인 사단장 프라이탁을 극단적인 공황 상태로 빠트렸다. 할리치나 사단 부임 전까지 주로 경찰/보안(및 학살) 업무에 종사해 온 탓에 소련군과 같은 정규군과의 실전 경험이 많지 않았던 프라이탁은, 지휘관들의 전사 및 실종으로 인해 보고체계가 단절된 상태에서 자신의 휘하 부대들이 전멸했다는 섣부른 판단을 내렸고 이에 훗날 끊임없이 비판받게 되는 무책임한 결정을 내리게 되니, 그는 자신이 지휘하는 우크라이나인 장병들이 생존을 위한 치열한 사투를 벌이고 있던 바로 그 순간, 돌연 사단장 직을 사임해 버렸던 것이다.[73] 자신의 지휘 책임을 그것도 전투가 한창 진행되던 와중에 방기하는 이렇듯 무책임한 결정 이후 할리치나 사단의 지휘체계는 완전히 그리고 철저히 붕괴되었다.

물론 사단 지휘체계의 와해가 소속 부대원들이 마주한 전투의 종료를 의미했던 것은 아니었다, 할리치나 사단의 우크라이나인 병사들은 포위망 내부의 고립된 진지에서 독일군 병력과 더불어 여전히 필사적으로 생존과 탈출을 위한 전투를 벌어야 했기 때문이다. 할리치나 사

....

72) Melnyk, *To Battle*, p. 164; Heike, *Sie wollten die Freiheit*, p. 47.
73) *Ibid.*, p. 48.

단의 존재를 알게 된 소련군 측의 입장에서 할리치나 사단 내 우크라이나인들은 모국을 배신한 반역자이자 소련 측이 가장 증오하는 무장친위대에 자원하여 복무한 전쟁 범죄자에 다름 아니었기에, 소련군은 포위망 내에 갇힌 그 어떤 독일군 부대보다도 할리치나 사단을 우선적으로 공격하여 완전 "전멸"시키겠다는 강력한 의지를 보였으며,[74] 이에 따라 브로디 포켓 내부에 갇힌 우크라이나인 장병을 기다리던 운명이 다른 독일군 병사들보다도 훨씬 가혹한 것이 될 것임은 누구에게나 명약관화했다. 그들은 악명 높은 "무장친위대" 소속인 것에 더해 심지어 우크라이나인이었기 때문이다. 브로디 전투에서 살아남은 한 우크라이나인 SS 소위(*SS-Untersturmführer*)의 회고를 빌리자면,

> "7월 16-17일 밤은 달이 밝았고 사단과 독일군의 잔존 부대 전부는 달빛에 의존해서 빌리 카민(Bilii Kamin)의 숲에 모였다. 우리는 오로지 적에게 포로가 되는 것 한 가지를 두려워했다. 우리는 잔인한 신문과 집단 총살, 소련 강제수용소에서 천천히 죽어가는 것을 두려워하였다. 비록 피곤했지만 아무도 잘 수 없었다. 모두가 어떤 경우라도 포위망을 빠져나가는 것만을 생각하고 있었다."[75]

브로디 포위망에서 절망에 빠진 적지 않은 수의 독일군이 소련군에게 항복했던 것과는 달리 할리치나 사단에서는 단 한 명의 우크라이나인 병사도 소련 측에 자발적으로 이반하지 않았는데, 사단의 참모장

74) *Ibid.*, p. 45.
75) Landwehr, *Fighting*, p. 118.

으로 우크라이나인 병사들의 전투를 현장에서 바라본 하이케가 사단의 우크라이나인 병력이 "개개인"으로서는 상당한 전투력을 보여주었다고 평가했던 것도 바로 결코 항복하지 않는 우크라이나인 병사들의 이러한 결사적 항전 때문이었다.[76] 물론 액면상의 전투 기록만을 보면 할리치나 사단의 첫 실전 데뷔는 결코 성공적인 결과라 할 수 없었다. 30 연대는 전투 투입 첫날 무력화되었으며 29연대와 31연대도 불과 사흘을 더 버텼을 뿐이었다. 허나 이러한 상황은 할리치나 사단에만 일어난 파국이 아니었다. 사단과 어깨를 나란히 하고 전투에 임한 다른 독일군 사단들의 상황도 더 나을 것이 전혀 없었기 때문이다.[77] 더구나 병사 대부분이 전투를 처음 경험하는 신병이었던 할리치나 사단과 달리 브로디 포위망에 갇힌 다른 독일군 사단들은 모두가 동부전선에서 잔뼈가 굵은 베테랑 사단들이었다. 그럼에도 이 모든 독일군 사단이 단 5일 간의 전투로 완전히 붕괴해 버리는 대참사가 발생했다는 사실은 할리치나 사단의 실패가 할리치나 사단 자체의 문제에 기인한 것이라기보다는 더는 어떻게 손을 쓸 수 없는 소련군과 독일군 사이의 압도적인 전력 차이가 가져온 필연적 결과였음을 보여준다고 할 수 있다.

브로디 전투가 시작된 지 7일째인 7월 20일에 이르자 브로디 포위망 내부의 독일군은 더 이상 편제를 갖춘 전투부대가 아니라 독일인 병력과 우크라이나인이 뒤섞인 패잔병의 군집이 되어 있었다. 독일군의 지휘체계가 사실상 붕괴하고 제대 단위가 해체된 상태였기에 1944

....

76) Heike, *Sie wollten die Freiheit*, p. 49.
77) 소련 측 추산에 따르면 독일군은 38,000명 이상의 사상자와 17,000여 명 이상이 포로가 되는 큰 피해를 보았으며, 최고 지휘관이던 독일군 제13군 총사령관 아르투르 하우페(Arthur Hauffe)까지 포로로 잡혔다(*Istoriia Velikoi Otechestvennoi Voiny*, p. 214).

년 7월 말 브로디에서는 "작은 규모의 스탈린그라드"가 재현될 위기에 놓였지만, 적지 않은 수의 독일군이 포위망을 뚫고 탈출하는 것에 성공하면서 소련군이 꿈꾸던 스탈린그라드식 완전 포위섬멸 시나리오는 이뤄지지 않았다. 하이케의 회고에 의하면 포위망 내에서는 탈출을 위해 온갖 부대의 병력이 뒤섞인 채 독일인과 우크라이나인이 같이 참가하는 일종의 "혼성 전투부대"가 즉석에서 조직되었고, 적게는 수십 명에서 크게는 수백 명으로 이뤄진 이들 임시 전투단들은 낮게는 상병에서 높게는 육군 중장에 이르는 각 부대별 최선임자의 지휘 아래 포위망을 벗어나기 위한 필사의 탈출을 감행하여 일부가 부분적인 성공을 거두었던 것이다. 물론 그 과정에서 큰 희생을 치러야 했지만 7월 22일 저녁에 이르면 일부 혼성 전투부대가 포위망을 돌파하여 재편성된 독일군 방어선에 도달하는 것에 성공하였으며, 이들 중에는 대략 5천여 명으로 추산되는 할리치나 사단의 병사들이 포함되어 있었다.[78]

IV 사단의 재건 – "할리치나 사단"에서 "우크라이나 사단"으로

브로디 전투에서 할리치나 사단이 겪은 손실은 막대한 것이었다. 탈출 직후 전선 후방에서 생존자를 집계했을 때 귀환에 성공한 병력의 수는 불과 2,500명에 불과했으며,[79] 그 후 개별적으로 포위망을 돌파하여 사단으로 복귀한 이를 포함하면 최종적으로는 대략 5,300여 명의

---

78) Heike, *Sie wollten die Freiheit*, pp. 50 – 52.
79) Krokhmaliuk, *Zabrava na Skhodi*, p. 127. 한편 다른 추산(Bolianovs'kii, *Diviziia*, p. 255)에서는 3천여 명의 생존자 수치를 제시하나 이는 브로디 포위망에 갇히지 않았던 지원부대 병력 수를 포함한 수치로 보인다.

병력이 생환하였다고 추산된다. 포위망에 갇힌 사단의 병력은 전투부대로 참전한 3개 연대 11,000여 명으로 추정되는바, 절반이 넘는 사단 병력이 브로디 전역(戰域)에서 단 며칠간의 전투로 증발해 버렸던 것이다.[80] 포위망에 있던 다른 독일군 사단들도 유사하거나 더 큰 인명 피해를 입었기에 이러한 손실은 할리치나 사단에 한정된 것은 아니었지만, 사단이 가지는 정치적 중요성과 상징성을 고려하면, 브로디에서 일어난 참사는 사단 창설의 아버지인 베히터와 그의 조력자이던 군사위원회의 우크라이나인 지도자들에게는 매우 뼈아픈 손실이었다.

물론 생환하지 못한 병력이 모두 전사하거나 포로가 된 것은 아니었다. 미(未)생환 병력 중 상당수가 사단 복귀도 포로로서의 항복도 아닌 "제3의 길"을 선택했으리라 추정되기 때문이다. 그 제3의 길이란 바로 OUN-B의 군사 조직 "우크라이나 봉기군(UPA)"을 의미했다. 어느 정도의 할리치나 사단 잔존 병력이 UPA에 가담했는지와 관련된 정확한 수치는 파악할 길이 없으나, 할리치나 사단 내에 적지 않은 OUN-B 요원들이 침투해 있었던 점, 그리고 그들 대부분이 우크라이나인 장교단과 하사관단에 포진하고 있었다는 사실, 우크라이나 병사 전원이 OUN의 본거지나 다름없는 할리치나 출신이었다는 사실, 그리고 결정적으로 전투가 벌어진 브로디 전역(戰域)이 UPA의 활동이 가장 활발하던 지역 중 하나였다는 사실을 감안하면, "실종"으로 분류된 병력 중 적지 않은 수가 UPA의 일원이 되었으리라는 것은 자명해 보인다.[81] 정규 군사훈련을 받고 최신식 독일제 무기를 가진 이들의 합류

----

80) Heike, *Sie wollten die Freiheit*, p. 53; Logusz, *Galicia*, p. 259. 브로디 지역의 지리에 익숙하고 현지 우크라이나인 주민의 조력을 받을 수 있던 할리치나 사단 병력의 생환율은 독일군보다 더 높았다.

81) Hunczak, *On the Horns*, p. 103; Bolianovs'kii, *Diviziia*, pp. 238-241.

는 UPA의 전력을 비약적으로 강화시켰으며,82) 이 무렵 볼린과 할리치나 일부 지역을 중심으로 진행 중이던 OUN-B의 인종청소 프로젝트, "폴란드인 대학살"이 더욱 큰 규모로 효율적으로 진행되는 것에 기여하였다.

　이렇듯 막대한 손실에도 불구하고, 그리고 결정적으로는 병력 충원의 근거지인 할리치나 지역 자체가 브로디 전투 패배 후 소련군 수중에 떨어졌음에도, 그리고 브로디 전투로 파멸적인 손실을 입은 독일군 사단들이 모두 재건되지 않았던 것과 달리 할리치나 사단은 해체되지 않았다. 독일 당국은 많은 비용과 수고를 들여가며 이 외국인 사단의 즉각적인 재건에 착수했는데 가장 열성적인 사단 재건 계획의 추진자는 물론 전(前) 할리치나 총독 베히터였다.83) 할리치나 사단의 재건은 아래의 이유로 설명될 수 있다. 첫 번째 이유는 할리치나 사단이 가진 병력 동원 출구로서의 유용성이었다. 독일로 끌려 온 많은 수의 우크라이나인 강제징용자들, 독일군과 함께 철수한 수많은 우크라이나인 부역자들 및 준(準)군사조직 부대원, 그리고 소련군의 진격을 피해 독일군과 함께 도망한 적지 않은 수의 우크라이나인 피난민에 이르기까지 많은 수의 우크라이나인들이 독일 내에 존재하고 있던 상황에서,84) 이들을 쉽게 전투 병력으로 동원할 수 있는 현실적 출구로서 할리치나 사단이 가진 군사적 가치는 전쟁 말기 심각한 병력 부족 현상에 직면

----

82) *Ibid.*, p. 242. 후에 활동한 우크라이나 봉기군 하급 지휘관의 상당수가 할리치나 사단의 장교단 및 하사관단 출신이었다(*ibid.*).
83) *Ibid.*, pp. 256-258. 여러 정황상 이 시점에서 베히터는 자신이 산파 역할을 한 할리치나 사단에 상당한 애착을 가졌던 것으로 보인다.
84) 이 과정에서 독소전 초기 나치 점령지역에서 유대인 학살에 조력했던 우크라이나인 민병대원들 출신 부역자 상당수가 할리치나 사단에 편입되었을 것으로 추산된다.

한 독일 당국으로서는 결코 쉽게 포기할 수 있는 성질의 것이 아니었다. 이에 더해 할리치나 사단의 정치적 상징성 또한 독일 당국이 할리치나 사단을 재건한 이유 중 하나로 꼽을 수 있다. 이는 동유럽 점령지에 대한 일방적 수탈과 학살에서 "선택적 협력"으로 동방정책의 대전환을 꾀하던 나치 독일의 이른바 "신동방정책"의 진지함을 보여줄 수 있는 대표적 사례가 바로 할리치나 사단이었기 때문이다. 할리치나 사단의 재건은 또한 독일과 협력하던 우크라이나 민족주의자들 입장에서도 그리고 독일 국내의 우크라이나인들에게도 결코 나쁘지 않은 선택이었다. 일찍이 사단 창설에 협력하였으나 이제는 소련군을 피해 독일 측의 보호를 받아야 하는 상황에 처한 OUN-M 계열의 우크라이나 민족주의자들에게 할리치나 사단은 제3제국 내에서 자신의 목소리를 낼수 있는 정치적 지렛대로서의 가치를 가졌으며, 다수의 우크라이나인 병사들이 제3제국을 위해 실제로 피를 흘린 브로디 전투 후 할리치나 사단의 가치와 이들의 입지는 더 커졌다고 할 수 있다. 할리치나 사단의 기여를 인정한 독일 당국에서는 추후 사단의 운영에서 주목할 만한 놀라운 양보를 하게 되는바, 그 양보에는 할리치나 사단의 명칭에 "우크라이나"란 호칭의 병기를 허락하는 것과 더불어, 우크라이나 국가를 부를 수 있는 권리 및 독립 우크라이나의 국기인 청황기(靑黃旗)를 (하켄크로이츠 및 철십자기와 더불어) 사단 군기로 사용할 권리를 부여하는 파격적인 조치가 포함되어 있었다.[85] 이제 할리치나 사단은 정식으로 무장친위대 소속 "우크라이나 사단"이 되었던 것이다.

....

85) Heike, *Sie wollten die Freiheit*, p. 70. 이 조치의 결과 할리치나 사단은 제2차 세계대전 당시 우크라이나 국기와 문장을 공식적으로 내걸 수 있던 사실상 "최초이자 마지막 정규군 부대"로 스스로를 자리매김하게 된다.

이러한 독일 당국의 양보에도 불구하고 사단의 재건과 운용에는 장기적으로 큰 문제가 도사리고 있었다. 이는 사단의 본거지인 할리치나 지방이 더 이상 독일 치하에 있지 않았기 때문이었으니, 하이케의 회고를 빌리자면 "[단기적으로] 병력 [자원]의 부족은 전혀 없었지만,"[86] 향후 필요한 병력 전원을 이전처럼 할리치나 출신 우크라이나 인으로 채우는 것은 더 이상 불가능한 상황이 되었다. 사단의 재건에 필요한 병력 일부는 이미 보충병으로 훈련 중이던 할리치나 출신의 병력 자원으로 충원되었지만,[87] 사단 재건의 시점에서 6천여 명 정도였던[88] 이들의 수는 사단 병력 전체를 채우기에는 충분하지 않았다. 결국 사단의 재건에는 할리치나 지역이 아닌 타 지역 출신 우크라이나인들이 상당수 충원되었으니, 이들이 어떤 경력을 가진 이들이었을지를 짐작하기란 어렵지 않다. 이들 중 상당수는 소련군을 피해 후퇴하는 독일군과 함께 피난해 온 우크라이나인 나치 부역자들이었으며, 전투보다는 "학살"에 더 많은 경험을 가졌을 이들의 존재는 할리치나 사단의 지역 대표성을 퇴색시키는 동시에 인적 자원의 상대적인 질적 하락을 가져오는 요인이 되었다.

병력 자원의 질 저하는 새로이 충원된 독일인 장교단 역시 다르지 않았다. 전황이 급속도로 악화된 1944년 후반 나날이 늘어나는 독일의

----

86) *Ibid.*, p. 63.
87) 모병 당시 넘쳐나는 우크라이나인 자원자들 중 바로 사단 병력으로 선발되지 않은 이들도 나중에는 보충병 자원으로 소집되어 훈련을 받았다. 할리치나 상실 후 더 이상의 할리치나인 충원은 불가능해졌지만 이미 브로디 전투 직후의 시점에서 노이하머 훈련소에서는 대략 6천여 명의 할리치나 출신 우크라이나인 보충병들이 훈련 중에 있었다.
88) *Ibid.*, p. 68. 이 당시 독일군의 신설 사단들은 부족한 인적 자원을 감안한 1945년형 사단으로 창설되고 있었지만, 풍부한 우크라이나인 병력 자원 덕분에 사단은 예외적으로 1944년형 사단 편제를 유지할 수 있었다(*ibid.*).

인적 손실 속에서 양질의 장교와 하사관이 할리치나 사단과 같은 비(非)독일계 사단에 배치될 리는 만무했기 때문이다.[89] 사실 병력의 질적 저하보다도 더 큰 문제는 전혀 바뀌지 않았던 사단의 최고 지휘부였다. 이는 사단의 재건 과정에서 기존의 독일인 최고 수뇌부 대부분이 재건된 사단에서도 이전 보직에 계속 유임되었기 때문이다.[90] 특히 철저한 나치로서 독일인 우선주의를 완고하게 고집하던 프라이탁은 어떠한 측면에서도 특히 외국인 사단의 최고 지휘관에 요구되는 필수적 자질인 비(非)독일인 병사들과의 소통 및 이해도 측면에서 할리치나 사단과 같은 특수한 외국인 부대의 최고 지휘관직에 걸맞은 인물은 결코 아니었으며, 프라이탁 본인부터가 사단장 직위를 유임하기보다는 타 부대로의 전출을 원하고 있었다. 브로디 전투가 진행되는 와중에 사단장 직위에서 사임하며 부하를 내팽개친 이력까지 있는 이 인물이, 당사자의 완강한 고사에도 불구하고 다시 사단장으로 선임되었던 것은 더 나은 대안을 찾기 어렵다는 단순한 이유 때문이었다.[91] 그 경위야 어찌되었든 친위대의 수장 힘러의 눈에 프라이탁은 할리치나 사단과 같은 거대 규모의 우크라이나인 병력을 훈련시키고 지휘해 본 경험을 가진 유일무이한 장성급 지휘관이었으며 브로디에서 논란이 된 그의 군사적 무능과 무책임함은 향후 큰 문제가 되지 않았다. 할리치나 사단은 더 이상 (종전 직전 오스트리아에서 벌어지게 될 최후의 전투를 제외하면) 브로디 전투와 같은 소련군과의 전면적 실전에 투입될 일이 없었기 때문

---

89) Veriha, "Dmitro Paliiv," p. 44.

90) Krokhmaliuk, *Zahrava na Skhodi*, p. 128.

91) *Ibid*. 이 시점에서 프라이탁의 재임명에 가장 큰 불만을 표한 인물은 바로 베히터였다. 그는 그 후에도 프라이탁을 해임시키고자 여러 차례 시도했으나 대안의 부재로 인해 프라이탁의 해임은 수용되지 않았다(*ibid*.).

이다.

　실제로 재건 이후 할리치나 사단의 주요 임무는 독일군 점령지에서 일어나던 반(反)독일 봉기를 진압하거나 파르티잔의 공격으로부터 보급선과 교통망을 지키는 치안 유지의 역할로 국한되었다. 이 무렵 재건된 사단에게 부여된 첫 출동 명령은 1944년 9월 소련 측과의 비밀협력 아래 무장봉기를 기도한 슬로바키아(Slovakia) 군부의 반란을 진압하는 임무였다.[92] 바로 직전까지도 독일에 우호적인 위성국가였던 슬로바키아의 이탈과 슬로바키아군의 반란은 독일 측이 미처 예상하지 못한 사건이었고, 급박한 전선의 상황으로 충분한 병력을 동원할 수 없었던 것과 더불어 주로 2선급의 부대가 투입되어야 했던 상황 때문에 독일군은 이 반란의 초기 진압에 실패하였다. 이에 독일군 최고사령부는 병력의 추가 투입을 결정하였고, 이를 위해 동원된 사단 중 하나가 바로 할리치나 사단이었던 것이다. 곧 할리치나 사단 전체가 슬로바키아로 이동하였고, 여기서 그들에게 부여된 주요 임무는 슬로바키아 내부의 교통망과 수송망을 반란군의 습격으로 지키는 것이었다. 물론 사단 병력 전체가 단순 치안 임무에만 종사했던 것은 아니었다. 사단 병력 중 정예로 판단된 일부 병력은 "독립 전투단"으로 편성되어 슬로바키아 봉기군을 섬멸하는 최후의 공세에 참여했으니, 소련군에 비하면 매우 손쉬운 상대였던 슬로바키아군과의 전투에서 할리치나 사단이 입은 피해는 지극히 미미한 것이었다.[93] 사단의 손실은 독일 측이 미처 예

----

92) Hunczak, *On the Horns*, pp. 107－108; Bolianovs'kii, *Diviziia*, pp. 268－269; Heike, *Sie wollten die Freiheit*, p. 74. 이 반(反)나치 봉기는 소련 측과의 교감 아래 슬로바키아 국방부가 주도하였으며 슬로바키아 정규군 거의 전부가 반란에 가담하였다(*ibid.*).

93) Hunczak, *On the Horns*, pp. 109－112; Heike, *Sie wollten die Freiheit*, p. 78.

상치 못한 엉뚱한 부분에서 발생했는데, 이는 사단 병력 중 극소수의 병사들이 탈영하여 UPA에 가담하는 일이 발생했기 때문이다.[94] 사단 병력의 일부(1개 연대)가 이 지역으로 진공해 오던 소련군과의 짧은 교전에 투입되기도 했으나[95] 브로디에서처럼 사단 병력 전체가 투입되어 소련군과의 전투를 위해 전개되는 일은 일어나지 않았고, 사단은 대신 1945년 1월 소련군의 진격을 피해 전 병력이 오스트리아의 슈타이어마르크(Steiermark) 지역으로 이동하였다.[96]

사단의 최종 종착지가 될 슈타이어마르크에서 사단 병력의 주요 임무 역시 슬로바키아에서의 그것과 크게 다르지 않았다. 이 지역의 산악지대에 출몰하기 시작한 티토(Josip Broz Tito)의 파르티잔 부대와의 간헐적 교전이 할리치나 사단에게 부여된 유일한 임무였으나, 파르티잔의 주 활동 무대가 아니었던 이 지역에서 사단이 입은 손실은 크지 않았다.[97] 소수의 병력이 탈영하는 사태는 여전히 일어났지만 전반적인 사단의 응집력은 점차 다가오는 패배의 전망과 그에 따른 불투명한 미래에도 거의 흔들리지 않았던 것으로 보인다. 할리치나 사단에서는 전반적으로 엄격한 군기와 규율이 흔들림 없이 유지되었으며 이처럼 엄격히 유지되던 사단의 명령체계와 규율은 이 무렵 동슬라브계 동유럽 친위대 사단들이 보여주던 상황과는 명백히 상반되는 것이었다. 아이러니하게도 오스트리아에서 사단이 겪게 된 마지막 위기는 병력의 대규모 탈영이나 파르티잔의 공격에 의한 것이 아니었다. 그 위기는 제3제국의 엘리트 전투부대인 무장친위대의 일원인 동시에 "열등 인종"

---

94) *Ibid.*, pp. 83 – 84.
95) *Ibid.*, p. 89.
96) *Ibid.*, p. 91; Hunczak, *On the Horns*, p. 113.
97) Heike, *Sie wollten die Freiheit*, p. 97.

으로 구성된 외국인 사단이라는 할리치나 사단 자체의 근본적 모순에서 유래된 것이었기 때문이다.

한편으로 할리치나 사단은 나치 무장친위대의 일원으로 무기의 보급이나 장비 수준에서 우선권을 가졌기에 사단이 보유한 장비들은 사단의 재건이 완료된 1945년 초의 시점에서 일반적인 독일군 일선 전투사단보다도 훨씬 우월한 것이었다. 다른 한편으로 할리치나 사단은 "큰 피해를 입은 후 이제 막 재건되었으나 여전히 훈련이 불충분한 외국인 사단"이라는 특수성 때문에 다른 엘리트 친위대 전투사단과는 달리 전쟁 말의 급박한 상황에서도 아직 소련군과의 전면전에 투입된 적이 없었다. 이렇듯 모순된 상황 때문에 독일의 패색이 짙어지던 1945년 초반 할리치나 사단은 "잘 무장되었으나 전투에는 참가하지 않는 완편 친위대 사단"이라는 희귀한 존재가 되어 버렸으니, 전쟁 말기 연대급 일선 부대의 배치까지 시시콜콜 간섭하던 히틀러에게 이 상황이 알려졌을 때 히틀러의 반응을 짐작하기란 어렵지 않다. 격노한 히틀러는 곧 할리치나 사단이 가진 모든 장비와 무기를 "새로 창설되는 독일인 사단"에 넘기라는 명령을 내렸고 이후 사단은 돌연 해체의 위기에 몰렸던 것이다.[98] 물론 이렇듯 비현실적인 명령은 수행되지 않았다. 히틀러가 말한 신설 독일인 부대는 사실상 국민돌격대(*Volkssturm*)를 의미했는데, 병역 복무 가능 연령이 한참 지난 장년층과 노년층 독일인으로 구성되어 기초적인 군사훈련조차 없이 전투에 나가던 국민돌격대의 전투력이 할리치나 사단이 가진 무기와 장비를 가진다 한들 우월할 리는 만무했기 때문이다. 결국 사단 지휘부와 베히터의 격렬한 반발 및 설득

----

98) *Ibid*., p. 108. 명령서는 힘러의 명의 아래 내려왔으나 실제 명령을 내린 이는 히틀러였다.

으로 히틀러의 명령은 철회되었지만,[99] 전쟁 종전 직전에 닥친 사단 해체의 위기는 "동유럽계 열등 인종으로 구성된 무장친위대 사단"이라는 할리치나 사단의 근본적 모순과 아이러니를 보여주는 에피소드 중 하나였다.

이렇듯 사단의 존재가 위기에 처한 상황에서도 그리고 전쟁 패배라는 파국이 닥쳐오는 "내일이 없는 상황"에 직면한 상태에서도 그리고 임박한 패배의 전망에 독일군조차도 탈영이 속출하던 이 시점에서도 할리치나 사단의 규율과 군기에는 별다른 변화가 없었다는 점은 주목할 만하다. 사실 할리치나 사단은 최후의 순간까지도 나치 독일에 대한 자신들의 충성 서약을 어기지 않았으니, 제3제국에 대한 사단의 충성은 사단 최후의 전투까지 이어졌다. 항복을 목전에 둔 시점인 1945년 4월 1일 드디어 오스트리아까지 밀어닥친 소련군의 공세에 맞서 사실상 자살이나 다름없는 출동 명령이 떨어졌을 때 할리치나 사단의 전 병력은 그 명령을 수행하는 것에 전혀 주저가 없었던 것이다.[100] 할리치나 사단이 상대한 소련군 부대는 역시 상당수 병력이 우크라이나인 징집병으로 구성된 "제3우크라이나 전선군(*Tretii Ukrainskii Front*)" 소속이었기에, 할리치나 사단 최후의 전투는 사실상 같은 우크라이나인 사이에서 벌어진 동족(同族) 간 전투였다고 할 수 있다.[101]

독일 측 우크라이나인들과 소련 측 우크라이나인 병사들이 각각 독일과 소련을 위해 동족 간 혈투를 벌인 이 싸움에서도 할리치나 사단의 우크라이나인 병사들은 사단의 참모장 하이케의 회고를 빌리면

----

99) *Ibid.*, p. 113.
100) *Ibid.*, p. 116.
101) Hunczak, *On the Horns*, pp. 150−151; Heike, *Sie wollten die Freiheit*, p. 119.

상당한 사상자를 내며 "완고하게 잘 싸우는" 인상적인 전투력을 선보였다.102) 하이케에게 이 전투가 특히나 인상적이었던 이유는 이 전투가 사단의 최고 지휘관 프라이탁이 내일이 없는 상황에 절망하여 전투 와중에 또다시 "사임"을 발표해 버리는 어처구니없는 상황에서, 더구나 같이 전선을 방어하던 다른 독일군 부대는 전장을 이탈하는 절망적 상황에서 그것도 같은 우크라이나인 동족을 상대로 수행된 전투였기 때문이었다.103) 프라이탁의 사임 요청은 상급 부대였던 독일군 제1기마군단에 의해 즉각 반려되었으나,104) 자신의 최고 지휘관이 사퇴를 요청하며 자포자기한 상황에서도 그리고 같이 전투에 참가한 다른 독일군 부대가 속속들이 전선을 방기하는 상황에서도 사단의 우크라이나 병력들이 끝까지 전투에 임하던 모습은 사단 참모장 하이케에게 큰 인상을 남겼던 것이다. 두 명의 대대 지휘관을 포함하여 다수의 우크라이나인 병사들이 종전을 단 며칠 앞둔 이 전투에서 목숨을 잃었으며 많은 우크라이나인 보충병을 받아들여 이제는 2만여 명이 넘는 수를 헤아리던 사단에서 우크라이나인 탈영병은 단 "98명"에 불과하였다.105) 전 전선에서 독일군이 급속도로 붕괴되고 있던 상황, 그리고 독일의 항복이 기정사실화된 절망적인 상황에서도, 그리고 결코 이길 수 없는 최후의 전투에 나선 상황에서도 할리치나 사단의 우크라이나인 병사들은

....

102) *Ibid.*, p. 116.

103) *Ibid.*, p. 117.

104) *Ibid.*

105) *Ibid.*, p. 119. 이들 98명 병력의 탈영은 주로 같은 우크라이나인으로 구성된 소련군 병력과 대치하던 상태에서 일어났다. 격렬한 전투를 벌이던 소련군과 독일군 양측의 우크라이나인들은 전선에서 마주한 채 서로의 이반과 귀순을 호소했지만, 당장 "내일이 없는 상황"이었던 독일군 측 할리치나 사단에 제3우크라이나 전선군의 우크라이나인 병력이 투항할 리는 만무했다(Hunczak, *On the Horns*, p. 151).

한 때 자신을 노예화하려던 나치 독일을 위해 목숨을 던지고 있었던 것이다.106)

　계속 싸웠다면 전멸하거나 소련군의 포로가 되어 비극적인 최후를 맞이하였을 이들 우크라이나 병사들을 구해낸 이는 전(前) 할리치나 총독 베히터였다. 베히터는 할리치나를 상실하고 총독직에서 물러난 후에도 자신의 "작품"인 사단에 대한 애정을 잃지 않았으며, 끝까지 사단 병력의 안위를 걱정하였던 것으로 보인다. 사단을 구하기 위해 베히터가 모색하던 방안은 할리치나 사단을 이탈리아 전역(戰域)으로 이송시킴으로써 영국군이나 미군에 항복시키는 것이었다.107) 이와 더불어 베히터는 할리치나 사단의 근거지인 할리치나가 전쟁 발발 전까지 폴란드의 영토였다는 점, 그리고 할리치나 사단 내 장병 대부분이 바로 할리치나 출신, 즉 제2차 세계대전 발발 전까지 폴란드 국적자였다는 사실에 착안하여 사단을 연합군 소속으로 싸우던 안데르스(Anders) 장군의 "자유 폴란드군(*Polskie Siły Zbrojne na Zachodzie*: 폴란드 서부군)"과 합병시키는 구상을 진지하게 고려하였던 것으로 보인다.108)

　베히터의 이러한 구상은 제대로 실현될 수 없었다. 사단을 이탈리아 전역(戰域)으로 이송시키는 것은 전쟁 말기 거의 마비 상태에 빠진 독일의 운수 체계상 거의 불가능했으며, 실제로 독일 항복 이후 일어난 사단 병력의 이탈리아 탈출은 사단 자체로서가 아니라 "개별 병사" 차원에서 이뤄진 일이었다. 폴란드군과 합체시키는 것 역시 현실적인 대안이 될 수 없었다. 당시 폴란드 망명 정부를 극도로 분노하게 만든 볼

----

106) Heike, *Sie wollten die Freiheit*, p. 126.

107) *Ibid.*, p. 120.

108) *Ibid.*

린 대학살의 파장을 고려하면 할리치나 사단의 병력 상당수가 홀로코스트 참여 경력자로 추정되는 상황에서 그리고 사단 출신의 병력 일부가 볼린 대학살의 주역이 된 것으로 추정되는 상황에서, 안데르스의 자유 폴란드군이 할리치나 사단의 병사들을 과연 순순히 폴란드 국적자로 받아들여 줄지 자체가 의문이었기 때문이다. 그렇다면 어떻게 해야 우크라이나인 병사들을 소련군의 포로가 되거나 전멸하는 운명에서 구해낼 수 있을 것인가? 파국이 목전에 다가온 상황에서 베히터의 선택은 할리치나 사단을 "형식상"으로나마 무장친위대 소속에서 이탈시킴으로써 사단을 나치를 위해 싸운 무장친위대 사단이 아니라 우크라이나 독립을 위해 헌신한 우크라이나 독립운동 조직 소속 "우크라이나 사단"으로 바꾸어 버리는 것이었다.

이러한 계획에 따라 1945년 4월 말 할리치나 사단의 사단 본부에는 과거 러시아 혁명기 "우크라이나 공화국군"의 군복을 차려입은 한 장년 남성이 베히터와 더불어 나타났다. 베히터가 할리치나 사단 본부로 직접 데리고 온 이 인물은 러시아 혁명 당시 시몬 페틀류라(Simon Petliura)의 측근으로 우크라이나 독립혁명에 참여한 바 있는 저명한 독립운동가 파블로 샨드루크(Pavlo Shandruk)였다.109) 그는 친(親)독일 우크라이나 민족주의자들이 독일 당국의 후견 아래 급조한 단체, "우크라이나 국민군" 최고 지휘관의 자격으로 사단을 방문하였던 것이다. 사단 병력을 사열하는 자리에서 샨드루크는 할리치나 사단이 더 이상 나치 무장친위대 소속의 외국인 사단이 아니라 우크라이나 독립운동의 대의를 대변하는 "우크라이나 국민군 제1사단"임을 선포하였다.110) 우크라

---

109) *Ibid.*; Krokhmaliuk, *Zahrava na Skhodi*, p. 176.
110) *Ibid.*; Hunczak, *On the Horns*, p. 147. 샨드루크가 할리치나 사단을 접수하

이나 민족주의자들의 오랜 염원이던 "독립 우크라이나 전투부대 건설"의 구상이, 독일의 힘을 빌려 우크라이나 독립을 실현하려던 구상의 실패가 목전에 다가온 바로 그 순간에야 실현되었던 것은 역사의 아이러니였다. 자칭 타칭 "우크라이나 국민군 제1사단"의 최고 지휘관을 맡게 된 샨드루크에게는 이 우크라이나인 전투부대를 지휘할 명목상 통수권이 부여되었으나111) 샨드루크에게 우크라이나군 제1사단을 지휘할 시간은 더 이상 남아 있지 않았다. 1945년 5월 7일 독일이 마침내 항복했기 때문이다.

독일의 항복 후 사단의 운명은 풍전등화에 놓였다. 포로 대우에서 가장 가혹한 취급을 받던 무장친위대의 일원으로서, 또한 병력 대다수가 "매국노" 우크라이나인으로 이뤄진 할리치나 사단에 대해 소련 측이 어떤 처우를 할지는 명약관화했기 때문이다. 소련군을 피해 이탈리아로 이동하여 우크라이나 제1사단의 자격으로 사단 편제를 유지한 채 연합군에 항복한다는 베히터의 구상은 이제 더 이상 선택의 문제가 아닌 생존의 문제가 되었으며 이를 위해 항복 협의를 위한 특별 사령까지 이탈리아의 영국군에 파견되었으나,112) 질서정연한 항복을 실행한다는 복안은 이동 중에 일어난 갑작스러운 사단의 붕괴로 실현되지 못하였다. 패망을 목전에 둔 상태에서도 절망적인 미래의 전망 속에서도 잘 유지되어 온 사단의 지휘체계가 갑자기 붕괴한 이유는 무엇이었을까? 종전 직후의 대혼란과 추격해 오는 소련군에 대한 공포도 작용했으

....

여 사단이 적어도 명목상으로는 새롭게 "우크라이나 국민군 제1사단"으로 변경되는 자세한 경위에 대해서는 Pavlo Shandruk, *Arms of Valor* (New York: Robert Speller and Sons Publishers, Inc., 1959), pp. 264–273을 보라.

111) Krokhmaliuk, *Zahrava na Skhodi*, p. 176.
112) Heike, *Sie wollten die Freiheit*, p. 135.

리라 추정되지만, 가장 직접적인 이유는 사단을 장악한 채 여전히 실질적인 지휘관을 행사하던 사단장 프라이탁의 갑작스러운 자살에서 찾을 수 있다.113) 독일의 항복으로 극도의 공황 상태에 빠진 프라이탁은 자신의 지휘 책임을 또다시 내팽개친 채 돌연 권총 자살을 감행하여 버렸기 때문이다. 참모장 하이케가 자신의 회고록에서 부하에 대한 지휘 책임을 방기한 "극도로 무책임한 짓"으로 비난했던 이 행위로 인해, 5월 9일 이후 사단의 지휘체계는 순식간에 붕괴되었다. 참모장 하이케를 비롯한 다수의 지휘관급 고위 장교가 영국군과의 항복 협의를 위해 사단을 떠난 상태에서 갑작스럽게 벌어진 이 사태로 이미 북이탈리아로 이동을 개시한 사단은 즉시 와해되기 시작하였고, 할리치나 사단의 병사들은 개인별 또는 일부의 그룹으로 무리지어 피난민과 함께 이동하였다.114) 이 과정에서 상당수 병력은 소련군에 잡히는 불운을 맞이하였으나 적지 않은 수는 전후의 혼란 속에서 연합군 점령지로 탈출하여 영국군의 포로가 되는 것에 성공하였다.

Ⅴ 맺음말을 대신하여

얼마만큼의 우크라이나인 병사들이 연합군 항복에 성공하였으며 소련군의 포로가 된 수치는 얼마나 되었을까? 사단의 돌연한 와해, 그리고 전쟁 종료 직후 오스트리아와 북이탈리아를 덮친 대혼란 그리고 전범 처벌을 회피하기 위한 전후 할리치나 사단 출신자들의 잠적 및

---

113) *Ibid.*; Shandruk, *Arms*, p. 282.
114) Heike, *Sie wollten die Freiheit*, pp. 135 – 136.

"과거 세탁" 때문에 오늘날까지도 이 수치를 정확히 파악하기란 힘들다. 적지 않은 수의 병력이 소련군의 포로가 되어 소련 송환 후 비극적인 최후를 맞이한 것은 분명하며, 미군에 항복한 병력 중에서도 소수의 병사들은 소련군 측에 인도되는 불운한 운명을 맞이하였다. 대략적으로 보면 병력 총원의 60% 정도, 즉 대략 만 명 정도의 사단 병력이 영국군과 미군에 항복하는 것에 성공하였던 것으로 보이며, 이들 중 전후 행방이 정확히 알려진 이들은 영국군에 항복하여 오스트리아의 슈피탈(Spital) 임시 포로수용소에 수용된 대략 9,000여 명의 포로들이었다.115) 곧 북이탈리아의 리미니(Rimini) 지역에 정식으로 마련된 포로수용소에 이송되어 연합군의 처분을 기다리던 이들 우크라이나인 병사들의 운명은 어떠한 것이었을까?

주지하듯 나치 군대에 부역하였던 소련 시민권자들에게 전후 닥친 운명은 가혹한 것이었다. 예컨대 블라소프(Andrei Vlasov)의 러시아 해방군(*Russkaia osvoboditel'naia armiia*)이나 친위대의 카자크 사단, 그리고 카민스키 여단에 소속되었던 러시아인들과 우크라이나인들은 연합군에 항복한 경우라도 거의 예외 없이 소련으로 송환되어 반역자이자 매국노로 가혹한 처벌을 받았기 때문이다. 리미니 포로수용소에 수용된 할리치나 사단 병사들에게 내려진 처분은 달랐다. 이들은 소련으로 송환되기는커녕 영국으로 이송되었으며, 이들 중 상당수는 심지어 해외 이주까지 허락되는 행운이 주어졌기 때문이다. 할리치나 사단의 우크라이나인 병사들에게 이러한 행운이 따랐던 것은 전후 혼란 속에서 연합국 포로 심문단의 심문 시 이들이 전쟁 전까지 폴란드 영토였던

....

115) 그 수치가 "대략"인 이유는 이 수치에 소수의 독일인과 할리치나 사단 소속이 아닌 다른 우크라이나계 나치 부역자들이 포함되어 있었기 때문이다.

할리치나 출신자로서 소련 송환 대상자가 아닌 "폴란드 국적자"로 분류되었던 것이 표면적인 이유였으며 또한 이들을 심문한 영국군 장교들이 이들의 사단 복무를 나치 부역이라기보다는 "우크라이나 독립투쟁"의 일환으로 바라보는 온정적 시선을 보여주었기 때문이었다. 사단 구성원의 대부분은 물론 할리치나 출신자였지만 사단의 재건 과정에서 소비에트령 동부 우크라이나 출신으로 폴란드 국적자가 될 수 없는 이들이 상당수 포함되었다는 점, 이들은 물론이고 심지어 할리치나 출신자들 역시 적지 않은 수가 독소전 초기 나치 독일이 서부 우크라이나 지역에서 자행한 "총탄에 의한 홀로코스트" 가담자로 추정된다는 사실, 더구나 포로 심문 과정에서 이들 우크라이나인 포로 다수가 거짓말을 하고 있으며 심지어 그들의 이름조차 "가명"일 것이라고 영국군 포로 심문단이 의심하고 있었던 상태에서[116] 이런 처분이 내려졌다는 것은, 단시간 내 이들 병사 개개인에 대한 상세한 개별 현장 조사가 어려웠다는 점을 감안해도 실로 놀라운 결과에 다름 아니었으니, 마지막 순간 할리치나 사단을 "우크라이나 국민군 제1사단"으로 변경시킨 베히터의 도박은 결국 부분적으로나마 성공을 거두었다고 할 수 있다.

할리치나 사단 구성원들의 행운은 단순히 소련 측에 인도되지 않는 것으로 그치지 않았다. 무려 8천 명이 넘는 포로들이 영국으로 이송되었을 뿐만 아니라, 이들 중 적지 않은 수가 아무런 처벌 없이 미국과 유럽 대륙으로, 특히 거대한 친(親)OUN 우크라이나인 공동체가 존재하던 캐나다로의 이주를 허락받는 특권까지 누릴 수 있었기 때문이다. 이들의 이주는 OUN과 밀접한 유대관계를 가졌던 북미 우크라이나인

---

116) Olesya Khromeychuk, *'Undetermined' Ukrainians: Post-War Narratives of the Waffen SS 'Galicia' Division* (Oxford: Peter Lang, 2013), p. 113.

공동체의 청원과 압력 그리고 이들을 우니아트 교회 신자로 판단한 바티칸 로마 교황청의 개입 속에서 촉발된 것이었지만,[117] 그것이 가능했던 것은 바야흐로 짙어지는 냉전의 먹구름 속에서 우크라이나 민족주의자들의 "새로운 용도"를 발견하기 시작한 미국과 영국, 그리고 캐나다 정부의 정치적 고려가 작용한 결과였다.

그렇다면 그 "새로운 용도"란 무엇이었을까? 제2차 세계대전 종전 후 OUN의 투철한 반공(反共)/반(反)소비에트 노선을 높이 평가한 연합국 측에서는 그들의 나치 부역 과거에는 눈감은 채 이들을 활용하여 서부 우크라이나 지역에서 대대적인 반(反)소비에트 게릴라 비밀 작전에 착수하게 되는데, 이 작전에 활용된 우크라이나인 병력 중 적지 않은 수가 브로디 전투 패배 이후 UPA에 가담한 할리치나 사단 출신자인 것으로 추정되고 있다.[118] 서방의 지원은 1948년 무렵부터 끊기게 되지만 이 작전의 우크라이나 측 주역이었던 UPA의 저항은 총사령관 로만 슈헤비치가 살해되는 1950년까지 지속되었다.[119] "결코 이길 수

----

117) Kolisnik, *Viiskova Uprava*, p. 68; Howard Margolian, *Unauthorized Entry: The Truth about Nazi War Criminals in Canada, 1946−1956* (Toronto: University of Toronto Press, 2000), p. 140; Hunczak, *On the Horns*, p. 161. 로마 교황청의 개입은 북미 우크라이나인 공동체에서 우니아트 교회를 대표하며 바티칸과 밀접한 관계를 유지하던 이반 부치코(Ivan Buchko) 대주교를 통해 이루어졌다(Kolisnik, *Viiskova Uprava*, p. 68).

118) 서방 진영의 비밀 공수 지원 아래 이뤄진 이 작전에 대한 자세한 내용은 Jeffrey Burds, "The Early Cold War in Soviet West Ukraine, 1944−1948," *Carl Beck Papers in Russian and East European Studies*, 1505, 2001, pp. 1−69; Burds, "Agentura: Soviet Informants' Networks and the Ukrainian Underground in Galicia, 1944−48," *East European Politics and Societies*, 11−1, 1997, pp. 89−130; Alexander Statiev, *The Soviet Counterinsurgency in the Western Borderlands* (Cambridge: Cambridge University Press, 2010), pp. 97−138을 보라.

119) UPA의 저항에 대해 UPA 전투원 당사자가 남긴 서술로는 Y. Tys-

없는" 거인을 향한 이 절망적인 싸움에서 우크라이나 민족주의자들은 소련군의 압도적 우위에 맞서 할리치나 전역(全域)에서 전투를 이어나 갔는데, 이들의 이러한 결사적 항전은 제2차 세계대전 말기 할리치나 사단의 우크라이나인 병사들이 앞이 보이지 않는 절망적 상황 속에서 도 왜 독일군 편에서 소련군과의 전투를 끝까지 이어나갔는지를 설명 하는 부분적 실마리를 제공해 준다고 할 수 있다. 세계대전 종결 후 서 부 우크라이나 지역에서 UPA가 처한 상황은 역시 "내일이 없는" 절망 적 상황에서도 끝까지 소련군과 싸웠던 제2차 세계대전 말기 할리치나 사단의 우크라이나인 병사들이 처한 상황의 재현에 다름 아니었기 때 문이다. 이에 대한 해답은 할리치나 지역에서 우크라이나 민족주의 운 동의 전반적 우향우를 촉발시키고 나치 독일과의 일련의 군사적 협력 을 태동시킨 근본 요인 중 하나였던 소련과 볼셰비즘에 대한 격렬한 "증오"에서 찾을 수 있다. 1945년 이후 그들의 "동맹"은 이제 나치 독 일에서 서방 진영으로 바뀌었으나, "증오"를 바탕으로 한 할리치나 지 역 우크라이나 민족주의 운동의 파시즘적 속성은, 이들이 서방과 함께 하는 "자유의 전사"로 거듭난 후에도 변함이 없었던 것이다.

할리치나 사단은 피해자가 가해자에게 적극적으로 협력하고 부역 하며 또 다른 가해자가 되는 기이한 관계로 점철된 제2차 세계대전기 독일-우크라이나 관계의 문제적 국면을 상징하는 대표적 사례라고 할 수 있다. 할리치나 사단의 출범은, 유사한 파시즘 이데올로기를 공유하 는 나치 독일을 자연적 "동맹"으로 바라보던 서우크라이나 민족주의자

Krokhmaliuk, *UPA Warfare in Ukraine* (New York: Society of Veterans of Ukrainian Insurgent Army of the United States and Canada, and St. George the Victorious Association of Veterans of Ukrainian Insurgent Army in Europe, 1972)를 보라.

들의 친(親)독일 반(反)소비에트 정서와, 이에 주목하며 점증하는 병력 부족을 외국인 사단의 창설로 메우려던 나치 당국의 현실적 필요 및 이를 우크라이나 독립에 이용하려던 우크라이나 토착 파시즘 세력 간 이해관계의 합치 덕분에 창설되었지만, 사단의 창설을 잘 훈련된 무장 병력의 획득 기회로 바라보던 OUN-B의 희망도, 전후 예상되는 혼란 기에 독립 우크라이나 건국에 필요한 단위 전투부대를 확보한다는 차 원에서 사단 창설에 적극 협력한 OUN-M의 소망도, 그리고 이들의 협력을 얻어 동부전선의 인적 물적 열세를 메우려던 독일 당국의 목적 도, 결국은 나치 독일의 철저하고 완전한 패배 속에서 실현될 수 없었 다. 그렇다면 만약 전쟁이 나치 독일의 승리로 끝났다면 친(親)독일 우 크라이나 민족주의자들의 구애와 기대가 실현될 수 있었을까? 나치 독 일이 심지어 할리치나 사단의 창설이 보여주듯 나치 온건파의 신(新)동 방정책이 부분적으로나마 실현된 전쟁 후반기에서도 동방의 친(親)독일 "열등 인종" 정치집단을 결코 동등한 동반자로 바라보지 않았다는 사 실을 고려하면 그 해답은 물론 "NO"에 더 가까울 것으로 보인다. 전쟁 후반부, 특히 브로디 전투 이후 독일 측이 보여준 상대적으로 우호적인 태도는, 전황의 악화와 막대한 우크라이나인 병력을 희생한 대가로 얻 은 일시적 변화이자 그 자신 철저한 나치임에도 불구하고 우크라이나 민족주의에 대해서만은 온정주의적 시선을 가졌던 베히터와 같은 나치 당 내 일부 온건파의 개별적 반응일 따름이었다. 근본적으로 제3제국 이 꿈꾸던 미래에 동방의 대표적 "열등 인종"의 하나인 우크라이나인 을 위한 자리는 존재할 수 없었기 때문이다. 그럼에도 최후의 순간까지 제3제국을 위해 목숨을 던진 유일무이한 동슬라브 "열등 인종" 사단 할리치나의 사례는, 자국의 독립을 위해 "악마와의 계약"을 선택한 서부 우크라이나 지역 우크라이나 민족주의 운동의 내적 모순과 아이러니 및 딜레마, 그리고 나치의 시선에서는 "열등 인종의 파시즘"에 다름 아닌 할리치나 지역 우크라이나 민족주의 운동의 본질적 한계를 보여주는 축도였다.

맺음말을 대신하여
Quo Vadis Russia?

　　현재 진행되고 있는 러시아-우크라이나 전쟁의 귀추가 어찌 되든 오랫동안 역사를 공유해온 두 형제국가가 향후 상호 간 완전한 결별의 길로 들어서게 될 것이라는 사실은 분명해 보인다. 러시아군의 침공으로 국토가 전쟁터가 되며 많은 인명피해를 입은 우크라이나가 단기적으로는 가장 큰 피해자겠지만, 장기적으로 이 전쟁으로 인해 초래될 양국 관계의 파국은 우크라이나보다도 러시아 측에 더욱 치명적인 피해를 안길 것으로 예측되는데, 이는 우크라이나와의 완전 결별이 푸틴이 의도했던 "우크라이나 문제"의 해결이 아니라 장기적으로는 오히려 새로운 "러시아 문제"의 출현으로 이어질 가능성 때문이다.

　　푸틴은 대체 왜 침공까지 불사하는 악수를 두며 그토록 우크라이나 문제에 집착했을까? 푸틴 정권에 저항해 오던 러시아 내의 반(反)체제 인사들조차 우크라이나 문제에 관해서는 푸틴과 크게 다를 바 없는 세계관과 역사 인식을 한결같이 보여주고 있는 것은 도대체 무슨 이유일까? 주지하듯 러시아 내 반(反)푸틴 야당 인사들의 반대는 러시아 측과 우크라이나 내 친러 세력이 가진 마지막 대의명분마저 앗아가 버린 푸틴의 무모한 침공 결정과 그로 야기된 전쟁에 대한 것이지 "우크라이나 문제"에 대한 푸틴의 인식 그 자체에 대한 반응이 아니었다는 사실에 주목할 필요가 있다. 푸틴 정권에 맞서 오랜 시간 목숨을 걸고 투쟁해 온 나발니(Aleksei N. Naval'nyi)와 같은 가장 강경한 반(反)체제 인사들조차 크림 반도 병합과 돈바스 내전 개입에 이의를 제기하지 않았던 것은,[1] 우크라이나가 역사적으로 러시아와 떨어질 수 없는 동슬라브 문명의 일원이며 향후에도 러시아의 영향권 내에 반드시 머물러 있어야 한다는 푸틴 정권의 역사 인식을, 심지어 푸틴을 누구보다 증오하는 러시아 내의 반(反)푸틴 세력까지도 공감하고 있음을 보여주고 있기 때문이다. 이렇듯 2022년 2월에 시작된 러시아-우크라이나 전쟁을 넘어 2013년 11월에 시작된 "우크라이나 사태"로 시야를 확장할 때 러시아인 (및 우크라이나 내의 친러파) 대다수가 푸틴과 유사한 역사관을 가지고 있다는 사실은, 우크라이나 문제가 단순히 우크라이나 정체성의 문제가 아니라 더욱 근본적인 러시아 정체성의 문제, 즉 "러시아는 무엇이며 러시아인은 누구인가?"라는 러시아 민족주의의 근본적 질문과 관련되어 있다는 점을 시사한다.

전통적으로 러시아 민족주의의 핵심 테제는 러시아 역사의 근원을 모스크바 러시아에서 찾는 이른바 "대러시아 정통론"이었다. 이 정통론의 시작은 제정 러시아 시대로 거슬러 올라간다. 주지하듯 제정 러시아는 단순히 "큰 루시인들"만의 국가가 결코 아니었다. 제정 러시아는 모스크바 러시아의 "큰 루시"뿐만이 아니라 "하얀 루시(벨라루스)"와 "작은 루시(우크라이나)"를 포함하는 보편적인 범루시 통일 제국을 자임했으니, 루시인의 나라를 의미하는 "로씨야(Rossiia: 러시아)"라는 국명 자체가 이러한 통일 이데올로기를 함축한 표현이었다고 할 수 있다. "로

---

1) https://www.rferl.org/a/navalny-ukraine-attitudes-mixed-feelings-russia-nationalism-putin/31120106.html (검색일. 2022년 10월 30일)

씨야의 루시인 신민"을 의미하던 "루스키(Russkii: 러시아인)"란 단어의 뜻 또한 100여 년 전에는 지금과 달랐다. 이 단어가 "대러시아인"을 지칭하는 의미로 고착된 현재와 달리 1917년 2월 제정의 붕괴 이전까지 "루스키"란 표현 속에는 모든 루시인 집단을 아우르는 일종의 제국적 관념이 담겨있었기 때문이다.[2] 누구나 인정하는 순수 우크라이나 혈통임에도 우크라이나 민족주의에 대해서는 그 존재 자체를 강력히 부정했던 제정 말기 수많은 우크라이나 지식인들의 정체성 또한 "소러시아인으로서의 러시아인"이었다. 우크라이나어 출판물을 전면 금지시킨 엠스 칙령의 착안자이자 추진자로, 이 조치에 반대하는 제정 정부 내 "대러시아인 관료"의 완고한 반대를 무릅쓰고 이 칙령 선포를 무리하게 관철시킨 우크라이나 혈통의 강경 러시아 민족주의자, 미하일 유제포비치(Mikhail V. Iuzefovich)로부터,[3] 당대 그 어떤 러시아인보다도 강경한 러시아 애국주의자로 제정 말기 극우 러시아 민족주의 운동의 상징 그 자체였던 바실리 슐긴(Vasilii V. Shul'gin)[4]에 이르기까지, 수많은 강경파 러시아 민족주의자들이 바로 우크라이나인의 피가 흐르는 "토종 우크라이나인"이었던 것은 따라서 결코 우연이 아니었다. 이들은 "소러시아 출신의 러시아인"으로 스스로를 정의하던 러시아 애국주의자들이었기 때문이다.

....

2) 19세기 초 제정 러시아의 교육상 세르게이 우바로프(Sergei S. Uvarov)는 일찍이 러시아인을 다음의 세 가지 요소로 정의(定義)했다. "[동방] 정교(Pravoslavie)," "전제정(Samoderzhavie)," "인민(Narodnost')"이 바로 그것이다. 즉 동방정교를 믿으며 제국에 충성하는 모든 루시인이 곧 러시아인이었다.

3) A. I. Miller, "Ukrainskii vopros" politike vlastei i russkom obshestvennom mnenii, vtoraia polovina XIX v. (Kiev: Laurus, 2013), pp. 53–54.

4) 슐긴 자신은 키예프에서 태어나 성장했지만, 슐긴 가문의 원적지는 서부 우크라이나의 볼린(Volin') 지방이었다.

오늘날의 기준에서는 "우크라이나 민족"으로 분류될 이들 우크라이나 지식인들이, 그것도 우크라이나 민족주의를 처음 태동시킨 카자크 슐라흐타의 직계 후손들이5) 열혈 러시아 민족주의자가 되었던 것에는 물론 이유가 있었다. 따지고 보면 우크라이나야말로, 특히 우크라이나의 수도 키예프야말로 바로 근대적 의미의 러시아 민족주의가 최초로 태동한 러시아 정체성의 발원지였기 때문이다.6) 주지하듯 현 러시아 민족주의의 핵심 테제인 통일 러시아 담론을 처음으로 창안하고 이를 러시아 제국의 공식 이데올로기로 유포시킨 주역이자 당사자는 바로 키예프에 자리한 동방정교회의 성소(聖所), 동굴수도원(러시아어: *Kievo-Pecherskaia lavra*; 우크라이나어: *Kievo-Pechers'ka lavra*)의 "우크라이나인(물론 당대에는 '소러시아인')" 수도사들이었다. 보다 정확히 말하면 페레야슬라브 협정에 의한 대러시아와 소러시아의 통일을 "하나님의 은총"으로 찬양한 동굴수도원의 『키예프 개요(*Kievskii sinopsis*)』가7) 이 담론의 발상지였으니, 이 저작의 핵심 내용은 모스크바 러시아를 키예

....

5) 본서의 3장에서 검토한 것처럼 어떤 카자크 슐라흐타 가문은 훗날 우크라이나 민족주의 운동의 산실이 되고 다른 카자크 슐라흐타 가문은 러시아 민족주의 운동의 온상이 된 차이는, 18세기 말 19세기 초 소러시아의 카자크 슐라흐타를 대상으로 한 제정 러시아 정부의 신분제 편입 심사에서, 해당 가문이 제정 러시아의 "드보랸스트보(*Dvorianstvo*: 봉직귀족)"로 편입될 수 있었는가의 여부가 대체로 반영된 결과였다(본서 3장 참조).

6) Zenon E. Kohut, "Origins of the Unity Paradigm: Ukraine and the Construction of Russian National History (1620s–1860s)," *Eighteenth-Century Studies*, 35–1, 2001, pp. 70–76.

7) Innokentii Gizel', *Sinopsis, ili Kratkoe Sobranie ot Raznykh Letopistsev o Nachale Slaviano[-]Rossiiskago Naroda i pervonachalnykh kn[ia]zei B[o]gospasaemago Grada Kieva* … (Kiev, 1674). 『키예프 개요』의 현대 러시아어 번역본은 I. Iu. Sapozhnikova and O. Ia. Sapozhnikov, trans., *Mechta o russkom edinstve: Kievskii sinopsis (1674)* (Moscow: Evropa, 2006)을 참조하라.

프 루시의 유일한 적자이자 동방정교회의 적통 국가로 인정하는 "모스크바 러시아 정통론"이었다.[8]

1674년 동굴수도원에 거주하는 익명의 우크라이나인 수사들에 의해 교회슬라브어로 집필되어 출간된 『키예프 개요』는 따라서 러시아 민족주의의 첫 태동에 있어 그 중요성을 아무리 강조해도 지나침이 없는데, 이는 동슬라브판 "마그나 그라이키아(*Magna Graecia*: 대그리스)"였던 루시 문명의 변경 "큰 러시아"가 진정한 통합 루시 제국, "러시아"로 스스로를 정당화하기 위해서는 루시 문명이 탄생한 발상지이자 본토 "그라이키아"인 "작은 러시아"의 축복, 특히 키예프 루시의 정통성을 상징하던 키예프 동방정교회의 승인 및 동의가 필요했기 때문이었다.[9] 다시 말해 모스크바 러시아의 차르는 키예프와 "본토 러시아"의 축복 없이 "대러시아와 소러시아, 그리고 백러시아 전체의 차르(*Tsar' vseiia Velikiia i Malyia i Belyia Rossii*)[10]"가 될 수 없었으니, 17세기 후반의 시점에서 키예프 동방정교회 소속의 우크라이나인 지식인들

....

8) Petr S. Stefanovich, "'Slavianorossiiskii narad' v istoricheskoi literature Ukrainy i Rossii XVII – pervoi poloviny XVIII v," *Slověne: International Journal of Slavic Studies*, 9–2, 2020, pp. 417–447. 『키예프 개요』 자체는 1674년에 출간되었지만, 이 "우크라이나발" 러시아 민족주의 경전이 담고 있는 모스크바 루시 정통론과 통일 러시아 담론의 기원 자체는 더 이른 시기인 16세기 말 17세기 초 키예프 동굴수도원의 원장을 역임하며 우니아트 교회 반대운동을 주도했던 자하리야 코피스텐스키(Zakhariia Kopystenskii)로 거슬러 올라가는데(*ibid.*), 이 인물 역시 현재의 기준으로 보면 "순혈 토종 우크라이나인"이었다.
9) 원래 소러시아와 대러시아는 각각 본토와 변경이라는 의미가 함축된 명칭으로, 본토를 "소–"로, 변경을 "대–"로 부르는 관행은 그리스 본토(소그리스)와 남부 이탈리아와 시실리섬의 변경(대그리스)을 구분하던 고대 헬레니즘 시대로 거슬러 올라간다. 이에 대한 자세한 내용은 본서의 3장을 참조하라.
10) 현대 러시아어가 아니라 17세기에 사용되던 사료 속 당대 러시아어의 표기를 따라 전사 표기하였다.

은 기꺼이 그러한 축복을 주며 러시아 제국의 충성스러운 신민이 될 준비가 되어 있었다. 우니아트 교회를 통해 본격화되는 폴란드 카톨릭의 공세에 맞서 자포로지예 카자크와 더불어 한 세기가 넘는 오랜 시간 동안 싸워 온 동굴수도원의 수도사들과 키예프의 동방정교 지식인들에게, 모스크바 러시아는 폴란드와 서방 카톨릭의 음모로부터 키예프의 옛 루시 고토를 지켜내는 동방정교 신앙의 유일한 수호자에 다름 아니었기 때문이다. 동슬라브 루시 문명의 "변방"에 자리한 모스크바 러시아가 "본토" 소러시아의 적자임을 주장할 수 있는 역사적 정통성을 획득할 수 있었던 것은 이처럼 키예프로부터 온 축복을 통해서였으니, 훗날 카람진과 솔로비요프, 클류체프스키와 같은 러시아의 국가주의 학파 역사가들을 통해 정립되어 오늘날에도 러시아 연방 내 역사 교과서의 핵심 내용으로 남아 있는 러시아 민족주의의 역사 계보, 즉 "키예프 루시―모스크바 루시―제정 러시아"로 이어지는 연속성 테제의 실질적인 시작점이 바로 키예프였던 것, 다시 말해 러시아의 국가 정체성과 러시아 민족주의의 첫 시작점이 바로 현재의 우크라이나였으며, 이러한 정체성을 처음으로 만들어낸 이들이 바로 "우크라이나인"이었다는 사실은, 우크라이나 사태가 발생한 현재의 시선에서 볼 때 우크라이나와 러시아 역사를 가로지르는 가장 큰 아이러니에 다름 아니다. 근대적 의미의 러시아 민족주의란 어떤 의미에서는 바로 우크라이나인에 의해 우크라이나에서 시작되고 우크라이나를 통해 발전한 셈이기 때문이다.

우크라이나 정체성의 문제가 바로 러시아 정체성의 문제로 직결되는 이유가 바로 여기에 있다. 키예프의 상실은 단순히 영토의 상실이 아니라 러시아가 무엇이며 러시아인은 누구인가를 정의하는 공동체의 집단 기억과 그 정체성의 근거가 되는 역사적 서사의 소멸을 의미하기 때문이다. 키예프와 모스크바를 양대 축으로 삼아 온 러시아 민족주의의 전통적 서사에서 키예프가 없는 모스크바가 계속 "모스크바"일 수 있을까? 우크라이나가 없는 러시아가 계속해서 "러시아"로 남아 있을 수 있을까? 우크라이나가 떨어져 나간 러시아를 이후에도 계속 "러시아"라 부를 수 있을까? 우크라이나 문제를 해결하려던 푸틴의 침공은 이처럼 원래의 의도 및 목적과는 상반되게 오히려 러시아 정체성의 존립 기반 자체를 뒤흔드는 역설적 상황을 초래하였으니, "우크라이나 문제"가 바야흐로 "러시아 문제"로 전환되는 진정한 정체성의 위기가 드디어 러시아에 도래한 것이다. 러시아여 그대는 과연 어디로 가는가?

출처

　　본서의 장들은 학술지에 게재되었던 필자의 연구논문들을 수정/보완한 글이며, 각 장의 수정/보완 전 원출처는 아래와 같다.

Chapter 01

「"경계인"으로서의 까자끼: 까자끼의 역사적 기원과 형성에 대한 소고」 『러시아연구』 20 − 1, 2010, pp. 169 − 214.

Chapter 02

「16세기 말 17세기 초 자포로지예 카자크 집단을 통해 본 우크라이나 역사의 카자크적 기원과 루시(*Rus'*) 정체성」 『슬라브연구』 33 − 4, 2017, pp. 1 − 37.

Chapter 03

「"변경"에서 "우크라이나"로 − 『루시인의 역사』를 통해 본 우크라이나 민족서사의 첫 탄생 −」 『슬라브학보』 35 − 3, 2020, pp. 1 − 32.

Chapter 04

「악마와의 계약? 우크라이나의 파시즘 운동, 1929~1945」『슬라브연구』
2015, 31-4, pp. 1-59.

Chapter 05

「악마와의 계약? 독일 무장친위대 제14척탄병사단 "할리치나," 1943~
1945」『역사학보』245, 2020, pp. 319-371.

참고문헌

구자정, 「이식된 근대, 만들어진 민족, 강제된 독립 ─ 소비에트식 "민족창조"를 통해 본 중앙아시아 지역 유럽 근대성의 착종 ─」『역사문화연구』 44, 2012, pp. 169─230.

_____, 「"맑스(Marx)"에서 "스탈린(Stalin)"으로 ─ 맑시즘 민족론을 통해 본 소비에트 민족정책의 역사적 계보」『史叢』 80, 2013, pp. 441─485.

_____, (Ja─Jeong Koo), "Universalizing Cossack Particularism: 'the Cossack Revolution' in the Early 20th Century Kuban'," *Revolutionary Russia*, 25─1, 2012, pp. 1─29.

_____, (Ja─Jeong Koo), "From an Estate to a Cossack Nation: Kuban' *samostiinost'*, 1917," *Europe─Asia Studies*, 66─10, 2014, pp. 1649─1678.

한정숙, 「키릴─메토디우스 형제단과 근대 우크라이나의 민족 정체성」『러시아연구』 14─2, 2004, pp. 389─430.

_____, 「역사서술로 우크라이나 민족을 만들어내다: 흐루셰프스키의 『우크라이나의 역사』와 우크라이나 정체성」『러시아연구』 24─2, 2014, pp. 365─406.

Abelentsev, V. N., ed., *Materialy regional'noi nauchno─prakticheskoi konferentsii "Priamur'e ot pervokhodtsev do nashikh dnei, posviashchennoi 360─letiiu pokhoda V. D. Poiakova i 150─letiiu pervogo Murav'evskogo splava po Amuru (liudi, sobytiia, fakty),"* *23−24 oktiabria 2003 g.* Blagoveshchensk: Amurskii oblastnoi kraevedcheskii muzei, 2003.

Akhmedov, B. A., R. G. Mukminova and G. A. Pugachenkova, *Amir Temur: Zhizn' i obshchestvenno-politicheskaia deiatetel'nost'*. Tashkent: Universitet, 1999.

Akiner, Shirin, *Islamic Peoples of the Soviet Union.* Boston: Kegan Paul International, 1983.

Akty, otnosiashchiesia k istorii Iuzhnoi i Zapadnoi Rossii, sobrannye i izdannye Arkheograficheskoi komissiei, 15 vols. St Petersburg: Tipografiia E. Praga, 1861−1892.

Akty, otnosiashchiesia k istorii Zapadnoi Rossii sobrannye i izdannye Arkheograficheskoi komissiei, 5 vols. St. Petersburg: Tipografiia II Otdeleniia Sobstvennoi E. I. V. Kantseliarii, 1846−1853.

Akty sotsial'no-ekonomicheskoi istorii severo-vostochnoi Rusi, 3 vols. Moscow: Izdatel'stvo Akademii Nauk, 1964.

Antonovich V. B. and V. A. Bets, ed., *Istoricheskie deiateli iugo-zapadnoi Rossii,* 2 vols. Kiev: Tipografiia universiteta sv. Vladimira, 1883−1885.

Arkhiv iugo zapadnoi Rossii, 34 vols. Kiev: Universitetskaia tipografiia, 1859−1911.

Armstrong, John A., *Ukrainian Nationalism, 1939−1945.* New York: Columbia University Press, 1955.

Avramenko, V. F., *Dikoe Pole: Istoriia Kazakov, Fakty i gipotezy.* Krasnodar, 2002.

Bandera, Stepan, "Moi Zhittiepisni dani," in *Perspektivi ukrainskoi revoliutsii.* Munich: Vidannia Orhanizatsii Ukrainskikh Natsionalistiv,

1978.

Bartov, Omer, *Hitler's Army: Soldiers, Nazis, and War in the Third Reich*. Oxford: Oxford University press, 1991.

Beauplan, Guillaume Le Vasseur Sieur de, *Description d'Ukranie, qui sont plusieurs provinces du Royaume de Pologne. Contenues depuis les confins de la Moscovie, insques aux limites de la Transilvanie. Ensemble leurs moeurs, façons de viures, et de faire la Guerre. Par le Sieur de Beauplan*. Rouen: Chez Iacques Cailloue', dans la Cour du Palais, 1660. *A Description of Ukraine*, translated with introduction and notes from French to English by A. B. Pernal and D. F. Essar. Cambridge: Harvard University Press, 1993.

Bekteeva, E. A., *Nagaibaki: Kreshchenye tatary Orenburgskoi gubernii*. 1912.

Berkhoff, Karel and C. M. Carynnyk, "The Organization of Ukrainian Nationalists and Its Attitude toward Germans and Jews: Iaroslav Stets'ko's 1941 *Zhyttiepys*," *Harvard Ukrainian Studies*, 23 – 3/4, 1999, pp. 149 – 184.

_____, *Harvest of Despair: Life and Death in Ukraine under Nazi Rule*. Boston: Belknap Press, 2004.

_____, "Babi Yar: Site of Mass Murder, Ravine of Oblivion," *J. B. and Maurice C. Shapiro Annual Lecture Papers*, 2011, pp. 1 – 16.

Berz, L., ed., *Lenin o Done i Severnom Kavkaze*. Rostov-na-donu: Rostovskoe knizhnoe izdatel'stvo, 1969.

Bil'basov, A. G., *Istoriia Ekateriny Vtoroi*, 3 vols. Berlin: Izdanie Fridrikha Gottgreinera, 1900.

Bishop, Chris, *SS: Hitler's Foreign Divisions, Foreign Volunteers in the Waffen-SS, 1940–45*. London: the History Press, 2002.

Blum, Jerome, "The Rise of Serfdom in Eastern Europe," *The American Historical Review*, 62−4, 1957, pp. 807−836.

_____, *Lord and Peasant in Russia from the 9th to the 19th Century*. Princeton: Princeton University Press, 1961.

Bodianskii, O. M., *Letopis' monastyriia Gustynskogo*. Moscow, 1848. Moscow: Kniga po trebovaniiu, 2013.

Bolianovs'kii, Andrii, "Cooperation between the German Military of the Weimar Republic and the Ukrainian Military Organization, 1923−1928," *Harvard Ukrainian Studies*, 23, 1999, pp. 73−84.

_____, *Diviziia Halichina: Istoriia*. L'vov: L'vovs'kii universitet im. I. franka, 2000.

Breitman, Richard, *Hitler's Shadow: Nazi War Criminals, U. S. Intelligence, and the Cold War*. Washington, D. C.: National Archives and Records Administration, 2010.

Bronevskii, V. B., *Istoriia Donskogo voiska, opisanie Donskoi zemli*, 4 vols. St. Petersburg, 1834.

Bulgakov, M., *Preosviashchennyi Georgii Konisskii Arkhiepiskop Mogilevskii*. Minsk: Vinograd, 2000.

Burds, Jeffrey, "Agentura: Soviet Informants' Networks & the Ukrainian Underground in Galicia, 1944−48," *East European Politics and Societies*, 11−1, 1997, pp. 89−130.

_____, "The Early Cold War in Soviet West Ukraine, 1944−1948," *Carl Beck Papers in Russian and East European Studies*, 1505, 2001, pp. 1−70.

Bush, M. L., *Servitude in Modern Times*. London: Polity, 2000.

Carynnyk, Marco, "A Knife in the Back of Our Revolution," *The American Association for Polish−Jewish Studies*, www.aapjstudies.org/manager/external/ckfinder/userfiles/files/Carynn yk%20Reply%20to%20Motyl%202%20.pdf (검색일. 2022년 10월 27일).

Chevalier, Pierre, *Histoire de la guerre des Cosaques contre la Pologne*. Paris, 1668. *A Discourse of the Original, Countrey, Manners, Government and Religion of the Cossacks with Another of the Precopian Tartars and the History of the Wars of the Cossacks against Poland*, translated from French to English by Edward Brown. London, 1672.

Chikalenko, Evhen H., *Spohadi, 1861−1907*. New York: Ukrains'ka vil'na akademiia nauk u SSA, 1955.

Chistovich, Ia. A., *Feofan Prokopovich i ego vremiia*. St. Petersburg, 1868.

Cizauskas, Albert C., "A Venetian Diplomat in 15th Century Lithuania," *Lituanus*, 30−3, 1984, pp. 33−45.

Contarini, Ambrogio, *Questo e el Viazo de misier Ambrosio Contarini*. Venice, 1487. H. Foxius, "The Travel of the Magnificant M. Ambrogio Contarini" in *Travels to Tana and Persia*, translated from Italian to English by William Thomas. London: Hakluyt Society, 1873. Bibliolife, 2010.

Cummings, Sally, *Kazakhstan: Power and the Elite*. New York and London: I. B. Tauris, 2005.

Golubovskii, P. V., *Pechenegi, torki i polovtsy*. Kiev, 1884.

Gumilev, Lev, *Etnogenez i biosfera zemli*. Leningrad: Gidrometeoizdat, 1990.

Dallin, Alexander, *German Rule in Russia, 1941−1945: a Study of Occupation Policies*. Boulder, Co: Westview Press, 1981.

Dal', V. I., *Tolkovyi slovar' zhivogo velikorusskogo iazyka*. Moscow:

Russkii iazyk, 1989.

Davis, Norman, *God's Playground: a History of Poland*, 2 vols. New York: Columbia University Press, 1983.

Dean, M. C., "The German Gendarmerie, the Ukrainian *Schutzmannschaft* and the 'Second Wave' of Jewish Killings in Occupied Ukraine: German Policing at the Local Level in the Zhitomir Region, 1941–1944," *German History*, 14–2, 1996, pp. 168–192.

Diukov, Aleksandr, *Vtorostepennyi vrag: OUN, UPA i reshenie 'evreiskogo voprosa.'* Moscow: Fond "Istoricheskaia pamiat'," 2009.

Dlugosz, Jan, *Annales seu cronicae incliti regni Poloniae.* 1511. *The Annals of Jan Dlugosz*, translated and abridged by Maurice Michael from the Polish translation of the original Latin manuscript by Julia Mrukowna. Chichester, West Sussex: IM Publications, 1997.

Dmytryshyn, Basil, "The Nazis and the SS Volunteer Division 'Galicia,'" *American Slavic and East European Review*, 15–1, 1956, pp. 1–10.

Dontsov, Dmitro, *Natsionalizm.* L'vov: Nove zhittia, 1926. London: The Ukrainian Publishers, 1966.

Doroshenko, Dmitro I., "Istoriia Rusov iak pam'iatka ukrainskoi politichnoi dumki druhoi polovini XVIII stolittia," *Khliborobs'ka Ukraina*, 3, 1921, pp. 183–190.

Dovnar–Zapol'skii, M., *Dokumenty Moskovskogo arkhiva ministerstva iustitsii.* Moscow: Tovarishchestvo tipografii A. I. Mamontova, 1897.

Drobiazko, Sergei I, *Pod znamenami vraga: Antisovetskie formirovaniia v sostave germanskikh voourzhen.* Moscow: EKSMO, 2004.

Dziuban, Orest, ed., *Ukrains'ke derzhavotvorennia – Akt 30 chervnia*

1941: Zbirnik dokumentiv i materialiv. L'vov: Piramida, 2001.

Efimenko, Alexandra Iakovlevna, *Ocherki istorii Pravoberezhnoi Ukrainy.* Kiev: Tipografiia G. T. Korchak Novitskogo, 1895.

_____, "Malorusskoe dvorianstvo i ego sug'ba," in *Iuzhnaia Rus': Ocherki, issledovaniia i zametki,* 2 vols. St. Petersburg: Obshchestvo imeni T. G. Shevchenka, 1905.

Ermolov, Igor' G., *Russkoe gosudarstvo v nemetskom tylu: Istoriia Lokotskogo samoupravleniia, 1941−1943.* Moscow: Tsentrpoligraf, 2009.

_____, *Tri Goda bez Stalina: Okkupatsiia − Sovetskie Grazhdane mezhdu Natsistami i Bol'shevikami, 1941−1944.* Moscow: Tsentropoligraf, 2010.

Evarnitskii, D. I., *Istoriia zaporozhskih kazakov,* 3 vols. St. Petersburg: Tipografiia I. N. Skorokhodova, 1892−1897.

Ferkuniak, Dmitro, *Spomini z zhittia v Divizii 'Halichina' i v poloni 1943−1947.* Ivano-Frankivs'k: Lileiia-NV, 2003.

Fisher, Alan W., "Muscovy and the Black Sea Slave Trade," *Canadian-American Slavic Studies,* 6−4, 1972, pp. 575−594.

_____, *Crimean Tatars.* Stanford: Hoover Institution Press, 1978.

Friedländer, Saul, "The Wehrmacht, German Society, and the Knowledge of the Mass Extermination of the Jews," in Omer Bartov, Atina Grossmann and Mary Nolan, eds., *Crimes of War: Guilt and Denial in the Twentieth Century.* New York: The New Press, 2002, pp. 17−30.

Friedman, Victor A., "The Zaporozhian Letter to the Turkish Sultan: Historical Commentary and Linguistic Analysis," *Slavica Hierosolymitana,* 2, 1978, pp. 25−38.

Fritz, Stephen G., *Ostkrieg: Hitler's War of Extermination in the East.* Lexington: University Press of Kentucky, 2011.

Gizel', Innokentii, *Sinopsis, ili Kratkoe Sobranie ot Raznykh Letopistsev o Nachale Slaviano[-]Rossiiskago Naroda i pervonachalnykh kn[ia]zei B[o]gospasaemago Grada Kieva* ⋯. Kiev, 1674.

Gross, Jan T., *Neighbors: The Destruction of the Jewish Community in Jedwabne, Poland.* New York: Princeton University Press, 2001.

Gubarev, G. V. and A. I. Skrylov, *Kazachii slovar'-spravochnik*, 3 vols. San Anselmo, Ca., 1969.

Gurs'ka, O. A., "Diial'nist' Ukrains'kogo tsentral'nogo komitetu u general'nii gubernii pid chas drugoi svitoi viini," *Derzhava ta armiia*, 652, 2009, pp. 64−68.

Halaiko, B. M., "Do pitannia boiovoi diial'nosti Ukrains'koi viis'kovoi orhanizatsii," *Derzhava ta armiia*, 587, 2007, pp. 134−138.

Halecki, Oskar and Antony Polonsky, *History of Poland.* London: Kegan Paul International, 1978.

Habsburgs and Zaporozhian Cossacks: the diary of Erich Lassota von Steblau, 1594, edited and with an introduction by Lubomyr R. Wynar and translated by Orest Subtelny. Littleton, Colorado: Ukrainian Academic Press, 1977.

Hanover, Nathan Ben Moses, *The Abyss of Despair (Yeven Metzulah): the Famous 17th Century Chronicle Depicting Jewish Life in Russia and Poland during the Chmielnicki Massacres of 1648−1649*, translated from Hebrew to English by Abraham J. Mesch with introduction of William Helmreich. New Brunswick and London: Transaction Publishers, 2009.

Heike, Wolf-Dietrich, *Sie wollten die Freiheit: Die Geschichte der*

Ukrainischen Division, 1943—1945. Dorheim: Podzun-Pallas-Verlag GmbH, 1973. *The Ukrainian Division "Galicia" 1943—45: A Memoir,* trans. by Yuri Boshyk from German to English with introduction of John Amstrong. New York: Shevchenko Scientific Society, 1988.

Helle, Richard, *Enserfment and Military Change in Muscovy.* Chicago: The University of Chicago Press, 1971.

Himka, John-Paul, "The Organization of Ukrainian Nationalists, the Ukrainian Police, and the Holocaust," *Danyliw Research Seminar Paper,* 2011.

Hrushevskii, Mikhailo, *Istoriia Ukrainy—Rusy,* 10 vols. L'vov—Vienna —Kiev, 1898—1936. *History of Ukraine-Rus',* 10 vols., translated from Ukrainian to English. Toronto—Edmonton: Canadian Institute of Ukrainian Studies Press, 1999—ongoing.

Ikonnikov, Vladimir S., *Opyt russkoi istoriografii,* 2 vols. Kiev: Tipografiia Imperatorskogo Universiteta sv. Vladimira, 1891—1908.

Iskhakov, G. M., *Nagaibaki: Kompleksnoe issledovanie gruppy kreshchenykh tatar-kazakov.* Kazan: Akademiia nauk Tatarstana, 1995.

Istoriia Velikoi Otechestvennoi Voiny Sovetskogo Soiuza. Moscow: Voen. izdatel'stvo, 1962.

Iushkov, V. and L. V. Cherepnin, eds., *Pamiatniki Russkogo prava,* 8 vols. Moscow: Gosiurizdat, 1952—1961.

Jansen, Marc and Ben de Jong, "Stalin's Hand in Rotterdam: the Murder of the Ukrainian Nationalist Yevhen Konovalets in May 1938," *Intelligence and National Security,* 9—4, 1994, pp. 676—694.

Kal'ba, Miroslav, *Nakhtigal' v zapitanniakh i vidpovidiakh.* L'vov,

2008.

Kamenetsky, Ihor, *Hitler's Occupation Of Ukraine, 1941−1944: A Study of Totalitarian Imperialism*. Milwaukee: Marquette University Press, 1956.

Kaminski, Andrezej, "Neo−Serfdom in Poland−Lithuania," *Slavic Review*, 34−2, 1975, pp. 253−268.

Karamzin, N. M., *Istoriia gosudarstva Rossiiskogo*. St. Petersburg: Voennaia tipografiia Glavnogo shtava Ego Imperatorskogo Velichestva, 1816−1817.

Kashyba, Mariia V., *Georgii Konisskii*. Moscow: Mysl', 1979.

Kazin, V. N., *Kazach'i voiska: Khroniki gvardeiskikh kazach'ikh chastei pomeshcheny v knige Imperatorskaia gvardiia*. St. Petersburg, 1912.

Kenez, Peter, "Pogroms and White Ideology in the Russian Civil War," in John Klier and Shomo Lambroza, eds., *Pogroms: Anti−Jewish Violence in Modern Russian History*. Cambridge: Cambridge University Press, 1992, pp. 293−313.

Kentii, A. V., *Ukrains'ka viis'kova orhanizatsiia (UVO) v 1920−1928 rr.* Kiev: Institut Istorii Ukraini NAN Ukraini, 1998.

Khodarkovsky, Michael, *Russia's Steppe Frontier: the Making of a Colonial Empire, 1500−1800*. Bloomington: Indiana University Press, 2002.

Khromeychuk, Olesya, *'Undetermined' Ukrainians: Post−War Narratives of the Waffen SS 'Galicia' Division*. Oxford: Peter Lang, 2013.

Khruslov, B., "Politichna diiatel'nist' Ukrains'kogo natsional'no-demogratichnogo ob'ednannia, 1925−1939 rr." Unpublished Ph. D. Candidate (*Kandidat doktora*) Thesis. Chernivets'kii natsional'nii universitet imeni Yuria Fed'skovicha, 2000.

Kizilov, Mikhail, "Slave Trade in the Early Modern Crimea from the Perspective of Christian, Muslim, and Jewish Sources," *Journal of Early Modern History*, 11−1/2, 2007, pp. 1−31.

Klee, Ernst, Willi Dreßen and Volker Rieß, "'Zur Aufrechterhaltung der Manneszucht ...' Das Kinder−Massaker in Bjelaja−Zerkow, die Kriegspfarrer und die Wehrmacht," in *"Schöne Zeiten" − Judenmord aus der Sicht der Täter und Gaffer*. Frankfurt am Main: S. Fischer, 1988.

Kliuchevskii, V. S., *Kurs russkoi istorii*. Moscow: Tipografiia G. Liosnera i Sovko, 1904.

Kohut, Zenon E., "The Development of a Little Russian Identity and Ukrainian Nationbuilding," *Harvard Ukrainian Studies*, 10−3/4, 1986, pp. 559−576.

_____, *Russian Centralism and Ukrainian Autonomy: Imperial Absorption of the Hetmanate, 1760s−1830s*. Cambridge: Harvard Ukrainian Research Institute, 1988.

_____, "Origins of the Unity Paradigm: Ukraine and the Construction of Russian National History (1620s−1860s)," *Eighteenth−Century Studies*, 35−1, 2001, pp. 70−76.

Kolisnik, Roman, *Viiskova Uprava ta Ukrainska Diviziia "Halichina": Diial'nist' Viis'kovoi Upravi ta nimets'ka politika vidnosno ukrains'kikh natsional'nikh zbroinikh sil v rokakh 1943−1945*. Toronto: Shevchenko Scientific Society of Canada, 1980.

Kolodziejczyk, Dariusz, *Ottoman−Polish Diplomatic Relations (15th−18th Century)*. Leiden: Brill, 2000.

_____, ed., *The Ottoman Survey Register of Podolia (ca. 1681)*:

Defter-i Mufassal-i Eyalet-i Kamanice, 2 vols. Boston: Havard University Press, 2004.

Konisskii, Georgii, ed., *Istoriia Rusov ili Maloi Rossii*. Moscow: Universitetskaia tipografiia, 1846. *Istoriia Rusiv*, trans. from Russian to Ukrainian by Viacheslav Davidenko. New York: Vidavnitstvo "Vistnik," 1956.

Konovalets', Yevhen, *Prichinki do istorii ukrains'koi revoliutsii*. Provid Ukrain'skikh Natsionalistiv, 1948. L'vov: G. O. "Nova khilia," 2002.

Korman, Aleksander, *Ludobójstwo UPA na ludności polskiej: Dokumentacja fotograficzna*. Wrocław: Nortom, 2003.

Kostomarov, Nikolai I., "Sultan Turetskii i Zaporozhtsy," *Russkaia Starina*, 6−10, St. Petersburg, 1872, pp. 450−451.

_____, *Russkaia istoriia v zhizneopisaniiakh ee glavneishikh deiatelei v trekh knigakh*. Moscow: Olma-Press, 2004.

Kovtun, Ivan and Dmitrii Zhukov, *29-ia grenaderskaia diviziia SS "Kaminskii."* Moscow: Veche, 2009.

Krasinski, Henry, *The Cossacks of the Ukraine*. London: Partridge & Oakey, 1901.

Krikunov, Petr, *Kazaki, mezhdu Stalinym i Gitlerom*. Moscow: Eksmo, 2006.

Krisachenko, Valentin, and Olena Diakova, "Istorichna dinamika chisel'nosti Evreis'koi spil'noti v Ukraini," *Ukraina u svitovii istorii*, 50−1, 2014, pp. 92−103.

Krokhmaliuk, Roman, *Zahrava na Skhodi: spohadi i dokumenti z pratsi u viis'kovii upravi Halichina v 1943−1945 rokakh*. Toronto: Bratstvo kolishnikh voiakiv I-oi Ukrainskoi divizii UNA, 1978.

Kruglov, Alexander, "Jewish Losses in Ukraine, 1941−1944," in Ray

Brandon & Wendy Lower, eds., *The Shoah in Ukraine: History, Testimony, Memorialization*. Bloomington: Indiana University Press, 2010.

Kvit, Serhii, *Dmitro Dontsov: Ideolohichnii portret*. L'vov: Halits'ka Vidavnicha Spilka, 2000.

Kuchabs'kii, Vasyl', *Die West-Ukraine im Kampfe mit Polen und dem Bolschewismus in den Jahren, 1918−1923*. Berlin: Junker und Dünnhaupt, 1934. *Western Ukraine in Conflict with Poland and Bolshevism, 1918−1923*, trans. by Gus Fagan. Edmonton and Toronto: Canadian Institute of Ukrainian Studies Press, 2009.

Kulish, P. A., *Istoriia vossoedineniia Rusi*, 3 vols. St. Petersburg: Izdatel'stvo "SPB," 1874−1877.

_____, *Materialy dlia istorii vossoedineniia Rusi*. Moscow: Tovarishchestvo "Obshchestvennaia pol'za," 1877.

Kurylo, Taras, "The 'Jewish Question' in the Ukrainian Nationalist Discourse of the Inter-War Period," *Polin*, 26, 2013, pp. 233−273.

Landwehr, Richard, *Fighting for Freedom: The Ukrainian Volunteer Division of the Waffen-SS*. Silver Spring, MD: Bibliophile Legion Books, 1985.

Lassota Von Steblau, Erich, *Habsburgs and Zaporozhian Cossacks: the Diary of Erich Lassota von Steblau, 1594*, trans. by Orest Subtelny with Introduction of Lubomyr R. Wynar. Littleton, Co: Ukrainian Academic Press, 1975.

Latruwe, Laurent and Gordana Kostic, *La division Skanderbeg: histoire des Waffen-SS albanais des origines idéologiques aux débuts de la guerre froide*. Paris: Godefroy de Bouillon, 2004.

Lepre, George, *Himmler's Bosnian Division: The Waffen-SS*

Handschar Division, 1943−1945. Atglen, PA: Schiffer Publishing, 1997.

Linnichenko, I. A. & I. A., Volkonskii, ed., *Ukrainskii separatizm v Rossii: Ideologiia natsional'nogo rackola*. Moscow: "Moskva," 1998.

Lisina, S. O., "Programni dokumenti OUN: osnova tvorennia nezalezhnoi Ukrains'koi sobornoi samostiinoi derzhavi," *Derzhava ta armiia*, 809, 2014, pp. 62−66.

Littman, Sol, *Pure Soldiers Or Sinister Legion: The Ukrainian 14th Waffen-SS Division*. Montreal: Black Rose Books, 2003.

Logusz, Michael O., *Galicia Division: The Waffen-SS 14th Grenadier Division, 1943−1945*. Atglen, PA: Schiffer Publishing, 1997.

Longworth, Philip, *The Cossacks*. London: Constable, 1969.

Lower, Wendy, *Nazi Empire-Building and the Holocaust in Ukraine*. Chapel Hill: the University of North Carolina Press, 2005.

Luber, Susanne and Peter Rostankowski, "Die Herkunft der im Jarhe 1581 registrierten Zaporoger Kosaken," *Jahrbücher für Geschichte Osteuropas*, 28, 1980, pp. 368−390.

Maksimovich, Mikhail A., *Sobranie sochinenii*, 3 vols. Kiev: M. P. Frits, 1876−1880.

Mann, Chris, *SS-Totenkopf: The History of the "Death's Head" Division, 1940−45*. London: the History Press, 2001.

Margolian, Howard, *Unauthorized Entry: The Truth about Nazi War Criminals in Canada, 1946−1956*. Toronto: University of Toronto Press, 2000.

Marker, Gary, "Staffing Peter's Church: Organizational Politics and the Journeys of Kyivan Clergy in the Early Eighteenth Century," *Kiivs'ka Akademiia*, 8, 2010, pp. 79−91.

Martin, Terry, *The Affirmative Action Empire: Nations and Nationalism in the Soviet Union, 1923—1939*. Ithaca: Cornell University Press, 2001.

Marx, Karl and Friedrich Engels, *The Russian Menace to Europe: a Collection of Articles, Speeches, Letters, and News dispatches*, ed. by Paul W. Blackstock & Bert F. Hoselitz. New York: Free Press, 1952.

Mechnik, S. M., *V pidpilli revoliutsiinoi OUN*. L'vov: Vidavnitstvo Feniks, 1993.

Meehan, Meredith M., "Auxiliary Police Units in the Occupied Soviet Union, 1941—43: a Case Study of the Holocaust in Gomel, Belarus." Unpublished Ph. D. Thesis. The United States Naval Academy, 2010.

Melnyk, Michael, *To Battle: the Formation and History of the 14th Gallician SS Volunteer Division*. Solihull, UK: Helion and Company, 2007.

Michaelis, Rolf, *Waffen-Grenadier Division Der SS Galizien*. Warsaw: Wydawnictwo Militaria, 2008.

_____, *The Kaminski Brigade*. Atglen, PA: Schiffer Publishing, 2011.

Miller, A. I., *"Ukrainskii vopros" politike vlastei i russkom obshestvennom mnenii, vtoraia polovina XIX v*. Kiev: Laurus, 2013.

Miller, Dmitri, "Ocherki iz istorii iuridicheskogo byta staroi Malorossii — Prevrashchenie malorusskoi starshiny v dvorrianstvo," *Kievskaia Starina*, 1, 1897, pp. 1—31.

Millward, Robert, "An Economic Analysis of the Organization of Serfdom in Eastern Europe," *Journal of Economic History*, 42—3, 1982, pp. 513—548.

Mirchuk, Petro, *Naris istorii Orhanizatsii Ukrains'kikh Natsionalistiv*. Munich: Ukrains'ke vidavnitstvo, 1968.

_____, *Revoliutsiinii zmab za USSD: khto taki 'banderivtsi', 'mel'nikivtsi', 'dviikari.'* New York: Soiuz Ukrains'kikh Politviazniv, 1985.

Mitcham Jr. Samuel W., *The German Defeat in the East, 1944−45.* Mechanicsburg: PA, Stackpole Books, 2007.

Moser, Michael, "George Y. Shevelov's Personal History of the Ukrainian Language in the First Half of the Twentieth Century," *East/West: Jounral of Ukrainian Studies,* 3−1, 2016, pp. 75−88.

Motyl, Alexander J., *The Turn to the Right: the Ideological Origins and Development of Ukrainian Nationalism, 1919−1929.* New York: Columbia University Press, 1980.

_____, "Ukrainian Nationalist Political Violence in Inter−War Poland," *East European Quarterly,* 19−1, 1985, pp. 45−54.

Mukhin, Aleksei Aleksandrovich, *Kazach'e dvizhenie v Rossii i stranakh blizhnego zarubezh'ia.* Moscow: Panorama, 1994.

"Nainovisha istoriia Ukraini," *Visti Kombatanta,* 3, 1964, pp. 4−27.

Navruzov, Begliar, *14−ia grenaderskaia diviziia SS "Galitsiia."* Moscow: Veche, 2010.

Nauchnoe obshchestvo imeni Tarasa Shevchenko, *Zhelera do istorii Ukraini Rusi,* 11 vols. L'vov, 1895−1924.

Newland, Samuel J., *Cossacks in the German Army, 1941−1945.* London: Routledge, 1991.

Nikitin, Valerii, *Kazachestvo: Natsiia ili soslovie?* Moscow: Iauza, 2007.

Nikolaichik, Feodor D., "Pervye kazatskie dvizheniia v Rechi Pospolitoi (1591−1596)," *Kievskaia Starina,* 8, 1884, pp. 423−442.

Novikov, Nikolai, ed., *Prodolzhenie Prodolzhenie drevnei rossiiskoi vivliofiki,* 11 vols. St. Petersburg, 1786−1801.

_____, ed., *Drevniaia rossiiskaia vivliofika: Soderzhashchaia v sebe sobraniedrevnostei rossiiskikh do istorii, geografii, i genealogii rossiiskiia kasaiushchikhsia*, 2nd ed., 20 vols. Moscow, 1788−1791.

Obhodas, Amir and Jason D. Mark, *Croatian Legion: the 369th Reinforced (Croatian) Infantry Regiment on the Eastern Front, 1941−1943*. Pimble, Australia: Leaping Horseman Books, 2010.

Ohloblin, O. P., "Where was *Istoriia Rusov* Written?," *Annals of the Ukrainian Academy of Arts and Sciences in the United States*, 3−2, 1953, pp. 670−695.

_____, "Introduction," in *Istoriia Rusiv*, trans. from Russian to Ukrainian by Viacheslav Davidenko. New York: Vidavnitstvo "Vistnik," 1956, pp. v−xxix.

Olcott, Martha Brill, *The Kazakhs*. Stanford: Hoover Institute Press, 1995.

Ostapchuk, Victor, "The Human Landscape of the Ottoman Black Sea in the Face of the Cossack Naval Raids," *Oriente Moderno*, 20, 2001, pp. 23−95.

Orshan, Iaroslav, *Doba natsionalizmu*. Paris, 1938.

Patriliak, I. K., *Viis'kova diial'nist' OUN (B) u 1940−1942 rokakh*. Kiev: Kiivs'kii natsional'nii universitet imeni Tarasa Shevchenko, 2004.

Piotrowski, Tadeusz, ed., *Genocide and Rescue in Wolyn: Recollections of the Ukrainian Nationalist Ethnic Cleansing Campaign against the Poles during World War II*. Jefferson, N. C.: McFarland, 2008.

Platonov, S. F., *Lektsii po russkoi istorii*. St. Petersburg: Stolichnaia Skoropechatnaia, 1899.

Plokhy, Serhii, *The Cossacks and Religion in Early Modern Ukraine*.

Oxford: Oxford University Press, 2001.

_____, "Ukraine or Little Russia? Revisiting an Early Nineteenth-Century Debate," *Canadian Slavonic Papers*, 48—3, 2006, pp. 335—353.

_____, *The Cossack Myth: History and Nationhood in the Age of Empires*. Cambridge: Cambridge University Press, 2012.

_____, *Unmaking Imperial Russia: Mykhailo Hrushevsky and the Writing of Ukrainian History*. Toronto: University of Toronto Press, 2014.

Poe, Marshall, "The Zaporozhian Cossacks in Western Print to 1600," *Harvard Ukrainian Studies*, 19, 1995, pp. 531—547.

Pohl, Dieter, *Nationalsozialistische Judenverfolgung in Ostgalizien 1941—1944: Organisation und Durchführung eines staatlichen Massenverbrechens*. Oldenbourg: Wissenschaftsverlag, 1997.

_____, "Anti-Jewish Pogroms in Western Ukraine: a Research Agenda," in Elazar Barkan, ed., *Shared History—Divided Memory: Jews and Others in Soviet Occupied Poland, 1939—1941*. Leipzig: Leipziger Universitätsverlag, 2007.

Pokrovskii, M. N., N. M. Nikolskii and V. N. Storozhev, *Russkaia Istoriia s drevneiskikh vremen*. Moscow: Mir, 1911.

Pollini, Airton and Pedro Paulo Funari, "Greek Perceptions of Frontier en Magna Graecia: Literature and Archaeology in dialogue," *Studia Historica Historia Antigua*, 23, 2005, pp. 331—344.

Polnoe sobranie russkikh letopisei, 24 vols. St. Petersburg, 1841—1921.

Polnoe sobranie zakonov Rossiiskoi imperii. St. Petersburg: Gosudarstvennaia tipografiia, 1885—1916.

Polnoe sobranie zakonov Rossiiskoi imperii poveleniem gosudaria imperatora Nikolaia Pavlovicha. Sobranie Pervoe, 46 vols. St. Petersburg, 1830.

Popko, I. D., *Chernomorskie Kazaki v ikh grazhdanskom i voennom bytu.* St. Petersburg, 1858.

Potichnyj, Peter J., Yevhen Shtendera, eds., *Political Thought of the Ukrainian Underground, 1943–1951.* Edmonton and Toronto: Canadian Institute of Ukrainian Study Press, 1986.

Pritsak, Omeljan, "The Turkic Etymology of Word *Qazaq* 'Cossack'," *Harvard Ukrainian Studies,* 28–1/4. 2006, pp. 237–243.

Prusin, Alexander V. and Gabriel N. Finder, "Collaboration in Eastern Galicia: the Ukrainian Police and the Holocaust," *East European Jewish Affairs,* 34–2, 2004, pp. 95–118.

Puida, R. B., "Parlamentska diial'nist' Ukrains'kogo natsional'no-demokratichnogo ob'ednannia, 1928–1939 rr," *Prikarpats'kii Visnik NTSH (Seriia "Dumka"),* 15–3, 2011, pp. 155–158.

Reent, Aleksandr and Aleksandr Lysenko, "Ukrainians in Armed Formations of the Warring Sides during World War II," *The Journal of Slavic Military Studies,* 10–1, 1997, pp. 210–236.

Rigel'man, Aleksandr, *Letopisnoe povestvovanie o Maloi Rossii i ee narode i Kozakakh voobshche.* Moscow, 1847.

Roman'ko, Oleg V., *Belorusskie kollaboratsionisty: Sotrudnichestvo s okkupantami na territorii Belorussii, 1941–1945.* Moscow: Tsentrpoligraf, 2013.

Rosdolsky, Roman, "The Problem of the 'Nonhistoric Peoples' and Engels' 'False Prognosis'," *Critique: Journal of Socialist Theory,* 18–1, 1991, pp. 124–137.

Rossoliński-Liebe, Grzegorz, "Ukrainian National Revolution of 1941:

Discourse and Practice of a Fascist Movement," *Kritika: Explorations in Russian and Eurasian History*, 12−1, 2011, pp. 83−114.

_____, *Stepan Bandera: the Life and Afterlife of a Ukrainian Nationalist: Fascism, Genocide, and Cult*. New York: Ibidem Press, 2014.

Rudling, Per Anders, "Terror and Local Collaboration in Occupied Belarus: the Case of *Schutzmannschaft* Battalion 118, Part One: Background," *Historical Yearbook*, 8, 2011, pp. 195−214.

_____, "'They Defended Ukraine': The 14. *Waffen−Grenadier* −Division der SS (*Galizische* Nr. 1) revisited," *The Journal of Slavic Military Studies*, 25−3, 2012, pp. 329−368.

Sanders, Thomas, *Historiography of Imperial Russia: the Profession and Writing of History in a Multinational State*. New York: Routledge, 1997.

Savarin, Petro, *Z soboiu vziali Ukrainu: Vid Ternopillia do Al'berti*. Kiev: KVITs, 2007.

Sawer, Marian, *Marxism and the Question of the Asiatic Mode of Production*. Berlin: Springer, 1977.

Saunders, John Joseph, *The History of the Mongol Conquests*. Philadelphia: University of Pennsylvania Press, 2001.

Sbornik Imperatorskogo russkogo istoricheskogo obshchestva, 148 vols. St. Petersburg and Petrograd, 1867−1916.

Shandruk, Pavlo, *Arms of Valor*. New York: Robert Speller and Sons Publishers, Inc., 1959.

_____, "Fatychnyi stan i taktychne polozheniia I UD UNA pid Brodami," in *Pravda pro 1 Ukrains'ku diviziiu «Halichina» Ukrains'koi Natsional'noi Armii: Statti, narisi, spohadi*. L'vov:

Osnova, 1994.

Shcherbina, F. A., *Istoriia Kubanskogo kazach'ego voiska*, 2 vols. Ekaterinodar, 1910–1913.

Shekhovtsov, Anton, "By Cross and Sword: 'Clerical Fascism' in Interwar Western Ukraine," *Totalitarian Movements and Political Religions*, 8, 2007, pp. 271–285.

Shestakova, A. V., ed., *Problemy istorii kazachestva: sbornik nauchnykh trudov.* Volgograd: Izdatel'stvo Volgogradskogo gosudarstvennogo universiteta, 1995.

Shlapentokh, Dmitry, "Marx, the 'Asiatic Mode of Production,' and 'Oriental Despotism' as 'True' Socialism," *Comparative Sociology*, 18, 2019, pp. 489–521.

Shtyrbul, A. A., "Ukrainskaia politicheskaia elita: ot natsional'nogo vozrozhdeniia — k natsional'nomu samoopredeleniiu," *Klio*, 4, 2012, pp. 137–139.

Simpson, Wilfrid, "The Names 'Rus,' 'Russia,' 'Ukraine' and Their Historical Background," *Slavistica*, 10, 1951, pp. 9–20.

Slezkine, Yuri, "The USSR as a Communal Apartment, or How a Socialist State Promoted Ethnic Particularism," *Slavic Review*, 53–2, 1994, pp. 414–452.

Smyslov, O. S., *Stepan Bandera i Bor'ba OUN.* Moscow: Veche, 2011.

Snyder, Timothy, "The Causes of Ukrainian–Polish Ethnic Cleansing, 1943," *Past and Present*, 179, 2003, pp. 197–234.

_____, *Bloodlands: Europe Between Hitler and Stalin.* New York: Basic Books, 2010.

Soloviev, A. V., "Velikaia, Malaia i Belaia Rus'," *Voprosy istorii*, 7, 1947, pp. 24–38.

Soloviev, S. M., *Istoria Rossii s drevneishikh vremen*. St. Petersburg: Tovarishchestvo "Obshchestvennaia pol'za", 1851 — 1879.

Sosnovs'kii, Mikhailo, *Dmitro Dontsov: Politichnii portret*. New York: Trident International, 1974.

Spector, Shmuel, *The Holocaust of Volhynian Jews, 1941 — 1944*. Jerusalem: Yad Vashem, 1990.

_____, Yitzhak Arad, and Shmuel Krakowski, eds., *The Einsatzgruppen Reports: Selections from the Dispatches of the Nazi Death Squads' Campaign against the Jews, July 1941 — January 1943*. Washington, D. C.: The United States Holocaust Memorial Museum, 1990.

Starikov, F. M., *Otkuda vzyalis' kazaki: istoricheskii ocherk*. Orenburg, 1881.

Statiev, Alexander, *The Soviet Counterinsurgency in the Western Borderlands*. Cambridge: Cambridge University Press, 2010.

Stein, George H., *The Waffen SS: Hitler's Elite Guard at War, 1939 — 1945*. Ithaca: Cornell University Press, 1984.

Stefanovich, Petr S., "'Slavianorossiiskii narad' v istoricheskoi literature Ukrainy i Rossii XVII — pervoi poloviny XVIII v," *Slověne: International Journal of Slavic Studies*, 9 — 2, 2020, pp. 417 — 447.

Stets'ko, Iaroslav, *Ukraine and the Subjugated Nations: Their Struggle for National Liberation*. New York: Philosophical Library, 1989.

Storozhenko, Andrei V., *Stefan Batorii i Dneprovskie kozaki*. Kiev: Tipografiia G. L. Frontskevicha, 1904.

_____, *Malaia Rossiia ili Ukraina?* Rostov-na-donu, 1919.

Stoye, John, *The Siege of Vienna: The Last Great Trial Between Cross and Crescent*. London: Pegasus, 2007.

Stsibors'kii, Mikola, *Natsiokratiia*. Paris, 1935.

Sviatikov, S. G., *Rossiia i Don, 1549—1917.* Vienna: Donskoi istoricheskoi komissii, 1924.

Subtelny, O., *Mazepists: Ukrainian Separatism in the Eighteenth Century.* New York: Columbia University Press, 1981.

Sukhorukov, V. D., *Istoricheskoe opisanie Zemli voiska Donskogo,* 2 vols. Novocherkassk, 1867—1872.

Sydorenko, Alexander, "The Ukrainians," in James S. Olson, ed., *An Ethnohistorical Dictionary of the Russian and Soviet Empires.* London: Greenwood Press, 1994, pp. 671—700.

Tabolina, T. V., *Vozrozhdenie Kazachestva, 1989—1994: Istoki, Khronika, Perspektivy.* Moscow: Rossiiskaia akademiia nauk, Institut etnologii i antropologii im. N. N. Miklukho-Maklaia, Tsentr po izucheniiu mezhnatsionalnykh otnoshenii, 1994.

Tairova-Iiakovleva, T. G., *Ivan Mazepa i Rossiiskaia imperiia.* Moscow: Tsentrpoligraf, 2011.

Terles, Mikolaj, *Ethnic Cleansing of Poles in Volhynia and Eastern Galicia, 1942—1946.* Toronto: Alliance of the Polish Eastern Provinces, 1993.

Tolochko, Oleksiy, "Fellows and Travelers: Thinking about Ukrainian History in the Early Nineteenth Century," in Georgiy Kasianov & Philipp Ther, eds., *A Laboratory of Transnational History: Ukraine and Recent Ukrianian Historiography.* Budapest: Central European University Press, 2009, pp. 149—210.

Trigg, Jonathan, *Hitler's Jihadis: Muslim Volunteers of the Waffen-SS.* Staplehurst, UK: Spellmount, 2010.

Tugan-Mirza-Baranovskii, A. A., "Turetskii Sultan i Zaporozhtsy," *Russkaia Starina,* 8, 1873, pp. 92—93.

Tys-Krokhmaliuk, Y., "Orhanizatsiia 1 UD UNA," *Visti Kombatanta*, 3, 1963, pp. 15−19.

_____, *UPA Warfare in Ukraine*. New York: Society of Veterans of Ukrainian Insurgent Army of the United States and Canada, and St. George the Victorious Association of Veterans of Ukrainian Insurgent Army in Europe, 1972.

Veriha, Vasil, "Dmitro Paliiv − Voin i Patriot (1896-1944)," *Visti Kombatanta*, 4/5, 1968, pp. 35−45.

Vernadsky, George, "The Royal Serfs of the Ruthenian Law and their Origin," *Speculum*, 26−2, 1951, pp. 255−264.

Vossoedinenie Ukrainy s Rossiei: Dokumenty i materialy v trekh tomakh. Moscow: Nauka, 1953.

Vozniak, M., *"Psevdo-Konis'kii i Psevdo-Poletika," 'Istoriia Rusov' u literaturi i nautsi*. L'vov−Kiev. 1939.

Werhas, Mario and Božidar Mikulčić, *13th SS Division Handschar*. Zagreb: Despot Infinitus, 2018.

Wilson, Andrew, *The Ukrainians: Unexpected Nation*. New Heaven: Yale University Press, 2000.

Wixman, Ronald, *The Peoples of the USSR: An Ethnographic Handbook*. Armonk, NY: ME Sharpe. 1984.

Zorin, Andrei, "Russkie kak greki: 'Grecheskii proekt' Ekateriny II i russkaia ola 1760−1770−x godov," in *Kormia dvuglavogo orla... Literatura i gosudarstvennaia ideologiia v Rossii v poslednei treti XVIII−pervoi treti XIX veka*. Moscow: Novoe literaturnoe obozrenie, 2001. pp. 32−64

찾아보기

구자정(Koo, Ja-Jeong)

연세대학교 사학과를 졸업하고 미국 버클리 대학(UC Berkeley)에서 근현대 유럽사 전공으로 역사학 박사학위를 취득하였다. 현재 대전대학교 혜화리버럴아츠 칼리지 역사문화학전공 교수로 재직 중이다. 주 연구 관심 분야는 러시아/우크라이나/동유럽의 민족문제, 러시아 혁명, 식민지 근대성, 역사 이론, 포스트 맑시즘, 유럽 정치사상사 등이다. 논문과 공저로 "슈뢰딩거의 클레오파트라?" 디지털과 아날로그 사이 경계에 선 한국서양사학」『역사학보』 251, 2021, pp. 459－477, "From an Estate to a Cossack Nation: Kuban' *samostiinost'*, 1917," *Europe-Asia Studies*, 66－10, 2014, pp. 1649－1678, "Universalizing Cossack Particularism: 'the Cossack Revolution' in the Early 20th Century Kuban'," *Revolutionary Russia*, 25－1, 2012, pp. 1－29, 「소비에트 연방은 왜 해체되었는가? － 소련의 "이중 체제"와 "민족 창조 정책"을 통해서 본 소련 해체 문제의 재고 －」『역사학보』 210, 2011, pp. 357－405, 『혼돈의 시대, 명쾌한 이코노믹스』 (박영사, 2022), 『대륙의 미학 역설의 시학』 (삼인, 2020), 『러시아 근대사』 (민속원, 2014) 등이 있다.

우크라이나 문제의 기원을 찾아서

초판발행   2023년 1월 10일
중판발행   2023년 4월 10일

지은이   구자정
펴낸이   안종만·안상준

편 집   전채린
기획/마케팅   정연환
표지디자인   이영경
제 작   고철민·조영환

펴낸곳   (주)**박영사**
              서울특별시 금천구 가산디지털2로 53, 210호(가산동, 한라시그마밸리)
              등록 1959. 3. 11. 제300-1959-1호(倫)

전 화   02)733-6771
f a x   02)736-4818
e-mail   pys@pybook.co.kr
homepage   www.pybook.co.kr
ISBN   979-11-303-1662-8   93920

정 가   20,000원

이미지 사용을 흔쾌히 허락해 준 기관들에 사의를 표하며, 일부 사진들은 저작권자가 불명확하거나 추정 저작권자와 연락이 닿지 않아 차후 관례에 따라 처리할 것이다.